Cornelius Mayer

Augustinus-Zitatenschatz

Kernthemen seines Denkens

Lateinisch – Deutsch mit Kurzkommentaren

Schwabe Verlag

MIX
Papier aus verantwor-
tungsvollen Quellen
FSC® C083411

Bibliografische Information der Deutschen Nationalbibliothek
Die Deutsche Nationalbibliothek verzeichnet diese Publikation in der Deutschen Nationalbibliografie;
detaillierte bibliografische Daten sind im Internet über http://dnb.dnb.de abrufbar.

© 2018 Schwabe Verlag, Schwabe Verlagsgruppe AG, Basel, Schweiz
7., erweiterte, überprüfte und durchweg kommentierte Fassung
Dieses Werk ist urheberrechtlich geschützt. Das Werk einschließlich seiner Teile darf ohne schriftliche
Genehmigung des Verlages in keiner Form reproduziert oder elektronisch verarbeitet, vervielfältigt,
zugänglich gemacht oder verbreitet werden.
Umschlagabbildung: Benozzo Gozzoli, Augustinus lehrt in Rom, 1465, Fresko, San Gimignano, Chiesa di
Sant'Agostino
Umschlaggestaltung: icona basel gmbh, Basel
Layout: icona basel gmbh, Basel
Satz: Schwabe Verlag, Berlin
Druck: CPI books GmbH, Leck
Printed in Germany
ISBN Printausgabe 978-3-7965-3902-2
ISBN eBook (PDF) 978-3-7965-3940-4
Das eBook ist seitenidentisch mit der gedruckten Ausgabe und erlaubt Volltextsuche.
Zudem sind Inhaltsverzeichnis und Überschriften verlinkt.

rights@schwabe.ch
www.schwabeverlag.com

SVMMO ECCLESIAE ROMANAE PONTIFICI
REVERENDISSIMO DOMINO
BENEDICTO XVI PP EMERITO
AVGVSTINI DIVI PATRIS INVESTIGATORI ILLVSTRISSIMO
INTERPRETIQVE DILVCIDISSIMO
AVGVSTINIANAE DOCTRINAE OMNIFARIAE
AC SCIENTIAE ASSIDVO SECTATORI NOBILISSIMO

Inhalt

Vorwort zur 7. Auflage 11

Stichworte 15

    Almosen 15

    Amt (Ansehen) 16

    Askese 17

    Auferstehung 20

    Aufstieg zu Gott – Abstieg 21

    Autorität – Vernunft 25

    Besitz – Überfluss 26

    Bildung 27

    Christ sein 29

    Christus, Christologie 32

    Demut 42

    Einheit – Vielheit 44

    Eloquenz, Rhetorik 49

    Erbsünde 52

    Erkennen und Wahrnehmen 56

    Erlösung 57

Eucharistie	58
Ewigkeit, Ewiges Leben	68
Feindesliebe	72
Freude, Genuss, Vergnügen	73
Freundschaft	77
Friede	85
Frömmigkeit	87
Gebet, Gotteslob	90
Gedächtnis	97
Gerechtigkeit	99
Gesang, Musik	101
Gesetz, ewiges und zeitliches	111
Glaube(n)	115
Glaube, Hoffnung, Liebe	117
Glaube und Werke	120
Glaube(n) und Verstehen	120
Glück, Glückseligkeit	122
Gnade	128
Gnade und Freiheit	128
Gott	130
Gottesliebe	142
Gut, Güter und höchstes Gut	148
Heilige Schrift	153
Heiliger Geist	157
Heilsgeschichte, Heilshandeln Gottes in der Zeit	158
Herz	162

Himmel	164
Hoffnung	167
Idee(n)	169
Innerlichkeit	170
Intellekt	171
Kirche	172
Kreuz	183
Krieg	184
Kunst, Künstler und Kunstgenuss	185
Leben, Dasein	189
Lehren und Lernen	195
Licht	198
Liebe	199
Liebe – Begierde	220
Maria, Mutter Christi und Jungfrau	223
Mensch(sein)	224
Menschwerdung Christi	230
Natur(en)	240
Opfer	243
Ordnung	244
Philosophie, Philosophen	246
Rechtfertigung	248
Religion	249
Sabbat	251
Schönheit und Schönes	252
Schöpfer und Schöpfung	256

Seele 263

Sehnsucht 263

Sein und Seiendes 268

Selbsterkenntnis 272

Sprache und Rede 272

Staat und Staatswesen 279

Suchen und Finden (Gott) 282

Sünde 286

Tod und Leben bei Gott 286

Trinität 291

Tugend(en) 294

Verdienst(e) 295

Vorherbestimmung, Erwählung und Verwerfung 295

Wahrheit 298

Weisheit 299

Welt und Weltalter 305

Wille und Willensfreiheit 307

Wissen und Wissenschaft 309

Wort 312

Zahl und Zahlen 313

Zeit, Zeiten und Zeitlichkeit 317

Abbildungsverzeichnis 327

Alphabetische Register der zitierten Augustinus-Texte 329

Nach Werken geordnet 329

Nach Stichworten geordnet 334

Vorwort zur 7. Auflage

Immer wieder wurde ich bei der Arbeit am *Augustinus-Lexikon* um einschlägige, zugleich aber auch einprägsame, weil treffend formulierte Sentenzen aus der Feder des Kirchenvaters Augustinus zu Themen und Kernfragen des christlichen Glaubens gebeten, wie z. B. der Eucharistie, zu gesellschaftlichen Normen des Zusammenlebens in der Kirche und im Staat, nicht zuletzt zur Bildung durch Philosophie, zur Ethik und Ästhetik.

Augustins schriftstellerisches Werk ist in der Tat eine Fundgrube von Sentenzen, die deren Leser sowohl über ihren Inhalt wie auch über ihre Diktion zum Nachdenken einladen und anregen. Nicht selten bringen sie schwierige Fragen und komplexe Sachverhalte erhellend auf den Punkt. Kein Wunder, denn Augustinus war ein ebenso scharfsinniger Dialektiker wie auch ein glänzender Rhetoriker. Eine gute Rede, so lehrte er im Anschluss an Cicero, müsse den Hörern bzw. den Lesern zuallererst das Wahre vermitteln (‹docere›), sie sodann zum Tun des Guten bewegen (‹movere›) und schließlich durch womöglich formvollendete Sprache auch erfreuen (‹delectare›).

Die hier nunmehr in siebter Auflage vorgelegte, abermals überprüfte und erweiterte Sammlung steht nach wie vor primär im Dienste der Vermittlung einer christlichen Spiritualität augustinischer Prägung. Was indes diesen Zitatenschatz von zahlreichen anderen Publikationen augustinischer Sentenzen unterscheidet und auszeichnet, ist die Wiedergabe der ausgewählten Texte in Latein, der Sprache Augustins, eines ehemaligen Professors für Rhetorik. Parallel dazu steht Satz für Satz deren Übersetzung ins Deutsche und darunter befindet sich jeweils ein **Kurzkommentar**, der die Texte im Hinblick auf die Intention ihres Autors hermeneutisch zu deuten versucht.

Dieser *Augustinus-Zitatenschatz* ist zwar nicht ausschließlich, wohl aber vorzüglich für Leser gedacht, die des Lateins mächtig sind – mächtig in dem Sinne, dass sie sich nicht allein vom Denken, sondern ebenso auch von der Sprache Augustins berühren zu lassen vermögen. Die siebte, nunmehr vom

Schwabe Verlag, bei dem auch das *Augustinus-Lexikon* erscheint, publizierte Auflage des Zitatenschatzes will also eine – sit venia verbo – primär für Intellektuelle verfasste Lektüre präsentieren – um mit Augustinus zu sprechen: eine für ‹nutriti in ecclesia›, ‹in der Kirche Erzogene›, und zwar nicht allein für ‹in scripturis dominicis eruditi›, in biblischen Schriften, sondern auch für ‹in quibuscumque litteris non mediocriter instructi›, in jedweder Literatur hinreichend Unterrichtete (*Sermo – Predigt* 133,4). Es gab immerhin namhafte Philologen, die des Kirchenvaters Latein auf der Ebene Ciceros ansiedelten.

Im Unterschied zu den ersten Auflagen mit ihren kurzen Texten entschied ich mich im Hinblick auf die Bedeutung Augustins nicht nur in der Theologie und in der Philosophie, sondern auch in anderen Geisteswissenschaften, wie z. B. der Linguistik, gelegentlich auch für die Aufnahme längerer Texte. Diese zeigen nämlich, weshalb Augustinus einen Gedanken oder einen Sachverhalt aufgreift und ihn erläuternd vertieft. Manche Sentenzen entfalten erst innerhalb des umfassenderen Kontextes ihre Prägnanz.

Mit der inhaltlichen Tiefe seiner Texte und deren brillantem Stil faszinierte der Kirchenvater nicht nur seine Zeitgenossen, mit ihnen prägte er wie kein Zweiter auch das christliche Abendland. Zugleich wird der Leser der Zitate die Bindung augustinischer Texte an die biblische Verkündigung wahrnehmen und deren Bilderreichtum bewundern. Allegorien und Metaphern, kurz Anschaulichkeit, kennzeichnen insbesondere die Zitate aus seinen Predigten. Ich konnte es mir nicht versagen, einige davon in ihrer Gänze mit aufzunehmen, so z. B. die unter dem Stichwort **Eucharistie** wiedergegebene *Predigt* 227, die der Bischof an einem Ostermorgen den Neophyten, ‹den in der Taufe neugeborenen Gliedern am Leibe Christi›, gehalten hat. Sie ist ein Juwel sowohl seiner Theologie wie auch seiner Pastoral. Ähnliches gilt bezüglich der unter dem Stichwort **Kirche** wiedergegebenen *Auslegung der Psalmverse* 126,2 f. Sie ist ein Muster seiner Hermeneutik alttestamentlicher Texte auf Christus und die Kirche hin.

Die Zitate sind thematisch Stichworten in alphabetischer Reihung zugeordnet, die zugleich als Inhaltsverzeichnis des Zitatenschatzes dienen. Die Anzahl der jeweils unter einem Stichwort aufgenommenen Zitate, wie sie dem Register entnommen werden kann, illustriert nicht zuletzt dessen Bedeutung im Denken Augustins. Wiederholungen in den Kurzkommentaren wurden in Kauf genommen, um die Leser nicht ständig auf schon Erklärtes verweisen zu müssen. Gelegentlich wird auf einschlägige Artikel im *Augustinus-Lexikon* und auch auf Sekundärliteratur verwiesen. Der *lateinische* Text der Sentenzen ist dem *Corpus Augustinianum Gissense 3 a Cornelio Mayer editum* (= CAG 3) mit dessen Quellenangaben entnommen.

Zu danken habe ich dem wissenschaftlichen Leiter des *Zentrums für Augustinus-Forschung* Prof. Dr. Dr. Christof Müller, dem Redaktor des *Augustinus-Lexikons* Dr. Andreas E.J. Grote und dem wissenschaftlichen Mitarbeiter Dipl.-Theol. Guntram Förster für die Vorbereitung der Neuausgabe dieses *Zitatenschatzes*. Ebenso danke ich dem bereits verstorbenen Dr. Karl Heinz Chelius, einem ausgewiesenen Kenner des Lateins und Redactor emeritus des *Augustinus-Lexikons*, von dem der lateinische Text der Widmung an Papst Benedikt XVI. stammt. Auf Anregung von Prof. Dr. Dr. Christof Müller, Mitherausgeber dieses *Lexikons*, erscheint der *Zitatenschatz* nunmehr im Schwabe Verlag in Basel, dem ältesten Verlag der Welt, der auch das *Augustinus-Lexikon* publiziert. Herzlich gedankt sei an dieser Stelle Verlagsleiterin Susanne Franzkeit für die Aufnahme in das Verlagsprogramm und Lektorin Dr. Arlette Neumann für die sorgfältige Betreuung des Manuskripts.

Gewidmet sei auch diese Edition des *Augustinus-Zitatenschatzes* dem inzwischen emeritierten Papst Benedikt XVI. Bereits als Professor begrüßte er in den 1970er Jahren das Vorhaben der Publikation eines *Augustinus-Lexikons*. Als Kardinal gehörte er dann dem Kuratorium der *Gesellschaft zur Förderung der Augustinus-Forschung e.V.* an und als Papst verfolgte er mit Interesse die Arbeiten am Lexikon. ‹Er gehöre mit Freude zu den Benutzern dieses großartigen Werkes, das er immer wieder zur Hand nehme und von dem er immer neu lerne›, schrieb er in einem offenen Brief zu meinem 80. Geburtstag.

Würzburg, am 28. August 2018, dem kirchlichen Gedenktag des hl. Augustinus
Cornelius Petrus Mayer OSA

Stichworte

Almosen

1. «Petit te mendicus, et tu es dei mendicus. Omnes enim quando oramus, mendici dei sumus: Ante ianuam magni patrisfamilias stamus, imo etiam prosternimur, supplices ingemiscimus, aliquid volentes accipere; et ipsum aliquid, ipse deus est.

Quid a te petit mendicus? Panem. Et tu quid petis a deo, nisi Christum, qui dicit, ‹ego sum panis vivus, qui de caelo descendi› (*Io* 6,51)?»

(*Sermo* 83,2)

«Es bittet dich ein Bettler, auch du bist Gottes Bettler. Wir alle nämlich sind Bettler Gottes, wenn wir beten. Wir stehen vor der Tür des großen Familienvaters, ja, wir werfen uns sogar vor ihm nieder, seufzen als Bittsteller und wollen etwas von ihm bekommen, und dieses Etwas ist Gott selbst.

Was erbittet von dir ein Bettler? Brot. Und du, was erbittest du von Gott, wenn nicht Christus, der sagt: ‹Ich bin das lebendige Brot, das vom Himmel herabgestiegen ist› (*Johannesevangelium* 6,51)?»

(*Predigt* 83,2)

Kurzkommentar: Womit sich die Kirche schon in der neutestamentlichen Zeit rühmen konnte, das war die Caritas als soziale Einrichtung. Wiederholt berichtet das Neue Testament von den caritativen Aktivitäten der Gläubigen gegenüber den Armen und Notleidenden (siehe z. B. *Apostelgeschichte* 11,27–30). Nach Augustinus ist jeder Christ vor Gott Bittsteller, Bettler, Empfänger von Almosen. Gottes Almosen an die Gläubigen schlechthin ist ‹Christus, das lebendige Brot›.

Amt (Ansehen)

1. «Quantum enim plus honoramur, tanto plus periclitamur».
(*Enarrationes in Psalmos* 106,7)

«Je mehr wir geehrt werden, desto mehr schweben wir in Gefahr».
(*Auslegungen der Psalmen* 106,7)

Kurzkommentar: Augustinus kannte den Begriff der ‹ambitio›, der Amtsbewerbung, aber auch der Gunstbeflissenheit und der Gunsterschleichung. Im Anschluss an den *Ersten Johannesbrief* 2,16 versteht er unter der ‹ambitio saeculi› das ‹Prahlen der Welt›, die er mit der ‹superbia›, dem Stolz, identifiziert (vgl. *Predigten über das Johannesevangelium* 2,13). In seiner Regel für Ordensleute verlangt er vom Oberen, dieser solle sich nicht deshalb glücklich schätzen, weil er herrschen, sondern weil er dienen kann (*Praeceptum – Regel 3* 7,3).

2. «Suos putent omnes, in quos sibi potestas data fuerit.

Ita serviant, ut eis dominari pudeat, ita dominentur, ut eis servire delectet». (*De ordine* 2,25)

«Alle, denen über andere Macht gegeben ist, sollen diese als die Ihren betrachten.

Sie sollen (ihnen) so dienen, dass es sie beschämen würde, den Herren zu spielen; sie sollen so herrschen, dass ihnen der Dienst (an ihren Untertanen) Freude bereitet».
(*Über die Ordnung* 2,25)

Kurzkommentar: Im Dialog *Über die Ordnung*, einem Frühwerk, kommt Augustin auch auf jene Ordnung zu sprechen, die im Staat zu herrschen hat und auf welche künftige, auf Weisheit bedachte Staatslenker zu achten haben. Herrschaft im Sinne der politischen Ordnung ist Dienst an den Untertanen. – In einem Brief an den Staatsmann und Katechumenen Caecilianus schreibt Augustinus, gläubige Christen könnten «umso treuer und besser einem Staatsamt obliegen ..., je gläubiger und (sittlich) tadelloser sie sind» (*Epistula – Brief* 151,14).

3. «Augustinus episcopus servus Christi et per ipsum servus servorum ipsius Vitali fratri in ipso salutem».
(*Epistula* 217, salutatio)

«Augustinus, Bischof, Knecht Christi und durch diesen (wieder) Knecht (auch aller) Knechte dieses (Christus), grüßt in ihm seinen Bruder Vitalis».
(*Brief* 217, Anrede)

Kurzkommentar: Augustins Amtsverständnis äußert sich u. a. in den Anredeformeln seinen Adressaten gegenüber, denen er sich wie Vitalis, einem Christen aus Karthago, zwar als Bischof, zugleich aber als Diener und Knecht vorstellt. Sein Vorbild dürfte dabei der Apostel Paulus gewesen sein, der sich im *Römerbrief* 1,1 als δοῦλος Χριστοῦ Ἰησοῦ, ‹Knecht Christi Jesu›, vorstellt. In seinem Werk *De civitate dei* – *Der Gottesstaat* 19,15 bringt er den Begriff ‹Knecht› mit dem Sündenstand aller Adamskinder in einen ursächlichen Zusammenhang (siehe **Erbsünde, Text 1**). Christen sollen wissen, dass sie lediglich eines einzigen Herren Untertan sind. Darüber hinaus – und darin wieder liegt die Pointe des bischöflichen Amtsverständnisses Augustins – sind die Bischöfe gerade im Blick auf die ihnen anvertrauten Gläubigen ‹Knechte der Knechte Christi›. Siehe dazu auch den Artikel *Episcopus (episcopatus)* von ROBERT A. MARKUS und ROBERT DODARO im *Augustinus-Lexikon* 2, 882–893.

Askese

1. «Fugit homo et secum trahit bellum suum quocumque iit.

Non dico, si malus est.
Prorsus si bonus est, si iuste vivit, invenit in se quod dicit apostolus: ‹Caro concupiscit adversus spiritum, et spiritus adversus carnem› (*Gal* 5,17)». (*Sermo* 25,4)

«Es flieht der Mensch und er entrinnt dem Krieg, wohin er sich auch wendete, nicht.
Ich sage dies nicht, wenn er böse ist.
Jedoch selbst wenn er gut ist und gerecht lebt, findet er sich in einem Zustand, den der Apostel so beschreibt: ‹Das Fleisch begehrt wider den Geist, und der Geist wider das Fleisch› (*Galaterbrief* 5,17)».

(*Predigt* 25,4)

Kurzkommentar: Das Dasein des Christen bleibt sein Leben lang durch den Kampf geprägt. Durch den Glauben und die Taufe empfängt er zwar die Gnade der Rechtfertigung und damit die Gotteskindschaft, er lebt aber weiterhin in einer den Begierden ausgelieferten Welt. Dauer des Ringens mit Hilfe der Gnade kennzeichnet christliche Lebensgestaltung. Gleich zum Beginn seines Episkopates verfasste Augustinus der Seelsorger eine Art Hirtenschreiben, dem er den programmatischen Titel gab: *De agone christiano – Der christliche Kampf*. Die Mahnungen zur asketischen Lebensführung – ‹intrinsecus et extrinsecus –

im Inneren wie im Äußeren› – gehören zum Cantus firmus der Pastoral des Kirchenvaters.

2. «Qui autem perverse id (sc. corpora sua persequi) agunt, quasi naturaliter inimico suo corpori bellum ingerunt.

In quo fallit eos quod legunt: ‹caro concupiscit adversus spiritum et spiritus adversus carnem; haec enim invicem adversantur› (*Gal* 5,17).

Dictum est enim hoc propter indomitam carnalem consuetudinem, adversus quam spiritus concupiscit, non ut interimat corpus sed ut concupiscentia eius, id est consuetudine mala, edomita faciat spiritui subiugatum, quod naturalis ordo desiderat».

(*De doctrina christiana* 1,25)

«Jene aber, die in verkehrter Weise körperliche Askese treiben, bekämpfen ihren Leib, den sie als Feind behandeln, gleichsam gegen die Natur.

Sie täuschen sich darin, was sie lesen: ‹Das Fleisch begehrt wider den Geist und der Geist wider das Fleisch; diese stehen sich nämlich als Feinde gegenüber› (*Galaterbrief* 5,17).

Dies wurde jedoch im Blick auf die ungezügelte fleischliche Gewohnheit gesprochen, gegen die der Geist aufbegehrt, aber nicht, damit er den Leib abtöte, sondern damit er dessen sündhaftes Begehren, d. h. dessen schlechte Gewohnheit gebändigt unter das Joch des Geistes zwinge, was die naturgemäße Ordnung verlangt».

(*Die christliche Wissenschaft* 1,25)

Kurzkommentar: Augustinus schrieb diese Zeilen ebenfalls am Beginn seines Episkopates (siehe Kurzkommentar zu **Text 1**). In der Kirche gab es Männer und Frauen, die einer exzessiven, leibverachtenden Askese das Wort redeten. Anfechtungen, dies betont er wiederholt, kommen vorzüglich nicht vom Leib, sondern vom Geist des Menschen. Dieser habe sich zunächst dem Willen Gottes zu unterwerfen und als solcher den Leib, auf den der Mensch beim Vollzug der Werke angewiesen ist, zu lenken. Der ‹ordo amoris›, die Ordnung in der Liebe, schließt den Leib aus dem Liebesgebot nicht aus, sondern ein.

Abb. 1: Älteste erhaltene Darstellung des hl. Augustinus (Fresko, ca. 590–604; Vatikan, Alte Bibliothek des Lateran, Scala Santa; © Norbert Fischer).

Auferstehung

1. «Et vide quid est illi (Christo) resurgere: Nam qui suscitavit carnem suam, suscitabit et tuam; propterea enim voluit resurgere suam, ne tu non crederes resurrecturam tuam».
(*Sermo Mai* 87,1)

«Erwäge die Bedeutung der Auferstehung Christi: Denn der sein eigenes Fleisch auferweckte, wird dies auch mit deinem tun; aus dem Grund trachtete er nämlich danach, das seine wieder aufzurichten, damit du fest an die Auferstehung des deinen glaubst». (*Predigt Mai* 87,1)

Kurzkommentar: Der christliche Auferstehungsglaube bezieht sich nicht allein auf die Unsterblichkeit der Seele, sondern auch auf die Auferstehung des Leibes. Besonders in seinen späteren Schriften wird Augustinus nicht müde, diese Glaubenswahrheit in ein helles Licht zu rücken.

2. «Propria fides est christianorum, resurrectio mortuorum. Hanc (fidem) in se ipso, id est, resurrectionem mortuorum, caput nostrum Christus ostendit, et exemplum fidei nobis praestitit; ut hoc sperent membra in se, quod praecessit in capite». (*Sermo* 241,1)

«Kern des Glaubens der Christen ist die Auferstehung der Toten. Diesen Glauben an die Auferstehung der Toten veranschaulichte Christus, unser Haupt, an sich selbst. Er gab uns ein Exempel des Glaubens, damit die Glieder (seines Leibes) an sich selbst das erhoffen, was sich am Haupt (bereits) ereignete».
(*Predigt* 241,1)

Kurzkommentar: Das Herzstück des Evangeliums ist der Glaube an die Auferstehung. Christi Erlösungswerk gipfelt darin; und darin soll auch die Hoffnung der Gläubigen gipfeln. Schon der Apostel Paulus begründete die Auferstehungshoffnung mit dem Auferstehungsglauben, der an Christus, dem Haupt der Kirche, in Erfüllung ging. Die Einheit von Haupt und Gliedern ist wohl wie schon bei Paulus der charakteristischste Zug der Lehre Augustins über die Kirche (siehe die Texte unter dem Stichwort **Kirche**).

Aufstieg zu Gott – Abstieg

1. «Descendite, ut ascendatis, et ascendatis ad deum. Cecidistis enim ascendendo contra deum». (*Confessiones* 4,19)

«Steigt herab, damit ihr aufsteigt und aufsteigt zu Gott! Ihr seid nämlich gefallen, indem ihr gegen Gott aufstiegt».
(*Bekenntnisse* 4,19)

Kurzkommentar: Die Lehre vom Aufstieg an die Spitze des Seins mit Hilfe der Vernunft – Kernprogramm der neuplatonischen Philosophie – lernte Augustinus noch in Mailand vor seiner Bekehrung kennen. In seinen *Bekenntnissen* 7,23 beschreibt er bündig diesen Aufstieg über den raum-zeitlich veränderlichen Körper sowie über die zeitlich veränderliche Seele mit Hilfe des Geistes zum unveränderlichen Sein. Im Christentum hingegen lernte er noch einen anderen Weg des Aufstiegs kennen, den der Demut, der das Hinabsteigen zur Voraussetzung hat. Paradigma dieses Ab- und Aufsteigens wurde für Augustinus das Mysterium der Inkarnation Christi, wovon im Kontext unserer Stelle ebenfalls die Rede ist. In ihr artikuliert sich – so der *Philipperbrief* 2,6–11 – Christi Demut. Sie soll der Mensch sich zu eigen machen, nachdem er sich zuvor durch den als Aufruhr gegen Gott gedeuteten Sündenfall von Gott abgewendet hat. Die *Bekenntnisse* sind nicht zuletzt eine Einladung an die Leser, den darin vielfach und in Variationen dargestellten Aufstieg zu versuchen. Aufs Eindringlichste wird er im Buch 10,6–38 beschrieben. Am Ende dieses Buches bekennt Augustin: «Et saepe istud facio – Und oft tu ich so; das erfreut mich; und oft entfliehe ich dem Zwang der Geschäfte zu dieser Wonne, so oft ich mir Erholung gönnen kann» (10,65). Siehe dazu den Artikel *Ascensio, ascensus* von GOULVEN MADEC im *Augustinus-Lexikon* 1, 465–475.

2. «... videamus, quatenus ratio possit progredi a visibilibus ad invisibilia et a temporalibus ad aeterna conscendens.

Non enim frustra et inaniter intueri oportet pulchritudinem caeli, ordinem siderum, candorem lucis, dierum et noctium vicissitudines,

«... lasst uns sehen, wie weit die Vernunft vom Sichtbaren zum Unsichtbaren und vom Zeitlichen zum Ewigen fortschreitend sich aufzuschwingen vermag.

Nicht vergebens und nutzlos soll man die Schönheit des Himmels betrachten, die Ordnung der Gestirne, den Glanz des Lichtes, den Wechsel

lunae menstrua curricula, anni quadrifariam temperationem quadripartitis elementis congruentem, tantam vim seminum species numerosque gignentium et omnia in suo genere modum proprium naturamque servantia.

In quorum consideratione non vana et peritura curiositas exercenda est, sed gradus ad immortalia et semper manentia faciendus».

(*De vera religione* 52)

von Tag und Nacht, den Monatslauf des Mondes, die vierfach geordneten Jahreszeiten mit den ebenfalls vierfachen Elementen, die so große Kraft des Samens, der Arten und Zahlen hervortreibt und alles nach seiner Gattung, seinem Maß und seiner Natur bewahrt.

Bei Betrachtung dieser Dinge darf freilich nicht die Befriedigung eitler und flüchtiger Neugierde im Vordergrund stehen, vielmehr soll diese um des Aufstiegs zum Unsterblichen und allzeit Bleibenden willen unternommen werden».

(*Die wahre Religion* 52)

Kurzkommentar: Während seines Aufenthaltes in Mailand lernte Augustinus die Philosophie der Neuplatoniker kennen, die u. a. lehrten, der Mensch könne dank seiner Vernunft bei der Betrachtung der Dinge über deren wahrnehmbarem Gestaltetsein die Spuren ihrer transzendenten Herkunft erkennen. Die Neuplatoniker nannten diese Art der Betrachtung ἀναβατέον, ‹Aufstieg› (Plotin 1,6,7), den sie auch theoretisch begründeten und den sie als Ziel der philosophischen Bildung erklärten. Augustinus übernahm dieses Bildungsziel und plante sogar noch während seines Mailänder Aufenthaltes die Abfassung einer Enzyklopädie der freien Künste, die ganz und gar im Dienste dieses Aufstiegs «vom Sichtbaren zum Unsichtbaren und vom Zeitlichen zum Ewigen» stehen sollte. Aber auch später, als er der Vernunft allein nicht mehr so viel zutraute, blieb er dem Aufstiegsprogramm treu – jetzt freilich unter Hinzuziehung einschlägiger Bibeltexte, welche die Geschöpfe zum Lobpreis Gottes aufrufen wie der *Psalm* 144 Vers 10 dies tut: «Preisen sollen dich, Herr, alle deine Geschöpfe». Dazu erklärt der predigende Bischof: «Nach Stufen ordnete Gott seine Kreatur: von der Erde bis zum Himmel, vom Sichtbaren zum Unsichtbaren, vom Sterblichen zum Unsterblichen. Auch diese Verknüpfung der Kreaturen zu einer in höchstem Maße geordneten Schönheit, die vom Niedrigsten zum Obersten aufsteigt und vom Obersten zum Niedrigsten herabsteigt, dieses nie unterbrochene, sondern in seiner bunten Vielfalt angenehm strukturierte Universum lobt Gott» (*Enarrationes in Psalmos – Auslegungen der Psalmen* 144,13).

3. «Certe recte admonet (sc. Christus caput) membra sua ut sursum cor habeant. ... cor leva in caelum.

«Gewiss, zu Recht ermahnt er (Christus als Haupt) seine Glieder, sie sollen ihr Herz in die Höhe richten. ... erhebe (also) dein Herz zum Himmel.

Et unde, inquis, possum?

Und woher, sagst du, vermag ich dies?

Qui funes, quae machinae, quae scalae opus sunt?
Gradus, affectus sunt; iter tuum, voluntas tua est.

Welche Seile, welche Gerüste, welche Leitern sind dazu erforderlich?
Die Stufen dazu sind die Regungen des Herzens, dein Weg dorthin ist dein Wille.

Amando adscendis, neglegendo descendis.
Stans in terra, in caelo es, si diligas deum.

Liebend steigst du hinauf, die Liebe vernachlässigend steigst du hinab.
Obgleich du auf Erden stehst, befindest du dich, wenn du Gott liebst, im Himmel.

Non enim sic levatur cor, quomodo levatur corpus; corpus ut levetur, locum mutat; cor ut levetur, voluntatem mutat.

Das Herz erhebt sich nämlich nicht wie der Leib; erhebt sich der Leib, so verändert er seinen Ort, das Herz (dagegen) verändert den Willen, um sich zu erheben.

‹Quoniam ad te, domine, levavi animam meam› (*Ps* 85,4)».
 (*Enarrationes in Psalmos* 85,6)

‹Denn zu dir, Herr, habe ich meine Seele erhoben› (betet der Psalmist 85,4)».
(*Auslegungen der Psalmen* 85,6)

Kurzkommentar: Dass der Aufstieg nicht (wie unter **Text 2** dargelegt) nur eine Angelegenheit der Vernunft, sondern ebenso eine solche der Affekte ist, zeigt unser Text. Nicht zu Unrecht bezeichnet man die Philosophie des Kirchenvaters als eine Philosophie des Herzens, eine ‹philosophia cordis›. Freilich ist er auch darin, speziell in Bezug auf den Aufstieg, Plotin verpflichtet, der bereits lehrte, diese Art der Reise geschehe weder mittels der Füße noch mittels eines Wagens oder mittels eines Schiffes (vgl. Plotin 1,6,8). Ähnlich heißt es in den *Enarrationes in Psalmos – Auslegungen der Psalmen* 38,2: «Est autem haec adscensio et ista transilitio, non pedibus, non scalis, non pennis, et tamen si interiorem hominem attendis, et pedibus, et scalis, et pennis – Dieser Aufstieg und dieses Hinübereilen geschieht nicht mittels der Füße, der Stiegen sowie der Flügel, und dennoch, wenn du den inneren Menschen betrachtest, dann (mit dessen) Füßen, Stiegen und Flügeln». Zum inneren Menschen siehe das Stichwort **Innerlichkeit**; ferner meinen Artikel *Homo* im *Augustinus-Lexikon* 3, 381–416, dort speziell VIII: *Das Prinzip der Innerlichkeit in der Anthropologie Augustins*, 400–406.

4. «Congruit et hodierno diei Psalmus iste ‹canticum graduum› (*Ps* 120,1).
... nihil aliud istis canticis docemur, fratres, quam adscendere; sed adscendere in corde, in affectu bono, in fide, spe et caritate, in desiderio perpetuitatis et vitae aeternae.

Sic adscenditur».
(*Enarrationes in Psalmos* 120,2 sq.)

«Auch am heutigen Tag trifft es zu, dass als Psalm ein ‹Stufengesang› (*Psalm* 120,1) dran ist.
... über nichts anderes werden wir belehrt, Brüder, als über das Aufsteigen, und zwar über das Aufsteigen im Herzen, in guter Gemütsstimmung, im Glauben, in der Hoffnung und in der Liebe, in der Sehnsucht nach ununterbrochener Dauer und ewigem Leben.

So ist der Aufstieg zu vollziehen».
(*Auslegungen der Psalmen* 120,2 f.)

Kurzkommentar: Theologische und spirituelle Impulse zum Aufstieg und Abstieg zog der predigende Augustinus allem voran aus den sogenannten Stufenpsalmen (119–133 des *Psalters*), welche die Pilger nach jüdischer Tradition bei der Wallfahrt nach Jerusalem auf den Treppen des Tempels gesungen haben (siehe den *Psalm* 121). Die Psalmenausleger der frühen Kirche verstanden im Anschluss an den *Galaterbrief* 4,26 und andere Texte des Neuen Testamentes unter dem irdischen Jerusalem das Abbild des himmlischen, zu dem sie als Pilger unterwegs waren. Allen voran war Augustinus der Seelsorger ein Meister solch spiritueller Exegese. Der Herr selbst, so versteht er den für Christen mustergültigen Auf- und Abstieg, sei bei seiner Menschwerdung vom Himmel herabgestiegen, damit wir, die in Adam Gefallenen, dank seiner Erlösungsgnade aufsteigen können: «Itaque, fratres mei, hunc psalmum adscensionis cantemus adscensuri in corde, quia ut adscendamus descensus est (sc. Christus) ad nos»

(*Auslegungen der Psalmen* 119,2). Das ‹ascendere in corde et in affectu› hat also den Glauben an das Heilshandeln Gottes, und mit ihm die Hoffnung und die Sehnsucht nach dem ewigen Leben und nicht zuletzt die ‹Caritas› zur Voraussetzung. Gewiss hat Augustin mit diesem auf das Heilsgeschehen konzentrierten Aufstieg jenen der philosophischen Reflexion nicht gering schätzen oder gar entwerten wollen, aber den Erfolg erhoffte er sich vorzüglich von diesem. Das «sic ascenditur» ist nunmehr für Christen ein zwingendes Programm seiner Pastoral.

Autorität – Vernunft

1. «Quamobrem ipsa quoque animae medicina, quae divina providentia et ineffabili beneficentia geritur gradatim distincteque pulcherrima est.
Tribuitur enim in auctoritatem atque rationem.
Auctoritas fidem flagitat et rationi praeparat hominem.

Ratio ad intellectum cognitionemque perducit, quamquam neque auctoritatem ratio penitus deserit, cum consideratur cui credendum sit, et certe summa est ipsius iam cognitae atque perspicuae veritatis auctoritas.

Sed quia in temporalia devenimus et eorum amore ab aeternis impedimur, quaedam temporalis medicina, quae non scientes, sed credentes ad salutem vocat, non naturae excellentia,

«Aus diesem Grunde ist die Arznei der Seele, die uns die göttliche Vorsehung in ihrer unaussprechlichen Güte darreicht, ausgesprochen herrlich.
Sie wird uns auf dem Weg der Autorität und der Vernunft zugeteilt.
Die Autorität erheischt Glauben und bereitet den Menschen auf die Vernunft vor.

Die Vernunft führt (ihn) zur Einsicht und Erkenntnis, obgleich sie sich nicht ganz von der Autorität absetzt, wenn man überlegt, wem zu glauben ist. Höchste Autorität ist freilich der bereits erkannten offensichtlichen Wahrheit eigen.

Weil wir jedoch ins Zeitliche versetzt worden sind und durch Liebe zum Zeitlichen an der Liebe zum Ewigen gehindert werden, hat eine gewisse zeitliche Arznei (die Autorität), die

sed ipsius temporis ordine prior est». nicht die Wissenden, sondern die
(*De vera religione* 45) Glaubenden zum Heil ruft, den Vorrang, und zwar nicht aufgrund der Natur, sondern der zeitlichen Ordnung». (*Die wahre Religion* 45)

Kurzkommentar: Das Verhältnis von Autorität und Vernunft war bereits in den Frühdialogen Augustins ein bevorzugtes Thema seines Denkens. «Tempore auctoritas, re autem ratio prior est – Der Zeit nach hat die Autorität, der Sache nach die Vernunft den Vorrang» heißt es in *De ordine – Über die Ordnung* 2,26. Autorität hat das Vertrauen, Vernunft die Reflexion zur Voraussetzung. Vertrauen gebührt dem, der Autorität hat, was freilich bereits ein gewisses Maß an Überlegung, also an Aktivität der Vernunft voraussetzt. Unter ‹ratio› versteht Augustinus ein Dreifaches: 1. das Vermögen der Geistseele; 2. die Aktivität der Geistseele bei der Suche nach dem Wahren; 3. das in und mit der Geistseele erfasste Wahre als Ziel des Erkennens und des Verstehens. In Bezug auf die ‹ratio› unterscheidet Augustinus, unter Berufung auf ‹die gelehrtesten Männer›, zwischen dem ‹rationale›, dem Vernunftbegabten, und dem ‹rationabile›, dem Vernunftgemäßen. Ersteres ist ein Wesen, das sich der Vernunft bedienen kann, Letzeres ist, was mit Hilfe der Vernunft erfasst, gesagt oder getan wird (siehe ebd. 2,31). Obgleich Augustinus in Sachen der Heilsvermittlung der Vernunft zunehmend weniger und dem Glauben zunehmend mehr zutraute, so hielt er am rationalen Charakter der Offenbarung und dem daraus resultierenden Prinzip der ‹fides quaerens intellectum›, dem ‹Verlangen des Glaubens nach Einsicht›, zeit seines Lebens fest. Siehe dazu den Artikel *Auctoritas* von Karl Heinrich Lütcke im *Augustinus-Lexikon* 1, 498–510, speziell zur Verhältnisbestimmung von Autorität und Vernunft 504 f.

Besitz – Überfluss

1. «Superflua divitum, necessaria sunt pauperum. Res alienae possidentur, cum superflua possidentur».
(*Enarrationes in Psalmos* 147,12)

«Der Überfluss der Reichen ist das Lebensnotwendige der Armen. Fremdes besitzt man, wenn man Überflüssiges besitzt».
(*Auslegungen der Psalmen* 147,12)

Kurzkommentar: Augustinus, der Verfasser des *Gottesstaates*, war gewiss kein politischer Theologe im Sinne der Moderne, geschweige denn ein Vertreter der Theologie der Revolution. Dennoch entging ihm die Brisanz der Verpflichtung zum Teilen im Evangelium nicht. Im Kontext unserer Stelle erwähnt er die Szene aus dem *Lukasevangelium* (21,1–4), wonach die Witwe im Unterschied zu den Reichen ‹ihre ganze Habe› gespendet habe. Die zitierten Sätze lassen keinen Zweifel über seine Einstellung zu den Gütern dieser Welt aufkommen. So lange es Menschen an den ‹necessaria›, am Notwendigen, fehlt, sind die ‹superflua›, der Überfluss, streng genommen ‹res alienae›, Fremdbesitz. Siehe dazu *Diuitiae* von ALLAN FITZGERALD im *Augustinus-Lexikon 2*, 526–532.

Bildung

1. «Per idem tempus, quo Mediolani fui baptismum percepturus, etiam disciplinarum libros conatus sum scribere, interrogans eos qui mecum erant atque ab huiusmodi studiis non abhorrebant, per corporalia cupiens ad incorporalia quibusdam quasi passibus certis vel pervenire vel ducere». (*Retractationes* 1,6)

«Zu der Zeit, als ich mich in Mailand auf den Empfang der Taufe vorbereitete, versuchte ich auch Lehrbücher über die Wissenszweige zu verfassen, wobei ich die befragte, die mit mir waren und sich gegen solche Studien nicht sträubten; war doch mein Ziel, sie gleichsam auf gesicherten Stufen über Körperliches zu Unkörperlichem gelangen zu lassen bzw. zu führen». (*Retraktationen* 1,6)

Kurzkommentar: Augustinus war von Beruf Grammatiker und Rhetor und als solcher Pädagoge, und zwar Pädagoge von Rang. Dies zeigen allem voran seine philosophischen Dialoge, die er bald nach seiner Bekehrung in Cassiciacum, wohin er sich mit einer kleinen Schar von Verwandten und Schülern zurückzog, schrieb. Mit ihnen erörterte er große Themen der Philosophie wie die Frage nach dem Wesen des Glücks, der Ordnung sowie Widerlegungsstrategien gegen die akademische Skepsis. Eigentlich schwebte ihm eine Reform des ganzen Bildungswesens vor. Noch in Mailand schuf er Entwürfe zu den geplanten Lehrbüchern, von denen er nur wenige vollendete. Einige davon, so klagt er, seien ihm abhanden gekommen. Zu beachten ist der wohl ursprünglich varronische, vorzüglich jedoch neuplatonisch-philosophisch motivierte Aufstieg als

Bildungsziel in jenen frühen Jahren seines schriftstellerischen Schaffens. (Siehe auch die Texte unter **Aufstieg zu Gott – Abstieg.**)

2. «Videte, fratres mei, distinguite nutriti in ecclesia, eruditi in scripturis dominicis, non rudes, non rustici, non idiotae.

Sunt enim inter vos docti et eruditi viri et quibuscumque litteris non mediocriter instructi: et qui illas litteras quae liberales vocantur, non didicistis, plus est quod in sermone dei nutriti estis». (*Sermo* 133,4)

«Beachtet, meine Brüder, und unterscheidet, ihr, die ihr in der Kirche erzogen wurdet, unterrichtet in den Schriften des Herrn, seid keine Ungebildeten, keine Tölpel, keine Idioten. Es gibt nämlich unter euch gelehrte und gebildete Männer, ja (sogar) in gewissen Wissenschaften überdurchschnittlich Unterrichtete. Und (selbst) für jene, die in den sogenannten freien Wissenschaften nicht unterwiesen wurden, gilt: wichtiger ist es, dass ihr im Wort Gottes Erzogene seid». (*Predigt* 133,4)

Kurzkommentar: Obgleich Augustinus die durch Wissenschaften vermittelte Bildung hoch einschätzte, so zog er doch die durch die Offenbarung vermittelte entschieden vor. Kaum zum Bischof geweiht, verfasste er eine epochale Schrift mit dem Titel *De doctrina christiana – Die christliche Wissenschaft*. Aus diesem Grunde, so lehrte er, sei der lediglich durch die Bibel Erzogene, der «homo christianus litteris tantum ecclesiasticis eruditus», kein Ungebildeter. Dem Kirchenvater ist der Gedanke wichtig, dass erst die Wahrheiten des Glaubens an das Evangelium die entscheidende Bildung vermitteln. Wiederholt verweist er darum auf in den Wissenschaften nicht unterwiesene Männer, denen Christus die apostolische Verkündigung des Evangeliums anvertraut hatte (siehe etwa *De civitate dei – Der Gottesstaat* 22,5; ferner meinen Artikel *Eruditio* im *Augustinus-Lexikon* 2, 1098–1114).

3. «... tanta fit cuncta scientia, quae quidem est utilis collecta de libris gentium, si divinarum scripturarum scientiae comparetur.

«... ebenso verhält es sich mit jedweder nützlichen Wissenschaft aus den Schriften der Heiden, vergleicht man diese mit der Wissenschaft der göttlichen Schriften.

Nam quidquid homo extra didicerit, si noxium est, ibi damnatur; si utile est, ibi invenitur.

Et cum ibi quisque invenerit omnia quae utiliter alibi didicit, multo abundantius ibi inveniet ea quae nusquam omnino alibi, sed in illarum tantummodo scripturarum mirabili altitudine et mirabili humilitate discuntur».
(*De doctrina christiana* 2,63)

Denn über alles, was der Mensch außerhalb (der Bibel) gelernt haben mag, gilt: Ist es schädlich, so wird es (sc. in der Bibel) verdammt, ist es nützlich, so findet man es auch dort. Und während jeder dort alles findet, was er zu seinem Nutzen auch anderswo kennengelernt haben mag, so wird er in viel reicherem Maße dies auch dort noch finden, was man anderswo überhaupt nicht, sondern nur in der wunderbaren Tiefe und der ebenso wunderbaren Demut jener Schriften zu lernen vermag».
(*Die christliche Wissenschaft* 2,63)

Kurzkommentar: Ausdrücklich und nachdrücklich hielt der Kirchenvater Augustinus an der Ambivalenz der profanen und an der Stringenz der christlichen Bildung fest. Er unterschied nicht nur, er schied auch die ‹scientia ex libris gentium›, das Wissen aus heidnischen Schriften, von dem der ‹scientia divinarum scripturarum›, dem Wissen aus den heiligen Schriften. Erstere hält er dann für nützlich, wenn sie der letzteren nicht widerspricht. Deshalb tadelt er auch in seinen *Confessiones – Bekenntnissen* 1,20 seinen eigenen Bildungsweg, abgesehen von der Vermittlung der Fächer des Lesens, des Schreibens und des Rechnens. Prinzipiell gilt für das profane Wissen die in *De doctrina christiana – Die christliche Wissenschaft* 2,58 im Anschluss an Terenz (*Andria* 61) verhängte Weisung: «Ne quid nimis – Nichts im Übermaß».

Christ sein

1. «Aliud est, quod sumus propter nos; aliud, quod sumus propter vos.

Christiani sumus propter nos, clerici et episcopi non nisi propter vos.

«Die eine Sache ist es, was wir für uns sind, die andere, was wir für euch sind.

Christen sind wir für uns, Kleriker und Bischöfe sind wir allein für euch.

Apostolus non clericis, non episcopis et presbyteris loquebatur, quando dicebat: ‹Vos autem estis membra Christi› (*1 Cor* 6,15).

Plebibus dicebat, fidelibus dicebat, christianis dicebat».
(*Sermo Denis* 17,8)

Nicht zu den Klerikern, nicht zu den Bischöfen und Priestern sprach der Apostel, als er sagte: ‹Ihr aber seid die Glieder Christi› (*Erster Korintherbrief* 6,15).

Dem Volk sagte er dies, den Gläubigen, den Christen».
(*Predigt Denis* 17,8)

Kurzkommentar: Was Christen als Amtsinhaber auszeichnet und zugleich kennzeichnet, ist nicht die Inhabe von Ämtern in der Kirche, sondern das Gliedsein am Leibe Christi. Letzteres adelt sie. In einer Predigt am Jahrestag seiner Bischofsweihe legte Augustinus das vielzitierte Bekenntnis ab: «Für euch bin ich Bischof, mit euch bin ich Christ». Die Bezeichnung ‹Bischof› beziehe sich auf das Amt, ‹Christ› dagegen auf das empfangene Heil (*Predigt* 340,1). Siehe dazu meinen Beitrag *«episcopaliter» (Confessiones 5,23). Zum Selbstverständnis Augustins als Bischof*, in: *Reichtum des Glaubens. Festgabe für Bischof Friedhelm Hofmann zum 70. Geburtstag* (Würzburger Diözesangeschichtsblätter 74), Würzburg 2012, 17–32.

2. «Bene Christo servis, si servis quibus Christus servivit».
(*Enarrationes in Psalmos* 103,3,9)

«Du dienst Christus gut, wenn du denen dienst, denen Christus gedient hat».
(*Auslegungen der Psalmen* 103,3,9)

Kurzkommentar: Christ sein ist seinem Wesen nach Dienst, διακονία, ‹servitus›. Aber gerade in diesem Dienst manifestiert sich wahre Freiheit. Denn Dienst und Freiheit sind schon im Neuen Testament dialektisch miteinander verbunden. Im *Philipperbrief* heißt es 2,6–11: Christus Jesus habe, obwohl Gott gleich, sich entäußert und sei bei seiner Menschwerdung gleichsam ein Sklave geworden. Diese Erniedrigung bzw. Entäußerung habe seine Erhöhung zur Folge gehabt. Christen stehen in der Nachfolge Christi. Ihre Freiheit gewinnen sie im Dienst. Augustin zitiert im Kontext den Satz aus dem *Galaterbrief* «Zur Freiheit seid ihr berufen», er fügt aber mit Paulus hinzu: «Nur, nehmt die Freiheit nicht zum Vorwand für das Fleisch, sondern dient einander in Liebe» (5,13). «Die Gott frei schuf, schuf er (zugleich) zu Dienern», erklärt der Prediger Augustin im Kontext, «zu Dienern nicht dank der Geburt, sondern dank Christi Erlösungswerk, nicht durch Zwang, sondern durch Liebe». Martin Luther formulierte in Übereinstimmung mit dem Gesagten, der Christ sei Diener aller, aber (außer Gott) niemandem untertan.

3. «Semper tibi displiceat quod es, si vis pervenire ad id quod nondum es.

Nam ubi tibi placuisti, ibi remansisti.

Si autem dixeris, sufficit; et peristi: semper adde, semper ambula, semper profice: noli in via remanere, noli retro redire, noli deviare. ...

Melius it claudus in via, quam cursor praeter viam». (*Sermo* 169,18)

«Sei stets unzufrieden mit dem, was du bist, wenn du erreichen willst, was du noch nicht bist.

Denn, wo du mit dir zufrieden warst, dort bliebst du zurück.

Sobald du aber sagst, es genügt, bist du (schon) verloren; füge stets (noch etwas) hinzu, laufe immerzu, mache stets Fortschritte; verweile nicht auf dem Weg, bewege dich nicht rückwärts, weiche nicht ab. ...

Besser geht ein Lahmer auf dem Weg als ein Läufer auf dem Abweg».
(*Predigt* 169,18)

Kurzkommentar: Christ sein ist zwar Geschenk, Gnade, daran ließ Augustinus keinen Zweifel aufkommen. Es ist aber zugleich auch ein Prozess, und zwar im Sinne von ‹procedere – fortschreiten› ein bis zum Tode anhaltender. Man beachte die kurzen dialektisch wirksam einander zugeordneten Sätze mit dem rhetorisch vollendeten Schlusssatz.

4. «Ergo gratulemur et agamus gratias, non solum nos christianos factos esse, sed Christum.
Intellegitis, fratres, gratiam dei super nos capitis?
Admiramini, gaudete, Christus facti sumus.
Si enim caput ille, nos membra; totus homo, ille et nos».
(*In Iohannis evangelium tractatus* 21,8)

«Also lasst uns uns gegenseitig beglückwünschen, nicht nur Christen geworden zu sein, sondern Christus. Könnt ihr dies fassen, Brüder, begreift ihr die Gnade Gottes über uns?
Bestaunt dies, freut euch: Christus sind wir geworden.
Ist nämlich jener das Haupt, so sind wir die Glieder: Der ganze Mensch ist jener und wir».
(*Auslegungen des Johannesevangeliums* 21,8)

Kurzkommentar: Bei aller Differenz zwischen Christus und den Christen – jener ist der Erlöser, diese sind die Erlösten – kennt Augustinus eine gewisse Identifikation zwischen beiden, auf die er immer wieder zu sprechen kommt. Hier haben wir geradezu einen klassischen Text dieser Identifikation. Er begründet sie mit der paulinischen Verkündigung, wonach die Kirche Christi Leib ist. Haupt dieses Leibes ist Christus. Augustinus spricht häufig und gerne vom ganzen Christus, dem ‹totus Christus› (siehe dazu auch die Texte unter dem Stichwort **Kirche**).

Christus, Christologie

1. «Ecce loquitur evangelium. Stabat dominus inter discipulos suos, nondum credentes quod resurrexerat.

Videbant eum et putabant se spiritum videre.

Si nihil mali est, credere Christum spiritum fuisse non carnem, si nihil mali est, dimittantur in ista opinione discipuli.

Adtendite, ut intellegatis quod volo dicere; deus autem donet ut dicam, id est sic dicam, quomodo vos audire expedit.

Ecce hoc ipsum repeto.

Aliquando ipsi detestabiles, carnem detestantes et ‹secundum carnem› (*Rm* 8,4.13) viventes, aliquando hoc dicunt et sic decipiunt: Qui melius credunt de Christo, illi qui dicunt quia carnem habuit, an nos qui dicimus: Deus erat, spiritus erat

«So spricht das Evangelium. Der Herr erschien inmitten seiner Jünger, die noch nicht glaubten, dass er auferstanden war.

Sie sahen ihn, glaubten aber einen Geist zu sehen.

Wäre es kein Fehler zu glauben, dass Christus Geist und nicht Fleisch war, wäre dies kein Fehler, so würde Jüngern eine solche Meinung verziehen.

Achtet indes, damit ihr versteht, was ich sagen will: Gott aber möge es mir geben, dass ich es sage, d. h. dass ich es so sage, wie es euch zu hören zusteht.

Ich wiederhole dies noch einmal. Zuweilen behaupten Verabscheuungswürdige, die das Fleisch verachten, obgleich sie ‹dem Fleische nach› (*Römerbrief* 8,4.13) leben – zuweilen behaupten sie, und auf diese Weise täuschen sie: Wer denkt besser über Christus, jene, die behaupten, er

et oculis hominum non corpus, sed deus apparebat?	habe einen Leib gehabt, oder wir, die sagen: er war Gott, er war Geist und folglich erschien vor den Augen der Menschen nicht ein Leib, sondern Gott?
Quid est melius caro an spiritus?	Was ist besser, das Fleisch oder der Geist?
Quid responsuri sumus, nisi spiritum carne esse meliorem?	Was werden wir erwidern, wenn nicht, dass der Geist besser sei als das Fleisch?
Si ergo, dicit, confiteris quod spiritus melior sit quam caro, melius ergo de Christo sentio qui eum spiritum fuisse dico, non carnem.	Wenn du also bekennst, so antwortet er, dass der Geist besser sei als das Fleisch, so denke ich, der ich sage, er sei Geist gewesen und nicht Fleisch, doch besser über Christus.
O infelix error!	Welch unglückseliger Irrtum!
Quare ego carnem dico fuisse Christum?	Wieso behaupte ich also, Christus sei Fleisch gewesen?
Tu dicis spiritum, ego spiritum et carnem; non tu melius dicis, sed minus dicis.	Du behauptest, Geist, ich (dagegen) Geist und Fleisch; du behauptest nichts Besseres, sondern Wenigeres.
Audi ergo totum quod dico ego, id est quod dicit catholica fides, quod dicit fundatissima et serenissima veritas.	Vernimm also das Ganze, was ich sage bzw. was der katholische Glaube sagt, was die begründetste und einleuchtendste Wahrheit sagt.
Tu qui dicis spiritum tantum fuisse Christum quod est et spiritus noster, id est anima nostra, hoc dicis tantum fuisse Christum.	Du, der du behauptest, Christus sei lediglich Geist gewesen, was auch unser Geist, d. h. unsere Seele ist, sagst, Christus sei lediglich das gewesen.
Audi quid dicas.	Höre, was du behauptest.
Dico quod dicis.	Ich sage (nur), was du sagst.
Erat ipse spiritus ex ea natura et substantia, unde et noster est spiritus.	Er (Christus) war Geist aus der gleichen Natur und Substanz, aus der auch unser Geist ist.

Quanto minus dicas, adtende: Erat ibi verbum, erat ibi caro.	Achte darauf, wie wenig du sagst: Dort (wo er den Jüngern erschienen ist) war das Wort, dort war (auch) das Fleisch.
Tu dicis: humanus spiritus solus.	Du sagst, der menschliche Geist allein.
Ego dico verbum, spiritus, corpus: deus et homo.	Ich sage: (dort war) das Wort, der Geist und der Leib: Gott und Mensch.
Si duo volo dicere, si duas res volo dicere, isto utor compendio: deus et homo.	Wenn ich beides (von ihm) aussagen will, wenn ich zweierlei Wirklichkeiten aussagen will, so verwende ich den zusammenfassenden Ausdruck: Gott und Mensch.
Et verus deus et verus homo.	(Also) sowohl wahrer Gott wie auch wahrer Mensch.
Nihil falsum in humanitate, nihil falsum in divinitate: deus et homo.	Nichts Falsches betreffs der Menschheit, nichts Falsches betreffs der Gottheit: (eben) Gott und Mensch.
Sed de ipso homine si quaeris a me, duo iterum dico: anima humana et caro humana.	Befragst du mich aber über den Menschen (Christus), so sage ich erneut ein Zweifaches: eine menschliche Seele und ein menschliches Fleisch.
Tu homo es propter animam et carnem; ille Christus propter deum et hominem.	Du bist wegen (deiner) Seele und (deines) Fleisches ein Mensch; jener ist der Christus wegen (seines) Gott- und Menschseins.
Ecce quod dico». (*Sermo* 237,2)	Das ist es, was ich behaupte». (*Predigt* 237,2)

Kurzkommentar: Der hier im Hinblick auf sein theologisches Gewicht zitierte längere Text aus einer Predigt in der Osterwoche verdeutlicht nicht nur die orthodoxe Lehre Augustins über Christi Person, in ihm finden wir sogar die Formel «*et verus deus et verus homo*», mit der das spätere Konzil von Chalkedon (451) die bis dahin schwelenden christologischen Unklarheiten beseitigt hat. Zuvor schon wurde auf den Konzilien von Nizäa (325) – eine Formulierung der Lehre von der Gottheit und der Wesensgleichheit des Sohnes mit dem

Vater – und Ephesus (431) – eine Formulierung der Lehre von den beiden Naturen in Christus, die keine zwei verschiedenen Personen, eine göttliche und eine menschliche, bedingen, weshalb Maria Gottesgebärerin sei – versucht, das Mysterium der Person Christi vor Irrtümern zu schützen. Definitiv gelang dies erst der Kirchenversammlung von Chalkedon, und zwar unter Federführung des beim Konzil selbst nicht anwesenden, auf dieses jedoch durch seinen dogmatischen Brief Einfluss ausübenden Papstes Leo des Großen, eines exzellenten Kenners der Christologie Augustins. Feierlich bekannte jenes Konzil, «*dass der Sohn, unser Herr Jesus Christus, ein und derselbe sei … vollkommen der Gottheit und vollkommen der Menschheit nach, wahrer Gott und wahrer Mensch, bestehend aus einer vernünftigen Seele und einem Leib*». Unschwer erkennt man in dieser Formulierung den Kern der Christologie Augustins. Zur Lehre Augustins über Christus siehe den Artikel *Christus* von GOULVEN MADEC im *Augustinus-Lexikon* 1, 845–907.

2. «Verax autem mediator, quem secreta tua misericordia demonstrasti humilibus et misisti, ut eius exemplo etiam ipsam discerent humilitatem, ‹mediator› ille ‹dei et hominum, homo Christus Iesus› (*1 Tm* 2,5), inter mortales peccatores et immortalem iustum apparuit, mortalis cum hominibus, iustus cum deo, ut, quoniam stipendium iustitiae vita et pax est, per iustitiam coniunctam deo evacuaret mortem iustificatorum impiorum, quam cum illis voluit habere communem. …

In quantum enim homo, in tantum mediator, in quantum autem verbum,

«Der wahre Mittler aber, den du (Gott) in deiner (für uns) verborgenen Barmherzigkeit den Menschen gezeigt und gesandt hast, auf dass sie an seinem Beispiel dieselbe Demut lernen sollten, jener ‹Mittler zwischen Gott und den Menschen, der Mensch Christus Jesus› (*Erster Timotheusbrief* 2,5), erschien zwischen den sterblichen Sündern und dem unsterblichen Gerechten, sterblich mit den Menschen, gerecht (aber) mit Gott, damit er, weil das Leben und der Friede (allein) der Gerechtigkeit Lohn ist, durch seine Gerechtigkeit, die ihn mit Gott verband, den Tod der gerechtfertigten Gottlosen, den er mit ihnen haben wollte, vernichtete. …

Sofern er nämlich Mensch ist, sofern ist er Mittler, sofern er jedoch Wort

non medius, quia aequalis deo et
deus apud deum et simul unus deus».
(*Confessiones* 10,68)

(Gottes) ist, befindet er sich nicht in
der Mitte, weil er Gott gleich, Gott
bei Gott und zugleich der eine Gott
ist». (*Bekenntnisse* 10,68)

Kurzkommentar: Aufgrund intensiverer Beschäftigung mit der Heiligen Schrift zum Beginn seiner pastoralen Aufgaben in den Jahren 391–395 sah Augustinus in der Person Christi primär nicht mehr wie zuvor den Lehrer, auf den er in seinem zuvor verfassen Dialog *De magistro* expressis verbis Bezug nahm, sondern den Erlöser. Zu einer der meistzitierten Bibelstellen in seinem literarischen Werk avancierte nunmehr der Satz von Christus dem ‹Mittler zwischen Gott und den Menschen› aus dem *Ersten Timotheusbrief* 2,5. Der Terminus ‹mediator-Mittler› wurde sozusagen zum Schlüsselbegriff seiner Christologie, denn darin kommt die soteriologische Zielsetzung der Menschwerdung Christi aufs Bündigste zum Ausdruck. Dies wird auch in unserem Zitat deutlich. Darin illustriert nämlich Augustinus anhand der Rechtfertigungslehre des Apostels Paulus die auf das Erlösungsgeschehen (Kreuz und Auferstehung) abzielende Mittlerrolle Christi. Als ‹der Gerechte mit Gott› vernichtet Jesus als Gottes eingeborener Sohn durch seinen Tod am Kreuz kraft seiner eigenen Gerechtigkeit den Tod der zu rechtfertigenden Gottlosen, wodurch diese, wenn sie glauben, zu Gerechtfertigten werden. Mit Fug und Recht darf man deshalb sagen: Die Soteriologie ist der Schlüssel zum Verständnis der Christologie in den paulinischen Schriften. Die nachösterliche Verkündigung der frühen Kirche lautete darum nicht, ‹der gekreuzigte Jesus lebt›, sondern ‹der für uns gekreuzigte Jesus lebt›. Dies hat Augustinus in seinem schriftstellerischen Schaffen zunehmend deutlich gesehen und ebenso deutlich auch artikuliert.

3. «Veritatem vidi, veritatem loquor,
quia veritas sum.

Si enim dominus veritatem loquitur
quam vidit apud patrem, se vidit, se
loquitur, quia ipse est veritas patris,
quam vidit apud patrem; ipse est

«Ich sah die Wahrheit und ich spreche die Wahrheit, weil ich die Wahrheit bin.

Wenn also der Herr die Wahrheit, die er beim Vater gesehen hat, spricht, so hat er sich (selbst) gesehen, so spricht er von sich (selbst), weil er

enim verbum, quod verbum erat apud deum».
(*In Iohannis evangelium tractatus 42,2*)

die Wahrheit des Vaters, die er beim Vater sah, (selbst) ist; er (selbst) ist nämlich das Wort, das als Wort bei Gott war».
(*Auslegungen des Johannesevangeliums 42,2*)

Kurzkommentar: In der neuzeitlichen Theologie spricht man in Bezug auf die kritische Exegese neutestamentlicher Schriften bevorzugt von einer sogenannten ‹Christologie von unten›, das will sagen, historisch betrachtet stellte sich den Autoren dieser Schriften die Frage, wer bzw. was ist Jesus Christus, erst nach den österlichen Ereignissen. Die Evangelien selbst seien nichts anderes als rückwärts in das Leben Jesu hinein aufgezeichnete Karfreitags- und Ostergeschichten. Die christlichen Schriftsteller der nachneutestamentlichen Zeit lasen die Texte über Jesus anders. Sie redeten vorzüglich einer sogenannten ‹Christologie von oben› das Wort. Klar zeigen dies auch die Schriften Augustins, was unser Text unmissverständlich verdeutlicht. Es hat seinen Grund, wenn der Kirchenvater von den vier Evangelien das zuletzt abgefasste vierte besonders hoch einschätzte und es in 124 Traktaten auslegte. Davon ausgehend nahm er auch die anderen drei, die sogenannten Synoptiker, hermeneutisch in den Blick. Schon in seinem Prolog vertritt dieses vierte Evangelium eine unmissverständliche Inkarnationschristologie. Es geht vom präexistenten Wort, das im Anfang bei Gott und selbst Gott war, aus und es verkündet dessen Menschwerdung zum Heil derer, die daran glauben (*Johannesevangelium* 1,1–14). Im Streit mit den Juden über deren Nachkommenschaft aus Abrahams Samen legt es Jesus die Worte in den Mund: ‹Vor Abraham bin ich› (ebd. 8,58). Dieser Satz unterstreicht nach Augustinus die orthodoxe Christologie der an der Präexistenz der Person Jesu und dessen Identität mit der Wahrheit als Gottes Wort festhaltenden Kirche. Christi Erlösungswerk kulminiert zwar im Karfreitags- und Ostergeschehen, es erstreckt sich aber auf sein ganzes Leben. Denn während der ganzen Zeit seines irdischen Daseins rief er als das inkarnierte zeitlose Wort die der Zeit Verfallenen, um sie mit der Ewigkeit zu beschenken.

4. «Nos, id est, catholica fides veniens de doctrina apostolorum, plantata in nobis, per seriem successionis accepta, sana ad posteros transmittenda,

«Wir, d. h. der katholische Glaube, der sich von der Lehre der Apostel herleitet, wurde uns durch deren Nachfolgeschaft gleichsam ein-

inter utrosque, id est, inter utrumque errorem tenuit veritatem.

In errore Sabellianorum unus est solus, ipse est pater qui filius; in errore Arianorum, alius est quidem pater, alius filius; sed ipse filius non solum alius, sed etiam aliud est; tu in medio quid?

Exclusisti Sabellianum, exclude et Arianum.
Pater, pater est; filius, filius est; alius, non aliud; quia ‹ego et pater›, inquit, ‹unum sumus› (*Io* 10,30).

... cum audit, ‹sumus› (*Io* 10,30), abscedat confusus Sabellianus; cum audit, ‹unum› (*Io* 10,30), abscedat confusus Arianus; gubernet catholicus inter utrumque fidei suae navigium, quoniam cavendum est in utroque naufragium.

Dic ergo tu, quod dicit evangelium: ‹Ego et pater unum sumus› (*Io* 10,30).
Non ergo diversum, quia ‹unum› (*Io* 10,30); non unus, quia ‹sumus› (*Io* 10,30)».

(*In Iohannis evangelium tractatus* 37,6)

gepflanzt, um unverfälscht ihn als Wahrheit den Nachkommen zwischen beiden Irrtümern zu übermitteln.

Nach dem Irrtum der Sabellianer ist (nämlich) nur einer sowohl der Vater wie auch der Sohn; nach dem Irrtum der Arianer ist zwar ein anderer der Vater, ein anderer der Sohn, der Sohn jedoch ist nicht nur ein anderer, sondern ein anderes; du in der Mitte, was glaubst du?

Du hast den Sabellianer abgewiesen, weise auch den Arianer ab.
Der Vater ist Vater, der Sohn ist Sohn; (jeder) ist ein anderer, kein anderes. Denn er (Jesus) sagt: ‹Ich und der Vater sind eins› (*Johannesevangelium* 10,30).

... Hört (man) ‹wir sind›, so möge der Sabellianer verwirrt abtreten, hört (man) ‹eins›, so möge der Arianer verwirrt abtreten; der Katholik möge das Schiff seines Glaubens zwischen beiden navigieren, denn ein Schiffbruch ist auf beiden Seiten zu vermeiden.

Sag du daher, was (auch) das Evangelium sagt: ‹Ich und der Vater sind eins› (ebd.).
Also nicht verschieden, weil ‹eins› (ebd.); nicht einer, weil ‹wir sind› (ebd.)».

(*Auslegungen des Johannesevangeliums* 37,6)

Kurzkommentar: Quelle des katholischen Glaubens ist nach Augustinus die Lehre der Apostel. Sie pflanzt sich in der kirchlichen Tradition fort. Und darum bestimmt die Kirche, was über Christus zu glauben ist. Bereits in den ersten Jahrhunderten der nachösterlichen Zeit entstanden zahlreiche Irrlehren bezüglich der Gottessohnschaft Jesu Christi, die Augustinus hier paradigmatisch in zwei Lager aufteilt. Die Sabellianer, eine von Sabellius (um 260) vertretene Richtung, hielten strikte am Monotheismus des Alten Testamentes fest und lehrten, der eine Gott offenbare sich in seinem Heilshandeln in der Zeit gleichsam in drei verschiedenen Rollen: als Vater in der Schöpfung, als Sohn in seinem Erlösungswerk und als Heiliger Geist im Wirken der Gläubigen. Sie leugneten also die Dreiheit der Personen in der Trinität. Die Arianer hingegen hielten zwar an der Dreiheit der Personen fest, meinten aber einer hierarchisch qualitativ gestuften Dreiheit der Personen das Wort reden zu müssen. Zwischen diesen beiden Richtungen siedelt Augustinus den orthodoxen Glauben der Kirche an: In Bezug auf ihr Personsein ist jede der drei eine andere, ‹alius›, in Bezug auf ihr Gottsein sind alle drei ein und dasselbe, ‹unum›.

5. «Illud autem sciatis, quia omnia quae corporaliter visa sunt, non erant illa substantia dei.

Illa enim oculis carnis videmus; dei substantia unde videtur?

Evangelium interroga: ‹Beati mundo corde, quia ipsi deum videbunt› (*Mt* 5,8).

Fuerunt homines qui dicerent vanitate sui cordis decepti: Pater invisibilis est, filius autem visibilis est.

Unde visibilis?
Si propter carnem, quia suscepit carnem; manifestum est.

«Dies aber sollt ihr wissen, dass nicht alles, was (von den Zeitgenossen Jesu) körperlich gesehen wurde, die Substanz Gottes war.

Denn jenes (alles) sehen wir mit den Augen des Fleisches; woher sollte Gottes Substanz gesehen werden?

Ziehe (diesbezüglich) das Evangelium zu Rate: ‹Selig, die reinen Herzens sind, denn sie werden Gott schauen› (*Matthäusevangelium* 5,8).

Es gab Menschen (sc. die Arianer; siehe **Text 4**), die durch die Haltlosigkeit ihres Herzens getäuscht sagten, der Vater sei unsichtbar, der Sohn jedoch sichtbar.

Unter welcher Beziehung sichtbar?
Wenn unter der des Fleisches, weil er Fleisch annahm; dies ist klar.

Illi enim qui carnem Christi viderunt, aliqui crediderunt, aliqui crucifixerunt: et qui crediderunt, illo crucifixo nutaverunt; et nisi ipsam post resurrectionem palparent, fides ad eos non revocaretur.

Si ergo propter carnem visibilis filius, et nos concedimus, et est catholica fides; si autem ante carnem sicut ipsi dicunt, id est, antequam incarnaretur, multum delirant, et multum errant.

Facta enim sunt illa visibilia corporaliter per creaturam, in quibus typus ostenderetur, non utique substantia ipsa demonstrabatur et manifestabatur.

Et hoc adtendat caritas vestra lene documentum.
Sapientia dei videri oculis non potest.
Fratres, si Christus sapientia dei, et virtus dei, si Christus verbum dei:

Von jenen nämlich, die Christus im Fleisch sahen, haben einige (an ihn) geglaubt, andere (dagegen) haben ihn gekreuzigt: Und die an ihn geglaubt haben, gerieten nach seiner Kreuzigung ins Schwanken, und wenn sie nach der Auferstehung sein Fleisch nicht berührt hätten, so hätten sie ihren Glauben (an ihn) nicht bewahrt.

Ist somit der Sohn im Hinblick auf sein Fleisch (das er angenommen hat) sichtbar, so geben auch wir dies zu, wie der katholische Glaube es erfordert; ist er (der Sohn) aber, wie jene behaupten, (bereits) vor seiner Menschwerdung (sichtbar), so faseln sie und irren sich sehr.

Denn jene sichtbar gewordenen Ereignisse geschahen mittels der Kreatur. An ihnen sollte (lediglich) in der Weise der Verweisung (auf die Gottheit des Wortes verwiesen werden und) nicht die (göttliche) Substanz selbst gezeigt und kundgetan werden.

Möge eure Liebe dies als bescheidenen Hinweis beachten.
Gottes Weisheit vermag mit den Augen nicht geschaut zu werden.
Brüder, wenn Christus Gottes Weisheit und Gottes Kraft ist, (und) wenn

verbum hominis oculis non videtur, verbum dei videri sic potest?» (*In Iohannis evangelium tractatus* 3,18)	Christus das Wort Gottes ist, (und wenn schon) das Wort des Menschen mit Augen nicht gesehen werden kann, kann dann Gottes Wort so (leiblich) gesehen werden?» (*Auslegungen des Johannesevangeliums* 3,18)

Kurzkommentar: Allein schon im Hinblick auf seine (neuplatonische) Ontologie, wonach das Unveränderliche vom Veränderlichen radikal abgegrenzt zu denken ist, hielt Augustinus an der Unsichtbarkeit Gottes im Bereich des Veränderlichen prinzipiell fest (siehe **Ordnung, Text 1**). Dies betont er wiederholt sowohl in seinen Auslegungen der Theophanien, von denen das Alte Testament kündet, wie auch in seinen Auslegungen christologischer Sätze des Neuen Testamentes – mustergültig in dem hier präsentierten Text. Wen bzw. was haben also die Jünger und die Zeitgenossen Jesu in der Begegnung mit ihm gesehen? Einen Menschen, müsste die Antwort lauten. Dass dieser zugleich der Christus, der Erlöser, der Kyrios, der Sohn Gottes sei, daran glaubten die Jünger aufgrund der Reden und Taten, der ‹dicta et facta›, durch die Jesus ihnen sich offenbarend zu erkennen gab. An Deutlichkeit lässt es der das *Johannesevangelium* auslegende Bischof nicht missen: Körperliches kann prinzipiell nicht Substanz Gottes sein. Was die menschliche Natur Jesu (auf Erden) und die göttliche Natur des Wortes (im Himmel) verbindet, ist das Personsein Jesu. Augustinus nennt das Geheimnis der Inkarnation ein ‹sacramentum›. Er spricht vom ‹sacramentum suscepti hominis – Sakrament des Menschgewordenen› (*De moribus ecclesiae catholicae et de moribus Manicheorum – Die Sitten der katholischen Kirche und die Sitten der Manichäer* 1,12) und vom ‹sacramentum incarnationis – Sakrament der Menschwerdung› (*Sermo Dolbeau – Predigt Dolbeau* 22,24 f.). ‹Sacramenta› sind nach Augustin per definitionem ‹signa›, ‹Zeichen›. ‹Zeichen› wieder sind per definitionem solche ‹Sachen›, ‹res›, die auf etwas anderes, d. h. auf eine andere Sache verweisen. In seiner epochalen Schrift *De doctrina christiana – Die christliche Wissenschaft* 2,1 lautet die Definition des Zeichens: «signum est enim res praeter speciem, quam ingerit sensibus, aliud aliquid ex se faciens in cogitationem venire». Als ‹heilige Zeichen› verweisen demnach die ‹sacramenta› die sie Wahrnehmenden auf jene Sachen (Dinge, Ereignisse, Zustände), die mit unserem Heil zu tun haben – letztendlich auf den dreieinigen Gott. Deshalb ist auch die ‹bezeichnete Sache›, die ‹res significata› aller ‹signa sacra›, aller Heilszeichen, aller ‹sacramenta›, inklusive des inkarnierten Wortes Gottes, der dreieinige Gott. Davon handelt das erste Buch von *De doctrina christiana*. Verhüllt schauen wir die Gottheit Christi im Glauben; enthüllt in der Vollendung bei Gott. Im gleichen Traktat zitiert der Prediger aus dem *Matthäusevangelium* 5,8: «Selig sind, die ein reines Herz haben, denn sie werden Gott schauen». Es heiße nicht, so fügt er vielsagend hinzu, sie schauen bereits Gott. Die Erkenntnis werde vielmehr verheißen: «cognitio dei promittitur, ... modo credimus, non videmus – jetzt glauben wir, wir schauen nicht. Der Lohn für diesen unseren Glauben wird sein, dass wir schauen, was wir glauben» (ebd. 3,20).

Demut

1. «(Humilitas) maxima est disciplina christiana, humilitate enim conservatur caritas, nam nihil eam citius violat quam superbia».
(*Expositio epistulae ad Galatas* 15)

«Demut ist die größte christliche Disziplin, denn durch sie wird die Liebe bewahrt, die nichts schneller verletzt als der Stolz».
(*Auslegung des Briefes an die Galater* 15)

Kurzkommentar: Die Demut und die christliche Caritas sind aufs Engste miteinander verflochten. Augustin nennt beide häufig in einem Atemzug: «ubi humilitas, ibi caritas – Wo die Demut ist, ist auch die Liebe» (*In epistulam Iohannis ad Parthos tractatus*, Prologus – *Vorträge zum Johannesbrief an die Parther*, Vorwort). (Siehe auch **Liebe, Text 9**.) Zur Bedeutung der Demut im Denken Augustins siehe meinen Artikel *Humiliatio, humilitas* im *Augustinus-Lexikon* 3, 443–456.

2. «Quid superbis, homo? Deus propter te humilis factus est.

Puderet te fortasse imitari humilem hominem, saltem imitare humilem deum.

«Weshalb bist du, Mensch, stolz? Gott ist deinetwegen demütig geworden.

Sollte es dich womöglich mit Scham erfüllen, einen demütigen Menschen nachzuahmen, so ahme doch wenigstens den demütigen Gott nach.

Abb. 2: Monnica führt Augustinus in die Schule. Schule der Marken (Fresko, 15. Jh.; Vatikan, Pinacoteca, sala II, inv. 205).

Venit filius dei in homine, et humilis factus est; praecipitur tibi ut sis humilis, non tibi praecipitur ut ex homine fias pecus; ille deus factus est homo; tu, homo, cognosce quia es homo; tota humilitas tua, ut cognoscas te».

(*In Iohannis evangelium tractatus* 25,16)

Gottes Sohn kam in Menschengestalt und wurde demütig; dir wird befohlen, demütig zu sein. Es wird dir nicht befohlen, als Mensch ein Tier zu werden. Jener, Gott, ist Mensch geworden; du, Mensch, erkenne, dass du Mensch bist! Deine ganze Demut ziele darauf ab, dich als Menschen zu erkennen».

(*Auslegungen des Johannesevangeliums* 25,16)

Kurzkommentar: Obgleich die Demut nach Augustinus als eine spezifisch christliche Tugend zu gelten hat, so zeichnet sie sich doch zugleich auch durch ihre ontologisch-anthropologische Relevanz aus, denn sie weist dem Menschen seinen ihm unter den gestuften Dingen des Seins, des ‹ordo rerum› (siehe das Stichwort **Ordnung**), bestimmten Platz zu. Ja, Augustin weist gelegentlich darauf hin, dass den Heiden ein solches Vorbild, ein «divinae humilitatis exemplum», fehlte (vgl. *Epistula – Brief* 118,17). Selbsterkenntnis involviert die Einsicht in die Heilsbedürftigkeit des Menschseins und das Angewiesensein auf das Heilshandeln Gottes in der Zeit. Der Kirchenvater zitiert im Kontext aus dem *Johannesevangelium* 6,38: «Ich kam nicht, meinen Willen zu tun, sondern den Willen dessen, der mich gesandt hat». Und er legt Jesus die Worte in den Mund: «Als Demütiger kam ich, die Demut zu lehren kam ich, als Lehrer der Demut kam ich».

Einheit – Vielheit

1. «Ut enim in circulo quantumvis amplo unum est medium, quo cuncta convergunt, quod κέντρον geometrae vocant, et quamvis totius ambitus partes innumerabiliter secari queant, nihil tamen est praeter illud unum, quo cetera pariliter dimetiantur et quod omnibus quasi quodam aequalitatis iure dominetur, hinc vero

«Wie es nämlich in einem Kreis, mag er noch so groß sein, (nur) einen Mittelpunkt gibt, auf den alles zuläuft – die Geometer nennen ihn Zentrum –, und möge dieser auch in unzählig viele Segmente zerschnitten werden, so gibt es doch keinen weiteren Mittelpunkt als jenen einen, durch den alles andere gleichmäßig

in quamlibet partem si egredi velis, eo amittuntur omnia, quo in plurima pergitur, sic animus a se ipse fusus inmensitate quadam diverberatur et vera mendicitate conteritur, cum eum natura sua cogit ubique unum quaerere et multitudo invenire non sinit». (*De ordine* 1,3)

gegliedert wird – er herrscht nach einem gewissen Recht der Gleichheit über alles. Je weiter du indes von ihm aus zu irgendeinem Teil ausschreiten willst, desto mehr wirst du, wenn du in das Fernste vorgedrungen bist, alles verlieren. Eben das widerfährt der Geistseele; sie verliert sich ins Unermessliche und wird in echter Bettelarmut in Schrecken versetzt, da sie ihre Natur zwingt, überall das Eine zu suchen, das zu finden die Vielheit nicht zulässt».
(*Über die Ordnung* 1,3)

Kurzkommentar: Das Verhältnis von Einheit und Vielheit spielte in der griechischen Philosophie von Anfang an eine zentrale Rolle. Systematisch durchreflektiert wurde es bei den Neuplatonikern. Nach Plotin ist das Eine, ἕν, der universale Grund und Ursprung, das absolute Prinzip für jegliche Aus- und Entfaltung des Seins in das Viele, die δύναμις πάντων (Plotin 3,8,10). Die Rückbindung und Rückführung der Vielfalt des Seienden auf das Eine betrachteten er und seine Schüler, die Neuplatoniker, als die eigentliche Aufgabe der Philosophie. Plotin kennt und verwendet für die Klärung des Verhältnisses von Einheit-Vielheit neben der Lichtmetapher auch die des Kreises, in dem sich alle Teile dem Zentrum verdanken (Plotin 6,8,18). Unschwer erkennt man in unserem Text aus *Über die Ordnung* 1,3 die neuplatonische Vorlage – hier allerdings mit deutlich ethisch-pädagogischem Impetus. Beim Ausschreiten in Richtung des Vielen ohne ständigen Kontakt zu der einen Mitte verliert sich der Mensch in der Unermesslichkeit, der ‹inmensitas›. Für den Christen Augustinus ist die festzuhaltende Mitte Gott, der Schöpfer aller Dinge. «Die Kreaturen, ob sie nahe bei dir blieben oder ob sie stufenweise in wachsendem Abstand durch die Zeiten und Orte die schöne Vielfalt erzeugen oder erleiden», heißt es in den *Confessiones – Bekenntnissen* 12,38, «streben zurück zu dir, dem Einen, nach der Ordnung, wie sie jedwedem Ding in seiner Art verliehen ist». Und ebenfalls in den *Confessiones* 2,1 interpretiert er die Irrungen und Wirrungen seiner Jugend als ‹Abkehr von dem Einen und als Sich-Verlieren in das Vielerlei›. (Siehe auch **Gottesliebe, Text 5**.)

2. «Sed quoniam ‹melior est misericordia tua super vitas› (*Ps* 62,4), ecce distentio est vita mea, et ‹me suscepit dextera tua› (*Ps* 17,36; 62,9) in domino meo, mediatore filio hominis inter te unum et nos multos, in multis per multa, ut per eum ‹apprehendam, in quo et apprehensus sum› (*Phil* 3,12), et a veteribus diebus conligar sequens unum, ‹praeterita oblitus› (*Phil* 3,13), non in ea quae futura et transitura sunt, sed ‹in ea quae ante sunt› non distentus, sed ‹extentus› (*Phil* 3,13), non secundum distentionem, sed ‹secundum intentionem sequor ad palmam supernae vocationis› (*Phil* 3,14), ‹ubi audiam vocem laudis› (*Ps* 25,7) et ‹contempler delectationem tuam› (*Ps* 26,4) nec venientem nec praetereuntem.

«‹Weil aber ‹dein Erbarmen besser ist als alles Leben› (*Psalm* 62,4), deshalb ist mein Leben (nur) eine Spanne; indes ‹deine Rechte nahm mich in ihre Obhut› (ebd. 17,36; 62,9) in meinem Herrn, dem Menschensohn und Mittler zwischen dir, dem Einen, und uns, den Vielen, in Vielem und durch Vieles, auf dass ich durch ihn ‹ergreife, von dem ich (bereits) ergriffen worden bin› (*Philipperbrief* 3,12), und auf dass ich mich in meinen alten Tagen sammle, indem ich dem Einen folge, ‹vergessend, was vergangen ist› (ebd. 3,13), mich strecke nicht nach dem, was künftig und vorübergehend ist, sondern ‹nach dem› ausstrecke, ‹was vor mir liegt›, nicht in der Zersplitterung, sondern ‹in der Gespanntheit nach der Palme der himmlischen Berufung folge› (ebd. 3,12–14), (dorthin), wo ‹ich die Stimme des Lobes hören› (*Psalm* 25,7) und ‹deine Wonne›, die nicht kommt und nicht vergeht, ‹betrachten soll› (ebd. 26,4).

Nunc vero ‹anni mei in gemitibus› (*Ps* 30,11), et tu solacium meum, domine, pater meus aeternus es; at ego in tempora dissilui, quorum ordinem nescio, et tumultuosis varietatibus dilaniantur cogitationes meae, intima viscera animae meae, donec in te confluam purgatus et liquidus igne amoris tui».   (*Confessiones* 11,39)

Jetzt aber ‹schwinden meine Jahre in Seufzern dahin› (ebd. 30,11) und du, Herr, bist mein Trost, mein ewiger Vater; ich aber bin zerteilt in Zeiten, deren Ordnung ich nicht kenne. Und in tumultartigem Wechsel zerfleischen sich meine Gedanken, das Innerste meiner Seele, bis ich (einst) gereinigt und geläutert im Feuer deiner Liebe einmünde in dir».

(*Bekenntnisse* 11,39)

Kurzkommentar: Mustergültig reflektiert Augustinus das Thema von Einheit und Vielheit am Wesen der Zeit im 11. Buch seiner *Bekenntnisse*. Das Ergebnis seiner minutiösen Analysen lautet dort, der Mensch werde der Zeit nur in ihrer Diffusität inne, denn Zeit als Gegensatz zur Ewigkeit tendiert zum Nicht-Sein. Ihre Wahrnehmung vollzieht sich nicht im Außenbereich, sondern im Innenbereich der Geistseele. Dort, in der Geistseele, gibt es von den drei Aspekten der Zeit die Gegenwart des Vergangenen im Erinnern («memoria»), die Gegenwart des Gegenwärtigen in der Anschauung («contuitus») und die Gegenwart des Künftigen in der Erwartung («expectatio») (11,26). «Ich bin zerteilt in Zeiten», resümiert Augustinus, für den sich die Frage stellt, wie findet der Mensch seine letztlich doch in der Einheit gründende Identität. Zu finden ist sie der Offenbarung zufolge in der eschatologischen Perspektive der Ewigkeit Gottes, «der immer derselbe ist, und dessen Jahre nicht vergehen» (*Psalm* 101,28). Denn Gott ist reine Präsenz; auf ihn hin soll der Mensch sich ausstrecken. Das Zerteiltsein in Zeiten wird am Ende der Zeiten aufgehoben sein, wenn alle Zeit einmündet in die Ewigkeit Gottes. Augustinus beschließt deshalb seine Analyse mit dem Bekenntnis: «Et stabo atque solidabor in te – Ich werde stehen und in dir gefestigt sein» (*Bekenntnisse* 11,40).

3. «Bonum hominem fecit deus: sic habet scriptura, ‹fecit deus hominem rectum, et ipsi homines adinvenerunt cogitationes multas› (*Ecl* 7,30).

A multis curre ad unum, dispersa collige in unum: conflue, munitus esto, mane apud unum; noli ire in multa.

Ibi est beatitudo». (*Sermo* 96,6)

«Gott schuf einen guten Menschen: dies bezeugt die Heilige Schrift (in der es heißt): ‹Gott schuf den Menschen als Redlichen; die Menschen selbst erfanden (ränkereich) die vielen Gedanken› (*Prediger* 7,30). Vom Vielen wende dich dem Einen zu; sammle das Zerstreute in das Eine: Sammle dich, sei befestigt, bleibe beim Einen, verliere dich nicht in das Viele. Dort (beim Einen) ist die Glückseligkeit». (*Predigt* 96,6)

Kurzkommentar: Ein schönes Beispiel, in welchem Maße der predigende Augustinus es verstand, ihm geläufige und lieb gewordene philosophische Einsichten wie das dialektische Verhältnis von Einheit und Vielheit auf die Kanzel zu bringen und für die christliche Verkündigung fruchtbar zu machen.

In dieser *Predigt* 96 ging es u. a. um die Nachfolge Christi, also, um in der philosophischen Dialektik von Einheit und Vielheit zu bleiben, um die Abwendung von Gott, dem Einen, hin zum Vielen unter Hintansetzung des Einen, worin Augustinus den Abfall Adams in die Sünde und damit den Verlust der Glückseligkeit erblickt. Sie wiederzugewinnen hat die Rückkehr zum Einen zur Bedingung, was freilich nach der Lehre des Kirchenvaters nur mit Hilfe der Gnade gelingen kann.

4. «Recordari volo transactas foeditates meas et carnales corruptiones animae meae, non quod eas amem, sed ut amem te, deus meus.

Amore amoris tui facio istuc, recolens vias meas nequissimas in amaritudine recogitationis meae, ut tu dulcescas mihi, dulcedo non fallax, dulcedo felix et secura, et conligens me a dispersione, in qua frustatim discissus sum, dum ab uno te aversus in multa evanui».

(*Confessiones* 2,1)

«In meinem Geiste will ich meine Schändlichkeiten und meine fleischlichen Verirrungen vergegenwärtigen – nicht weil ich sie liebte, sondern damit ich dich, mein Gott, liebe.

Aus Liebe zu deiner Liebe tu ich dies, indem ich in der Bitternis der Erinnerung die hässlich bösen Wege wieder vergegenwärtige, auf dass du mir zur süßen Wonne werden mögest, du Wonne ohne Trug, du Wonne voll Glück und Sicherheit. Und ich sammle mich aus der Zerstreuung, in die ich mich grundlos zersplittert habe, während ich mich von dir, dem Einen, abgekehrt in das Vielerlei verlor».

(*Bekenntnisse* 2,1)

Kurzkommentar: Wie schon im **Text 3** geht es auch hier um die Dialektik von Einheit und Vielheit. Die ursprüngliche Einheit geht durch die Abwendung von Gott, die ‹aversio a deo› – neuplatonisch ‹aversio ab uno›, die Abwendung vom Einen –, und im ‹evanescere in multa›, sich ins Viele verirren, verloren. Das Wiedererreichen der Einheit hat das ‹se conligere a dispersione›, das Sich-Sammeln aus der Zerstreuung, zur Voraussetzung. Nach einer anderen Stelle der *Bekenntnisse* leistet dies die Tugend der Enthaltsamkeit, die ‹continentia›: Dort heißt es: «Per continentiam quippe colligimur et redigimur in unum, a quo in multa defluximus – Durch Enthaltsamkeit werden wir gesammelt und zum Einen zurückgeführt, von dem wir uns in die Vielheit verströmten» (ebd. 10,40). Abermals betont Augustinus auch dort die Notwendigkeit der Gnade bei diesem Prozess der Läuterung: «Continentiam iubes: Da quod iubes et iube quod vis – Enthaltsamkeit gebietest du: Gib, was du gebietest, und (dann) gebiete, was du willst» (ebd.).

5. «Omne quippe corpus verum corpus est, sed falsa unitas. Non enim summe unum est aut in tantum id imitatur, ut impleat, et tamen nec corpus ipsum esset, nisi utcumque unum esset.

Porro utcumque unum esse non posset, nisi ab eo, quod summe unum est, id haberet».
(*De vera religione* 63)

«Jedweder Körper ist zwar ein wahrer Körper, jedoch eine falsche Einheit. Er ist nämlich nicht im strikten Sinne die Eins; er bildet die Eins auch nicht in der Weise ab, dass er sie erfüllte. Und dennoch wäre er (überhaupt) kein Körper, wäre er nicht auf welche Weise auch immer eine Eins.

Übrigens könnte er auf welche Weise auch immer keine Eins sein, hätte er sie nicht von dem, das in höchster Weise die Eins ist».
(*Die wahre Religion* 63)

Kurzkommentar: Kreaturen, Gattungen wie Arten und Individuen sind nur dadurch voneinander und untereinander unterscheidbar, indem sie ihre je eigene auf Einheit gründende Identität besitzen. Diese Einheit ist aber im Sinne der platonisch-neuplatonischen Ontologie keine ursprüngliche, sondern eine durch Teilhabe (μέθεξις, participatio) der transzendenten Einheit in Raum und Zeit vermittelte.

Eloquenz, Rhetorik

1. «Eloquentia vero facultas dicendi est congruenter explicans quae sentimus, qua tunc utendum est cum recta sentimus».
(*Ad Cresconium grammaticum partis Donati* 1,2)

«Die Eloquenz jedoch ist die Fähigkeit des Redens, das angemessen zu erklären, was wir denken; sie ist dann angebracht, wenn wir das Rechte wahrnehmen».
(*An Cresconius, den Grammatiker aus der Sekte der Donatisten* 1,2)

Kurzkommentar: Augustinus war von Beruf Grammatiker und Rhetor. Wie schon Platon und viele andere Philosophen kannte er die Gefahren einer vom Sachwissen, vom Wahren und vom Guten, kurz von den ‹recta› losgelösten Redefähigkeit. Cresconius, selbst ein Grammatiker, aber Anhänger der Donatisten, meinte in einem verloren gegangenen Brief, die Mitglieder seiner Kirche vor der Eloquenz des Bischofs Augustinus warnen zu müssen. Er bezog sich auf Platon, der in Abwehr der Sophisten die Beredsamkeit als eine verderbliche Kunst gebrandmarkt und gesellschaftlich geächtet wissen wollte (ebd. 1,3). Augustinus antwortete darauf mit einem vierbändigen Werk, in dem er, weil von Cresconius einer sachfremden Eloquenz geziehen, gleich zu Beginn das Wesen der Beredsamkeit definitorisch klärt. Diese ist dann nicht verderblich, wenn sie das Wahre zur Sprache bringt. Der Wert bzw. die Wertlosigkeit der Beredsamkeit zeigt sich an der zur Sprache gebrachten Sache. Deshalb gibt er mit seiner Definition der Eloquenz zu verstehen, dass diese sich einer Kritik dann entzieht, wenn ihre Sprache mit der Wahrheit übereinstimmt. Beim Urteil über die Eloquenz der Redner ist also stets zu prüfen, zunächst was sie sagen («quid loquantur»), dann aber auch, wie sie es sagen («quomodo loquantur»). Deshalb verleihe die Rhetorik «sowohl der Wahrheit wie auch der Lüge Überzeugungskraft» (*De doctrina christiana – Die christliche Wissenschaft* 4,3). Cresconius unterstrich seine Kritik mit dem Satz aus der Bibel «ex multa eloquentia non effugies peccatum» (*Sprüche* 10,19). Augustinus korrigiert ihn: Es heiße nicht «ex multa eloquentia», sondern «ex multiloquio». Getadelt wird demnach von der Bibel nicht die Beredsamkeit, sondern die Vielrednerei, das Geschwätz, bei dem man der Sünde nicht entkomme. – Umfassendere Information über die ambivalente Bedeutung der Beredsamkeit bei Augustinus bietet der Artikel *Eloquentia* von WILHELM BLÜMER im *Augustinus-Lexikon* 2, 775–797.

2. «Dixit ergo quidam eloquens, et verum dixit, ita dicere debere eloquentem ‹ut doceat, ut delectet, ut flectat› (Cicero, *Orator* 69).

«Ein bekannter Redner sagte nämlich – und er sagte es zu Recht –, der Redner müsse so sprechen, ‹dass er lehre, dass er erfreue und dass er motiviere› (Cicero, *Der Redner* 69).

Deinde addidit: ‹docere necessitatis est, delectare suavitatis, flectere victoriae› (ib.).

Darauf fügte er (noch) hinzu: ‹Das Lehren ist Sache der Notwendigkeit, das Erfreuen Sache der Annehmlichkeit, das Motivieren Sache des Erfolges› (ebd.).

Horum trium, quod primo loco positum est, hoc est docendi necessitas, in rebus est constituta quas dicimus; reliqua duo, in modo quo dicimus». (*De doctrina christiana* 4,27)	Unter diesen dreien steht an erster Stelle die Notwendigkeit des Unterrichtens, was, wie gesagt, in der Sache selbst gründet; die übrigen zwei beziehen sich auf die Art und Weise unseres Redens». (*Die christliche Wissenschaft* 4,27)

Kurzkommentar: Nachdem Augustinus Bischof seiner Diözese Hippo geworden war, verfasste er bald darauf eines seiner bedeutsamsten Werke, die vier Bücher *Die christliche Lehre* bzw. *Wissenschaft*. Darin ging es um das erfolgreiche Suchen, Finden und Verkündigen der offenbarten Lehre. Die Bücher 1–3 behandeln das Suchen und Finden (‹modus inveniendi›), das Buch 4 die Verkündigung durch die Predigt (‹modus proferendi›) – modern gesprochen: die Exegese und die Homiletik. Kernanliegen des Predigers, dies wird dem Leser eingeschärft, muss die Klarheit des zu verkündigenden Stoffes sein. Augustinus beruft sich dabei auf Cicero, der in seiner Schrift *Orator* – *Der Redner* dessen Aufgaben mit diesen Begriffen beschrieb: ‹Lehren, Erfreuen (bzw. Fesseln), Motivieren (bzw. Rühren)›. Schon Cicero sprach von drei Sprachstilen (‹genera dicendi›), die einander gestuft ergänzten. Der gute Redner bediene sich eines ‹submisse, temperate, granditer dicere›, eines ‹geringen, gemäßigten und bedeutenden Sprechens›. «Der also gilt als beredt (eloquens)», so zitiert Augustinus Cicero (ebd. 101), «der sich betreffs eines geringen Themas auf ein mäßiges, eines mittleren Themas auf ein gesetztes und eines bedeutenden Themas auf ein erhabenes Sprechen versteht». So soll auch der gute Prediger auf keine der drei Stilarten verzichten, dennoch aber soll er dem Lehren, dem Unterrichten stets den Vorrang einräumen und sich dem geistigen Fassungsvermögen seiner Zuhörer anpassen. Dies verlange nicht nur die pastorale Klugheit, sondern auch die christliche ‹Caritas›.

3. «... quidquid narras ita narra, ut ille cui loqueris audiendo credat, credendo speret, sperando amet». (*De cathecizandis rudibus* 8)	«... was immer du (im katechetischen Unterricht) erzählst, erzähle es so, dass jener, zu dem du sprichst, vom Hören zum Glauben, vom Glauben zur Hoffnung und von der Hoffnung zur Liebe gelange». (*Der erste katechetische Unterricht* 8)

Kurzkommentar: Ein Diakon in Karthago namens Deogratias, dem die Unterweisung der Katechumenen oblag, bat Augustinus um das Jahr 404 um Ratschläge für inhaltlich wie formal gediegene Katechesen. Der Bischof kam seiner Bitte nach, und so besitzen wir in dieser Schrift die älteste pastorale Handreichung für die Katechese. Im Prolog verweist Augustinus zunächst auf den Abstand zwischen dem Wissen und der Fähigkeit, dieses Wissen auch mitzuteilen, worin häufig die Ursache für unzureichenden Unterricht zu erblicken sei. Als zweites fordert er Freude am Lehren für eine erfolgreiche Unterweisung. Im ersten Teil des Werkes erörtert er die theoretischen Grundlagen der Katechese. Deren Ziel habe letzten Endes die Vermittlung von Glauben, Hoffen und Lieben zu sein. Im zweiten Teil bietet er sodann zwei Musterkatechesen, eine längere und eine kürzere. Siehe dazu auch meinen Artikel *De cathecizandis rudibus* im *Augustinus-Lexikon* 1, 794–805.

Erbsünde

1. «Quoniam nemo mundus a peccato coram te, nec infans, cuius est unius diei vita super terram». (*Confessiones* 1,11)

«Denn frei von Sünde ist niemand vor dir, auch nicht ein Kleinkind, dessen Erdenleben nur einen einzigen Tag währt». (*Bekenntnisse* 1,11)

Kurzkommentar: Augustinus gilt in theologischen Kreisen als ‹Vater der Erbsünde›. In der Tat, die Verbindung des Terminus ‹peccatum – Sünde› mit dem Adjektiv ‹originalis, -e›, ‹ursprünglich›, taucht in seinem Werk mehrere hundert Male auf. Schon bei seiner ersten Verwendung bringt er die Erbsünde mit der Wollust bei der Fortpflanzung in Verbindung (*Ad Simplicianum – An Simplizian* 1,1,10). Indes, nicht sie allein ist ihr Stigma. In seinen *Confessiones – Bekenntnissen* illustriert Augustinus den zitierten Satz mit dem Bericht, er habe seine Beobachtungen an einem Kleinkind gemacht, das beim Reichen der Brust blass vor Neid auf seinen Zwillings- und Milchbruder blickte (1,11). Er hielt die Schwäche der kindlichen Glieder zwar für schuldlos, nicht aber die Kindesseele.

2. «‹Converte, domine, captivitatem nostram, sicut torrens in austro› (*Ps* 125,4).

«‹Wende doch, Herr, unsere Gefangenschaft, wie der Sturzbach im Südwind› sich wendet (*Psalm* 125,4).

Sicut convertuntur torrentes in austro, sic converte captivitatem nostram.	Wie die Sturzbäche im Südwind sich wenden, so wende unsere Gefangenschaft!
Quaerebatur quid sit; sed patebit modo, adiuvante domino, vestris orationibus.	Es wurde gefragt, was dies bedeutet, auf eure Gebete hin soll mit Hilfe des Herrn das Gefragte erklärt werden.
Quodam loco scriptura, cum praeciperet et moneret de operibus bonis, ait: ‹Sicut glacies in sereno, ita solventur peccata tua› (*Ecli* 3,17).	An einer Stelle, wo die Schrift uns zu guten Werken anhält und ermahnt, heißt es: ‹Wie Eis in der Sonne (zerschmilzt), so werden deine Sünden vergeben› (*Sirach* 3,17).
Ergo peccata ligabant nos. Quomodo?	Also haben die Sünden uns gebunden. Wie?
Quomodo frigus ligat aquam ne currat.	So, wie Kälte Wasser bindet, damit es nicht fließen kann.
Et illigati frigore peccatorum gelavimus.	Gebunden von der Kälte der Sünden sind wir zu Eis gefroren.
Auster autem calidus ventus est; quando flat auster, liquescit glacies, et implentur torrentes.	‹Auster-Südwind› ist der warme Wind; wenn der Südwind weht, schmilzt das Eis, und die Bäche füllen sich.
Torrentes autem dicuntur flumina hyemalia; magno enim impetu repentinis aquis impleta currunt.	Sturzbäche heißen die Winterbäche, denn mit reißenden Wassern gefüllt, stürzen sie mit Ungestüm dahin.
Gelaveramus ergo in captivitate; constringebant nos peccata nostra; flavit auster spiritus sanctus; dimissa sunt nobis peccata, soluti sumus a frigore iniquitatis; tamquam glacies in sereno, solvuntur peccata nostra.	Wir waren also zu Eis gefroren in einer Art Gefangenschaft; unsere Sünden hatten uns in Fesseln gebunden. Da wehte als Südwind der Heilige Geist. Unsere Sünden wurden uns vergeben, und wir wurden von der Kälte der Bosheit befreit. Wie Eis in der Sonne (zerschmilzt), werden unsere Sünden vergeben.
Curramus ad patriam, quasi torrentes in austro.	(Deshalb) lasst uns zur Heimat eilen wie Sturzbäche im Südwind.

Diu enim laboravimus, et laboramus etiam facientes bene.	Lange (schon) haben wir uns abgemüht und wir mühen uns (noch immer) ab, Gutes zu tun.
Nam ipsa vita humana quam ingressi sumus, misera est, laboribus plena, doloribus, periculis aerumnis, tentationibus.	Denn das menschliche Leben selbst, in das wir eingetreten sind, ist mühselig, voll von Strapazen, von Schmerzen, von Gefahren, von Plackereien, von Anfechtungen.
Nolite seduci gaudio rerum humanarum; flenda in rebus humanis advertite.	Lasst euch nicht von der Freude an menschlichen Ereignissen verführen! Achtet vielmehr auf das, was daran beweinenswert ist!
Poterat ridere prius puer qui nascitur; quare a fletu incipit vivere?	Konnte ein Knabe vor seiner Geburt lachen? Warum beginnt er weinend zu leben?
Ridere nondum novit; quare plorare iam novit? Quia coepit ire in istam vitam.	Er kennt das Lachen noch nicht; wieso kennt er bereits das Weinen? Weil er in dieses Leben einzutreten sich anschickt.
Sed si de illis captivis est, hic flet et gemit; sed veniet gaudium». (*Enarrationes in Psalmos* 125,10)	Wenn er aber zu jenen Gefangenen (der Sünde) gehört, dann fleht und seufzt er hier. Aber die Freude wird kommen». (*Auslegungen der Psalmen* 125,10)

Kurzkommentar: Der hier wiedergegebene Abschnitt aus den *Auslegungen der Psalmen* könnte genau so unter den Stichworten ‹Christ sein› oder ‹Mensch(sein)› oder auch ‹Erlösung› untergebracht werden. Der *Psalm* 125, der die freudige Erinnerung an die Heimkehr Israels aus Babylon zum Thema hat, wird in der Auslegung Augustins zum Paradigma menschlicher Existenz. Der Vers 4 mit den Begriffen ‹Gefangenschaft› und ‹Sturzbach im Südwind› assoziiert das Dasein des Menschen in einer entfremdeten Welt. Der hinzugezogene Vers aus *Sirach* 3,17 mit dem Bild der vom Eis befreiten Wassermassen erlaubt es ihm, sowohl die Umklammerung des Daseins durch die Sünde wie auch die Befreiung davon wirkungsvoll zu veranschaulichen. Dass letztlich mit dem zum Eis gefrorenen Wasser nicht nur die konkret begangenen Verfehlungen, sondern der mit dem irdischen Dasein eo ipso gegebene Status des Menschen in der Sünde gemeint ist, illustriert der erste Laut, den der Mensch bei seiner Geburt hervorbringt. Dieser sei kein Lachen, sondern Weinen, denn mit der Geburt beginne die Mühsal etc., etc., und das Leben des Menschen sei, wie Augustin dies des Öfteren beschreibt, ein Lauf mit dem Tod als Ziel. Gleichsam kontrapunktisch dazu verlaufe das Leben der Gnade, das der Heilige Geist – in der Metaphorik von *Sirach* 3,17 der Südwind – gleich reißenden Wassern in Bewegung bringt. Die ‹adhortatio›, die Ermahnung, die in keiner Predigt fehlen darf – «Lasst uns zur Heimat eilen wie die Sturzbäche im Südwind ... und Gutes tun!» –, artikuliert zugleich das andere Dasein, das gläubige, das um die Aufhebung der Gefangenschaft durch Christi Heilswerk weiß und sich darüber freut: «veniet gaudium – die Freude wird kommen».

3. «Hoc autem bellum numquam ullum esset, si natura humana per liberum arbitrium in rectitudine, in qua facta est, perstitisset.

Nunc vero, quae pacem felix cum deo habere noluit, secum pugnat infelix, et cum sit hoc malum miserabile, melius est tamen quam priora vitae huius.

Melius confligitur quippe cum vitiis, quam sine ulla conflictione dominantur.
Melius est, inquam, bellum cum spe pacis aeternae quam sine ulla liberationis cogitatione captivitas».
(*De civitate dei* 21,15)

«Diesen Krieg hätte es nie gegeben, wenn die menschliche Natur durch (ihren) freien Willen in (ihrer ursprünglichen) Rechtschaffenheit, in der sie erschaffen wurde, verblieben wäre.

Jetzt aber kämpft die unglückliche (menschliche Natur) mit sich selbst, die mit Gott nicht im Frieden leben wollte. Und obgleich dies ein beklagenswertes Übel ist, so ist es doch besser als der frühere (unerlöste) Zustand des gegenwärtigen Lebens.

Denn besser ist es, gegen Laster zu kämpfen, als sich von ihnen kampflos beherrschen zu lassen.
Besser ist es, sage ich, in der Hoffnung auf den ewigen Frieden Krieg zu führen, als ohne jeglichen Gedanken an Befreiung in der Gefangenschaft (der Sünde) zu verbleiben».
(*Der Gottesstaat* 21,15)

Kurzkommentar: Zu den Folgen der Erbsünde zählt nach Augustinus nicht nur die Entfremdung des Menschen von Gott und von den Mitmenschen, sondern auch von sich selbst. Der Bischof scheut sich nicht, diese Entfremdung einen Krieg zu nennen, den der Glaubende als der schon durch Christi Heilswerk Erlöste gegen sich, gegen seine ihm gleichsam zur Natur gewordene Neigung zum Bösen, zu führen hat. (Siehe dazu im *Augustinus-Lexikon* die Artikel *Concupiscentia* 2, 166–172 und *Cupiditas* 2, 1113–1122 von GERALD BONNER sowie *Alienatio* 1, 228–233 von mir.)

Erkennen und Wahrnehmen

1. «Non enim diligitur quod penitus ignoratur. Sed cum diligitur quod ex quantulacumque parte cognoscitur, ipsa efficitur dilectione ut melius et plenius cognoscatur».

(In Iohannis evangelium tractatus 96,4)

«Man liebt nicht, was man überhaupt nicht kennt. Liebt man aber, was man auch nur einigermaßen kennt, so bewirkt die Liebe, dass man es besser und vollkommener erkennt».

(Auslegungen des Johannesevangeliums 96,4)

Kurzkommentar: Erkennen ist nach Augustinus gewiss primär eine Sache des Intellektes, der ‹ratio›, aber die Liebe vermag am Erkennen Dimensionen zu eröffnen, die ihm sonst verborgen bleiben. Deshalb ist das Organ des Erkennens nicht selten das Herz. Zu Recht nennt man Augustins Philosophie eine ‹philosophia cordis›. (Siehe auch die Texte unter **Herz**.)

2. «Et ne longum faciam, videtur mihi anima cum sentit in corpore, non ab illo aliquid pati, sed in eius passionibus attentius agere, et has actiones sive faciles propter convenientiam, sive difficiles propter inconvenientiam, non eam latere: et hoc totum est quod sentire dicitur».

(De musica 6,10)

«Um es kurz zu sagen, mir scheint die Seele, wenn sie den Körper fühlt, von ihm nicht etwas zu erleiden, sondern unter seinen Mahnungen aufmerksamer zu (re)agieren. Und ebenso scheint mir, dass ihr diese wegen Übereinstimmungen bald leichten, wegen Nichtübereinstimmungen bald schwierigen Handlungen nicht verborgen bleiben. Dies alles nennen wir Wahrnehmung».

(Über die Musik 6,10)

Kurzkommentar: Nicht nur Erkennen, Verstehen und Einsehen, sondern auch Wahrnehmen, wann und wo immer es stattfindet, ist nach der Erkenntnislehre Augustins Sache der Geistseele. Nicht die Sinne nehmen wahr, sondern die Seele, die den Leib mit seinen Sinnesorganen belebt. Im Zustand der Harmonie hält die Seele sich gleichsam zurück. Wenn aber von außen her der Körper ‹alteriert› wird, setzt die Seele eine erhöhte Aufmerksamkeit, ‹attentiores actiones›, in Bewegung. Dann spricht man von bewusstem Sehen, Hören, Riechen, Schmecken und Tasten.

Erlösung

1. «In aeternum mortuus esses, nisi in tempore natus esset. ...

Non revixisses, nisi tuae morti convenisset.

Defecisses, nisi subvenisset.

Perisses, nisi venisset».
(Sermo 185,1)

«Für alle Ewigkeit wärest du gestorben, wäre er (Christus) nicht in der Zeit geboren. ...

Du wärest nicht wieder zum Leben gekommen, hätte er sich deines Todes nicht angenommen.

Du wärest verloren gegangen, wäre er dir nicht zu Hilfe gekommen.

Zugrunde gegangen wärest du, wäre er nicht Mensch geworden».
(Predigt 185,1)

Kurzkommentar: Der Sermo 185 ist eine Weihnachtspredigt. Bevorzugtes Thema dieser Predigten war Christi Erlösungswerk. Zu welchem Zweck geschah dieses Wunder der Menschwerdung des Gottessohnes? Diese Frage zu stellen und zu beantworten wurde der Prediger nicht müde. Man beachte die Rhetorik im lateinischen Text: ‹miseria› mit dem Gegenbegriff ‹misericordia›, sodann die parallel geschaltete Reihung der Verben mit gleichen Endungen.

Eucharistie

1. «Ergo eucharistia panis noster cotidianus est.
Sed si accipiamus illum non solum ventre, sed et mente.

Virtus enim ipsa, quae ibi intellegitur, unitas est, ut, redacti in eius corpus, effecti membra eius, simus quod accipimus.

Tunc erit vere panis noster cotidianus». *(Sermo 57,7)*

«Die Eucharistie ist somit unser tägliches Brot.
Allerdings ist sie es nur, wenn wir sie auch mit dem Geist, und nicht nur mit dem Magen empfangen.
Die wunderbare Kraft, die darunter verstanden wird, ist die Einheit, dass wir, zu seinem Leib gemacht und so seine Glieder geworden, das sind, was wir empfangen.
Dann erst wird es wahrhaft unser tägliches Brot sein». *(Predigt 57,7)*

Kurzkommentar: Unter Christi Leib – auch als Benennung für die eucharistischen Gaben – versteht Augustinus primär im Sinne des *Ersten Korintherbriefes* 12,27 die Kirche (siehe dazu den *Sermo* 227 unter **Text 3** dieser Rubrik).

2. «Si ergo vos estis corpus Christi et membra, mysterium vestrum in mensa dominica positum est: Mysterium vestrum accipitis. ...

Estote quod videtis, et accipite quod estis. ...
Qui accipit mysterium unitatis, et non tenet vinculum pacis, non mysterium accipit pro se, sed testimonium contra se». *(Sermo 272)*

«Wenn ihr also der Leib Christi und dessen Glieder seid, so liegt euer Geheimnis (Sakrament) auf dem Tisch des Herrn: Euer Geheimnis empfangt ihr. ...

Seid, was ihr seht, und empfanget, was ihr seid. ...
Wer das Geheimnis der Einheit empfängt und das Band des Friedens nicht aufrecht erhält, der empfängt nicht das Geheimnis für sich, sondern das Zeugnis gegen sich». *(Predigt 272)*

Kurzkommentar: Wie unter **Text 1** gesagt, verstand Augustinus unter ‹Leib Christi› primär die Kirche, die als Glieder dieses Leibes zusammen mit dem Christus als Haupt den ‹ganzen Christus›, den ‹totus Christus› bildet. Ein faszinierender Gedanke, den der Bischof von Hippo konsequent auch für seine

Eucharistielehre fruchtbar zu Ende gedacht hat. Bei einer eucharistischen Feier gedenkt die Kirche nicht allein des Erlösungsgeschehens bezüglich Christi, ihres Hauptes, sondern auch ihrer selbst, die sich zusammen mit ihm, ihrem Haupt, Gott darbringt. Sie empfängt in den eucharistischen Gaben auch sich selbst; sie wird mitverwandelt in den ‹Leib Christi›, das ist der Indikativ, der in der Feier verkündet wird. Aus diesem ‹Geheimnis der Einheit› folgt dann gezielt der Imperativ: «Seid, was ihr seht» – Christi Leib!

3. «A. Memor sum promissionis meae.
Promiseram enim vobis, qui baptizati estis, sermonem quo exponerem mensae dominicae sacramentum quod modo etiam videtis et cuius nocte praeterita participes facti estis.

Debetis scire quid accepistis, quid accepturi estis, quid cottidie accipere debeatis.
B. Panis ille quem videtis in altari sanctificatus per verbum dei, corpus est Christi.
Calix ille, immo quod habet calix, sanctificatum per verbum dei, sanguis est Christi.

Per ista voluit dominus Christus commendare corpus et sanguinem suum quem pro nobis fudit in remissionem peccatorum.
Si bene accepistis, vos estis quod accepistis.

«A. Ich will mein gegebenes Wort einlösen.
Hatte ich doch euch, die ihr (in der vergangenen Nacht) getauft worden seid, versprochen, eine Predigt zu halten, in der ich (euch) das Sakrament des Herrentisches, das ihr nunmehr auch seht und dessen ihr in der vergangenen Nacht teilhaftig geworden seid, erkläre.
Ihr müsst wissen, was ihr empfangen habt, was ihr empfangen werdet und was ihr täglich empfangen solltet.
B. Jenes Brot, das ihr auf dem Altar seht – es wurde geheiligt durch das Wort Gottes –, ist der Leib Christi.
Jener Kelch, besser gesagt, was der Kelch enthält – (ebenfalls) geheiligt durch das Wort Gottes –, ist das Blut Christi.
Durch beides wollte Christus, der Herr, uns seinen Leib und sein Blut, das er für uns zur Vergebung der Sünden vergossen hat, anvertrauen.
Wenn ihr sie in rechter Weise empfangen habt, seid ihr, was ihr empfangen habt.

Apostolus enim dicit: ‹unus panis, unum corpus multi sumus› (*1 Cor* 10,17).
Sic exposuit sacramentum mensae dominicae: ‹unus panis, unum corpus multi sumus› (*1 Cor* 10,17).
Conmendatur vobis in isto pane quomodo unitatem amare debeatis.

C. Numquid enim panis ille de uno grano factus est?
Nonne multa erant tritici grana?
Sed antequam ad panem venirent separata erant; per aquam coniuncta sunt post quamdam contritionem.

Nisi enim molatur triticum et per aquam conspergatur, ad istam formam minime venit quae panis vocatur.

D. Sic et vos ante ieiunii humiliatione et exorcismi sacramento quasi molebamini.

Accessit baptismum et aqua quasi conspersi estis ut ad formam panis veniretis.

Sed nondum est panis sine igne. Quid ergo significat ignis, hoc est chrisma olei?
Etenim ignis nutritor spiritus sancti est sacramentum.

In actibus apostolorum advertite quando legitur; modo enim incipit

Sagt doch der Apostel: ‹Ein Brot, ein Leib, sind wir, die Vielen› (*Erster Korintherbrief* 10,17).
So (nämlich) legte er das Sakrament des Herrentisches aus: ‹Ein Brot, ein Leib, sind wir, die Vielen› (ebd.).
In diesem Brot wird euch anempfohlen, in welcher Weise ihr die Einheit lieben müsst.

C. Wurde denn jenes Brot aus einem einzigen Korn gemacht?
Waren es nicht viele Weizenkörner?
Bevor sie jedoch zu Brot wurden, waren sie getrennt; durch das Wasser wurden sie, und zwar nach einer gewissen Zerreibung, verbunden.

Wird nämlich der Weizen nicht gemahlen und durch das Wasser benetzt, so bekommt er auf keinen Fall jene Form, die Brot genannt wird.

D. So wurdet auch ihr zuvor durch die Erniedrigung des Fastens sowie durch das Sakrament des Exorzismus gleichsam gemahlen.

Hinzu kam die Taufe und das Wasser; ihr wurdet gleichsam benetzt, um die Form des Brotes annehmen zu können.

Aber ohne Feuer gibt es kein Brot. Was also bezeichnet das Feuer, das für das Chrisma des Öls steht?
Feuer hat die Funktion des Nährens, als solches verweist es auf den Heiligen Geist.

Achtet auf die *Apostelgeschichte*, wenn sie vorgelesen wird. Gleich

liber ipse legi: hodie coepit liber qui vocatur actuum apostolorum.	wird mit der Verlesung dieses Buches begonnen werden, denn heute begann die Lektüre des *Apostelgeschichte* genannten Buches (in der Liturgie).
Qui vult proficere, habet unde.	Wer (spirituelle) Fortschritte machen will, kann sie von dort her machen.
Quando convenitis ad ecclesiam, tollite fabulas vanas, intenti estote ad scripturas.	Wenn ihr in der Kirche zusammenkommt, dann vergesst die nichtssagenden Fabeleien: Konzentriert euch auf die (heiligen) Schriften.
Codices vestri nos sumus.	Eure Bücher sind wir.
E. Adtendite ergo et videte qua venturus est pentecoste spiritus sanctus.	E. Achtet somit darauf und seht, wie der Heilige Geist zu Pfingsten kommen wird.
Et sic veniet: in linguis igneis se ostendit.	So wird er kommen: In feurigen Zungen zeigt er sich.
Inspirat enim caritatem qua ardeamus in deum et mundum contemnamus et foenum nostrum exuratur et cor quasi aurum purgetur.	Er entfacht in uns die Caritas, in der wir auf Gott hin erglühen und die Welt verachten sollen. Zugleich soll, was Stroh an uns ist, verbrennen und unser Herz wie Gold geläutert werden.
Accedit ergo spiritus sanctus, post aquam ignis et efficimini panis quod est corpus Christi. Et ideo unitas quodam modo significatur.	Es tritt also nach dem Wasser der Heilige Geist als Feuer hinzu, und ihr werdet Brot, das der Leib Christi ist. Und so wird (im Brot) gewissermaßen die Einheit zeichenhaft dargestellt.
F. Tenetis sacramenta ordine suo.	F. Ihr kennt den geordneten Verlauf der sakramentalen Feier.
Primo, post orationem, admonemini sursum habere cor; hoc decet membra Christi.	Als erstes werdet ihr nach dem Gebet (welches den Wortgottesdienst abschließt) ermahnt, das Herz in die Höhe zu richten. Dies ziemt sich für die Glieder Christi.

Si enim membra Christi facti estis, caput vestrum ubi est?	Wenn ihr nämlich Christi Glieder geworden seid, wo befindet sich dann euer Haupt?
Membra habent caput.	Glieder haben ein Haupt.
Si caput non praecessisset, membra non sequerentur.	Wäre das Haupt nicht vorangegangen, könnten die Glieder (ihm) nicht folgen.
Quo ivit caput nostrum? Quid reddidistis in symbolo?	Wohin ging unser Haupt? Welche Antwort habt ihr beim Aufsagen des Credo gegeben?
‹Tertia die resurrexit a mortuis, ascendit in caelum, sedet ad dexteram patris› (*Symb.* 5–7).	‹Am dritten Tag erstand er von den Toten, er fuhr in den Himmel, er sitzt zur Rechten des Vaters› (*Nizänisches Bekenntnis* 5–7).
Ergo in caelo caput nostrum.	Also befindet sich unser Haupt im Himmel.
Ideo cum dicitur: ‹sursum cor› (*Sacr. Gelas.* 1242), respondetis: ‹habemus ad dominum› (ib.).	Deshalb antwortet ihr auf das ‹Hoch das Herz!› (*Gelasianisches Sakramentar* 1242): ‹Wir haben es beim Herrn› (ebd.).
Et ne hoc ipsum quod cor habetis sursum ad dominum, tribuatis viribus vestris, meritis vestris, laboribus vestris, quia dei donum est sursum habere cor, ideo sequitur episcopus vel presbiter qui offert et dicit – cum responderit populus: ‹habemus ad dominum› (ib.) sursum cor –: ‹gratias agamus domino deo nostro› (ib.) quia sursum cor habemus.	Damit ihr aber dieses ‹das Herz bei Gott zu haben› nicht euren eigenen Kräften, eurem Verdienst und euren Mühen zuschreibt, denn ‹das Herz bei Gott zu haben› ist Gottes Geschenk, deshalb fährt der Bischof bzw. der Priester, der das Opfer darbringt, fort, indem er auf die Antwort des Volkes: ‹Wir haben es beim Herrn› (ebd.), sagt: ‹Lasst uns danken dem Herrn, unserem Gott› (ebd.), weil wir das Herz oben haben.
‹Gratias agamus› (ib.), quia nisi donaret in terra cor haberemus.	Lasst uns Gott danken, denn wenn er dies uns nicht gewährte, hätten wir das Herz auf der Erde.
Et vos adtestamini dicentes: ‹dignum et iustum est› (ib.) ut ei gratias aga-	Dies bestätigt auch ihr, indem ihr antwortet: ‹Würdig ist es und recht›

mus qui nos fecit sursum ad nostrum caput habere cor.

G. Deinde post sanctificationem sacrificii dei, quia nos ipsos voluit esse sacrificium suum, quod demonstratum est ubi impositum est primum illud sacrificium dei et nos – id est signum rei – quod sumus, ecce ubi est peracta sanctificatio dicimus orationem dominicam, quam accepistis et reddidistis.

Post ipsam dicitur: ‹pax vobiscum› (ib. 1259) et osculantur christiani in osculo sancto.

Pacis signum est: sicut ostendunt labia, fiat in conscientia, id est quomodo labia tua ad labia fratris tui accedunt, sic cor tuum a corde eius non recedat.

H. Magna ergo sacramenta et valde magna.
Vultis nosse quomodo conmendentur?
Ait apostolus: ‹qui manducat corpus Christi aut bibit calicem domini in-

(ebd.), dem Dank abzustatten, der dies bewirkt, dass wir das Herz bei unserem Haupt haben.

G. Dann, nach der Heiligung des Opfers für Gott (sc. der Konsekration), worunter er (sc. Christus) mit sich auch uns selbst zur Opfergabe haben wollte – was, wie gezeigt, schon bei jenem ersten Opfer sich ereignet hat –, nämlich dass unter dem Zeichen der (unter den Opfergaben bezeichneten) Sache wir selbst uns einbezogen zu verstehen haben. Siehe, sobald die Heiligung (die Konsekration) vollzogen ist, sprechen wir das Herrengebet, das (zu lernen) ihr empfangen und (gelernt) wiedergegeben habt.

Nach dem Herrengebet heißt es: ‹Der Friede sei mit euch› (ebd.). Und es küssen sich die Christen mit heiligem Kuss.

Zeichen des Friedens ist (dieser Kuss): Was die Lippen andeuten, möge sich im Bewusstsein vollziehen. Das heißt, wie deine Lippen sich zu den Lippen deines Bruders hin bewegen, so möge dein Herz sich von seinem Herzen nicht zurückziehen.

H. Groß sind also diese Sakramente, sehr groß.
Wollt ihr wissen, wie sie uns zum Empfang empfohlen werden?
Der Apostel sagt (diesbezüglich) (*Erster Korintherbrief* 11,27): ‹Wer

digne, reus est corporis et sanguinis domini› (*1 Cor* 11,27).

Quid est indigne accipere? Contemptibiliter accipere, irridenter accipere.
Non tibi videatur vile, quia vides.

Quod vides transit, sed quod significatur invisibile non transit, sed permanet.
I. Ecce accipitur, comeditur, consumitur.
Numquid corpus Christi consumitur?
Numquid ecclesia Christi consumitur?
Numquid membra Christi consumuntur?
Absit. Hic mundantur, ibi coronantur.
Manebit ergo quod significatur, quamquam transire videatur illud quod significat.
Sic ergo accipite ut vos cogitetis, unitatem in corde habeatis, sursum cor semper figatis.

Spes vestra non sit in terra, sed in caelo; fides vestra firma sit in deum, acceptabilis sit deo.

Quia quod modo hic non videtis et creditis, visuri estis illic, ubi sine fine gaudebitis». (*Sermo* 227)

unwürdig den Leib Christi isst oder den Kelch des Herrn trinkt, vergeht sich am Leib und Blut des Herrn›.
Was heißt das, unwürdig empfangen? Mit Verachtung empfangen, mit Hohn empfangen.
Es erscheine dir nicht für gering, (nur) weil du es siehst.

Das, was du siehst, vergeht, aber das, was es bezeichnet, das Unsichtbare, das vergeht nicht, es bleibt bestehen.
I. Siehe, es wird empfangen, es wird verspeist, es wird verzehrt:
Wird etwa der Leib Christi verzehrt?

Wird etwa die Kirche Christi verzehrt?
Werden etwa die Glieder Christi verzehrt?
Auf keinen Fall! Hier werden sie geläutert, dort gekrönt.
Bleiben wird also das Bezeichnete, obgleich vorüberzugehen scheint, was es bezeichnet.
Empfangt es also so, dass ihr es auf euch bezieht, habt die Einheit im Herz, heftet das Herz stets nach oben.

Eure Hoffnung richte sich nicht auf das Irdische, sondern auf das Himmlische; euer Glaube an Gott sei fest, er sei Gott wohlgefällig.

Denn was ihr hier (auf Erden) noch nicht seht, doch glaubt, das werdet ihr dort sehen, wo ihr euch ohne Ende freuen werdet». (*Predigt* 227)

Abb. 3: Der hl. Augustinus beim Schreiben. Benozzo Gozzoli (Fresko, 1465; San Gimignano, Chiesa di Sant'Agostino).

Kurzkommentar: Die hier in vollem Umfang wiedergegebene und übersetzte *Predigt* 227 ist eine Perle nicht nur der Lehre Augustins über das Sakrament der Eucharistie, sondern zugleich auch seiner Rhetorik. Was den Sakramentsbegriff betrifft, so ist es wichtig zu wissen, dass der Kirchenvater eine Beschränkung dieses Begriffes auf eine bestimmte Anzahl, etwa auf die Zahl Sieben, noch nicht kannte. ‹Sacramenta› sind Augustinus zufolge per definitionem Zeichen: ‹signa sacra›, heilige Zeichen. Beim Zeichen kommt es primär nicht darauf an, was das Zeichen ist, sondern darauf, was es bezeichnet, was also die bezeichnete Sache ist. Alles, Ereignisse und Handlungen, Sachverhalte und Gegenstände, die letztlich auf Gottes Heilshandeln in der Zeit verweisen, können als ‹sacra signa› und damit als ‹sacramenta› fungieren. So bezeichnet Augustinus die Menschwerdung Christi mit Vorliebe ‹sacramentum incarnationis› (siehe auch den Kurzkommentar zu **Christus, Christologie, Text 5**). Unter den zahlreichen ‹sacramenta› werden allerdings die Taufe und die Eucharistie von ihm ‹sacramenta maiora› genannt. Diese beiden standen im Mittelpunkt der jährlich wiederkehrenden liturgischen Feier der Osternacht. Als Sakrament ist die Eucharistie Zeichen, ‹signum sacrum›, und Bezeichnetes, ‹res significata sacra›. Zeichen, und zwar heiliges Zeichen werden die Elemente von Brot und Wein durch das Wort, das diesen eine über ihre Gestalt hinausreichende Zeichenhaftigkeit verleiht. «Es tritt das Wort zum Element, und das Element selbst wird zum Sakrament; es wird (sozusagen) zu einem sichtbaren Wort – Accedit verbum ad elementum, et fit sacramentum, etiam ipsum tamquam visibile verbum» (*In Iohannis evangelium tractatus – Auslegungen des Johannesevangeliums* 80,3). Indes – und das ist das Wesentliche der augustinischen Eucharistielehre – die Sache, die ‹res›, auf welche die durch das Wort bestimmten geheiligten Elemente von Brot und Wein als Sakrament, als ‹sacra signa›, als heilige Zeichen, verweisen, ist nicht allein der verherrlichte Christus, sondern der Christus zusammen mit seiner Kirche, also der aus ‹Haupt und Leib› bestehende ‹ganze Christus›, der ‹totus Christus›, wie der Kirchenvater im Anschluss an den Apostel Paulus bevorzugt über die Kirche spricht. Die an der eucharistischen Feier Teilnehmenden erfahren sich vorzüglich im sakramentalen Vollzug als Einheit mit Christus und untereinander.

Erklärungen zu A: Knapp und bündig informiert der Prediger die Neophyten, die in der Osternacht die Taufe empfangen hatten, über das Thema seiner Predigt während der eucharistischen Feier an einem Ostermorgen: Sie sollen nunmehr wissen, was sie durch den Empfang der Taufe geworden sind, nämlich

Glieder am Leibe Christi, und sie sollen auch wissen, was sie infolgedessen bei der eucharistischen Feier, an der sie zum ersten Mal teilnehmen dürfen, empfangen werden.

Zu B: Die eucharistischen Gaben von Brot und Wein liegen bereits konsekriert auf dem Altar. Sie heißen jetzt ‹Leib Christi› und ‹Blut Christi› und sie sind Christen anvertraut. Sogleich kommt der Prediger auf den Kern seines Eucharistieverständnisses zu sprechen. Christen empfangen in der Eucharistie nicht nur ‹Christi›, des Erlösers ‹Leib›, sondern als Glieder an diesem Leib auch sich selbst. Denn kein Geringerer als der Apostel Paulus lehrt in seinem *Ersten Korintherbrief*: «Ein Brot, ein Leib, sind wir, die Vielen» (10,17). Ausführlich komme der Apostel auch im folgenden Kapitel dieses Briefes über die Kirche als Christi Leib zu sprechen, wo er gleichsam als Resümee den Satz schreibt: «Ihr seid der Leib Christi, einzeln aber seid ihr Glied an ihm» (12,27). Weil nach dem *Epheserbrief* Gott Christus zu dem alles überragenden Haupt der Kirche gemacht habe und die von ihm erfüllte Kirche sein (Christi) Leib sei (1,22 f.), versteht Augustinus die Kirche in dem Sinn als Christi Leib, als sie zusammen mit ihm ein Ganzes, den ‹totus Christus›, bildet.

Zu C: Der dominierende Gedanke in der Leib-Christi-Ekklesiologie Augustins ist, wie übrigens schon bei Paulus, die Einheit in der Vielheit. Paradigmatisch veranschaulichen dies die vielen Weizenkörner, aus denen das eine Brot wird.

Zu D: Detailliert wird dieser mystische Transformationsprozess des Christwerdens nochmals in den Blick genommen. Dazu zählen das vierzigtägige Fasten, der Exorzismus, die Benetzung mit dem Wasser, die Salbung mit dem Chrisma und nicht zuletzt das Feuer des Heiligen Geistes. Sein Wirken in der Kirche ist das große Thema der *Apostelgeschichte*, die heute noch bevorzugt in der Liturgie der Osterzeit gelesen und verkündet wird.

Zu E: Die Manifestation des Heiligen Geistes zu Pfingsten in feurigen Zungen assoziiert bei Augustinus, der in der Kunst häufig mit einem brennenden Herzen dargestellt wird, das Feuer der ‹Caritas›. Es verbrennt das Wertlose und läutert zugleich das Wertvolle. Wie Wasser und Feuer das Mehl zum Brot transformieren, so bedarf der Mensch, um Glied am Leib Christi werden zu können, des Wassers der Taufe und des Feuers des Heiligen Geistes.

Zu F: Als Liebhaber der Liturgie mahnt der Bischof die Anwesenden, «den geordneten Verlauf der sakramentalen Feier» kognitiv wie affektiv nachzuvollziehen. Deshalb ruft der Liturge den Feiernden im ‹Sursum corda› zu, das Herz dort zu haben, wo das Haupt schon ist. Bereits als Katechumenen mussten die Taufbewerber das Credo der Kirche mit seiner österlichen Kernaussage auswendig lernen. Dabei sollten jedoch Christen wissen, dass die Befähigung, das Herz beim Herrn zu haben, Gottes Geschenk, also Gnade ist. Deshalb gilt es Gott Dank zu sagen. Das Wort Eucharistie, εὐχαριστία, das bereits in der frühen Kirche bevorzugter Terminus für die Feier des Abendmahls geworden ist, heißt Dankbarkeit und Dankerweisung.

Zu G: Die Mitte der eucharistischen Feier bildet die Konsekration der auf den Altar gelegten Opfergaben. Die Konsekration bezieht sich auf den ‹ganzen Christus›. Sie manifestiert sich in der ‹Caritas›. Deshalb soll im rituellen Akt des Friedenskusses, einem integrierenden Bestand der eucharistischen Feier, die ‹Caritas› auch sinnenhaft zutage treten.

Zu H: Abermals unterstreicht der Prediger die Bedeutung der ‹res sacramenti›, der Sache, um die es in der Eucharistie geht, die als solche im Unterschied zum Zeichen von Brot und Wein nicht vergeht, sondern ‹bestehen bleibt›, Christi Leib. Unwürdiges Empfangen meint Verachtung und Verhöhnung dieses Leibes.

Zu I: Scharf wendet sich Augustinus gegen ein allzu derbes Eucharistieverständnis. Das Eucharistieverständnis der Kirche hat den Glauben und die Hoffnung auf einen alles Irdische übersteigenden Gott und auf ein Leben bei Gott als Ziel ihrer Pilgerschaft zur Voraussetzung.

Zur theologischen Bedeutung des Sermo 227: Wie schon gesagt, der *Sermo* 227 ist eine Perle der christlichen Verkündigung. Er veranschaulicht die zentrale Bedeutung der eucharistischen Feier für die Kirche, die sich ihrem Wesen nach darin als Christi Leib versteht und darstellt. Man wird ohne Übertreibung festhalten dürfen, dass die christliche Literatur Tiefsinnigeres über die Feier der Eucharistie kaum kennt.

Ewigkeit, Ewiges Leben

1. «Aeternum est enim, de quo solo recte fiditur, quod amanti auferri non potest, idque ipsum est quod nihil est aliud habere quam nosse.

«Das Ewige ist nämlich, von dem man allein zu Recht glaubt, dass es dem Liebenden nicht genommen werden kann; es ist zugleich das, was man nicht anders haben kann, als dass man es als solches erkennt.

Omnium enim rerum praestantissimum est quod aeternum est; et propterea id habere non possumus nisi ea re qua praestantiores sumus, id est mente».
(*De diversis quaestionibus octoginta tribus* 35,2)

Das Erhabenste aller Dinge ist nämlich jenes, das ewig ist. Und aus diesem Grunde vermögen wir es (in diesem Leben) nicht anders zu erringen als mit dem Organ, mit dem wir uns (gegenüber anderen Geschöpfen auf Erden) auszeichnen, und das ist der Verstand».
(*Über dreiundachtzig verschiedene Fragen* 35,2)

Kurzkommentar: Augustinus unterschied zwischen zwei Arten der Ewigkeit: jener, die zeitlos ist, nämlich Gottes Ewigkeit, und jener, die in der Zeit begann, aber kein Ende kennt, nämlich die geistbegabter Kreaturen. Letztere sind dank ihrer Ausstattung mit dem Intellekt befähigt zu unterscheiden zwischen einer zeitlosen Ewigkeit und einer der veränderlichen Zeit unterworfenen Schöpfung. Natürlich kommt es nicht allein auf den Verstand an, sondern auch auf die Liebe, denn dies ist ebenfalls Thema der ‹quaestio› XXXV: «Quid amandum sit – Was geliebt werden soll». Die Antwort: das Ewige. (Siehe dazu auch unter **Liebe, Text 21.**)

2. «... nec quid sit aeternitas nisi intellegendo conspicio. Mentis quippe aspectu omnem mutabilitatem ab aeternitate seiungo et in ipsa aeternitate nulla spatia temporis cerno, quia spatia temporis praeteritis et futuris rerum motibus constant.

«... und auch die Ewigkeit nehme ich nicht anders wahr als erkennend. Denn mit dem Blick des Geistes sondere ich alles Veränderliche von der Ewigkeit ab, und was die Ewigkeit selbst betrifft, so nehme ich (darin) keine Zeiträume wahr, weil die Zeiträume aus vorübergegangenen und künftigen Bewegungen von Dingen bestehen.

Nihil autem praeterit in aeterno et nihil futurum est, quia et quod praeterit esse desinit et quod futurum est nondum esse coepit.

Nichts jedoch geht im Ewigen vorüber und nichts ist dort künftig, weil das, was vorübergeht, zu sein aufhört, und was künftig ist, zu sein noch nicht begonnen hat.

Aeternitas autem tantummodo est, nec fuit, quasi iam non sit, nec erit, quasi adhuc non sit.	Ewigkeit jedoch besteht allein aus (zeitlosem) Sein; sie war nicht, als ob sie schon nicht mehr wäre, und sie wird auch nicht sein, als ob sie noch nicht wäre.
Quare sola ipsa verissime dicere potuit humanae menti: ‹Ego sum qui sum› (*Ex* 3,14).	Aus diesem Grunde vermochte sie (sc. die Ewigkeit Gottes) allein aufs Wahrhaftigste dem menschlichen Geist zu sagen: ‹Ich bin, der ich bin› (*Exodus* 3,14).
Et de illa verissime dici potuit: ‹Misit me qui est› (ib.)».	Und von ihr vermochte ebenfalls aufs Wahrhaftigste gesagt zu werden: ‹Der da ist, hat mich gesandt› (ebd.)».
(*De vera religione* 97)	(*Die wahre Religion* 97)

Kurzkommentar: Ewigkeit ist nach Augustinus – das hat er von den Platonikern gelernt, und daran hat er zeit seines Lebens festgehalten – dem menschlichen Geist einsichtig. Die Ewigkeit kennt keine Veränderung. In der Philosophie der Platoniker spielte das Begriffspaar ‹Veränderlich – Unveränderlich›, in der Sprache Augustins ‹mutabile – inmutabile›, eine wichtige, den Zustand alles Seienden kennzeichnende Rolle. In *De diversis quaestionibus octoginta tribus – Über dreiundachtzig verschiedene Fragen*, Frage 19 erklärt Augustinus: «Quod incommutabile est aeternum est; semper enim eiusdem modi est – Was unveränderlich ist, ist ewig; es bewahrt nämlich immer seine Weise des Seins». Umgekehrt hingegen ist Veränderliches der Zeit anheimgegeben. Was sich verändert, bleibt nicht, und was nicht bleibt, ist nicht ewig. In diesem jegliche Veränderung ausschließenden Sinn ist Gott in seiner Substanz das reine Sein und darum ewig. Augustin, dessen lateinische Bibelübersetzung die alttestamentlichen Texte der *Septuaginta* als Vorlage hatte, berief sich bezüglich der ontologischen Ewigkeit Gottes gerne auf diese Exodusstelle, die in der griechischen Version lautete: Ἐγώ εἰμι ὁ ὤν, was die ontologische Interpretation im Unterschied zur hebräischen Vorlage, die Gottes Treue zu seinem Volk zum Ausdruck bringt, ermöglichte und nahelegte.

3. «Est alia vita, fratres mei: Est post hanc vitam alia vita, credite.	«Es gibt ein anderes Leben, meine Brüder: Es gibt nach diesem ein anderes Leben, glaubt mir.

Ad eam vos praeparate: Praesentia cuncta contemnite. Si habetis, bene inde facite: Si non habetis, nolite cupiditate inardescere.	Auf dieses rüstet euch; (diesem) setzt alles Gegenwärtige hintan! Habt ihr davon, so tut damit Gutes; habt ihr (davon) nicht, so verzehrt euch nicht in Begierde (danach).
Migrate, transferte ante vos: Quod hic habetis, illuc eat quo secuturi eritis. Audite consilium domini vestri: ‹Ne thesaurizetis vobis in terra, ubi tinea et aerugo exterminant, et ubi fures effodiunt et furantur; sed thesaurizate vobis thesaurum in caelo, quo fur non accedit, quo tinea non corrumpit.	Zieht aus, bringt es weg: Was ihr hier besitzt, möge vorausgehen, wohin ihr folgen werdet. Hört auf den Rat eures Herrn: ‹Verschafft euch nicht Schätze hier auf Erden, wo Motte und Grünspan sie vernichten und wo Diebe sie ausgraben und euch stehlen; verschafft euch vielmehr einen Schatz im Himmel, wohin der Dieb keinen Zugang hat und die Motte es nicht zerstört.
Ubi est enim thesaurus tuus, ibi est et cor tuum› (*Mt* 6,19–21).	Wo nämlich dein Schatz ist, dort ist auch dein Herz› (*Matthäusevangelium* 6,19–21).
Audis quotidie, homo fidelis, sursum cor: Et quasi contrarium audias, tu mergis in terram cor tuum. Migrate.	Tag für Tag hörst du als Gläubiger (bei der Feier der Eucharistie) das ‹Empor das Herz›: Und als ob du das Gegenteil hörtest, versenkst du dein Herz in die Erde. Zieht aus!
Habetis unde? Facite bene. Non habetis unde? Adversus deum nolite murmurare. Audite me, o pauperes: Quid non habetis, si deum habetis? Audite me, o divites: Quid habetis, si deum non habetis?»	Habt ihr davon? Tut Gutes damit! Habt ihr davon nichts? Murrt (deswegen) nicht gegen Gott. Hört mich, ihr Armen: Was habt ihr nicht, wenn ihr Gott habt? Hört mich, ihr Reichen: Was habt ihr, wenn ihr Gott nicht habt?»
(*Sermo* 311,15)	(*Predigt* 311,15)

Kurzkommentar: Augustinus spricht hier von dem ‹anderen Leben›. Wohl haben Menschen zu diesem nur durch das irdische Leben einen Zugang. Aber dieses irdische hält den Vergleich mit jenem ‹anderen› in keiner Weise aus. Wer jenes hier suchen und finden zu müssen meint, der kann nur enttäuscht werden.

«Sucht, was ihr sucht», schreibt er in den *Confessiones – Bekenntnissen* 4,18, «es ist nicht dort, wo ihr es sucht. Ihr sucht das selige Leben im Bereich des Todes: Es ist nicht dort. Wie wäre da ein selig Leben, wo gar kein Leben ist?» Warum ist es kein Leben? Weil es zu Ende geht, und was immer zu Ende geht, daran soll man sein Herz nicht hängen. Daran erinnert auch der zitierte Satz vom ‹Schatz, der nicht genommen wird›. Letzten Endes ist damit nichts anderes gemeint als Gott, den Augustinus des Öfteren ‹das Leben der Seele› nennt (*Enarrationes in Psalmos – Auslegungen der Psalmen* 62,2 und 70,2,3). Der Ruf des Priesters bei der eucharistischen Feier mahnt die Christen, und zwar Reiche wie Arme, jenes Lebens eingedenk zu sein – man achte auf die Rhetorik und Dialektik der Sätze: «Was habt ihr nicht, wenn ihr Gott habt?» und «Was habt ihr, wenn ihr Gott nicht habt?». Glückliches Leben ist nur bei Gott, weil er der Inbegriff des Lebens ist (siehe dazu auch **Gott, Text 10**).

Feindesliebe

1. «Miseremini ergo tanquam misericordes; quia in eo etiam quod diligitis inimicos, fratres diligitis.

Ne putetis Ioannem nihil de dilectione inimici praecepisse; quia de fraterna caritate non tacuit: fratres diligitis.

Quomodo, inquis, fratres diligimus? ...
Opta illi ut habeat tecum vitam aeternam; opta illi ut sit frater tuus.

Si ergo hoc optas, diligendo inimicum, ut sit frater tuus; cum eum diligis, fratrem diligis.

«Erweist euch also in eurem Erbarmen als Barmherzige; denn auch darin, dass ihr die Feinde liebt, liebt ihr die Brüder.

Meint nicht, Johannes habe die Feindesliebe nicht befohlen; hat er doch über die Bruderliebe (die auch die Feinde miteinschließt) nicht geschwiegen.

In welcher Weise, so fragst du, lieben wir die (Feinde als) Brüder? ...
Wünsche dem, (der dir feindlich gesinnt ist,) dass er mit dir das ewige Leben habe; wünsche ihm, dass er dein Bruder sei.

Wenn du also auf diese Weise den Feind liebst, dass du ihm wünschst, er sei dein Bruder, dann liebst du einen Bruder.

Non enim amas in illo quod est; sed quod vis ut sit».	Du liebst ja in ihm nicht, was er ist, sondern was du willst, dass er sei».
(*In epistulam Iohannis ad Parthos tractatus* 8,10)	(*Vorträge zum Johannesbrief an die Parther* 8,10)

Kurzkommentar: In den Traktaten zum *Ersten Johannesbrief*, der vorzüglich das Gebot der Gottes- und Nächstenliebe zum Thema hat, entging es Augustin nicht, dass darin im Unterschied zu den Evangelien, nach denen sich das Liebesgebot auch auf die Feinde erstreckt, die Feindesliebe nicht eigens zur Sprache gebracht wird. Der Exegese Augustins zufolge habe jedoch der Verfasser dieses Briefes über die Feindesliebe keineswegs geschwiegen, denn sie sei im Gebot der Bruderliebe integriert. «Wünsch ihm, dass er dein Bruder sei», lautet die Quintessenz der auf die Bruderliebe in einem umfassenden Sinn abzielenden Exegese des Gebotes der Nächstenliebe. Worauf zielt die Bruderliebe eines Christenmenschen ab, wenn nicht auf dessen Teilhabe am ewigen Leben? So lange indes der Christ seinem Mitmenschen gegenüber Affekte des Hasses aus seinem Herzen nicht eliminiere, könne von einer Erfüllung des Liebesgebotes nicht die Rede sein. Eine gewaltige Aufgabe, nämlich die Umwandlung der Feinde zu Brüdern, wartet somit auf den die Bruderliebe im Sinn zu habenden Christen. Diese Aufgabe habe Christus uns vorgelebt, als er für seine Verfolger betete: «Vater, verzeih ihnen, denn sie wissen nicht, was sie tun!» (*Lukasevangelium* 23,34). «Nach deren Umwandlung ihn verlangte – quos voluit mutari –, hat er aus Feinden zu Brüdern zu machen sich gewürdigt», heißt es im Kontext unseres Zitates. «Non amas in illo quod est, sed quod vis ut sit – Du liebst in ihm nicht, was er ist (nämlich dein Feind), sondern was du willst, dass er sei (nämlich dein Bruder). Ergo cum inimicum amas, fratrem amas. Quapropter perfecta dilectio, est inimici dilectio – Wenn du also einen Feind liebst, liebst du einen Bruder. Darum ist die vollendete Liebe die Feindesliebe».

Freude, Genuss, Vergnügen

| 1. «Absit, domine, absit a corde servi tui, qui confitetur tibi, absit, ut, quocumque gaudio gaudeam, beatum me putem. | «Es sei fern, Herr, fern sei es vom Herzen deines Knechtes, der dir bekennt; fern sei es, dass aufgrund welcher Freude auch immer ich mich freue und mich für glücklich halte. |

Est enim gaudium, quod non datur impiis, sed eis, qui te gratis colunt, quorum gaudium tu ipse es.

Et ipsa est beata vita, gaudere ad te, de te, propter te: ipsa est et non est altera.

Qui autem aliam putant esse, aliud sectantur gaudium neque ipsum verum.

Ab aliqua tamen imagine gaudii voluntas eorum non avertitur».

(*Confessiones* 10,32)

Gibt es doch eine Freude, die den Gottlosen nicht zuteil wird, sondern nur denen, dich dich ohne Entgelt verehren, deren Freude du selber bist. Dies eben ist das glückselige Leben, sich auf dich hin zu freuen, an dir und deinetwegen; dies ist es und nichts anderes.

Die jedoch meinen, es sei ein anderes (als glückseliges Leben) zu verehren, die folgen einer anderen Freude, jedoch nicht der wahren.

Freilich, von irgendeiner Vorstellung der Freude wendet sich (auch) ihr Wille nicht ab».

(*Bekenntnisse* 10,32)

Kurzkommentar: Ähnlich der deutschen Sprache kennt auch die lateinische für die Bezeichnung des Gemütszustandes der Freude eine Reihe von Begriffen wie ‹gaudium›, ‹laetitia›, ‹delectatio›, ‹voluptas› etc. Wichtig ist für Augustinus wie für einige Philosophen schon vor ihm (Stoiker und Neuplatoniker) die Unterscheidung zwischen wahren und falschen Freuden. Die Freude an materiellen und vergänglichen Gütern verdient im Unterschied zu den geistigen und unvergänglichen die Bezeichnung ‹wahre› nicht. In dem unmittelbar darauf folgenden Kapitel der *Confessiones*, dem unser Zitat entnommen ist, erläutert Augustinus den Charakter wahrer Freude an deren Bezug zu der letztlich mit Gott identischen Wahrheit. Er habe viele erlebt, bemerkt er, die andere täuschen wollten, doch keinen, der sich täuschen lassen wollte. Daraus zieht er den Schluss: «Beata quippe vita est gaudium de veritate – Glückseliges Leben ist folglich Freude an der Wahrheit» (ebd. 10,33; siehe auch **Glück, Glückseligkeit, Text 3**).

2. «Interrogo utrum ames iustitiam: respondebis, amo.
Quod non responderes veraciter, nisi te aliquatenus delectaret.

«Frage ich, ob du die Gerechtigkeit liebst; wirst du antworten, ich liebe sie. Du könntest wahrhaft so nicht antworten, wenn sie (die Gerechtigkeit) dir bis zu einem gewissen Grad nicht gefiele.

Non enim amatur, nisi quod delectat. ‹Delectare in domino› (*Ps* 36,4), scriptura dicit». (*Sermo* 159,3)	Es wird nämlich nicht geliebt, was nicht gefällt. ‹Am Herrn finde Gefallen› (*Psalm* 36,4), sagt (daher) die Schrift». (*Predigt* 159,3)

Kurzkommentar: Geliebt werden kann prinzipiell nur, was Freude macht, was gefällt. Denn Freude – worüber auch immer – hat stets das Gefallen an Objekten zur Voraussetzung. Freilich ist zwischen den Gegenständen des Gefallens zu differenzieren. Die der sinnlichen Wahrnehmung, so faszinierend sie auch sein mögen, sind in ihrer Gefälligkeit niedriger einzustufen als die des Geistes, etwa des Gefallens an der Gerechtigkeit. An der Spitze aller Objekte des Gefallens steht Gott. Daher die Weisung der Bibel: «Delectare in domino». Siehe auch meinen Artikel *Delectatio* (*delectare*) im *Augustinus-Lexikon* 2, 267–285.

3. «Delectatio quippe quasi pondus est animae. Delectatio ergo ordinat animam. ‹Ubi enim erit thesaurus tuus, ibi erit et cor tuum› (*Mt* 6,21). Ubi delectatio, ibi thesaurus: ubi autem cor, ibi beatitudo aut miseria». (*De musica* 6,29)	«Die Ergötzung ist gleichsam das Gewicht der Seele. Die Ergötzung also ordnet die Seele. ‹Wo nämlich dein Schatz sein wird, dort wird auch dein Herz sein› (*Matthäusevangelium* 6,21). Wo das Ergötzen, dort ist (auch) der Schatz: wo aber das Herz, da ist Glückseligkeit oder Elend». (*Über die Musik* 6,29)

Kurzkommentar: Berühmt ist das vielzitierte Wort Augustins von seiner Liebe als seinem Gewicht in den *Confessiones* – *Bekenntnissen* 13,10: «pondus meum amor meus» (siehe **Liebe, Text 2**). In *De musica* – *Über die Musik* wird Ähnliches von der ‹delectatio›, dem Genuss, dem Liebreiz, der Lust, der Freude, gesagt. Sie alle besitzen eine auf die Seele einwirkende, eine diese ordnende Kraft. Der ontologische Rahmen ist hier wie dort der vorgegebene ‹ordo rerum›, die Ordnung der Dinge (siehe das Stichwort **Ordnung**). Der ‹ordo rerum› strukturiert alles Seiende von dessen Mitte her in niedrigere und in höhere Seinsschichten. Die Mitte alles Seienden, die Geistseele, soll ihren Schatz nicht im Niedrigeren, sondern im Höheren suchen. Dies suggeriert der Satz aus der Bergpredigt. Augustinus spricht vom Herzen, das bei ihm häufig die Person vertritt, und zwar nicht allein mit ihren intellektuellen, sondern auch mit ihren willentlichen und emotionalen Kräften, weshalb man auch seine Philosophie treffend eine ‹philosophia cordis› nannte (siehe den Artikel *Cor* von GOULVEN MADEC im *Augustinus-Lexikon* 2, 1–6). Augustins Musikverständnis ist vorzüglich von den dem Rhythmus zugrunde liegenden Zahlen und Zahlenverhältnissen geprägt. Gewiss werde die Seele auch durch die sinnliche Wahrnehmung der Töne ergötzt, unvergleichlich mehr jedoch durch die Wahrnehmung der Gesetzmäßigkeiten, die der Musik als Kunst zugrunde liegen. Gleiches gilt von der Betrachtung der Ordnung im Kosmos. Auch ihm liegen Zahlen zugrunde. Augustinus nennt ihn deshalb im gleichen Abschnitt aus *Über die Musik* ein ‹carmen universitatis›.

4. «Gaudere nos apostolus praecipit, sed in domino, non in saeculo.

‹Quicumque› enim ‹voluerit amicus esse huius mundi›, sicut scriptura dicit, ‹inimicus dei reputabitur› (*Iac* 4,4).
Sicut autem non potest homo duobus dominis servire; sic nemo potest gaudere et in saeculo, et in domino.

Multum inter se haec duo gaudia differunt, suntque omnino contraria.

Quando gaudetur in saeculo, non gaudetur in domino: Quando gaudetur in domino, non gaudetur in saeculo.
Vincat gaudium in domino, donec finiatur gaudium in saeculo.

Gaudium in domino semper augeatur: Gaudium in saeculo semper minuatur, donec finiatur.

«Zur Freude hält uns der Apostel an, allerdings zur Freude am Herrn, nicht an der Welt.

‹Wer immer› nämlich ‹Freund dieser Welt gewesen sein wollte›, so die Schrift, ‹wird als Feind Gottes gehalten werden› (*Jakobusbrief* 4,4).
Wie der Mensch nicht zwei Herren dienen kann, so kann er sich auch nicht sowohl an der Welt als auch am Herrn erfreuen.

Mächtig unterscheiden sich diese beiden Freuden voneinander, sind sie doch völlig divergierend.

Erfreut man sich an der Welt, so erfreut man sich nicht am Herrn. Erfreut man sich am Herrn, so erfreut man sich nicht an der Welt.
Es möge die Freude am Herrn obsiegen, solange die Freude an der Welt anhält.

Ja, die Freude am Herrn möge sich stets mehren, die Freude an der Welt sich stets vermindern, solange sie anhält.

Non ideo ista dicuntur, quoniam in hoc saeculo cum sumus, gaudere non debemus; sed ut etiam in hoc saeculo constituti, iam in domino gaudeamus». (*Sermo* 171,1)

Dies wird nicht deshalb gesagt, weil wir, solange wir uns in dieser Welt befinden, uns nicht freuen dürften, sondern deshalb, damit wir uns auch als Weltbürger bereits am Herrn erfreuen». (*Predigt* 171,1)

Kurzkommentar: Das theozentrische Denken Augustins mit seiner charakteristischen Hintansetzung alles Irdischen kommt in diesem Zitat unverhüllt zur Sprache. Dennoch verdeutlicht der Schlusssatz zugleich, dass der Christ der Freude an der Welt nicht radikal zu entsagen habe. Sie ist freilich nur dann zu bejahen, wenn sie die Freude an Gott nicht mindert, gar ausschließt, sondern wenn sie zu ihr hinführt und sie fördert. In seinen *Bekenntnissen* zeigt Augustinus, wie man sich durch die Freude an der Schöpfung zu Gott erhebt, um ihn vor allem und über alles zu lieben. Er fragt dort die Erde, das Meer, das Reich der Lüfte, Himmel, Sonne, Mond und Sterne, ob sie Gott seien, und sie antworten, sie seien es nicht. «Mein Fragen war mein sinnendes Betrachten und ihre Antwort ihre Schönheit» (*Confessiones* 10,9; siehe auch **Gott, Text 10**; **Gottesliebe, Text 3** und **Text 6**; **Herz, Text 4**; ferner meinen Artikel *Contemptor, contemptus* im *Augustinus-Lexikon* 1, 1266–1271). In einer anderen Predigt mahnt der Bischof seine Hörer: «So sollst du leben: schreite voran, verachte das Gegenwärtige, hoffe auf das Zukünftige, das Zeitliche sei dir wertlos, das Ewige glanzvoll» (*Sermo Casinensis* 2,114,1).

Freundschaft

1. «Et nemo nisi per amicitiam cognoscitur».
(*De diversis quaestionibus octoginta tribus* 71,5)

«Und niemand wird ohne Freundschaft erkannt».
(*Über dreiundachtzig verschiedene Fragen* 71,5)

Kurzkommentar: Erkennen ist Augustinus zufolge nicht allein Sache der Vernunft, sondern der Person. Zu erkennen oder zu verstehen ist stets das zu bejahende Wahre bzw. dessen Gegenteil, das zu verneinende Falsche. Dabei sind häufig auch emotionale Schichten der Person mit im Spiel. Gilt dies bereits vom Erkennen von Gegenständen, so erst recht von Personen. Immer ist es die

Liebe, die ein tieferes und vollständigeres Erkennen von Personen ermöglicht. Kein Objekt, lehrt Augustinus an anderer Stelle, das ontologisch immer auch ein Gut, ein ‹bonum› ist, wird «vollständig erkannt, wenn es nicht auch vollständig geliebt wird» (ebd. *Frage* 35,2). Freundschaft hat deshalb stets die Liebe zur Voraussetzung. Wie gering diese auch sein mag, sie ist unerlässlich.

2. «Alia erant, quae in eis (sc. amicis) amplius capiebant animum, conloqui et conridere et vicissim benivole obsequi, simul legere libros dulciloquos, simul nugari et simul honestari, dissentire interdum sine odio tamquam ipse homo secum atque ipsa rarissima dissensione condire consensiones plurimas, docere aliquid invicem aut discere ab invicem, desiderare absentes cum molestia, suscipere venientes cum laetitia: His atque huius modi signis a corde amantium et redamantium procedentibus per os, per linguam, per oculos et mille motus gratissimos quasi fomitibus conflare animos et ex pluribus unum facere».
(*Confessiones* 4,13)

«Es gab indes noch anderes, was mein Gemüt mehr und mehr für meine Freunde einnahm: Miteinander reden und lachen, uns gegenseitig Gefälligkeiten erweisen, zusammen schöne Bücher lesen, uns necken, aber auch einander Achtung erweisen, mitunter auch streiten (ganz) ohne Hass, so wie man gelegentlich einmal mit sich selber streiten und die meist vorhandene Meinungsgleichheit (durch den ganz seltenen Streit) würzen mag, uns gegenseitig belehren und voneinander lernen, die Abwesenden ungern vermissen, die Ankommenden freudig begrüßen: Mit solchen und ähnlichen Zeichen der Liebe und der Gegenliebe, die aus dem Herzen kommen, sich durch den Mund im Wort und durch die Augen in der Mimik und (auch sonst) in tausend freundlichen Gesten äußern und wie Zündstoff den Geist in Harmonie entflammen, so dass aus den Vielen eine Einheit wird».
(*Bekenntnisse* 4,13)

Kurzkommentar: Augustins Freundschaftsideale beruhen weithin auf antiken Grundlagen, insbesondere auf den Schriften Ciceros, Senecas und denen der Neuplatoniker (siehe dazu den Artikel *Amicitia* von ILSETRAUT HADOT im

Augustinus-Lexikon 1, 287–293). Der hier aus den *Bekenntnissen* zitierte Text illustriert dieses antike Freundschaftsideal aus dem Leben Augustins noch vor dessen Bekehrung zum Christentum. Nach der Bekehrung versuchte er es zunächst in Cassiciacum in engerem, dann in Thagaste und schließlich in Hippo in einem christlich-monastisch erweiterten Kreis zu verwirklichen. Verständlicherweise wird von da an die christliche Caritas das dominierende Element der Freundschaft, wenngleich Neuplatonisches immer noch eine gewisse Rolle spielt.

3. «Nosti quippe, ut definierit amicitiam ‹Romani›, ut ait quidam, ‹maximus auctor Tullius eloquii› (Lucan. 7,62 sq.). Dixit enim et verissime dixit: ‹amicitia est rerum humanarum et divinarum cum benivolentia et caritate consensio› (Cic. *Lael.* 20).

Tu autem mi carissime, aliquando mihi consentiebas in rebus humanis, ... porro in rebus divinis, quarum mihi illo tempore nulla eluxerat veritas, utique in maiore illius definitionis parte nostra amicitia claudicabat; erat enim rerum tantum modo humanarum non etiam divinarum quamvis cum benivolentia et caritate consensio».

(*Epistula* 258,1)

«Es dürfte dir bekannt sein, wie ‹Tullius (Cicero), der größte Schriftsteller römischer Zunge› – so Lucan 7,62 f. – die Freundschaft definierte.

Er sagte nämlich, und er sagte es zu Recht: ‹Freundschaft ist die von Wohlwollen und Liebe begleitete Übereinstimmung in menschlichen und göttlichen Dingen› (Cicero, *Laelius* 20).

Du aber, mein Lieber, stimmtest zwar früher bezüglich der menschlichen Dinge mit mir überein, ... bezüglich der göttlichen aber, deren Wahrheit mir zu jener Zeit noch nicht einleuchtete, die jedoch den gewichtigeren Teil der Definition ausmacht, stand unsere Freundschaft später auf schwachen Füßen, da die (in der Definition geforderte) Übereinstimmung in Wohlwollen und Liebe sich lediglich auf menschliche Dinge bezog». (*Brief* 258,1)

Kurzkommentar: Augustinus kennt die ciceronianische Definition der Freundschaft und er bekennt sich zu ihr. Der wohl zwischen Augustins Taufe und Bischofsweihe zu datierende *Brief* 258 an den ehemaligen Freund Marcianus appelliert an den Adressaten, er solle um des Fortbestandes ihrer Freundschaft willen die in der Definition geforderte Übereinstimmung bezüglich der göttlichen Dinge ernst nehmen und sich zum Christentum als dem eigentlichen Inbegriff der ‹res divinae›, der ‹göttlichen Dinge›, bekehren (siehe dazu den Satz aus den *Confessiones* 4,14 im folgenden **Text 4**). Aus diesem Grunde ergänzt Augustinus im gleichen Schreiben gezielt den ciceronianischen Begriff der ‹consensio – Übereinstimmung› durch die Hinzufügung: «in Christo Iesu domino nostro verissima pace nostra – in Christus Jesus, unserem Herrn, unserem aufrichtigsten Frieden» (*Brief* 258,4).

4. «Beatus qui amat te et amicum in te et inimicum propter te.

Solus enim nullum carum amittit, cui omnes in illo cari sunt, qui non amittitur». (*Confessiones* 4,14)

«Glücklich ist, wer dich liebt, den Freund in dir, und den Feind um deinetwillen.

Der nämlich nur kann keinen Teuren verlieren, dem alle teuer sind in jenem, der (allein) unverlierbar ist».

(*Bekenntnisse* 4,14)

Kurzkommentar: Freundschaft unter Christen sollte eingebettet sein in die christliche ‹Caritas›. Da diese Gott selbst zur Quelle hat, soll sie auch in Gott verankert bleiben. Der Freundschaft ist darum nach Augustinus eine triadische Struktur zu eigen, die sich von der Analogie der Verbindung des Vaters mit dem Sohn in der Liebe des Heiligen Geistes herleitet. Weil Gott die Liebe ist, bleibt der in Gott, der in der Liebe bleibt (siehe dazu *Epistula – Brief* 73,10).

5. «Mecum enim familiarissimus amicus meus non solum de probabilitate humanae vitae verum etiam de ipsa religione concordat.

Quod est veri amici manifestissimum indicium, si quidem amicitia rectissime atque sanctissime definita est ‹rerum humanarum et divina-

«Mein engster Freund stimmt mit mir nicht nur bezüglich möglicher Anschauungen des Lebens überein, sondern sogar der Religion bezüglich.

Diese Übereinstimmung ist das untrüglichste Indiz eines wahren Freundes – wie anders definiert sich aufs Treffendste und Gottgefäl-

rum cum benivolentia et caritate consensio› (Cic. *Lael.* 20)».
(*De Academicis* 3,13)

ligste die Freundschaft als die ‹mit Wohlwollen und Liebe verbundene Übereinstimmung in göttlichen und menschlichen Dingen› (Cicero, *Laelius* 20)».
(*Über die Akademiker* 3,13)

Kurzkommentar: Augustinus, der offensichtlich ohne Freunde nicht leben konnte, kommt wiederholt auf die ciceronianische Definition der Freundschaft zurück (siehe unter dieser Rubrik **Text 3**). Er legte denkbar großen Wert auf gemeinsame Weltanschauung und Lebensauffassung als Voraussetzung für wahre Freundschaft. Um ein wahrer Freund zu sein, müsse man ein Freund der Wahrheit sein, lautete seine Devise (siehe *Epistula – Brief* 155,1). Weil jedoch die ‹Wahrheit› für ihn schon bei seiner Bekehrung begrifflich sowohl philosophisch wie religiös besetzt war, forderte er für den Bestand der Freundschaft die Übereinstimmung auch in Fragen der Religion.

6. «Quoniam unusquisque homo humani generis pars est et sociale quiddam est humana natura magnumque habet et naturale bonum, vim quoque amicitiae, ob hoc ex uno deus voluit omnes homines condere, ut in sua societate non sola similitudine generis, sed etiam cognationis vinculo tenerentur.

Prima itaque naturalis humanae societatis copula vir et uxor est».
(*De bono coniugali* 1)

«Weil jeder einzelne Mensch Teil des Menschengeschlechtes ist, hat seine Natur einen sozialen Charakter und besitzt als hohes natürliches Gut auch die Kraft der Freundschaft. Darin liegt der Grund, weshalb Gott beschloss, alle Menschen aus einem einzigen zu erschaffen, damit die menschliche Gesellschaft nicht allein in der gleichen Herkunft, sondern auch in der verwandtschaftlichen Verbindung erhalten werden sollte. Das erste Band der menschlichen Gesellschaft sollte also das von Mann und Frau sein».
(*Das Gut der Ehe* 1)

Kurzkommentar: Obgleich die eheliche Verbindung zwischen Mann und Frau nach biblisch-christlichem Verständnis, das Augustinus als Seelsorger sich zu eigen machte, durch das Sakrament geadelt ist – ihre Wesensmerkmale lauten:

‹fides, proles, sacramentum – Treue, Nachkommenschaft, Sakrament› –, so legte er doch denkbar großen Wert auch auf die Freundschaft als ein natürliches, die Ehepartner zusammenhaltendes Essential. Was das Wesen der Freundschaft ausmacht, nämlich die gegenseitige Förderung der miteinander freundschaftlich Verbundenen, dies sollte in der Ehe erst recht vorhanden sein. Aus diesem Grunde eröffnet der Bischof seine wichtige pastoraltheologische Schrift *Das Gut der Ehe* mit dem Hinweis auf die Freundschaft von Mann und Frau in der Ehe.

7. «Quando autem iudicas, dilige hominem, oderis vitium.	«Wenn du aber (über jemanden) urteilst, liebe den Menschen und hasse das Laster.
Noli propter hominem diligere vitium, nec propter vitium odisse hominem.	Liebe nicht das Laster wegen des Menschen, hasse auch nicht den Menschen wegen seines Lasters.
Homo proximus tuus est; vitium inimicum proximo tuo.	Der Mensch ist dein Nächster, das Laster ist Feind deines Nächsten.
Tunc amas amicum, si oderis quod nocet amico». (*Sermo* 49,5)	Dann liebst du deinen Freund (in rechter Weise), wenn du hasst, was deinem Freund schadet». (*Predigt* 49,5)

Kurzkommentar: Die christliche ‹Caritas› kann von ihrem Wesen her kein Gefallen am Laster finden. Dies gilt im Umgang mit allen Menschen und erst recht im Umgang mit Freunden. Die gegenseitige Förderung speziell auf dem Gebiete der Ethik, die eine wahre Freundschaft auszeichnet, beginnt bei der gemeinsamen Bekämpfung der Laster. Freilich, liebenswert im Sinne des Gebotes zur Nächstenliebe bleibt der Mitmensch auch dann, wenn er im Laster verharrt.

8. «Quo dolore contenebratum est cor meum, et quidquid aspiciebam mors erat.	«In diesem Schmerz wurde es dunkel in meinem Herzen, wohin immer ich blickte, war der Tod.
Et erat mihi patria supplicium et paterna domus mira infelicitas, et quidquid cum illo communicaveram,	Selbst die Heimat wurde mir zur Qual und auch das Elternhaus zu unfassbarer Pein. Was immer ich

Abb. 4: Der hl. Augustinus beim Philosophieren. Sandro Botticelli (Fresko, 1480; Florenz, Chiesa di Ognissanti).

sine illo in cruciatum immanem verterat.
Expectabant eum undique oculi mei, et non dabatur; et oderam omnia, quod non haberent eum, nec mihi iam dicere poterant: Ecce veniet, sicut cum viveret, quando absens erat.
Factus eram ipse mihi magna quaestio et interrogabam animam meam, quare tristis esset et quare conturbaret me valde, et nihil noverat respondere mihi.
Et si dicebam: ‹Spera in deum› (Ps 41,6), iuste non obtemperabat, quia verior erat et melior homo, quem carissimum amiserat, quam phantasma, in quod sperare iubebatur.
Solus fletus erat dulcis mihi et successerat amico meo in deliciis animi mei». (*Confessiones* 4,9)

mit ihm (sc. dem Freund) geteilt hatte, verwandelte sich ohne ihn zu unsagbarer Marter.
Meine Augen suchten ihn überall und fanden ihn nicht. Ja, verhasst wurde mir alles, was ihn nicht hatte und mir nicht zu sagen vermochte: Siehe, er wird kommen wie zu seinen Lebzeiten, wenn er abwesend war.
Für mich selbst wurde ich ein großes Rätsel und ich fragte meine Seele, warum sie traurig wäre und warum sie mich so arg betrübe, und sie wusste mir keine Antwort zu geben.
Und wenn ich sagte, ‹Hoffe auf den Herrn› (*Psalm* 41,6), so folgte sie mir zu Recht nicht, denn der Mensch, den sie als Liebsten verloren hatte, war wirklicher und besser als das Trugbild, auf das zu hoffen sie befahl.
Allein die Tränen waren mir Wonne und ersetzten mir den Freund, der einst Freude meiner Seele gewesen war». (*Bekenntnisse* 4,9)

Kurzkommentar: Augustinus war zeit seines Lebens von einem Freundeskreis umgeben. Welche Freuden – um nicht zu sagen Wonnen – ihm diese Umgebung schon in seinen jüngeren Jahren bedeutete, zeigt **Text 2** unter dieser Rubrik. Im 4. Buch der *Confessiones* kommt er ausführlich auf einen gleichaltrigen ‹innigst teuren› Freund zu sprechen, den er seit frühester Jugend kannte, den er als Manichäer offensichtlich für deren ‹Irrwege› begeisterte, den aber das Fieber noch in seinen jungen Jahren hinwegraffte. Unser Text schildert den namenlosen Schmerz, den der Verlust des Freundes in ihm auslöste. Die Erinnerung an jene Ereignisse lässt ihn über die Affekte, speziell über das ‹Seufzen, Weinen, Klagen und Stöhnen› (ebd. 4,10) reflektieren. Diese Reflexion Jahrzehnte später verfolgt jedoch andere Ziele. Sie verlangt, ‹die Menschen menschlich nur zu lieben› (ebd. 4,12) und jegliche Hoffnung auf Linderung bei Trauer und Leid von Gott zu erhoffen und bei Gott zu suchen. Zum Thema ‹Tränen› siehe den Artikel *Lacrimae* von BARBARA MÜLLER im *Augustinus-Lexikon* 3, 895 f.

Friede

1. «Pax itaque corporis est ordinata temperatura partium, pax animae inrationalis ordinata requies appetitionum, pax animae rationalis ordinata cognitionis actionisque consensio, pax corporis et animae ordinata vita et salus animantis, pax hominis mortalis et dei ordinata in fide sub aeterna lege oboedientia, pax hominum ordinata concordia, pax domus ordinata imperandi atque oboediendi concordia cohabitantium, pax civitatis ordinata imperandi atque oboediendi concordia civium, pax caelestis civitatis ordinatissima et concordissima societas fruendi deo et invicem in deo, pax omnium rerum tranquillitas ordinis.

«Es besteht demnach der Friede des Leibes in der geordneten Zusammengehörigkeit der Teile; der Friede der vernunftlosen Seele in der geordneten Ruhe der Triebe; der Friede der Geistseele in der geordneten Übereinstimmung von Erkennen und Handeln; der Friede zwischen Leib und Seele im geordneten Leben und im Wohlbefinden des Lebewesens; der Friede zwischen dem sterblichen Menschen und Gott im geordneten, aus dem Glauben kommenden Gehorsam gegenüber dem ewigen Gesetz; der Friede unter den Menschen in der geordneten Eintracht; der Friede im Hause in der geordneten Eintracht der Bewohner in Bezug auf Befehlen und Gehorchen; der Friede im Staat in der geordneten Eintracht der Bürger in Bezug auf Befehlen und Gehorchen; der Friede des himmlischen Staates in der bestgeordneten und einträchtigsten Gemeinschaft des Gottgenießens und des gegenseitigen Genießens in Gott; der Friede aller Dinge in der Ruhe der Ordnung.

Ordo est parium dispariumque rerum sua cuique loca tribuens dispositio». (*De civitate dei* 19,13)

Ordnung ist die Verteilung der gleichen und ungleichen Dinge, die jedem Ding den ihm gebührenden Platz zuweist».

(*Der Gottesstaat* 19,13)

Kurzkommentar: Es wird dem Leser nicht entgehen, dass diesem faszinierenden Text eine Ontologie (Lehre vom Sein und dem Seienden) zugrunde liegt, was allein schon aus den Wortfeldern ‹ordo – Ordnung› und ‹ordinare – ordnen› hervorgeht. Antike Philosophen betrachteten die Welt als einen Kosmos, als ein gestuft geordnetes Ganzes. Aufgabe der Philosophie war es, diese Ordnung erkennen zu lehren und auch sittliches Handeln danach auszurichten. So gesehen ist der Friede Frucht der zu wahrenden bzw., wenn lädiert, der wiederherzustellenden Ordnung. Mit seiner Bestimmung des Friedens als ‹tranquillitas ordinis›, als ‹Ruhe in der Ordnung›, bewegt Augustinus sich auf dem Geleise ontologischer Begrifflichkeit stoisch-neuplatonischer Herkunft. Der zitierte Text war bereits Gegenstand zahlreicher Untersuchungen der Augustinus-Forschung. Einige Autoren haben seine augustinische Originalität bestritten, andere glauben wieder daran festhalten zu müssen. Die Argumente der Letzteren sind bestechend. Sie verweisen auf den rhetorisch wirksamen Aufbau der Sätze, auf deren gleich einer Klimax aufsteigende Linie mit dem Höhepunkt der ‹pax caelestis›, des ‹himmlischen Friedens›. Letzterer ist freilich mehr als innerweltliche Ruhe, Eintracht und Harmonie.

2. «Tantum est enim pacis bonum, ut etiam in rebus terrenis atque mortalibus nihil gratius soleat audiri, nihil desiderabilius concupisci, nihil postremo possit melius inveniri». (*De civitate dei* 19,11)

«Der Friede ist nämlich ein so großes Gut, dass man selbst im Bereich irdischer und vergänglicher Dinge nichts Angenehmeres hören, nichts Wünschenswerteres begehren, schließlich auch nichts Besseres finden kann».

(*Der Gottesstaat* 19,11)

Kurzkommentar: Entsprechend seiner den Platonikern entnommenen Ontologie, wonach Seiendes – in der Sprache der Bibel: Erschaffenes – in einer gestuften Ordnung existiert, hat die Ordnung selbst den Frieden zum Ziel. Sie ist ein ‹bonum›, ein ‹Gut›, und zwar ein alle irdischen Güter subsumierendes.

3. «Sine caritate nulla pax est; et manifestum est quia qui diviserunt pacem, non habebant caritatem».
(*Enarrationes in Psalmos* 127,13)

«Ohne die Caritas gibt es keinen Frieden; dies dürfte klar sein, denn die den Frieden zerteilten, besaßen die Liebe nicht».
(*Auslegungen der Psalmen* 127,13)

Kurzkommentar: Das christliche Sittengesetz gipfelt nach Augustinus in der christlichen ‹Caritas›. Sie ermöglicht und sichert den Frieden. Wahren Frieden, so schreibt der Bischof in seinen *Auslegungen des Johannesevangeliums* (Traktat 87,1), könne man deshalb nur mit dem haben, den man wahrhaft liebt.

Frömmigkeit

1. «Porro pietas cultus dei est nec colitur ille nisi amando.

Summa igitur et vera sapientia est in praecepto illo primo: ‹Diliges dominum deum tuum ex toto corde tuo et ex tota anima tua› (*Dt* 6,5; *Mt* 22,37), ac per hoc sapientia est caritas dei nec diffunditur in cordibus nostris nisi per spiritum sanctum, qui datus est nobis (*Rm* 5,5).

‹Initium› autem ‹sapientiae timor domini› (*Ps* 110,10) et ‹timor non est in caritate, sed perfecta caritas foras mittit timorem› (*1 Io* 4,8)».
(*Epistula* 140,45 = *De gratia testamenti novi ad Honoratum* 45)

«Nun aber ist die Frömmigkeit Gottesverehrung und Gott wird nicht anders verehrt, als indem man ihn liebt.

Die höchste und wahre Weisheit artikuliert jenes erste Gebot, das da heißt: ‹Du sollst den Herrn, deinen Gott, lieben aus ganzem Herzen und aus ganzer Seele (*Deuteronomium* 6,5; *Matthäusevangelium* 22,37), und aus diesem Grunde ist die Weisheit Gottesliebe, und diese wird auch nicht anders ‹in unsere Herzen ausgegossen als durch den Heiligen Geist, der uns gegeben ist› (*Römerbrief* 5,5).

‹Der Anfang der Weisheit› aber ‹ist die Gottesfurcht› (*Psalm* 110,10) und ‹Furcht ist nicht in der Liebe, sondern die vollkommene Liebe vertreibt die Furcht› (*Erster Johannesbrief* 4,18)».
(*Brief* 140,45 = *Über die Gnade des Neuen Testamentes an Honoratus* 45)

Kurzkommentar: ‹Pietas›, Frömmigkeit, bezeichnet im Lateinischen das Pflichtgefühl – zunächst Gott, sodann auch den Verwandten und Bekannten gegenüber. Zum geltenden Sittenkodex der heidnischen Antike gehörte das rechte Verhältnis zur Gottheit und zum Mitmenschen. In gewisser Hinsicht war ‹pietas› die Mutter aller Tugenden. Augustinus, der die antike Bildung noch in vollen Zügen genossen hatte, sich aber nach seiner Bekehrung zunehmend kritisch mit ihr auseinandersetzte, hielt diese ihre dominierende Stellung im Kanon der ‹virtutes›, der Tugenden, insofern aufrecht, als er sie mit der ‹caritas› nahezu identifizierte. Diese enge Bindung der ‹pietas› an die ‹caritas› bringt unser Text, der einem Brief an einen gebildeten Heiden namens Honoratus entnommen ist, zum Ausdruck. Der Brief ist so ausführlich geraten, dass Augustinus ihn zu seinen Werken zählte und ihm den Titel gab: *De gratia testamenti novi ad Honoratum* – *Über die Gnade des Neuen Testamentes an Honoratus*. Zusammen mit der ‹caritas›, die laut *Römerbrief* 5,5 durch den Heiligen Geist in die Herzen der Gläubigen gegossen wird, hat auch die ‹pietas› die Gnade zur Voraussetzung. (Siehe dazu meinen Beitrag ‹*Pietas*› *und* ‹*vera pietas quae caritas est*›, in: *Augustiniana Traiectina*, Communications présentées au Colloque International d'Utrecht 13–14 novembre 1986, éd. J. DEN BOEFT et J. VAN OORT, Paris 1987, 119–136.)

2. «… dum illud constet inter omnes veraciter pios, neminem sine vera pietate, id est veri dei vero cultu, veram posse habere virtutem, nec eam veram esse, quando gloriae servit humanae; eos tamen, qui cives non sint civitatis aeternae, quae in sacris litteris nostris dicitur civitas dei, utiliores esse terrenae civitati, quando habent virtutem vel ipsam, quam si nec ipsam.

Illi autem, qui vera pietate praediti bene vivunt, si habent scientiam re-

«… zumindest unter den wahrhaft Frommen besteht kein Zweifel darüber, dass jemand ohne wahre Frömmigkeit, das heißt ohne die wahre Verehrung des wahren Gottes eine wahre Tugend haben könne. Eine Tugend kann auch nicht echt (wahr) sein, die auf menschlichen Ruhm abzielt. Diejenigen jedoch, die nicht Bürger des ewigen Staates sind, der in unseren heiligen Schriften der Gottesstaat genannt wird, sind dem irdischen Staat nützlicher, wenn sie Tugend (überhaupt) besitzen und diese ihnen nicht fremd ist.
Wenn allerdings jene, die im Besitz wahrer Frömmigkeit ein gutes Leben

gendi populos, nihil est felicius rebus humanis, quam si deo miserante habeant potestatem».

(*De civitate dei* 5,19)

führen, sich (zugleich auch) auf das Regieren von Völkern verstehen, so gibt es nichts Glücklicheres für die Gesellschaft, als wenn ihnen dank göttlichen Erbarmens die Herrschaft (über Völker) zufällt».

(*Der Gottesstaat* 5,19)

Kurzkommentar: Bei seinen Auseinandersetzungen mit Heiden gebliebenen Römern, die den Fall Roms im Jahre 410 ursächlich mit dem Religionswechsel vom Heidentum zum Christentum in Verbindung brachten, spielte die Frage nach der im Kult sich artikulierenden Frömmigkeit eine wichtige Rolle. Schon die frühen Christen argumentierten gegen die Anhänger des Polytheismus mit dem biblischen Monotheismus, dem zufolge wahre Frömmigkeit den Glauben an einen einzigen und darum wahren Gott zur Voraussetzung habe. Noch bevor Augustinus um 391 ein kirchliches Amt übernahm, verfasste er eine programmatische Schrift mit dem Titel *De vera religione* – *Die wahre Religion*. Darin argumentierte er ähnlich: Das Christentum sei wegen der Verehrung des wahren Gottes die wahre Religion. Wahr ist Gott, weil er im Sinne der platonischen Ontologie zugleich Inbegriff der unveränderlichen Wahrheit ist. Wie Augustinus die wahre Religion vom wahren Kult des wahren Gottes ableitet und begründet, so verfährt er auch mit der wahren Frömmigkeit und der wahren Tugend. Beide sind ideelle, zeit- und raumlose Entitäten. Der Fromme mag seine Frömmigkeit aufgeben, dies tangiert die ‹pietas› als Idee nicht. Wahr sind ‹pietas› und ‹virtus› dann, wenn sie vorzüglich Gottes Ehre zum Ziel haben. Deshalb sind auch die ‹veraciter pii›, die ‹wahrlich Frommen› allein Bürger des Gottesstaates. Zugleich entwirft der Kirchenvater eine Art Fürstenspiegel für christliche Herrscher, die, weil ‹im Besitz wahrer Frömmigkeit›, zugleich ‹ein gutes Leben zu führen› vermögen. Es sei deshalb ein Glücksfall, fügt er an Ort und Stelle hinzu, wenn Männer der ‹vera pietas› die Kunst des Regierens ausübten.

Gebet, Gotteslob

1. «Ipsum enim desiderium tuum, oratio tua est; et si continuum desiderium, continua oratio. ... Continuum desiderium tuum, continua vox tua est.
Tacebis, si amare destiteris. ...

Frigus caritatis, silentium cordis est; flagrantia caritatis, clamor cordis est.

Si semper manet caritas, semper clamas; si semper clamas, semper desideras».
(*Enarrationes in Psalmos* 37,14)

«Deine Sehnsucht nämlich ist dein Gebet; und hat die Sehnsucht Bestand, so auch das Gebet. ... Deine ständige Sehnsucht ist deine ständige Stimme.
Du wirst verstummen, wenn du zu lieben aufhörst.

Das Abkühlen der Liebe hat das Schweigen des Herzens zur Folge; die Glut der Liebe schürt den Schall des Herzens.

Bleibt die Liebe beständig, so wirst du auch immer (zu Gott) rufen; rufst du immer (zu ihm), so wirst du dich immer auch (nach ihm) sehnen».
(*Auslegungen der Psalmen* 37,14)

Kurzkommentar: Über Augustins Gebetsleben sind wir bestens informiert. Die einleitenden Paragraphen zu seinen bald nach der Bekehrung niedergeschriebenen *Soliloquiorum libri* – *Alleingesprächen* bestehen aus Gebeten, und zwar aus Gebeten, fast könnte man sagen, philosophischen Inhalts. Dies änderte sich spürbar mit der Übernahme kirchlicher Ämter und der damit bedingten intensivierten Beschäftigung mit der Bibel. Auch wenn er kein Werk über das Gebet geschrieben hat, sind Gebete in vielen seiner Werke, speziell in seinen *Confessiones* – *Bekenntnissen* präsent. Gebet ist Sehnsucht des Herzens – bündiger kann man es nicht definieren. (Aufschlussreich die Veröffentlichung TARSICIUS J. VAN BAVEL, *Die Sehnsucht betet immer. Augustins Lehre über das Gebet*, Würzburg 2008.)

2. «Ut quid ergo per multa dispergimur et quaerimus, quid oremus, timentes, ne forte, sicut non oportet, oremus, ac non potius cum Psalmo dicimus: ‹Unam petii a domino, hanc requiram, ut inhabitem in domo

«Wozu verlieren wir uns in das Viele und fragen, worum wir bitten sollen, indem wir fürchten, wir könnten am Ende, wie es sich nicht ziemt, beten? Warum sprechen wir nicht lieber mit dem Psalm: ‹Eines nur erbitte

domini omnes dies vitae meae, ut contempler delectationem domini et visitem templum sanctum eius› (*Ps* 27,4)?

Ibi namque omnes dies non veniendo et transeundo fiunt omnes nec initium alterius est finis alterius; omnes sine fine simul sunt, ubi nec ipsa vita habet finem, cuius illi dies sunt.

Propter hanc adipiscendam beatam vitam ipsa vera vita orare nos docuit non in multiloquio, tamquam eo fiat, ut exaudiamur, quo loquaciores sumus, cum eum oremus, qui novit, sicut ipse dominus ait, quid nobis necessarium sit, priusquam petamus ab eo». (*Epistula* 130,15)

ich vom Herrn, nur danach verlangt mich: Im Hause des Herrn alle Tage meines Lebens zu wohnen, um die Anmut des Herrn zu schauen und seinen heiligen Tempel zu besuchen› (*Psalm* 27,4)?

Dort nämlich gibt es kein Kommen und Gehen der Tage, auch ist nicht der Anfang des einen das Ende des anderen, alle sind (vielmehr) in gleicher Weise ohne Ende, wo das Leben mit all seinen Tagen selbst kein Ende hat.

Damit wir dieses selige Leben erlangen, hat uns das wahre Leben selbst gelehrt: Wir sollten nicht mit vielen Worten beten, als würden wir dadurch um so eher erhört, je geschwätziger wir sind. Wir beten doch zu dem, von dem der Herr selber sagt, er wisse, was uns not tut, (schon) bevor wir ihn darum bitten». (*Brief* 130,15)

Kurzkommentar: Unter den Briefen Augustins befinden sich einige, die ihrem Umfang und Inhalt nach den Charakter einer Abhandlung haben. Ein solcher Brief ist die *Epistula* 130 an Anicia Faltonia Proba, an eine reiche Dame aus römischem Adel, die nach dem Tod ihres Mannes Witwe blieb. Nach der Eroberung Roms durch Alarich im Jahr 410 verkaufte sie ihr Vermögen und suchte mit ihrer Familie Schutz in Karthago. Dort lernte sie Augustinus kennen, mit dem sie offensichtlich im Briefkontakt blieb. Der *Brief* 130 ist eine tiefsinnige Unterweisung Augustins über das Gebet. Nur am Rande ist seiner Auffassung nach Irdisches Gegenstand des Gebetes. Selbst das Bitten hat vorzüglich Gott, seinen Willen, sein Reich, seine Gnade zum Gegenstand. Das ist der Tenor der Lehre Augustins über das Gebet. Mustergültig illustrieren dies auch seine *Confessiones*, seine *Bekenntnisse*.

3. «Quod quare faciat, qui novit, quid nobis necessarium sit, priusquam petamus ab eo, movere animum potest, nisi intellegamus, quod dominus et deus noster non voluntatem nostram sibi velit innotescere, quam non potest ignorare, sed exerceri in orationibus desiderium nostrum, quo possimus capere, quod praeparat dare.
Illud enim valde magnum est, sed nos ad accipiendum parvi et angusti sumus.
Ideo nobis dicitur: ‹Dilatamini, ne sitis iugum ducentes cum infidelibus› (*2 Cor* 6,13 sq.).

Tanto quippe illud, quod valde magnum est, ‹quod nec oculus vidit›, quia non est color, ‹nec auris audivit›, quia non est sonus, ‹nec in cor hominis ascendit› (cf. *1 Cor* 2,9), quia cor hominis illuc debet ascendere, sumemus capacius, quanto id et fidelius credimus et speramus firmius et desideramus ardentius.

In ipsa ergo fide et spe et caritate continuato desiderio semper oramus.

Sed ideo per certa intervalla horarum et temporum etiam verbis rogamus deum, ut illis rerum signis nos ipsos admoneamus, quantumque in hoc desiderio profecerimus, nobis ipsis

«Warum er dies so macht, er, der weiß, wessen wir bedürfen, ehe wir ihn darum bitten, kann uns dann wundern, wenn wir meinen, unser Herr und Gott wolle von uns (im Gebet) erfahren, was er ja schon weiß. Vielmehr will er durch die Gebete unsere Sehnsucht gestärkt wissen, so dass wir fassen können, was er an Gaben für uns bereithält.
Das, was er für uns bereithält, ist unermesslich, wir jedoch sind, um dies zu empfangen, klein und beschränkt.
Darum heißt es für uns: ‹Weitet euer Herz; beugt euch nicht mit den Ungläubigen unter das Joch› (*Zweiter Korintherbrief* 6,13 f.).
Jenes Unermessliche, ‹was kein Auge geschaut›, weil es keine Farbe hat, ‹was kein Ohr vernommen›, weil es keinen Laut hat, ‹was (noch) in keines Menschen Herz gedrungen ist› (vgl. *Erster Korintherbrief* 2,9), weil des Menschen Herz sich zu ihm emporschwingen muss, werden wir um so fähiger sein zu empfangen, je zuverlässiger wir daran glauben, je fester wir es erhoffen und je glühender wir uns danach sehnen.
Im Glauben, in der Hoffnung und in der Liebe (also) beten wir in fortwährender Sehnsucht.
Gerade darum aber beten wir in gewissen Zwischenräumen von Stunden und Zeiten auch mit Worten zu Gott, um uns durch die Zeichenhaftigkeit der Dinge zu ermahnen

innotescamus et ad hoc augendum nos ipsos acrius excitemus.

Dignior enim sequitur effectus, quem ferventior praecedit affectus.

Ac per hoc et quod ait apostolus: ‹Sine intermissione orate› (*1 Th* 5,17), quid est aliud quam beatam vitam, quae nulla nisi aeterna est, ab illo, qui eam dare solus potest, sine intermissione desiderate?

Semper ergo hanc a domino deo desideremus et semper oremus».
(*Epistula* 130,17 sq.)

(und gewissermaßen zu vergewissern), welche Fortschritte wir in dieser Sehnsucht (nach Gott) schon gemacht haben, und um uns um so lebhafter anzueifern, sie zu steigern. Ein geziemenderer Erfolg stellt sich (jeweils) dann ein, wenn ihm eine glühendere Regung des Herzens voranging.
Darum ist auch bedeutsam das Wort des Apostels: ‹Betet ohne Unterlass› (*Erster Thessalonicherbrief* 5,17). Was anderes ist damit gemeint, wenn nicht das selige Leben, das ewig währt, von jenem zu empfangen, der dieses allein zu geben vermag, ohne Unterlass zu ersehen?
Immer also sollen wir von Gott dieses ersehnen, und immer darum beten». (*Brief* 130,17 f.)

Kurzkommentar: ‹Desiderium – Sehnsucht› ist ein Kernbegriff der augustinischen Spiritualität. Sein Gegenbegriff ist die ‹concupiscentia – Begierde›, die sich ausschließlich auf das Irdische richtet. Gegenstand der Sehnsucht des Herzens, des ‹desiderium cordis›, ist letztlich Gott selbst. Sehnsucht ist deshalb ein Leitbegriff der *Confessiones* – Bekenntnisse; sie ist zugleich das Grundmotiv des unruhigen Herzens, das erst am Ende unseres irdischen Daseins im Sein bei Gott zu seiner verheißenen Ruhe kommt. (Siehe *Confessiones* – Bekenntnisse 1,1 und 13,52, ferner den Artikel *Desiderare, desiderium* von JEAN DOIGNON im *Augustinus-Lexikon* 1, 306–309.)

4. «Vobis dicitur, domini et pueri, vobis dicitur: ‹Laudate nomen domini: Sit nomen domini benedictum› (*Ps* 112,1 sq.); sit a vobis nomen domini benedictum, ‹ex hoc› (*Ps* 112,2)

«Euch, Herren und Knaben, euch gilt die Weisung: ‹Lobt den Namen des Herrn: Der Name des Herrn sei gepriesen› (*Psalm* 112,1 f.); von euch sei der Name des Herrn gepriesen,

utique ex quo vobis dicitur: Incipitis enim laudare, sed sine fine laudate.

‹Ex hoc› ergo ‹et usque in saeculum› (*Ps* 112,1 sq.), sine fine laudate. Ne dicatis: Incipimus quidem laudare dominum, quia pueri sumus; sed cum creverimus magnique fuerimus, nos ipsos laudabimus.

Non sic, pueri, non sic: Propterea dicit dominus per Isaiam: ‹Ego sum; et usque dum senescatis, ego sum› (*Is* 46,4).

Ille semper laudandus est qui est. ‹Laudate, pueri, ex hoc› (*Ps* 112,1 sq.), laudate, senes, ‹et usque in saeculum› (*Ps* 112,2).

Quia senectus vestra albescet quidem canis sapientiae, sed non carnis vetustate marcescet.

Aut quoniam hoc loco humilitatem potius videtur significare pueritia, cui contraria est vana et falsa superbiae magnitudo; et ideo dominum nisi pueri non laudant, quia superbi eum laudare non norunt; sit senectus vestra puerilis, et pueritia senilis, id est, ut nec sapientia vestra sit cum superbia, nec humilitas sine sapientia, ut

‹von nun an› (*Psalm* 112,2), gewiss von da an, da es euch gesagt wird. Ihr beginnt also zu loben, ihr sollt aber ohne Ende loben.

‹Von nun an› also ‹und bis in Ewigkeit› (*Psalm* 112,1 f.), lobt ohne Ende. Sagt nicht, wir beginnen zwar den Herrn zu loben, weil (und so lange) wir (noch) Knaben sind. Sobald wir aber erwachsen und groß sind, werden wir uns selbst loben.

Nicht doch, ihr Knaben, nicht doch: Aus diesem Grunde sagt der Herr durch Jesaja: ‹Ich bin; und (auch) während ihr alt werdet, bin ich› (*Jesaja* 46,4).

Jener ist (also) allzeit zu loben, der (zeitlos) ist. ‹Lobt, ihr Knaben, von nun an› (*Psalm* 112,1 f.), lobt, ihr Greise, ‹bis in Ewigkeit› (*Psalm* 112,2).

Euer Greisenalter nämlich wird zwar weiß werden durch die weißen Haare der Weisheit, aber es wird nicht schlaff werden durch das Alter des Fleisches.

An dieser Psalmstelle scheint das Knabenalter eher die Demut anzuzeigen, der das eitle und zur Schau getragene stolze Selbstgefühl entgegengesetzt ist; und deshalb loben allein Knaben den Herrn, weil Stolze ihn zu loben nicht im Stande sind. So sei euer Alter (gleichsam) kindhaft und eure Kindheit senil, das

laudetis dominum ‹ex hoc et usque in saeculum› (*Ps* 112,2)».
(*Enarrationes in Psalmos* 112,2)

will sagen, eure Weisheit sei frei von Stolz und eure Demut sei nicht ohne Weisheit, damit ihr den Herrn loben könnt ‹von nun an bis in Ewigkeit› (*Psalm* 112,2)».
(*Auslegungen der Psalmen* 112,2)

Kurzkommentar: Wiederholt fordert die Bibel, speziell in den *Psalmen*, alle Geschöpfe zum Lobpreis Gottes auf. Indes weiß Augustinus, dass dazu nur die vernunftbegabte Schöpfung fähig ist. So wenig die vernunftlose Kreatur seufzen kann, so wenig vermag sie auch den Schöpfer zu loben und zu preisen. Dies ist Aufgabe der ‹creatura laudatrix›, der zum Lobpreis Befähigten, zu denen die Menschen, und zwar Junge wie Alte zählen. Indem beide dieser Aufgabe nachkommen, ‹preisen sie› in Demut und in Weisheit gleichsam stellvertretend für alle Kreaturen ‹den Namen des Herrn› (siehe den Abschnitt VIII,4: *Der Lobpreis der Schöpfung* in meinem Artikel *Creatio, creator, creatura* im *Augustinus-Lexikon* 2, 107–109).

5. «Domine deus meus, una spes mea, exaudi me ne fatigatus nolim te quaerere, sed quaeram faciem tuam semper ardenter.

Tu da quaerendi vires, qui inveniri te fecisti et magis magisque inveniendi te spem dedisti.

Coram te est firmitas et infirmitas mea; illam serva, istam sana.

Coram te est scientia et ignorantia mea; ubi mihi aperuisti suscipe intrantem; ubi clausisti aperi pulsanti.

«Herr, mein Gott, meine einzige Hoffnung, erhöre mich, damit ich nicht, müde geworden, dich nicht mehr suchen wolle, vielmehr dein Antlitz stets unermüdlich suche.

Schenk du dem Suchenden die Kraft, der du den Menschen so erschaffen hast, dass er dich suche, und ihm die Hoffnung gabst, dich mehr und mehr zu finden.

Vor dir steht meine Stärke und meine Schwäche; erhalte jene und heile diese.

Vor dir steht mein Wissen und mein Nichtwissen: Wo du mir den Zugang geöffnet hast, nimm mich auf, wenn ich eintrete, wo du den Zugang verschlossen hast, öffne ihn, wenn ich anklopfe.

Meminerim tui; intellegam te; diligam te.	Deiner lass mich eingedenk sein, dich lass mich erkennen, dich lass mich lieben.
Auge in me ista donec me reformes ad integrum». (*De trinitate* 15,51)	Mehre in mir dies alles, bis du mich vollständig erneuerst». (*Über die Dreieinigkeit* 15,51)

Kurzkommentar: Augustinus war nicht nur ein großer Theologe, sondern auch ein großer Beter. Zahlreiche Gebete sind von ihm überliefert. Atmeten diese zum Beginn seiner schriftstellerischen Aktivitäten den Geist eines Intellektuellen – man lese die einleitenden Kapitel der Frühschrift *Soliloquiorum libri – Alleingespräche –*, so änderte sich dies mit der Übernahme kirchlicher Ämter. Die bald nach seiner Bischofsweihe abgefassten *Confessiones – Bekenntnisse* sind ein von den *Psalmen* geprägtes Gespräch mit Gott, und so gesehen ein Muster christlicher Gebetskultur. Die 15 Bücher *Über die Dreieinigkeit*, an denen der Kirchenvater zwei Jahrzehnte lang arbeitete, gehören mit zum Tiefsinnigsten, was über den Gott der Christenheit je gedacht und geschrieben wurde. Augustinus beendete sie mit einem Gebet, von dem hier ein Teil wiedergegeben ist. Er fragt sich zum Schluss, indem er aus dem *Buch der Sprüche* 10,19 zitiert – «Bei vielem Reden vermeidet man die Sünde nicht» –, ob er nicht zu viel über Gott geredet habe, aber dann erwähnt er auch den *Zweiten Timotheusbrief* 4,2 – «Verkünde das Wort, sei es gelegen, sei es ungelegen» –, und er bittet Gott, über das Unzulängliche seiner Gedanken über ihn hinwegzusehen. Welche Bescheidenheit, welche Demut! Das mit Hilfe vieler Worte Gesagte werde einst vergehen, bleiben «wirst jedoch du, der Eine». So münden die letzten Zeilen des Werkes wieder in einen Lobpreis des Einen, der ‹alles in allem› ist (*Erster Korintherbrief* 15,28). «Und ohne Ende werden wir eines sagen, dich mit einer Stimme preisen, weil wir selbst in dir eins geworden sind. Herr, Gott-Einer, Gott-Dreieiniger, was immer ich in diesen Büchern von dir (zu Recht) gesagt habe, das mögen die Deinen sich zu eigen machen, was ich etwa von mir nicht zu Recht von dir gesagt habe, das verzeihe du, und das mögen mir auch die Deinen verzeihen. Amen» (*De trinitate* 15,51).

Gedächtnis

1. «Magna ista vis est memoriae, magna nimis, deus meus, penetrale amplum et infinitum.

Quis ad fundum eius pervenit? Et vis est haec animi mei atque ad meam naturam pertinet, nec ego ipse capio totum, quod sum.
Ergo animus ad habendum se ipsum angustus est, ut ubi sit quod sui non capit?

Numquid extra ipsum ac non in ipso?
Quomodo ergo non capit?
Multa mihi super hoc oboritur admiratio, stupor apprehendit me.

Et eunt homines mirari alta montium et ingentes fluctus maris et latissimos lapsus fluminum et oceani ambitum et gyros siderum et relinquunt se ipsos nec mirantur, quod haec omnia cum dicerem, non ea videbam oculis, nec tamen dicerem, nisi montes et fluctus et flumina et sidera, quae vidi, et oceanum, quem credidi, intus in memoria mea viderem spatiis tam ingentibus, quasi foris viderem.

«Groß ist diese Kraft meines Gedächtnisses, gewaltig groß, mein Gott, ein ausgedehntes, unermessliches Gemach.
Wer dringt auf seinen Grund?
Und diese Kraft gehört meiner Seele, meiner Natur, und nicht einmal ich selber fasse ganz, was ich bin.
So ist also die Geistseele zu eng, um sich selbst zu fassen, so dass es ein Wo gibt, was sie von sich nicht fassen kann?
Ist dies etwa außerhalb von ihr und nicht in ihr selbst?
Wieso fasst sie es nicht?
Eine große Bewunderung überkommt mich deshalb, ein Staunen packt mich.
Und da gehen die Menschen hin und bewundern die Höhen der Berge und die gewaltigen Fluten des Meeres, das breite Strömen der Flüsse, die Weite des Ozeans und den Kreislauf der Gestirne, sich selbst aber lassen sie außer Acht und sie wundern sich nicht, dass ich, während ich es nannte, all das nicht mit den Augen sah und dass ich davon nicht spräche, wenn ich die Berge, die Fluten, die Flüsse und die Gestirne, die ich sah, und den Ozean, von dem ich (lediglich) glaubend hörte, drinnen in meinem Gedächtnis sähe, und zwar in solch ungeheuren Ausmaßen, als ob ich sie draußen (wirklich) sähe.

Nec ea tamen videndo absorbui, quando vidi oculis, nec ipsa sunt apud me, sed imagines eorum, et novi, quid ex quo sensu corporis impressum sit mihi».
(*Confessiones* 10,15)

Ich habe sie jedoch weder verschlungen, als ich sie mit den Augen sah, noch habe ich sie bei mir, sondern nur ihre Bilder. Und ich weiß auch, was davon durch welchen der Sinne mir eingeprägt wurde».
(*Bekenntnisse* 10,15)

Kurzkommentar: So umfassend wie Augustinus haben sich Autoren in der Antike mit dem Gedächtnis nicht beschäftigt. Der Kirchenvater kommt wiederholt darauf zu sprechen, speziell in seinem großen theologischen Werk *De trinitate – Über die Dreieinigkeit*, aufs Kompakteste jedoch in seinen *Confessiones – Bekenntnissen* 10,12–37. Das Gedächtnis ist das Organ, mit dem der Mensch der Welt, in der er zu leben hat, innewird. Auf diese Weise wird er sich auch seiner selbst als solcher inne, der befähigt ist, alles Wahrnehmbare, Sinnliches wie Geistiges, im Gedächtnis zu vergegenwärtigen. Er nennt das Gedächtnis metaphorisch einen unermesslichen Raum, eine ‹aula ingens› (ebd. 10,14), in welcher Dinge und Geschehnisse, Hoffnungen und Erwartungen als deren Abbildungen, ‹similitudines›, gegenwärtig sind. In der Kraft des Gedächtnisses erfährt der Mensch sich als Subjekt und zugleich als Krone der Schöpfung. Siehe dazu den Artikel *Memoria* von JAMES J. O'DONNELL im *Augustinus-Lexikon* 3, 1249–1257. Gerade dieser Text hat eine hohe Wirkungsgeschichte gehabt. In einem Brief an den Frühhumanisten Francesco Diognini vom 26.4.1336 berichtet Petrarca von seiner Besteigung des Mont Ventoux in der Provence. Er hatte Augustins *Bekenntnisse* bei sich. Oben angekommen, betrachtete er zunächst die Landschaft unter sich. Dann aber las er aus unserer Stelle: «Und es gehen die Menschen hin, zu bestaunen die Höhen der Berge, die ungeheueren Fluten des Meeres, die breit dahinfließenden Ströme, die Weite des Ozeans und die Bahnen der Gestirne und vergessen darüber sich selbst». Für Petrarca brachte diese Lektüre eine geistige Wende, bestehend aus einer ästhetischen, auf dem Naturerlebnis aufruhenden und einer kontemplativen, aus der Rückwendung zu sich selbst resultierenden Verbindung. Kulturhistoriker sehen im Erlebnis Petrarcas zu Recht eine Art Schwelle aus dem Mittelalter zur Neuzeit.

2. «Magna vis est memoriae, nescio quid horrendum, deus meus, pro-

«Groß ist die Kraft des Gedächtnisses, ich weiß nicht, wie schaudererregend,

funda et infinita multiplicitas; et hoc animus est, et hoc ego ipse sum. Quid ergo sum, deus meus? Quae natura sum? Varia, multimoda vita et inmensa vehementer». (*Confessiones* 10,26)	mein Gott, eine unermessliche und grenzenlose Vielfalt; und dies ist die Geistseele, und dies bin ich selbst. Was also bin ich, mein Gott? Was für ein Wesen? Ein mannigfaltiges, ein vielschichtiges ganz und gar unermessliches Leben». (*Bekenntnisse* 10,26)

Kurzkommentar: Das Gedächtnis ist der Ort der Selbstwahrnehmung und diese Wahrnehmung des Selbst, des ‹ego ipse›, in dem die Seele sich zugleich als Gottes Ebenbild erkennen soll – darüber reflektiert Augustinus ausführlich in seinem Werk *Über die Dreieinigkeit* –, hat die Wahrnehmung des in grenzenloser Vielfalt sich darbietenden Anderen zur Voraussetzung. Diese Grenzenlosigkeit der Erkenntnisobjekte verbunden mit der Einsicht in die eigene Endlichkeit ist auch der Grund dafür, dass der Mensch sich selbst nicht vollständig erkennt. Ebenfalls in den *Confessiones* – *Bekenntnissen* fasst Augustinus diesen Tatbestand rhetorisch präzise zusammen: «Grande profundum est ipse homo – Der Mensch ist ein abgrundtiefes Geheimnis» (ebd. 4,22).

Gerechtigkeit

1. «Iustitia est habitus animi communi utilitate conservata suam cuique tribuens dignitatem». (*De diversis quaestionibus octoginta tribus* 31,1)	«Gerechtigkeit ist eine Haltung der Geistseele, die bei Achtung des Nutzens aller jedem seinen Rang zugesteht». (*Über dreiundachtzig verschiedene Fragen* 31,1)

Kurzkommentar: Diese Definition der Gerechtigkeit ist der ciceronianischen Schrift *De inventione* – *Über die Auffindung des Redestoffes* 2,160 entnommen. Offensichtlich wollte Augustinus Cicero, dem er in seiner geistigen Entwicklung die Hinwendung zur Philosophie verdankte (siehe *Confessiones* – *Bekenntnisse* 3,7), eine Art Denkmal setzen. In der *Quaestio* 31 geht es um die Tugend, die Augustin mit Cicero als einen Zustand der Geistseele, als einen ‹habitus animae›, definiert. Die Tugend hat nach antiker Lehre vier Teile: die Klugheit, die Gerechtigkeit, den Starkmut und die Mäßigkeit. Der Gerechtigkeit kommt in dieser ‹Quadriga› eine zentrale Stellung zu. Siehe auch den Artikel *Iustitia* von ROBERT DODARO im *Augustinus-Lexikon* 3, 865–882.

2. «Tunc ergo erit plena iustitia, quando plena sanitas; tunc plena sanitas, quando plena caritas – ‹plenitudo› enim ‹legis caritas› (*Rm* 13,10) –; tunc autem plena caritas, quando ‹videbimus eum sicuti est› (*1 Io* 3,2)».
(*De perfectione iustitiae hominis* 8)

«Die Gerechtigkeit ist somit dann vollendet, wenn die Genesung (des Menschen) vollendet ist. Die Genesung ist (jedoch) dann vollendet, wenn die Liebe vollendet ist – ‹die Fülle des Gesetzes ist› nämlich ‹die Liebe› (*Römerbrief* 13,10) –; die Liebe aber ist dann vollendet, wenn ‹wir ihn schauen werden, wie er ist› (*Erster Johannesbrief* 3,2)».
(*Über die Vollendung der Gerechtigkeit des Menschen* 8)

Kurzkommentar: Im Unterschied zur abendländisch-antiken Philosophie, die weithin einer vollendeten Tugendhaftigkeit des Weisen das Wort redete, verkündete das Christentum eine Ethik, die in der ‹Caritas› gipfelt, die jedoch ihrerseits nicht allein in der Willensfreiheit, sondern als deren Ermöglichung auch in der Gnade gründet. Speziell in Bezug auf die Gerechtigkeit bzw. auf das Gerechtsein des Menschen vor Gott setzt das Neue Testament Christi Erlösungswerk voraus und es verlangt vom Einzelnen den Glauben daran, wobei das Glaubenkönnen selbst schon Gnade ist. In seinem *Römerbrief* 4,25 nennt der Apostel Paulus die Erfüllung dieser Voraussetzung ‹**Rechtfertigung**›, δικαίωσις, ‹iustificatio›. Zur Zeit Augustins gab es unter der Führung des Mönches Pelagius eine asketisch-spirituelle Bewegung, die den Akzent beim Glaubenkönnen nicht auf die Gnade, sondern auf den freien Willen setzte. Gegen diese Bewegung verfasste der Bischof Augustinus eine Reihe von Schriften, unter ihnen gleich zum Beginn der Pelagianismus genannten Irrlehre (um 414) *Über die Vollendung der Gerechtigkeit des Menschen*. Eindeutig lehrt er, dass von einer vollendeten Gerechtigkeit wie auch von einer vollendeten Liebe des Menschen hier auf Erden keine Rede sein könne. Wie die vollendete ‹Caritas› eine eschatologische Gabe ist, so sind es auch die Tugenden, so auch die Gerechtigkeit. (Näheres im Artikel *Iustificatio* von ALFRED SCHINDLER im *Augustinus-Lexikon* 3, 859–864.)

3. «Caritas ergo inchoata inchoata iustitia est; caritas provecta provecta iustitia est; caritas magna magna iustitia est; caritas perfecta perfecta iustitia est, sed ‹caritas de corde puro et conscientia bona et fide non ficta› (*1 Tm* 1,5), quae tunc maxima est in hac vita, quando pro illa ipsa contemnitur vita.

«Beginnende Liebe ist somit beginnende Gerechtigkeit; fortgeschrittene Liebe ist fortgeschrittene Gerechtigkeit; große Liebe ist große Gerechtigkeit; vollkommene Liebe ist vollkommene Gerechtigkeit, (gemeint) ist jedoch ‹die Liebe aus reinem Herzen, gutem Gewissen und ungeheucheltem Glauben› (*Erster Timotheusbrief* 1,5), die ihren Gipfel in diesem Leben dann erreicht, wenn um ihretwillen das (irdische) Leben selbst verachtet wird.

Sed miror si non habet quo crescat, cum de mortali excesserit vita».
(*De natura et gratia* 84)

Es sollte mich aber wundern, wenn sie nicht mehr zu wachsen hätte, bis sie aus diesem sterblichen Leben scheidet». (*Natur und Gnade* 84)

Kurzkommentar: Wenn die ‹Caritas› als eine in den Herzen der Gläubigen eingegossene Gabe des Heiligen Geistes – so *Römerbrief* 5,5 – die Tugend schlechthin ist, so sind die Tugenden in allen Stadien ihres Wachstums – so auch die Gerechtigkeit – deren Abglanz.

Gesang, Musik

1. «‹Cantate domino canticum novum; cantate domino, omnis terra› (*Ps* 95,1).
Quod ibi dixit, ‹canticum novum›; hoc dominus dixit, ‹mandatum novum› (*Io* 13,34).

«‹Singt dem Herrn ein neues Lied; singt dem Herrn, alle Länder!› (*Psalm* 95,1).
Was er (der Psalmist) dort ‹ein neues Lied› nennt, das nennt der Herr ‹ein neues Gebot› (*Johannesevangelium* 13,34).

Quid enim habet canticum novum, nisi amorem novum?
Cantare amantis est.

Was bedeutet ‹neues Lied›, wenn nicht ‹neue Liebe›?
Singen ist Sache des Liebenden.

| Vox huius cantoris, fervor est sancti amoris». (*Sermo* 336,1) | Die Stimme dieses Sängers (des Psalmes) ist die Glut heiliger Liebe». (*Predigt* 336,1) |

Kurzkommentar: In seinen *Confessiones – Bekenntnissen* 10,49 erwähnt Augustinus, dass die Sinnenfreuden der Ohren ihn heftiger umstrickten als die der übrigen Sinne. Lebhaft erinnert er sich der Tränen, die er noch in Mailand bei Gesängen im Gottesdienst vergossen hatte. Vor allem die *Psalmen* und die Hymnen der Kirche hatten es ihm angetan. Zu seinen Frühschriften zählt das sechsbändige Werk *De musica – Über die Musik*. In seinen späteren Jahren versuchte er sich von der ‹voluptas aurium›, vom Ohrenschmaus der Musik, zu emanzipieren. Davon legt unser Zitat ein beredtes Zeugnis ab, denn unter dem ‹neuen Lied› will er bevorzugt das neutestamentliche Liebesgebot verstanden wissen. Schließlich sei das Singen Sache der Liebenden – ein Satz, der an rhetorischer Prägnanz kaum zu überbieten ist. Siehe auch den Artikel *Cantatio, canticum, cantus* von GÜNTHER WILLE im *Augustinus-Lexikon* 1, 724–728.

2. «Vos estis tuba, psalterium, cithara, tympanum, chorus, chordae, et organum, et cymbala iubilationis bene sonantia, quia consonantia».
(*Enarrationes in Psalmos* 150,8)

«Ihr seid die Posaune, das Psalterium, die Zither, die Pauke, der Chor, das Saitenspiel, die Orgel und die Zimbeln des Jubels, die (alle gar) herrlich klingen, weil sie zusammenklingen».
(*Auslegungen der Psalmen* 150,8)

Kurzkommentar: Augustinus hat den ganzen *Psalter* kommentiert. Dieser Kommentar gehört mit zu den umfangreichsten Schriften des Kirchenvaters. Als rhetorisch geschulter Schriftsteller bemühte er sich in der Regel, dem Schluss eines Werkes im Sinne einer sogenannten Klimax einen besonderen sprachlichen Glanz zu verleihen. Nun tat dies bereits der Psalmist selbst, der am Ende des *Psalters* in einer Art Schlussdoxologie alle Wesen im Himmel und auf Erden Gott zu rühmen und zu preisen aufruft. Schon in den Gottesdiensten Israels spielte der von Musikinstrumenten begleitete Psalmengesang eine zentrale Rolle. Die im *Psalm* 150 erwähnten Saiten-, Blas- und Schlaginstrumente gehörten zusammen mit dem Chor zur Grundausstattung des Tempelkultes. Die Kirche pflegte diese Tradition in ihrer eigenen Liturgie weiter, wobei sie freilich die *Psalmen* auf die Ereignisse des Neuen Testamentes hin auslegte. Der

Kirchenvater Augustinus war nicht zuletzt darin Meister. Den *Psalm* 150 auslegend erklärt er zunächst die einzelnen Musikinstrumente, indem er geistreich bemerkt, es gebe drei Arten von Tönen, nämlich die von Blas- und Schlaginstrumenten erzeugten sowie die mit dem Verstand gesteuerte menschliche Stimme. Keine werde im *Psalm* 150 übergangen. Der rhetorische, zugleich freilich auch theologische Effekt des Abschlusses der *Auslegungen der Psalmen* liegt eindeutig in der Applikation der aufgeführten Musikinstrumente und des Chores auf die Bürger des Gottesstaates. Sie sind mit dem ‹Ihr seid› gemeint. Dabei kommt es nicht auf das einfache Klingen an, sondern auf das Zusammenklingen, das die ‹Caritas› zwischen Christus, dem Haupt, und dessen Gliedern bewirkt. Darauf nämlich legte Augustinus den ganzen *Psalter* mustergültig aus.

3. «‹Cantate ei canticum novum: Bene cantate ei› (*Ps* 32,3).
Quaerit unusquisque quomodo cantet deo.
Canta illi, sed noli male.
Non vult offendi aures suas.

Bene canta, frater.
Si alicui bono auditori musico, quando tibi dicitur: Canta ut placeas ei, sine aliqua instructione musicae artis cantare trepidas, ne displiceas artifici; quia quod in te imperitus non agnoscit, artifex reprehendit; quis offerat deo bene cantare, sic iudicanti de cantore, sic examinanti omnia, sic audienti?

Quando potes afferre tam elegans artificium cantandi, ut tam perfectis auribus in nullo displiceas?

«‹Singt ihm ein neues Lied: Singt schön für ihn!› (*Psalm* 32,3).
Es mag da jemand fragen, wie er für Gott singen soll.
Sing ihm, aber nicht falsch.
Er will nicht, dass seine Ohren daran Anstoß nehmen.

Sing schön, Bruder!
Singst du vor einem ausgewiesenen musikkundigen Hörer und sagt man dir: Singe ihm so, dass du ihm gefällst, dann scheust du dich, ohne Unterricht in der Kunst der Musik zu singen, um dem Künstler nicht zu missfallen, denn was der Unkundige (an deinem Gesang) nicht bemerkt, das tadelt der Künstler. Wer möchte da nicht Gott einen schönen Gesang anbieten, Gott, dem Richter über den Sänger, Gott, der alles prüft und der so (prüfend) zuhört?

Wann könntest du einen solchen Gesang voller Eleganz (Gott) anbieten, auf dass du seinem vollkommenen Gehör in keiner Weise missfällst?

Ecce veluti modum cantandi dat tibi; noli quaerere verba, quasi explicare possis unde deus delectatur.	Siehe, er selbst gibt dir (so etwas wie) die (rechte) Weise zu singen vor. Suche nicht nach Worten, als könntest du erklären, worüber Gott sich erfreuen sollte.
‹In iubilatione› (*Ps* 32,3) cane. Hoc est enim bene canere deo, in iubilatione cantare. Quid est in iubilatione canere? Intellegere, verbis explicare non posse quod canitur corde.	Singe ‹mit Jubel!› (*Psalm* 32,3). Schön für Gott singen, heißt nämlich mit Jubel singen. Was meint dies, mit Jubel singen? Einsehen, dass es unmöglich ist, mit Worten zu erklären, was das Herz singt.
Etenim illi qui cantant, sive in messe, sive in vinea, sive in aliquo opere ferventi, cum coeperint in verbis canticorum exsultare laetitia, veluti impleti tanta laetitia, ut eam verbis explicare non possint, avertunt se a syllabis verborum, et eunt in sonum iubilationis.	Denn auch jene, die bei der Ernte oder im Weingarten oder bei irgendeinem sie bewegenden Werk singen, beginnen zwar mit Worten der Lieder ihre Freude kundzutun, weil sie aber von einer solch großen Freude erfüllt sind, dass sie diese nicht mehr in Worte fassen können, verzichten sie auf die Silben der Sprache und wechseln in den Ton des Jubels über.
Iubilum sonus quidam est significans cor parturire quod dicere non potest. Et quem decet ista iubilatio, nisi ineffabilem deum? Ineffabilis enim est, quem fari non potes; et si eum fari non potes, et tacere non debes, quid restat nisi ut iubiles, ut gaudeat cor sine verbis, et immensa latitudo gaudiorum metas non habeat syllabarum?	Der Ton des Jubels macht deutlich, dass das Herz gebiert, was es nicht mehr auszusprechen vermag. Wem aber gebührt dieser Jubel, wenn nicht dem unaussprechlichen Gott? Unaussprechlich ist (er), den du nicht in Worte fassen kannst. Kannst du ihn aber nicht in Worte fassen, und darfst du über ihn nicht schweigen, was bleibt dir dann übrig, als dass du jubelst, als dass dein Herz sich ohne Worte freue, und die unfassbare Freude an den Silben keine Schranken finde?

‹Bene cantate ei in iubilatione› ‹Singt ihm (also) schön im Jubel›
(*Ps* 32,3)». (*Psalm* 32,3)».
(*Enarrationes in Psalmos* 32,2,1,8) (*Auslegungen der Psalmen* 32,2,1,8)

Kurzkommentar: Augustinus gehörte mit zu jenen Privilegierten in der Spätantike, die in den sogenannten ‹artes› gebildet waren. Unter diesen kam der Musik eine zentrale Stellung zu. Bald nach seiner Bekehrung und dem Verzicht auf seine Professur plante Augustinus eine viele Bände umfassende Bearbeitung aller freien Künste, von denen uns die sechs Bücher über die Musik, *De musica libri sex*, noch erhalten sind. Er konnte sich also selbst zu jenen zählen, die er ‹gute Kenner der Musik› nennt. Meisterhaft beschreibt er darin den emotionalen Impetus im Gesang: Es mögen durchaus kognitive Impulse Menschen zum Gesang anregen, die sich dann im Lied kundtun. Emotionen jedoch, die Freude und die Trauer, können Menschen derart in Beschlag nehmen, dass diese sich darüber sprachlich allein nicht mehr zu artikulieren vermögen. Die Sprache als Organ des Intellektes versagt sozusagen ihren Dienst, nicht aber die Musik, die sich vom Herzen her kundtut. Treffend nannte man auch die Philosophie Augustins eine ‹philosophia cordis› (siehe die gleichnamige Studie von ANTON MAXSEIN, *Philosophia cordis. Das Wesen der Personalität bei Augustinus*, Würzburg 1966). Siehe auch die Artikel *Musica* im *Augustinus-Lexikon* 4, 123–130 von WOLFGANG HÜBNER sowie *De musica* ebd. 4, 130–137 von FRANK HENTSCHEL.

4. «Dicturus sum canticum, quod novi: antequam incipiam, in totum expectatio mea tenditur, cum autem coepero, quantum ex illa in praeteritum decerpsero, tenditur et memoria mea, atque distenditur vita huius actionis meae in memoriam propter quod dixi et in expectationem propter quod dicturus sum: praesens tamen adest attentio mea,

«Ich bin im Begriff, ein Lied, das ich kenne, vorzutragen. Bevor ich beginne, richtet sich meine Erwartung auf das Ganze. Habe ich aber angefangen, so richtet sich mein Gedächtnis auch auf das, was ich davon bereits ins Vergangene (gleichsam) abgepflückt habe. Und so ist das Leben dieser meiner Tätigkeit geteilt, (und zwar) in das Gedächtnis im Hinblick auf

per quam traicitur quod erat futurum, ut fiat praeteritum.	das Gesagte und auf die Erwartung im Hinblick auf das, was ich noch sagen werde. Gegenwärtig jedoch ist meine gespannte Aufmerksamkeit, durch die, was noch künftig war, ins Vergangene getragen wird.
Quod quanto magis agitur et agitur, tanto breviata expectatione prolongatur memoria, donec tota expectatio consumatur, cum tota illa actio finita transierit in memoriam.	Je mehr dies geschieht, desto mehr wird die Erwartung gekürzt und die Erinnerung verlängert. Und dies geschieht so lange, bis die Erwartung (gleichsam) völlig aufgezehrt ist, da die ganze Aktion ins Gedächtnis übertragen sein wird.
Et quod in toto cantico, hoc in singulis particulis eius fit atque in singulis syllabis eius, hoc in actione longiore, cuius forte particula est illud canticum, hoc in tota vita hominis, cuius partes sunt omnes actiones hominis, hoc in toto saeculo ‹filiorum hominum› (*Ps* 30,20), cuius partes sunt omnes vitae hominum». (*Confessiones* 11,38)	Und das, was im ganzen Lied geschieht, das geschieht auch in seinen einzelnen Silben, das geschieht auch mit einer längeren Handlung, von der jenes Lied vielleicht nur ein Teilchen ist. Gleiches geschieht mit dem ganzen Menschenleben, dessen Teile alle Handlungen des Menschen sind; gleiches geschieht (schließlich) mit dem ganzen ‹Menschengeschlecht› (*Psalm* 30,20), dessen Teile alle Leben der Menschen sind». (*Bekenntnisse* 11,38)

Kurzkommentar: Im 11. Buch seiner *Bekenntnisse*, in dem Augustinus das Wesen der Zeit zu erfassen versucht, zieht er mit Vorliebe das Lied mit seinen sprachlichen, metrischen und musikalischen Phänomenen zur Illustration heran. Das Lied besteht aus Silben- und Klangquantitäten, das seinen mitzuteilenden Gehalt nur dadurch zum Ausdruck zu bringen vermag, indem dieser vergeht, im Geiste jedoch gewissermaßen festgehalten, registriert werden kann. Den Phasen eines Liedes entsprechen die Teile eines Menschenlebens wie auch die Teile der Epochen, ja auch der ganzen Menschheitsgeschichte. Die Transparenz der Musik als ‹ars›, als ‹Kunst› auf das irdische Dasein gehört mit zu den Kernthemen sowohl der Theologie wie auch der Philosophie Augustins.

Abb. 5: Paulus und die Stadt Rom (Miniatur, 1164; Florus von Lyon, *Expositio in Epistolas Beati Pauli ex operibus S. Augustini*, Paris, Bibliothèque nationale de France, Ms. lat. 11575, fol. 1).

5. «Admoniti sumus cantare domino canticum novum (cf. Ps 149,1).

Homo novus novit canticum novum.

Canticum res est hilaritatis, et si diligentius consideremus, res est amoris.

Qui ergo novit novam vitam amare, novit canticum novum cantare.

Quae sit ergo vita nova, commonendi sumus propter canticum novum.

Ad unum enim regnum pertinent omnia, homo novus, canticum novum, testamentum novum.

Ergo homo novus et cantabit canticum novum et pertinebit ad testamentum novum». (*Sermo* 34,1)

«Wir wurden (im *Psalm* 149,1) aufgefordert, dem Herrn ein neues Lied zu singen.

Der neue Mensch kennt das neue Lied.

Der Gesang ist Sache des Frohsinns, ja, wenn wir es genauer betrachten, Sache der Liebe.

Wer also das neue Leben zu lieben versteht, (der) versteht sich auch auf den Gesang eines neuen Liedes.

Was aber ist das neue Leben? Darüber nachzudenken zwingt uns das neue Lied.

Denn alles bezieht sich hier auf das eine Reich (Gottes): der neue Mensch, das neue Lied, der neue Bund.

Also: Der neue Mensch soll ein neues Lied singen und er soll dem neuen Bund angehören». (*Predigt* 34,1)

Kurzkommentar: Wiederholt fordert der *Psalter* zum Gesang eines neuen Liedes auf (33,3; 96,1; 98,1; 149,1). Die frühe Kirche bezog diese Aufforderung auf sich, auf die Glieder des Leibes Christi. Den Grund für diese Interpretation erblickte sie im Erlösungswerk ihres Herrn. Die an die österlichen Ereignisse Glaubenden, so lautete ihre Verkündigung, gehörten nicht mehr dem Alten, sondern Neuen Bund an. Dieser schenkt den Glaubenden ein neues, ein ewiges Leben. Nach Augustinus bilden Christus als Haupt der Kirche und die Christen als Glieder der Kirche ‹den ganzen Christus – totus Christus› (siehe **Kirche**, **Text 7** und **Text 9**). Die Quintessenz des Abschnittes lautet: Alles, der neue Mensch, das neue Leben, der neue Gesang und der neue Bund wird und bleibt in einem einzigen Reich, dem Reich Gottes, der ‹civitas dei› integriert.

6. «O fratres, o filii, o catholica germina, o sancta et superna semina, o in Christo regenerati et desuper nati,

«Meine Brüder, meine Söhne, ihr Sprösslinge der katholischen Kirche, ihr heilige und himmlische Saat, ihr

audite me, immo per me: ‹cantate domino canticum novum› (*Ps* 149,1).	in Christus Wiedergeborenen und von oben Abstammenden, hört auf mich, besser gesagt, hört (die Aufforderung) durch mich: ‹Singt dem Herrn ein neues Lied› (*Psalm* 149,1).
Ecce inquis canto.	Du antwortest, ich singe ja.
Cantas, plane cantas, audio.	Freilich höre ich, dass du singst.
Sed contra linguam testimonium non dicat vita.	Aber dein Leben soll nicht gegen deine Zunge Zeugnis geben.
Cantate vocibus, cantate cordibus, cantate oribus, cantate moribus: ‹cantate domino canticum novum› (*Ps* 149,1).	Singt mit euren Stimmen, singt mit euren Herzen, singt mit euren Mündern, singt mit euren Sitten: ‹Singt dem Herrn ein neues Lied› (ebd.).
Quaeritis quid decantetis de illo quem amatis?	Ihr fragt, was ihr über den singen sollt, den ihr liebt?
Sine dubio de illo quem amas cantare vis.	Zweifelsohne willst du über jenen singen, den du liebst.
Laudes eius quaeris quas cantes.	Du suchst Lieder des Lobes für deinen Gesang.
Audistis: ‹Cantate domino canticum novum› (*Ps* 149,1).	(Und da) hört ihr: ‹Singt dem Herrn ein neues Lied› (ebd.).
Laudes quaeritis?	Ihr sucht Lieder des Lobes?
‹Laus eius in ecclesia sanctorum› (*Ps* 149,1).	‹Sein Lob (erschalle) in der Gemeinde der Frommen› (heißt es im gleichen *Psalm* 149, Vers 1).
Laus cantandi est ipse cantator.	Der Sänger des Psalmes selbst ist der zu singende Lobpreis.
Laudes vultis dicere deo?	Loblieder wollt ihr also Gott darbieten?
Vos estote quod dicatis.	Ihr sollt sein, was ihr singt!
Laus ipsius estis, si bene vivatis». (*Sermo* 34,6)	Sein Lobpreis seid ihr, wenn ihr gut (gottgefällig) lebt». (*Predigt* 34,6)

Kurzkommentar: Die Sätze dieses Textes gehören wie die unter **Text 5** zur gleichen *Predigt* 34,1. Der Prediger beschwört darin seine Hörer wiederholt mit dem Aufruf des *Psalms* 149, Gott mit einem neuen Lied zu preisen. Es entgeht ihm aber nicht, dass der Gesang der Gemeinde kaum mit ihrer sittlichen Lebensführung übereinstimmte. *Psalm* 149, Vers 1 setze jedoch – so Augustinus – gerade dies voraus, ja, er fordere es sogar ein. Denn nach der Aufforderung: «Singt dem Herrn ein neues Lied», fahre der Vers fort, «sein Lob (erschalle) in der Gemeinde der Frommen». Wer sind diese Frommen? Jene – so wieder der predigende Bischof –, die, wie der Sänger und Dichter des *Psalmes* dies von der Gemeinde verlangt, nicht allein mit der Stimme und mit dem Mund, sondern auch mit dem Herzen und mit einem gottgefälligen Leben singen.

7. «O felix illic alleluia. O secura. O sine aduersario.

Ubi nemo erit inimicus, nemo perit amicus.

Ibi laudes deo, et hic laudes deo: Sed hic a sollicitis, ibi a securis; hic a morituris, ibi a semper uicturis; hic in spe, ibi in re; hic in uia, illic in patria.

Modo ergo, fratres mei, cantemus, non ad delectationem quietis, sed ad solatium laboris.

Quomodo solent cantare viatores; canta, sed ambula: laborem consolare cantando, pigritiam noli amare: canta, et ambula.
Quid est, ambula?
Profice, in bono profice.

Sunt enim, secundum apostolum, quidam proficientes in peius.

«Welch glückliches himmlisches Halleluja! Welch sicheres! Welch gegnerloses!
(Denn) Wo es keinen Feind mehr geben wird, geht auch kein Freund mehr verloren.

Dort gilt es, Gott zu loben, und hier gilt es, Gott zu loben: indes erschallt (hier) das Lob von Bekümmerten, (so) dort von Unbekümmerten; hier von Sterblichen, dort von ewig Lebenden; hier in der Hoffnung, dort in der Wirklichkeit; hier unterwegs, dort in der Heimat.

Daher, meine Freunde, lasst uns (hier schon) singen, nicht aus Vergnügung an Erholung, sondern zur Linderung der Strapazen.

Wie (und warum) singen eigentlich Wanderer? Singe, laufe aber! Lindere die Mühsal durch den Gesang; liebe die Trägheit nicht: singe, und laufe!
Was heißt es: laufe?
Schreite voran – im Guten schreite voran!

Es gibt nämlich solche – so der Apostel –, die im Bereich des Gefährlichen voranschreiten.

Tu si proficis, ambulas: sed in bono profice, in recta fide profice, in bonis moribus profice: canta, et ambula.	Du, wenn du voranschreitest, läufst du zwar; schreite jedoch im Guten voran, im rechten Glauben schreite voran, in guten Sitten schreite voran: (So) singe und laufe!
Noli errare, noli redire, noli remanere». (*Sermo* 256,3)	Geh nicht in die Irre, kehre nicht um, bleib nicht zurück!» (*Predigt* 256,3)

Kurzkommentar: Schier unerschöpflich sind die Texte, in denen der Kirchenvater die Gläubigen wie zum Schluss dieser wahrscheinlich am 5. Mai 418 in der Osterwoche zu Karthago gehaltenen Predigt zum Gesang bei der Gestaltung ihres irdischen Lebens in der Hoffnung auf das ewige aufruft. Lebhaft schildert er darin mit den Worten des Neuen Testamentes die Gefährdungen des Daseins, sagte doch der Herr: «Seid wachsam und betet, damit ihr nicht in Versuchung geratet!» (*Markusevangelium* 14,38), und beklagte nicht der Apostels Paulus seinen Zustand, indem er schrieb: «In meinem Inneren freue ich mich am Gesetz Gottes, ich sehe aber ein anderes Gesetz in meinen Gliedern, das mit dem Gesetz meiner Vernunft im Streit liegt und mich gefangen hält im Gesetz der Sünde ... ich unglücklicher Mensch! Wer wird mich aus diesem Todesleid erretten?» Kern der neutestamentlichen Verkündigung ist gerade die Antwort auf diese Frage: das durch Christi Erlösungswerk erworbene Heil. So fährt der Prediger Paulus zitierend weiter: «Dank sei Gott durch Jesus Christus, unseren Herrn» (*Römerbrief* 7,22–25). Der Halleluja-Gesang, zu dem Christen aufgefordert sind, hat somit die wichtige Aufgabe, das als Pilgerschaft zu deutende Leben auf dem rechten Weg zu halten und auf die Ewigkeit hin zu steuern. Geradezu bewundernswert die Rhetorik: «canta, et ambula».

Gesetz, ewiges und zeitliches

1. «Lex ... aeterna est ratio divina vel voluntas dei ordinem naturalem conservari iubens, perturbari vetans». (*Contra Faustum Manicheum* 22,27)	«Das ewige Gesetz ist die göttliche Vernunft oder der Wille Gottes, das die natürliche Ordnung zu bewahren befiehlt und zu stören verbietet». (*Gegen den Manichäer Faustus* 22,27)

Kurzkommentar: Drei Begriffe sind für die Definition des ewigen Gesetzes konstitutiv: 1. die Vernunft, und zwar die göttliche, die ‹ratio divina›, 2. der Wille, und zwar der Gottes, die ‹voluntas dei›, und 3. die Ordnung der Natur, der ‹ordo naturalis›. Weil der Mensch als Gottes Geschöpf Anteil sowohl an der Vernunft wie auch am Willen hat, vermag er das ewige Gesetz, das ihm die Ordnung zu bewahren befiehlt und zu stören verbietet, zu erkennen und willentlich zu bejahen. Das ewige Gesetz ist dem Zugriff der Gesellschaft oder des Individuums entzogen. Im Bereich des Irdischen spiegelt es sich vorzüglich als das natürliche Gesetz, ‹lex naturalis›, im Gewissen des Menschen (vgl. *Römerbrief* 2,15), ferner als göttliches Gesetz, ‹lex divina›, im Dekalog und in den Weisungen der Offenbarungstexte. Indes, seine normgebende Funktion bewahrt es selbst im zeitlichen Gesetz, ‹lex temporalis›, dem von der Gesellschaft zum Schutz der vergänglichen Güter organisierten Rechtswesen. In *De libero arbitrio – Über den freien Willen* heißt es 1,15: «Damit ich in Kürze das Wesen des ewigen Gesetzes, das uns eingeprägt ist, so gut ich kann, erkläre, definiere ich: Es ist jenes Gesetz, in dem die höchste Ordnung aller Dinge gründet – ea est, qua iustum est, ut omnia sint ordinatissima».

2. «Appellemus ergo istam legem, si placet, temporalem, quae quamquam iusta sit, commutari tamen per tempora iuste potest».
(*De libero arbitrio* 1,14)

«Wir nennen also dieses Gesetz, falls einverstanden, ein zeitliches, das, selbst wenn es gerecht erlassen ist, im Verlauf der Zeit verändert werden kann».
(*Über den freien Willen* 1,14)

Kurzkommentar: Seit der sogenannten konstantinischen Wende (313) hatten die Bischöfe der katholischen Kirche in ihren Diözesen in beschränktem Umfang richterliche Funktionen wahrzunehmen. Augustin klagte des Öfteren, dass ihn die Ausübung dieses Amtes viel Zeit kostete (siehe z. B. *Enarrationes in Psalmos – Auslegungen der Psalmen* 118,24,3; *De opere monachorum – Über die Handarbeit der Mönche* 37, ferner den Artikel *Audientia episcopalis* von CHARLES MUNIER im *Augustinus-Lexikon* 1, 511–515). Es überrascht deshalb nicht, wenn Texte zum Gesetz und zum Recht sowie zu deren Wahrnehmung und Anwendung bei der Rechtsprechung einen verhältnismäßig breiten Raum in den Schriften des Kirchenvaters einnehmen. Dabei unterschied er stets strikte zwischen dem ‹ewigen Gesetz›, der ‹lex aeterna›, sowie dessen Niederschlag in der sichtbaren Natur, der ‹lex naturalis›, und den davon abgeleiteten, weil abzuleitenden zeitlichen Gesetzen, den ‹leges temporales›, die das Zusammenleben der Menschen zu regeln haben. (Siehe dazu den von JOHANNES HELLEBRAND herausgegebenen Sammelband *Augustinus als Richter*, Würzburg 2009.)

3. «In hac mirabili congruentia illud certe plurimum distat, quod ibi populus accedere ad locum, ubi lex dabatur, horrendo terrore prohibetur, hic autem in eos supervenit spiritus sanctus, qui eum promissum expectantes in unum fuerant congregati; ibi in tabulis lapideis digitus dei operatus est, hic in cordibus hominum.

Ibi ergo lex extrinsecus posita est, qua iniusti terrerentur, hic intrinsecus data est, qua iustificarentur.

Nam: ‹Non adulterabis, non homicidium facies, non concupisces et si quod est aliud mandatum› (*Rm* 13,9) – quod utique in illis tabulis scriptum est – ‹in hoc›, inquit, ‹sermone recapitulatur, in eo quod diliges proximum tuum tamquam te ipsum.

«In dieser wundervollen Übereinstimmung (nämlich der beiden Testamente, des Alten mit dem Neuen) gibt es (im Hinblick auf das Gesetz, das sie verkündigen) dennoch einen nicht zu übersehenden Unterschied: Dort (vgl. *Exodus* 19,12 f.) halten Schauder und Schrecken das Volk ab, zu dem Ort hinzuzutreten, wo das Gesetz gegeben wurde, hier (vgl. *Apostelgeschichte* 2,1–4) jedoch kommt der Heilige Geist über jene, die sich in Erwartung auf den Verheißenen versammelt haben. Dort waren die steinernen Tafeln ein Werk der Finger Gottes (vgl. *Exodus* 32,16), hier schrieb er in den Herzen der Menschen.

Dort also wurde das Gesetz von außen her gegeben, wodurch die Nicht-Gerechtfertigten in Schrecken versetzt werden sollten, hier ist es innerlich gegeben, wodurch sie gerechtfertigt werden sollten.

Denn die Gebote ‹du sollst nicht ehebrechen, du sollst nicht töten, du sollst nicht begehren, und was es noch an anderem Gebot gibt› (*Römerbrief* 13,9) – das doch auf jenen Tafeln steht – ‹werden›, so der Apostel, ‹in dem Wort zusammengefasst: Liebe deinen Nächsten wie dich selbst.

Dilectio proximi malum non operatur. Plenitudo autem legis caritas› (*Rm* 13,9 sq.). Haec non in tabulis conscripta lapideis, sed ‹diffusa est in cordibus nostris per spiritum sanctum, qui datus est nobis› (*Rm* 5,5).

Lex ergo dei est caritas. Huic prudentia carnis non est subiecta; neque enim potest.

Sed ad hanc prudentiam carnis terrendam cum in tabulis scribuntur opera caritatis, lex est operum et littera occidens praevaricatorem; cum autem ipsa caritas diffunditur in corde credentium, lex est fidei et spiritus vivificans dilectorem».

(*De spiritu et littera* 29)

Die Liebe zum Nächsten wirkt nichts Böses. Die Vollständigkeit des Gesetzes aber ist die Liebe› (ebd. 13,9 f.). Diese steht nicht auf steinernen Tafeln geschrieben, sie ist vielmehr ‹in unsere Herzen ausgegossen durch den Heiligen Geist, der uns gegeben wurde› (ebd. 5,5).

Das Gesetz Gottes ist also die Liebe. Ihm unterwirft sich die Klugheit des Fleisches nicht; sie vermag dies auch nicht.

Werden indes die Werke der Liebe auf (steinerne) Tafeln geschrieben, um die Klugheit des Fleisches in Schrecken zu setzen, so handelt es sich um ein Gesetz der Werke und um den Buchstaben, der den Übertreter tötet. Wenn dagegen die Liebe selbst in die Herzen der Glaubenden ausgegossen wird, so handelt es sich um das Gesetz des Glaubens und um den Geist, der den Liebenden lebendig macht».

(*Geist und Buchstabe* 29)

Kurzkommentar: Wie zu diesem Stichwort unter **Text 1** schon erwähnt, ordnet Augustinus das sogenannte mosaische Gesetz und darüber hinaus alle Handlungsanweisungen der Bibel dem Begriff göttliches Gesetz, ‹lex divina›, bzw. dem Gesetz Gottes, ‹lex dei›, zu. Nun hat kein Geringerer als der Apostel Paulus in seinen Schriften diesen Begriff insofern problematisiert, als er den ‹Werken des Gesetzes› als solchen die den Menschen rechtfertigende Kraft ab- (siehe *Römerbrief* 3,20) und dem ‹Gesetz des Glaubens›, nämlich dem Glauben an Christi Heilswerk (ebd. 3,27) zusprach. Als Augustinus zum Beginn seines Episkopates etwa um das Jahr 395 von Simplicianus, dem späteren Bischof von Mailand, verschiedene Fragen speziell bezüglich der rechtfertigenden Kraft des Gesetzes mit der Bitte um Beantwortung vorgelegt bekam, vertiefte er sich erneut in die Schriften des Apostels, wobei er sich dessen Auffassung von der rechtfertigenden Kraft des Glaubens definitiv aneignete. In seiner um das Jahr 412 abgefassten Schrift *Geist und Buchstabe*, dem unser Zitatentext entnommen ist, behandelt er im Anschluss an den Vers 3,6: «Der Buchstabe tötet, der Geist aber schafft Leben» aus dem *Zweiten Korintherbrief* in extenso die Differenz zwischen dem ‹Gesetz der Werke› und dem ‹Gesetz des Glaubens›. Zweifelsohne gebe es eine Übereinstimmung zwischen den beiden Testamenten, eine ‹congruentia testamentorum›, lehrt er. Worin aber unterscheiden diese sich, da es doch zwei sind? In der Auffassung von der rechtfertigenden Kraft des von ihnen differenziert verkündeten und zu verkündigenden Gesetzes, lautet die Antwort. Rhetorisch wirksam und dialektisch einprägsam legt Augustinus in unserem Text in einer Reihe von Gegenbegriffen wie dem dreimal wiederholten ‹dort – hier›, ‹dem Gesetz, das von außen erschreckt, und jenem, das als Liebe innerlich gegeben wird›, ‹dem Gesetz, das auf steinernen Tafeln geschrieben ist, und jenem, das durch den Heiligen Geist in unsere Herzen gegossen ist›, und nicht zuletzt ‹dem Gesetz, das als Buchstabe tötet, und jenem, das als Geist lebendig macht›, den Sachverhalt dar. In seiner Lehre von der *Übereinstimmung der beiden Testamente* (siehe dazu meinen Artikel *Congruentia testamentorum* im *Augustinus-Lexikon* 1, 1195–1201) unterstreicht Augustinus die Deutungshoheit des Neuen über das Alte. Im Neuen erfüllten sich die Weisungen des Alten. Dies bringt im Hinblick auf das orthodoxe Verständnis des Begriffes ‹göttliches Gesetz› der zentrale Satz aus dem *Römerbrief* 13,10 auf den Punkt: «Die Erfüllung des Gesetzes aber ist die Liebe». Sie tut sich im Gesetz des Glaubens kund.

Glaube(n)

1. «Credibilium tria sunt genera.

Alia sunt quae semper creduntur et numquam intelleguntur, sicut est omnis historia temporalia et humana gesta percurrens; alia quae mox ut creduntur intelleguntur, sicut sunt omnes rationes humanae vel de

«Es gibt drei Arten glaubhafter Dinge.

Die einen werden stets geglaubt, ohne je unmittelbar verstandesmäßig erfasst zu werden: Dazu zählt jegliche Geschichte, die zeitliche und menschliche Ereignisse durchläuft. Die anderen werden, sobald sie ge-

numeris vel de quibusque disciplinis; tertium quae primo creduntur et postea intelleguntur, qualia sunt ea quae de divinis rebus non possunt intellegi nisi ab his qui mundo sunt corde, quod fit praeceptis servatis, quae de bene vivendo accipiuntur».

(*De diversis quaestionibus octoginta tribus* 48)

glaubt, sogleich auch verstanden: Dazu zählen sämtliche menschliche Vernunftschlüsse wie die über die Zahlen oder die Wissenszweige. Die dritte Art wird zunächst geglaubt und nachher erst verstanden: Es sind dies jene Dinge, die, weil göttlichen Ursprungs, nur von denen verstanden werden können, die reinen Herzens sind. Dazu kommt man durch Halten der Gebote, die auf eine gute Lebensführung abzielen».

(*Über dreiundachtzig verschiedene Fragen* 48)

Kurzkommentar: Besonders in seinen frühen Schriften, denen unser Text entnommen ist, beschäftigte Augustin intensiv das Verhältnis des Glaubens zum Wissen. Prinzipiell gilt: Nichtgewusstes ist Gegenstand des Glaubens (vgl. *De libero arbitrio – Über den freien Willen* 2,6). Zum Nichtgewussten zählt auch das Gemeinte, die ‹opinio›, die den Zweifel zulässt. Die ‹credibilia›, die Objekte des Glaubens, unterscheiden sich von denen des Meinens. Objekte des Glaubens sind zunächst die Ereignisse der Geschichte, der Überlieferung. An zweiter Stelle stehen die Objekte der Disziplinen. Sie werden ebenfalls vermittelt, also geglaubt, zugleich sind sie jedoch kraft der Vernunft einsehbar. Von diesen beiden Gattungen unterscheiden sich die Objekte der dritten, die, weil göttlichen Ursprungs, Objekte der ‹vera religio›, der ‹wahren Religion› – im Sinne Augustins ausschließlich der ‹catholica religio› – sind. Ihre Vermittlung erfolge mittels der Autorität. Die Autorität fordere den Glauben, dieser aber bereite den Einsatz der Vernunft zum Überdenken des Geglaubten vor, erklärt Augustin in seiner Frühschrift *Über die wahre Religion* 45. Allerdings komme der Vernunft bereits bei der Überprüfung der Autorität eine wichtige Aufgabe zu. Nach unserem Text ist ein ‹reines Herz› die Voraussetzung für die Akzeptanz dieser Gattung der ‹credibilia›. In den späteren Schriften des Kirchenvaters kommt diese Rolle der Gnade zu.

Glaube, Hoffnung, Liebe

1. «Deus, cui nos fides excitat, spes erigit, caritas iungit ...».
(*Soliloquiorum libri* 1,3)

«Gott, zu dem uns der Glaube hindrängt, die Hoffnung aufrichtet und an den uns die Liebe bindet ...».
(*Alleingespräche* 1,3)

Kurzkommentar: Seine *Alleingespräche* schrieb Augustinus noch in der Zeit zwischen seiner Bekehrung und Taufe (386/387). Er schien also schon damals erfasst zu haben, worauf es im Christentum ankommt. Viele Jahre später verfasste er eine Art Kompendium der christlichen Lehre. Er gab ihm den Titel: *Enchiridion de fide spe et caritate* – Handbüchlein über Glaube, Hoffnung und Liebe. In einer Einleitung zur deutschen Übersetzung heißt es treffend: «Augustinus hat alles, was er zu sagen hatte, auf eine höhere Ebene gehoben und es den drei wesentlichen christlichen Tugenden, Glaube, Hoffnung und Liebe, untergeordnet» (*Aurelius Augustinus. Enchiridion de fide spe et caritate – Handbüchlein über Glaube, Hoffnung und Liebe.* Text und Übersetzung mit Einleitung und Kommentar von JOSEPH BARBEL, Düsseldorf 1960, 17).

2. «Sed fidei succedet species, quam videbimus; et spei succedet beatitudo ipsa, ad quam perventuri sumus: Caritas autem etiam istis decedentibus augebitur potius.

Si enim credendo diligimus quod nondum videmus, quanto magis cum videre coeperimus?

Et si sperando diligimus quo nondum pervenimus, quanto magis cum pervenerimus?

Inter temporalia quippe atque aeterna hoc interest, quod temporale

«Dem Glauben aber folgt der Anblick, den wir sehen werden, und der Hoffnung folgt die Seligkeit, zu der wir gelangen werden. Wenn jene (beiden) aufhören werden, so wird doch die Liebe noch erheblich zunehmen.

Lieben wir nämlich (schon) im Glauben, was wir noch nicht schauen, um wie viel mehr werden wir dies dann tun, wenn wir mit der Schau beginnen?

Und wenn wir (schon) in der Hoffnung lieben, wohin wir noch nicht gelangt sind, um wie viel mehr werden wir dies tun, wenn wir dorthin gelangt sein werden?

Zwischen den zeitlichen und den ewigen Gütern besteht der Unterschied,

aliquid plus diligitur antequam habeatur, vilescit autem cum advenerit: Non enim satiat animam, cui vera est et certa sedes aeternitas; aeternum autem ardentius diligitur adeptum quam desideratum. ...

Homo itaque fide et spe et caritate subnixus eaque inconcusse retinens non indiget scripturis nisi ad alios instruendos.

Itaque multi per haec tria etiam in solitudine sine codicibus vivunt.

Unde in illis arbitror iam impletum esse quod dictum est: ‹Sive prophetiae evacuabuntur, sive linguae cessabunt, sive scientia evacuabitur› (*1 Cor* 13,8).

Quibus tamen quasi machinis tanta fidei et spei et caritatis in eis surrexit instructio, ut perfectum aliquid tenentes ea quae sunt ex parte non quaerant, perfectum sane quantum in hac vita potest; nam in comparatione futurae vitae nullius iusti et sancti est vita ista perfecta.

dass das Zeitliche mehr geliebt wird, ehe man es besitzt, es aber seinen Zauber verliert, sobald man es besitzt. Zeitliches vermag nämlich die Seele, deren wahre und sichere Heimat die Ewigkeit ist, nicht zu befriedigen. Das Ewige hingegen wird glühender geliebt, wenn man es erlangt hat, als solange man sich noch danach sehnt. ...

Deshalb ist auch ein Mensch, der sich auf Glaube, Hoffnung und Liebe stützen kann und daran unerschütterlich festhält, nicht mehr auf die heiligen Schriften angewiesen, es sei denn zur Belehrung anderer.

Deshalb gibt es auch viele, die kraft dieser drei selbst in der Wüste ohne Bücher leben.

An jenen, meine ich, ist das Wort bereits in Erfüllung gegangen: ‹Weissagungen werden sich erledigen, Reden werden verstummen, Wissenschaft wird abgetan sein› (*Erster Korintherbrief* 13,8).

Dank dieser Hilfsmittel sind sie bereits in so hohem Maße über den Glauben, die Hoffnung und die Liebe instruiert, dass sie, weil darin bereits vollkommen, Stückhaftes nicht mehr suchen. Freilich bezieht sich das Wort ‹vollkommen› lediglich auf Möglichkeiten des gegenwärtigen Lebens, denn im Vergleich mit dem jenseitigen Leben ist keines Gerechten und Heiligen Leben vollkommen.

‹Ideo manent› inquit ‹fides spes caritas; tria haec: Maior autem horum caritas› (*1 Cor* 13,13): Quia et cum quisque ad aeterna pervenerit, duobus istis decedentibus caritas auctior et certior permanebit».
(*De doctrina christiana* 1,42 sq.)

Darum sagt er, ‹bleiben Glaube, Hoffnung und Liebe, diese drei; das Größere unter ihnen aber ist die Liebe› (ebd. 13,13). Denn wenn auch einer zu den ewigen Gütern gelangt ist, so wird doch, wenn diese beiden aufgehört haben werden, die gesteigerte und gesichertere Liebe bleiben».
(*Die christliche Wissenschaft* 1,42 f.)

Kurzkommentar: Augustinus wurde um die Mitte der neunziger Jahre des 4. Jahrhunderts Bischof der Diözese Hippo. Offensichtlich war ihm die Bildung seines Klerus und in diesem Zusammenhang das Ziel aller Bildung auch ein pastorales Anliegen. So begann er ein auf vier Bücher angelegtes Werk zu schreiben, das er allerdings im dritten (3,35) unterbrach und das er dann zusammen mit dem vierten erst gegen Ende seines Lebens vollendete. Er gab ihm den programmatischen Titel *Die christliche Wissenschaft*. Gleich im Buch 1,2 definiert er lapidar: «Omnis doctrina vel rerum est vel signorum, sed res per signa discuntur – Alle Wissenschaft hat es entweder mit Sachen oder mit Zeichen zu tun; indes werden die Sachen durch Zeichen gelernt». Die Dominanz der ‹res›, der ‹Sachen›, geht schon aus dieser Definition hervor. Die ‹res› schlechthin ist philosophisch gesprochen das Unveränderliche, offenbarungstheologisch der dreieinige Gott. Um die Erkenntnis dieser ‹res› geht es vorzüglich und letztendlich der christlichen Wissenschaft. Denn Wissenschaft, davon war Augustinus felsenfest überzeugt, sei kein Gegenbegriff zum Glauben, und zwar deshalb nicht, weil beide, Wissen und Glauben, das Erkennen der Wahrheit als Quelle und Inbegriff wahrer Sachverhalte zum Gegenstand hätten. Der in den Texten der Bibel offenbarte Glaube sei eine Art Vorgabe menschlicher Erkenntnisbemühung beim Erfassen des mit der Wahrheit identischen Gottes. Aus diesem Grunde hätten gebildete Christen die Aufgabe, sich mit den Texten der Bibel intensiv zu beschäftigen. Je intensiver sie dies täten, umso klarer würden sie die überragende Bedeutung der Trias von Glaube, Hoffnung und Liebe auch in Bezug auf die christliche Wissenschaft erkennen. Ja, so überrascht Augustinus den Leser mit der kühnen Aussage: ein Mensch, der sich auf Glaube, Hoffnung und Liebe stützen könne und daran unerschütterlich festhalte, sei auf die heiligen Schriften nicht mehr angewiesen. – Es sei noch darauf hingewiesen, dass *De* *doctrina christiana* wie auch *De civitate dei, De trinitate* und die *Confessiones* mit zu jenen Schriften des Kirchenvaters zählt, deren enorme Wirkungsgeschichte die Jahrhunderte überdauerte und bis zum heutigen Tag anhält.

Glaube und Werke

1. «Nemo iactet bona opera sua ante fidem, nemo sit piger in bonis operibus accepta fide».
(*Enarrationes in Psalmos* 31,2,8)

«Niemand möge sich mit seinen guten Werken brüsten und den Glauben hintansetzen; es soll aber auch niemand in Bezug auf die guten Werke träge sein, sobald er den Glauben empfangen hat».
(*Auslegungen der Psalmen* 31,2,8)

Kurzkommentar: Erlangt der Christ das Heil aufgrund seiner guten Werke oder aufgrund des Glaubens? Diese Frage beantwortete Augustin nicht einfach mit einem ‹Entweder ... oder›, sondern den Vorrang des Glaubens betonend, der allerdings auf gute Werke nicht verzichten dürfe. Der Bischof gab einer seiner im Jahr 413 entstandenen Schriften über das Verhältnis des Glaubens zu den Werken und umgekehrt den aufschlussreichen Titel: *De fide et operibus – Über den Glauben und die Werke*.

Glaube(n) und Verstehen

1. «Crede ut intellegas».
(*Sermo* 118,1)

«Glaube, damit du verstehest».
(*Predigt* 118,1)

Kurzkommentar: Der Glaube ist nach Augustinus eine Vorstufe zum Verstehen. Begründet wird dies zum Teil aus der menschlichen Erfahrung, wonach das Verstehen, speziell in der Entwicklung des Kindes, dem Vertrauen nachfolgt. ‹Fides› bedeutet im Latein Glaube und Vertrauen. Daher: «Praecedit fides sequitur intellectus – Der Glaube geht dem Verstehen voraus» (*Predigt* 118,1). Näheres dazu im Artikel *Crede ut intellegas* von EUGENE TESELLE im *Augustinus-Lexikon* 2, 116–119. Der christliche Glaube ist auf das eschatologisch geistige Schauen hin angelegt. «Intellectus merces est fidei – Verstehen ist der Lohn des

Glaubens» (*In Iohannis evangelium tractatus – Auslegungen des Johannesevangeliums* 29,6). – So lange der Mensch hier auf Erden lebt, besteht, allem voran was seine Beziehung zu Gott betrifft, eine Wechselbeziehung zwischen dem Glauben und dem Verstehen: «Fides quaerit, intellectus invenit ... et rursus intellectus eum quem invenit adhuc quaerit – Der Glaube sucht, der Intellekt findet ... und wieder sucht der Intellekt den, den er bereits gefunden hat» (*De trinitate – Über die Dreieinigkeit* 15,2).

2. «Ergo intellege ut credas, crede ut intellegas.
Breviter dico quomodo utrumque sine controversia accipiamus.
Intellege, ut credas, verbum meum; crede, ut intellegas, verbum dei».
(*Sermo* 43,9)

«Verstehe also, um zu glauben; glaube, um zu verstehen.
Ich will es kurz erklären, wie beides ohne Widerspruch aufzufassen ist.
Verstehe mein Wort, um zu glauben; glaube an Gottes Wort, um zu verstehen».
(*Predigt* 43,9)

Kurzkommentar: Verstehen und Glauben bedingen sich gegenseitig; daher der doppelte Imperativ. Um das Verstehen der offenbarten Wahrheit hat sich der Hörer der Botschaft oder auch der Leser der heiligen Schriften intellektuell zu bemühen (siehe dazu das unter **Glaube, Hoffnung, Liebe, Text 2** Gesagte). Das Verstehen der Offenbarung erschöpft sich darin nicht. Sie hat den Glauben zur Voraussetzung.

3. «Quod humana ratio non invenit, fides capit: Et ubi humana ratio deficit, fides proficit».
(*Sermo* 190,2)

«Was die menschliche Vernunft zu bewerkstelligen nicht in der Lage ist, das gelingt dem Glauben. Und wo die menschliche Vernunft versagt, dort erweist sich der Glaube als erfolgreich».
(*Predigt* 190,2)

Kurzkommentar: Die Fähigkeit, Wahrheiten des Heils mit Hilfe der Vernunft allein zu erkennen, wie auch die Fähigkeit, das Gute aus eigenem Willen zu vollziehen, hat der Mensch durch den Sündenfall eingebüßt. Dies entnahm Augustin zahlreichen Stellen der Bibel. Wahrheiten des Heils sind zunächst zu glauben und im Glauben zu erfassen.

4. «Dicat propheta: ‹Nisi credideritis, non intellegetis› (Is 7,9).
Ascendere vis, et gradus oblivisceris.
Utique perverse.
O homo, si iam tibi possem ostendere quod videres, non hortarer ut crederes».   (Sermo 126,2)

«Der Prophet sagt: ‹Glaubt ihr nicht, so werdet ihr nicht verstehen› (Jesaja 7,9).
Du willst aufsteigen und vergisst (dabei) die Stufen!
Wahrlich pervers!
Mensch, könnte ich dir bereits zeigen, was du zu sehen begehrst, bräuchte ich dich nicht zum Glauben ermuntern».   (Predigt 126,2)

Kurzkommentar: Augustinus zitiert, wenn er über den Glauben als Bedingung des Verstehens redet, gerne Jesaja 7,9 nach der Version der Septuaginta, obgleich er die andere Lesart, ‹... non permanebitis›, kennt (siehe De doctrina christiana – Die christliche Wissenschaft 2,37). Aber mit seiner Präferenz beim Zitieren von Jesaja 7,9 nach besagter Version sieht er sich in seiner Auffassung, wonach der Glaube auch in der Erziehung dem Wissen vorausgeht, bestätigt. Das Verstehen ist eine Frucht des Glaubens: ‹intellectus meritum est fidei› (vgl. Sermo Guelferbytanus – Predigt Guelferbytanus 11,4).

Glück, Glückseligkeit

1. «Beata ergo vita, omnium est communis possessio: sed qua veniatur ad eam, qua tendatur, quo itinere tento perveniatur, inde controversia est».
   (Sermo 306,3)

«Der Besitz des glückseligen Lebens ist somit gemeinsames Ziel aller; jedoch wie man dazu kommt, wie man es erreicht, auf welchem Weg man seiner auf Dauer habhaft wird, darüber herrscht Dissens».
   (Predigt 306,3)

Kurzkommentar: Die Frage nach dem Glück, wie man es erlangt und behält, beschäftigte den Menschen von jeher, meint Augustinus. Er widmete sich ihr in einer seiner Frühschriften, der er den Titel De beata vita – Über das glückselige Leben gab. Das Thema durchzieht auch sonst sein ganzes Œuvre. Dem Wunsch nach Glück sind sozusagen alle anderen Wünsche untergeordnet, denn bei aller Divergenz der Wünsche zeichnet sich das Glück als Lebensziel eines jeden aus:

Abb. 6: Der hl. Augustinus schreibt und predigt (Miniatur, 10.–11. Jh.; Madrid, Biblioteca Nacional de España).

«Beata vita placet omnibus – Das glückselige Leben gefällt allen» (*Predigt* 306,3). Was aber ist das glückselige Leben? Darüber nachzudenken, diese Frage immer wieder zu erörtern und darauf eine gültige Antwort zu finden, wurde er als Philosoph, aber auch als Seelsorger und Theologe nicht müde.

2. «Quando quidem nulla est homini causa philosophandi, nisi ut beatus sit; quod autem beatum facit, ipse est finis boni; nulla est igitur causa philosophandi, nisi finis boni: Quam ob rem quae nullum boni finem sectatur, nulla philosophiae secta dicenda est». (*De civitate dei* 19,1)

«Weil es demnach keinen anderen Grund zum Philosophieren gibt, außer dem, glücklich zu werden – was aber glücklich macht, hat zum Ziel das Gute –, gibt es folglich auch keinen anderen Grund zum Philosophieren als die Klärung des Guten. Folglich kann man von einer Philosophenschule nicht reden, die sich nicht um das Gute bemüht».
(*Der Gottesstaat* 19,1)

Kurzkommentar: Im ersten Kapitel des 19. Buches *Vom Gottesstaat* behandelt Augustinus den wahren Frieden als Endziel des Gottesstaates. Der wahre Friede ist identisch mit dem wahren Glück, und beide haben das Streben des Menschen nach dem ‹höchsten Gut›, dem ‹summum bonum›, – freilich mit Hilfe der Gnade – zur Voraussetzung. Gleich zum Beginn dieses Buches berichtet Augustinus vom römischen Schriftsteller Varro, der in seiner Schrift *Liber de philosophia* 288 verschiedene Antworten aufzählte, welche die Philosophen auf die Frage nach dem höchsten Gut gaben. Die Neuplatoniker waren es, deren Antwort Augustin unter den ‹gezählt möglichen› vorzüglich akzeptierte, weil sie das ‹Eine›, das ἕν, als das Prinzip des Seins, des Lebens und somit der Quelle des Glücks betrachteten. Von Plotin, dem Haupt der Neuplatoniker, ist der Traktat 1,4 Περὶ εὐδαιμονίας, *Von der Glückseligkeit*, überliefert, die Augustin gekannt haben dürfte. Grundbedingung des Glücklich-Seins ist danach die gute, auf das ‹Eine› hin ausgerichtete Lebensführung. Natürlich hat Augustinus diese philosophische Lehre nach seiner Bekehrung im Sinne der christlichen Offenbarung umgeformt. Das perfekte Glück ist für Christen ein eschatologisches Gut, d. h., es ist dem Leben im Jenseits vorbehalten, was wieder den Glauben an die Unsterblichkeit des Menschen zur Voraussetzung hat.

3. «Deum igitur, inquam, qui habet, beatus est». *(De beata vita* 11)

«Wer also Gott hat, sage ich, ist glücklich».
(Über das glückselige Leben 11)

Kurzkommentar: Der zitierte Satz ist die Kernaussage eines Dialogs, den Augustinus mit Verwandten, Freunden und Schülern bald nach seiner Bekehrung auf dem Landgut Cassiciacum führte und den er unter dem Titel *De beata vita* veröffentlichte. Darin stellte er den Satz: «Wir (alle) wollen glücklich sein» aus Ciceros Schrift *Hortensius* zur Diskussion. Dem stimmten die Dialogpartner zu. Auf die Frage jedoch, ob denn jeder glücklich sei, der irdische Güter hat, antwortete Mutter Monnica, die am Gespräch teilnahm, es komme darauf an, ob jemand Gutes oder Schlechtes begehre. Damit war das Gespräch auf die Frage verlagert, was denn eigentlich das Gute sei. Das Gute, so die Diskutanten, sei nur dann Garant des Glücks, wenn es bleibe; es müsse Dauer haben, sich immer gleich bleiben, keiner Veränderung ausgesetzt sein. Dies ist das reine, keinem Raum und keiner Zeit unterworfene Sein, das Augustin noch vor seiner Bekehrung durch die Lektüre der Schriften der Neuplatoniker kennen lernte. Diesen Seinsbegriff identifizierten bereits christliche Neuplatoniker, denen Augustin folgte, mit dem im Christentum offenbarten Gott, der ewig und von zeitloser Dauer ist. So hält Augustin im Dialog im Anschluss an seine Mutter Monnica fest: «Wer also Gott hat, ... ist glücklich».

4. «Quomodo ergo te quaero, domine?
Cum enim te, deum meum, quaero, vitam beatam quaero.
Quaeram te, ut vivat anima mea.

Vivit enim corpus meum de anima mea et vivit anima mea de te».
(Confessiones 10,29)

«Wie also suche ich dich, Herr?
Suche ich dich, mein Gott, so suche ich das glückselige Leben.
Ich werde dich suchen, damit meine Seele lebe.

Es lebt nämlich mein Körper von meiner Seele und meine Seele von dir».
(Bekenntnisse 10,29)

Kurzkommentar: Der gesichertere Weg des Glücksuchens ist dem Verfasser der *Bekenntnisse* zufolge die Suche nach Gott, weil Gott der Inbegriff des ‹glückseligen Lebens› ist. Die Rolle des Gottsuchens kommt freilich der Seele zu. Schon in einer seiner Frühschriften, den *Soliloquia – Alleingesprächen*, steht der diesbezüglich vielsagende Satz: «Animam et deum scire cupio – Gott und die Seele wünsche ich zu kennen» (1,7). Die Identifizierung des Glückes mit der Gottesbeziehung ist freilich auch ein Thema der Bibel, speziell der *Psalmen*, aus denen die *Bekenntnisse* reichlich zitieren.

5. «Et ipsa est beata vita, gaudere ad te, de te, propter te: Ipsa est et non est altera». (*Confessiones* 10,32)

«Und eben dies ist das glückselige Leben, auf dich hin sich zu freuen, an dir und deinetwegen: Das ist es und nichts anderes».
(*Bekenntnisse* 10,32)

Kurzkommentar: Der kurze Satz mit den drei Präpositionen ‹ad, de, propter› bringt die Theozentrik des augustinischen Denkens auf den Punkt. Wie nämlich Gott Quelle des Seins und Ziel der Erkenntnis ist, so ist er auch der Inbegriff der Ethik und als solcher Garant des Glücks, das vollendet dem Menschen erst im Jenseits zuteil wird.

6. «Beata quippe vita est gaudium de veritate.
Hoc est enim gaudium de te, qui ‹veritas› (*Io* 14,6) es deus, ‹illuminatio mea salus faciei meae, deus meus› (*Ps* 26,1).

«Das glückselige Leben ist Freude an der Wahrheit.
Denn das bedeutet Freude an dir, der du ‹die Wahrheit› (*Johannesevangelium* 14,6) bist, Gott, ‹du mein Licht, Heil meines Angesichts, mein Gott› (*Psalm* 26,1).

Hanc vitam beatam omnes volunt, hanc vitam, quae sola beata est, omnes volunt, gaudium de veritate omnes volunt».
(*Confessiones* 10,33)

Dieses glückselige Leben wollen alle, dieses Leben, das allein das glückselige ist, wollen alle, (denn) die Freude an der Wahrheit wollen alle».
(*Bekenntnisse* 10,33)

Kurzkommentar: Die augustinische Ethik, zu deren integrierendem Bestand die Frage nach dem glückseligen Leben zählt, gründet weithin in der Ontologie der Neuplatoniker. Die zitierte ‹Freude an der Wahrheit› als Inbegriff des glückseligen Lebens meint den genannten Philosophen zufolge Freude aus der Einsicht in das differenzierte und zu differenzierende Sein alles Seienden, nämlich in das Wissen, dass es veränderliches und unveränderliches Sein gibt, sowie dass alles Veränderliche im Unveränderlichen gründet, während Unveränderliches seinen Grund in sich selbst hat. Veränderlichkeit – sie kennzeichnet den Kosmos – besagt bereits vermindertes Sein. Mit Vernunft und Willensfreiheit ausgestattete Wesen wie der Mensch vermögen sich vom Unveränderlichen als Seinsgrund abzuwenden, was notwendigerweise auch für die Ethik negative Folgen hat. Gefordert wird die Hin- bzw. die Rückwendung zum Unveränderlichen, zur Wahrheit des Seins. Im Christentum ist das unveränderliche Sein der offenbarte Gott, der Quell alles Wahren und alles Guten. Dieser Gott schuf Wesen, die er mit der Willensfreiheit ausstattete, die, wenn sie sich von ihm abwenden, ins Elend fallen, aus dem sie sich allerdings nur mehr mit seiner Hilfe befreien können. Dies freilich lehnten die Neuplatoniker ab, was Augustinus ihnen als Hybris anlastete.

7. «Nemo tamen beatus est, qui eo quod amat non fruitur.
Nam et ipsi, qui res non amandas amant, non se beatos putant amando, sed fruendo.

Quisquis ergo fruitur eo, quod amat, verumque et summum bonum amat, quis eum beatum nisi miserrimus negat?

Ipsum autem verum ac summum bonum Plato dicit deum, unde vult esse philosophum amatorem dei, ut, quoniam philosophia ad beatam vitam tendit, fruens deo sit beatus qui deum amaverit».
(*De civitate dei* 8,8)

«Niemand jedoch ist glücklich, der nicht genießt, was er liebt.
Denn auch jene, die (solche) Dinge lieben, die nicht zu lieben sind, halten sich nicht deshalb für glücklich, weil sie (diese) lieben, sondern weil sie (diese) genießen.

Wer immer darum das genießt, was er liebt, nämlich das wahre und höchste Gut, wer außer dem Elendsten wagte es zu leugnen, dass jener glücklich ist?

Das wahre und höchste Gut aber nennt Platon Gott, weshalb er auch vom Philosophen wünscht, dieser sei ein Liebhaber Gottes. Da die Philosophie das glückliche Leben erstrebt, solle, wer Gott liebt, durch den Gottesgenuss glücklich sein».
(*Der Gottesstaat* 8,8)

Kurzkommentar: Augustinus schätzte Platon unter den Philosophen deshalb so hoch, weil dieser das höchste Gut zum bevorzugten Gegenstand der Philosophie machte. Aus der Güterlehre der antiken Philosophie übernahm er das als Schema verwendete Begriffspaar ‹uti – frui›, ‹Gebrauchen – Genießen›. Diesem Schema zufolge werden die Güter prinzipiell in zwei Wertekategorien eingeteilt.

Die einen sind zum Gebrauch, die anderen zum Genuss da. Das Schema ‹uti – frui› wird zum Maßstab der Ethik des Kirchenvaters. Zeitliche, veränderliche Güter sind zum Gebrauch da, zeitlose und unveränderliche hingegen zum Genuss. Selbstredend steht Gott als das höchste Gut an der Spitze dieser Wertskala, was Platon Augustinus zufolge gesehen und gelehrt hat. (Siehe dazu den Artikel *Frui-uti* von HENRY CHADWICK im *Augustinus-Lexikon* 3, 70–75.)

Gnade

1. «Tolle gratiam istam, quid Christus, nisi homo? Quid nisi quod tu?»

(*Sermo* 67,7)

«Beseitige die Gnade, was ist (dann) Christus, wenn nicht (nur) Mensch? Was, wenn nicht, was du bist?»

(*Predigt* 67,7)

Kurzkommentar: Gnade, so wird Augustinus, dem die Theologen des Mittelalters den Ehrentitel ‹doctor gratiae› zuerkannten, nicht müde zu wiederholen, ist reines Geschenk; dies bringe schon das lateinische Wort selbst als Terminus unmissverständlich zum Ausdruck: ‹gratia, quia gratis data – Gnade, weil umsonst gegeben› (*Predigt* 26,12 und öfter). Gnade ist aber ebenso nichts anderes als Gnade Christi, denn er ist der Urheber der unverdienten Rechtfertigung, und zwar ist er dies aufgrund seiner göttlichen und menschlichen Natur zugleich. Schon seine Menschwerdung war Gnade und durch seinen Kreuzestod rechtfertigte er als der Sündenlose, wie der Apostel Paulus in seinem *Römerbrief* darlegt, den Menschen als Sünder, der, wenn er glaubt, was ebenfalls die Gnade voraussetzt, an Christi Gerechtigkeit Anteil erhält. Zur Rolle der Gnade im Denken Augustins siehe den Artikel *Gratia* von VOLKER HENNING DRECOLL im *Augustinus-Lexikon* 3, 182–242.

Gnade und Freiheit

1. «Neque enim voluntatis arbitrium ideo tollitur, quia iuvatur, sed ideo iuvatur, quia non tollitur.

«Der freie Wille wird keineswegs aufgehoben, damit sie (die Gnade) ihm zu Hilfe komme, sondern sie kommt ihm zu Hilfe, und zwar deshalb, weil er nicht aufgehoben wird.

Qui enim deo dicit: ‹Adiutor meus esto› (*Ps* 26,9), confitetur se velle implere, quod iussit, sed ab eo, qui iussit, adiutorium poscere, ut possit».
(*Epistula* 157,10)

Wer nämlich (im Gebet so) spricht: ‹Sei du (Gott) meine Hilfe› (*Psalm* 26,9), der bekennt, er möchte (schon) vollbringen, was (Gott ihm) befiehlt, aber er verlangt, um es vollbringen zu können, Hilfe von dem, der den Befehl (dazu) gab».
(*Brief* 157,10)

Kurzkommentar: Das Verhältnis von Gnade und Freiheit gehört zu den umstrittensten Lehren der Theologie Augustins. Mehrere Interpreten vertreten die Meinung, des Kirchenvaters Gnadenlehre lasse sich mit der Freiheit des Menschen nicht vereinbaren. Der hier vorliegende Text zeigt, dass die Gnade erst die Erfüllung der Freiheit ermöglicht. Ja, im gleichen Brief erklärt Augustinus seinem Briefpartner Hilarius, einem Laien aus Syrakus, er werde umso freier sein, je mehr ihm die Gnade zu Hilfe komme (ebd. 157,8). Die Gnade Christi heilt die sündenbedingte Schwäche der Willensfreiheit des Menschen. Die Höchstform der Freiheit, Gott vollendet zu lieben, ist eine eschatologische Gabe am Ende der Zeiten.

2. «Tunc ergo efficimur vere liberi cum deus nos fingit, id est format et creat, non ut homines, quod iam fecit, sed ut boni homines simus: Quod nunc gratia sua facit, ut simus in Christo nova creatura, secundum quod dictum est, ‹cor mundum crea in me deus› (*Ps* 50,12)».
(*Enchiridion de fide spe et caritate* 31)

«Dann nämlich werden wir wahrhaft frei, wenn Gott uns gestaltet, das heißt, wenn er uns formt und schafft – nicht zu Menschen, was er schon tat, sondern zu guten Menschen, die wir sein sollen: Dies tut er jetzt durch seine Gnade, auf dass wir in Christus eine neue Kreatur seien, gemäß dem Ausspruch: ‹Ein reines Herz schaffe in mir, o Gott› (*Psalm* 50,12)».
(*Handbüchlein über Glaube, Hoffnung und Liebe* 31)

Kurzkommentar: Im Kontext der Gnade hat der Begriff Freiheit bei Augustin stets das Bestehen des Menschen vor Gott zum Inhalt. Es gibt offensichtlich eine Freiheit, über die der Mensch als Geschöpf verfügt. Indes, um gute, gottgefällige

Menschen sein zu können, «die wir sein sollen», genügt jene Freiheit nicht. Dazu bedarf es der Gnade, und zwar jener Gnade, die Christus kraft seines Erlösungswerkes dem Einzelnen zuwendet.

Gott

1. «Verius cogitatur deus quam dicitur et verius est quam cogitatur».
(*De trinitate* 7,7)

«Gott wird treffender gedacht als ausgesprochen und er ist wirklicher als er gedacht wird».
(*Über die Dreieinigkeit* 7,7)

Kurzkommentar: Obgleich Augustinus sich mit den Neuplatonikern zu deren Lehre von der Ineffabilität, von der Unaussprechlichkeit (weil strikt transzendenten Jenseitigkeit) der Spitze des hierarchisch in Stufen geordneten Seienden bekannte, so hielt er doch im Hinblick auf die Offenbarung an deren Sprechen über Gott fest. Siehe dazu **Text 13** dieser Rubrik.

2. «Tu autem eras interior intimo meo et superior summo meo».
(*Confessiones* 3,11)

«Du jedoch warst tiefer in mir als mein Innerstes und höher als mein Höchstes».
(*Bekenntnisse* 3,11)

Kurzkommentar: Mit den Neuplatonikern hielt Augustinus an der Trennung des Seienden in einen Bereich des ‹foris – Draußen› und des ‹intus – Drinnen› fest. Im philosophisch-theologischen Denken des Kirchenvaters spielt dieses Wortpaar außer seiner konträren Begrifflichkeit (siehe den Kurzkommentar zum Stichwort **Innerlichkeit, Text 1**) auch im Sinne einer Klimax (Steigerung) eine wichtige Rolle. Der Weg der Gotteserkenntnis – mustergültig dargestellt in *Confessiones* 10,8–38 – vollzieht sich von ‹außen› nach ‹innen› und von ‹innen› nach ‹oben›. Aber Gott ist substantiell weder im Innersten noch im Obersten des Geschaffenen; er ist transzendent. Beide Begriffe geben lediglich die Richtung des Denkens und Empfindens an, in der er zu suchen ist. Dennoch werde er besser durch Nichtwissen als durch Wissen gewusst, lesen wir in der Frühschrift *De ordine – Über die Ordnung* 2,44: «… qui scitur melius nesciendo». Und in einer Predigt heißt es: «Quid mirum si non comprehendis? Si enim comprehendis, non est deus – Was Wunder, wenn du es nicht erfasst? Erfasst du es, ist es nicht Gott» (*Sermo – Predigt* 117,5).

3. «Et si voluntatem dei nosse quisquam desiderat, fiat amicus deo».
(*De Genesi adversus Manicheos* 1,4)

«Möchte jemand Gottes Willen kennen, so bemühe er sich, Freund Gottes zu werden».
(*Über die Genesis gegen die Manichäer* 1,4)

Kurzkommentar: Nach Augustinus ist die interpersonale Erkenntnis Voraussetzung der Freundschaft (siehe unter **Freundschaft, Text 1**). Dies gilt gesteigert von der Erkenntnis des Willens Gottes.

4. «Omnipotens est ad facienda maiora et minora, omnipotens est ad caelestia et terrestria, omnipotens est ad facienda inmortalia et mortalia, omnipotens est ad facienda spiritalia et corporalia, omnipotens est ad facienda visibilia et invisibilia, magnus in magnis, nec parvus in minimis; postremo omnipotens est ad facienda omnia quae facere voluerit».
(*Sermo* 213,2)

«Er (Gott) ist allmächtig, das Größere und das Geringere zu erschaffen, das Himmlische und das Irdische; das Unsterbliche und das Sterbliche, das Geistige und das Leibliche, das Sichtbare und das Unsichtbare; er ist groß im Großen und im Kleinsten nicht klein; endlich ist er allmächtig, um alles zu erschaffen, was er erschaffen wollte».
(*Predigt* 213,2)

Kurzkommentar: Zwar ist Gott seinem Wesen nach unaussprechlich, ‹ineffabilis› (siehe **Gesang, Musik, Text 3**), dennoch drängt es Menschen, über ihn zu reden, was freilich immer ein noch so geringes Erkennen Gottes voraussetzt. «Vae tacentibus de te, quoniam loquaces muti sunt – Wehe denen, die über dich schweigen, wo doch selbst das Wort der Beredten stumm bleibt», schreibt Augustinus in seinen *Confessiones* – *Bekenntnissen* 1,4. Unter den Eigenschaften, die wir Gott zuschreiben, sticht die seiner Allmacht hervor. Eine beliebte Anrede in den Orationen der Sonntagsliturgie lautet immer noch: ‹Omnipotens Deus …›. Auf die auch rhetorisch glanzvolle Wendung in unserem Zitat «(deus) magnus in magnis, nec parvus in minimis – groß im Großen und im Kleinsten nicht klein», sei eigens aufmerksam gemacht.

5. «Te nemo amittit, nisi qui dimittit, et quia dimittit, quo it aut quo fugit nisi a te placido ad te iratum?»
(*Confessiones* 4,14)

«Dich verliert niemand, es sei denn, dass er dich aufgibt, und falls er dich aufgibt, wohin soll er gehen, wohin fliehen, wenn nicht aus deiner Milde in deinen Zorn?»
(*Bekenntnisse* 4,14)

Kurzkommentar: Wer denkt bei der Lektüre dieses Satzes nicht an die Perikope vom guten Hirten, der dem verlorenen Schaf nachgeht, im *Lukasevangelium* 15,3–7 oder an das Gleichnis vom verlorenen Sohn ebd. 15,11–32, die wie zahlreiche andere Bibelstellen leitfadenartig die *Confessiones* durchziehen. Augustin zeichnet sich in seinen *Confessiones* als solchen, der vor Gott floh, den aber Gott ein- und heimholte, und zwar «misericorditer saeviens – mit erbarmendem Zorn» (ebd. 2,5).

6. «(Deus) pater est, quia condidit, quia vocat, quia iubet, quia regit; mater, quia fovet, quia nutrit, quia lactat, quia continet».
(*Enarrationes in Psalmos* 26,2,18)

«(Gott) ist Vater, weil er schuf, weil er ruft, weil er befiehlt, weil er herrscht; er ist Mutter, weil er hegt, weil er ernährt, weil er stillt, weil er erhält».
(*Auslegungen der Psalmen* 26,2,18)

Kurzkommentar: Ein in der christlichen Theologie weithin vernachlässigter Gedanke, den Augustinus hier ausdrücklich artikuliert: Gott hat nicht nur männliche, sondern auch weibliche Züge.

7. «Tu autem, domine, semper operaris et semper requiescis.
Nec vides ad tempus nec moveris ad tempus nec quiescis ad tempus et tamen facis et visiones temporales et ipsa tempora et quietem ex tempore».
(*Confessiones* 13,52)

«Du aber, Herr, du wirkst immer und du ruhst immer.
Du siehst nicht in der Zeit und bewegst dich auch nicht in der Zeit und ruhst nicht in der Zeit, und dennoch bewirkst du sowohl das Schauen in der Zeit wie die Zeiten selbst und das Ruhen von der Zeit».
(*Bekenntnisse* 13,52)

Kurzkommentar: Was tat Gott vor der Zeit? Dies war eine beliebte Frage derer, die einen Glauben an die Schöpfung ablehnten. Es gibt darauf keine schlüssige

Antwort außer der, dass Gott selbst die Zeit nicht tangiert. Die Frage nach der Zeit in Gott involviert eine innere Gegensätzlichkeit: Gott wirkt immer und er ruht immer. Auch in *De civitate dei – Der Gottesstaat* taucht die Frage nach dem operativen Eingreifen eines zeitlosen Gottes auf. Augustin beantwortet sie dort ebenso dialektisch wie rhetorisch gekonnt: «Novit quiescens agere et agens quiescere – Er (Gott) versteht es, im Ruhen zu handen und im Handeln zu ruhen» (ebd. 12,18).

8. «... sed tu vita es animarum, vita vitarum, vivens te ipsa et non mutaris, vita animae meae».
(*Confessiones* 3,10)

«... du aber bist das Leben der Seelen, das Leben (aller) Leben; du lebst aus dir selbst und du änderst dich nicht, du Leben meiner Seele».
(*Bekenntnisse* 3,10)

Kurzkommentar: In diesem Teil seiner *Confessiones* berichtet Augustin über seine Irrwege bei den Manichäern und er geißelt allem voran deren materielle und damit von Veränderlichkeit geprägte Gottesvorstellung. Gott ist kein Körper, auch keine Seele, denn beide sind veränderlich. Das «non mutaris» hebt dies hervor.

9. «Hunc amemus: Ipse fecit haec et non est longe.

Non enim fecit atque abiit, sed ex illo in illo sunt.

Ecce ubi est: ubi sapit veritas.

Intimus cordi est, sed cor erravit ab eo.
‹Redite, praevaricatores, ad cor› (*Is* 46,8) et inhaerete illi, qui fecit vos.
State cum eo et stabitis, requiescite in eo et quieti eritis.

«Ihn (Gott) lasst uns lieben; er hat dies alles erschaffen und er ist nicht fern.

Er hat nämlich nicht geschaffen und sich dann zurückgezogen, sondern aus ihm und in ihm sind sie (die Verstorbenen).

Siehe, wo er ist: wo man Einsicht in die Wahrheit gewinnt.

Tief im Herzen ist er, das Herz jedoch hat sich von ihm abgewendet.
‹Kehrt ein in euer Herz, ihr Abtrünnigen!› (*Jesaja* 46,8). Hanget ihm, der euch schuf, an!
Steht fest in ihm und ihr werdet bestehen bleiben. Ruht in ihm und ihr werdet Ruhe finden.

Quo itis in aspera?
Quo itis?
Bonum, quod amatis, ab illo est: sed quantum est ad illum, bonum est et suave; sed amarum erit iuste, quia iniuste amatur deserto illo quidquid ab illo est.

Quo vobis adhuc et adhuc ambulare ‹vias difficiles› (*Sap* 5,7) et laboriosas?
Non est requies, ubi quaeritis eam.
Quaerite quod quaeritis, sed ibi non est, ubi quaeritis.
Beatam vitam quaeritis in regione mortis: non est illic.
Quomodo enim beata vita, ubi nec vita?»   (*Confessiones* 4,18)

Wohin ins Rauhe lauft ihr?
Wohin eilt ihr?
Das Gute, das ihr liebt, stammt von ihm, jedoch nur soweit es sich auf ihn erstreckt, ist es (auch) gut und süß. Es wird aber zu Recht bitter, wenn es zu Unrecht geliebt wird, wenn man ihn verlässt, von dem alles ist.

Wozu wollt ihr bis zur Stunde immer noch gefährliche und ‹mühsame Wege› (*Weisheit* 5,7) gehen?
Es gibt keine Ruhe, wo ihr sie sucht.
Sucht, was ihr sucht, es ist (jedoch) nicht dort, wo ihr es sucht.
Ihr sucht das selige Leben im Bereich des Todes, dort ist es nicht.
Wie gäbe es das selige Leben, wo es kein Leben gibt?»
(*Bekenntnisse* 4,18)

Kurzkommentar: Im 4. Buch der *Bekenntnisse* berichtet Augustinus vom schmerzvollen Verlust seines Jugendfreundes. Dies veranlasst ihn zu einer Meditation über die wahre Freundschaft, die auch im Freund Gott sucht und Gott liebt: «Glücklich ist, wer dich liebt, und seinen Freund in dir und (auch) seinen Feind um deinetwillen» (ebd. 4,14), lautet die Quintessenz dieser tiefsinnigen Meditation (siehe **Freundschaft, Text 4**). Im Kontext solcher Zuversicht, der zufolge, wer Gott liebt, nichts und niemanden verliert, kommt Augustinus erneut auf Gott, den Inbegriff des Glücks und der Ruhe, den zentralen Leitfaden seiner *Confessiones*, zu sprechen: Es gibt keine Ruhe außer der Ruhe in Gott.

10. «Quodlibet aliud cogitet homo, non est simile quod factum est illi qui fecit.
Excepto deo, quidquid aliud est in natura rerum, factum est a deo.

«Woran immer ein Mensch denken mag, was erschaffen ist, gleicht nicht dem, der es erschuf.
Was es in der Natur auch geben mag, ist, mit Ausnahme Gottes selbst, von Gott erschaffen.

Quantum interest inter eum qui fecit, et illud quod factum est, quis digne cogitet? Iste ergo dixit: ‹Non est similis tibi in diis, domine› (Ps 85,8); quantum autem sit dissimilis deus, non dixit, quia dici non potest.

Intendat caritas vestra: deus ineffabilis est; facilius dicimus quid non sit, quam quid sit. Terram cogitas: Non est hoc deus; mare cogitas: Non est hoc deus; omnia quae sunt in terra, homines et animalia: Non est hoc deus; omnia quae sunt in mari, quae volant per aerem: Non est hoc deus; quidquid lucet in caelo, stellae, sol et luna: Non est hoc deus; ipsum caelum: Non est hoc deus; angelos cogita, virtutes, potestates, archangelos, thronos, sedes, dominationes: Non est hoc deus.

Et quid est?
Hoc solum potui dicere, quid non sit.
Quaeris quid sit?
‹Quod oculus non vidit, nec auris audivit, nec in cor hominis adscendit› (1 Cor 2,9).

Quid quaeris ut adscendat in linguam, quod in cor non adscendit?

Wer könnte auch den Unterschied zwischen dem Schöpfer und dem Erschaffenen angemessen bedenken? Jener (Psalmist) also sagte: ‹Keiner von den Göttern kommt dir gleich, o Herr› (*Psalm* 85,8). Indes, bis zu welchem Grade Gott (den Göttern) unähnlich ist, das sagt der Psalmist nicht, weil es nicht gesagt werden kann.

Bedenkt folgendes, ihr Lieben: Gott ist unaussprechlich; es ist leichter zu sagen, was er nicht ist, als was er ist. Du denkst an die Erde: Gott ist das nicht; du denkst ans Meer: Gott ist das nicht; alles, was auf Erden lebt, Menschen und Tiere: Gott ist das nicht; alles, was im Meer lebt, was in den Lüften fliegt: Gott ist das nicht; was immer am Himmel leuchtet, die Sterne, die Sonne und der Mond: Gott ist das nicht; selbst der Himmel: Gott ist das nicht; denke an die Engel, an die Kräfte, an die Mächte, an die Erzengel, an die Throne, an die Grundfeste, an die Herrschaften: Gott ist das nicht.

Was also ist er?
Ich kann nur sagen, was er nicht ist.

Fragst du (dennoch), was er sei?
‹Was keine Auge gesehen, kein Ohr gehört, was keinem Menschenherz in den Sinn gekommen ist› (vgl. *Erster Korintherbrief* 2,9).

Wonach fragst du, dass auf die Zunge kommen soll, was (noch) nicht ins Herz gekommen ist?

‹Non est similis tibi in diis, domine, et non est secundum opera tua›
(*Ps* 85,8)».
(*Enarrationes in Psalmos* 85,12)

‹Keiner von den Göttern kommt dir gleich, o Herr, und nichts kann sich mit deinen Werken messen›
(*Psalm* 85,8)».
(*Auslegungen der Psalmen* 85,12)

Kurzkommentar: Wie der Bibel, so war auch dem Bischof von Hippo die Verkündigung der Einzigartigkeit Gottes ein Anliegen von höchstem Rang. Vor allem in seinen Predigten bemühte Augustinus sich, in möglichst einfacher und doch eingängiger Sprache, dem sogenannten ‹sermo humilis›, den schlichten Gläubigen Gottes Unvergleichlichkeit mit seinen Geschöpfen aufzuzeigen. Einprägsam wiederholt er: ‹Gott ist das nicht›. Hat der Schriftsteller Augustinus es mit Intellektuellen zu tun, etwa mit der Leserschaft seiner *Confessiones – Bekenntnisse*, so bedient er sich zwar der gleichen Argumente, aber einer anderen, einer gehobeneren Sprache. (Siehe z. B. ebd. 10,8; siehe auch den folgenden **Text 11** aus den *Soliloquiorum libri – Alleingesprächen*.) – Der Kernsatz unseres Textes lautet: «deus ineffabilis est – Gott ist (was sein Wesen betrifft) unaussprechlich». Der Satz ist neuplatonisch-philosophischen Ursprungs, denn Plotin lehrte vom ‹Einen›, dem ἕν, der Spitze allen Seins, dass es seinem Wesen nach unaussprechlich sei. In seiner Frühschrift *De ordine – Über die Ordnung* 2,44 steht der prägnante Satz: «... qui (sc. deus) scitur melius nesciendo – ... der (sc. Gott) besser im Nichtwissen gewusst wird». Freilich hat solches Nichtwissen Kenntnisse einer Philosophie zur Voraussetzung, die zu unterscheiden lehrte, was das Nichts, was die Materie, was die Form, was Raum und was Zeit, aber auch was Raumlosigkeit und Ewigkeit ist (ebd.).

11. «Te invoco, deus veritas, in quo et a quo et per quem vera sunt, quae vera sunt omnia.
Deus sapientia, in quo et a quo et per quem sapiunt, quae sapiunt omnia.
Deus vera et summa vita, in quo et a quo et per quem vivunt, quae vere summeque vivunt omnia.

«Dich rufe ich an, Gott Wahrheit, in dem und von dem und durch den alles Wahre wahr ist.
Gott Weisheit, in dem und von dem und durch den alles Weise weise ist.
Gott wahres und höchstes Leben, in dem und von dem und durch den alles lebt, was wahrhaft und vollkommen lebt.

Deus beatitudo, in quo et a quo et per quem beata sunt, quae beata sunt omnia.
Deus bonum et pulchrum, in quo et a quo et per quem bona et pulchra sunt, quae bona et pulchra sunt omnia.
Deus intellegibilis lux, in quo et a quo et per quem intellegibiliter lucent, quae intellegibiliter lucent omnia.
Deus, cuius regnum est totus mundus, quem sensus ignorat.

Deus, de cuius regno lex etiam in ista regna describitur.

Deus, a quo averti cadere, in quem converti resurgere, in quo manere consistere est.
Deus, a quo exire emori, in quem redire reviviscere, in quo habitare vivere est.

Deus, quem nemo amittit nisi deceptus, quem nemo quaerit nisi admonitus, quem nemo invenit nisi purgatus.
Deus, quem relinquere hoc est quod perire, quem adtendere hoc est quod amare, quem videre hoc est quod habere.
Deus, cui nos fides excitat, spes erigit, caritas iungit, deus, per quem vincimus inimicum, te deprecor».

(*Soliloquiorum libri* 1,3)

Gott Glückseligkeit, in dem und von dem und durch den glücklich ist alles, was immer glücklich ist.
Gott Gutes und Schönes, in dem und von dem und durch den gut und schön ist, was insgesamt gut und schön ist.
Gott geistiges Licht, in dem und von dem und durch den geistig leuchtet, was immer geistig leuchtet.
Gott, dessen Reich das ganze Weltall ist, (auch) was unser Sinn nicht erfasst.
Gott, aus dessen Reich das Gesetz auch für diese irdischen Reiche sich ableitet.
Gott, von dem abzuwenden fallen, zu dem sich hinzuwenden sich erheben, in dem zu verbleiben bestehen heißt.
Gott, von dem wegzugehen absterben, zu dem zurückzukehren sich wiederbeleben, bei dem zu wohnen leben bedeutet.
Gott, den niemand verliert, es sei denn, man ist in die Irre geleitet, den niemand ohne ermahnt zu sein sucht, den niemand ungeläutert findet.
Gott, den zu verlassen untergehen bedeutet, nach dem sich auszustrecken lieben bedeutet, den zu sehen so viel bedeutet wie ihn zu besitzen.
Gott, zu dem der Glaube uns antreibt, die Hoffnung uns aufrichtet, die Liebe uns bindet, Gott, durch den wir den Feind besiegen, dich rufe ich an».

(*Alleingespräche* 1,3)

Kurzkommentar: In den gegen Ende seines Lebens abgefassten *Retractationes*, einer kritischen Revision seiner Werke, vermerkt Augustinus, er habe zwischen seiner Bekehrung und seiner Taufe zwei Bücher geschrieben, in denen er sich um die Erforschung der Wahrheit jener Dinge bemüht habe, die er am allermeisten zu wissen wünschte. Er fragte sich und er gab sich selbst Antwort, als ob es zwei wären, weshalb er dem Werk den Titel *Soliloquiorum libri – Alleingespräche* gab. Der Neubekehrte schickt den Gesprächen, die mit dem vielzitierten Satz beginnen: «Gott und die Seele will ich erkennen ... sonst nichts» (1,7), ein Gebet voraus, dessen Diktion über seinen vorzüglich philosophischen Gehalt kaum Zweifel aufkommen lässt. Augustinus wendet sich an Gott als den Inbegriff der Wahrheit, der Weisheit etc., durch den im Sinne der (neu)platonisch-philosophischen Lehre Seiendes in Raum und Zeit nur deshalb wahr, weise etc. genannt werden kann, weil es an der unveränderlichen Wahrheit, Weisheit eines transzendenten Prinzips teil hat. Dennoch atmet das Gebet bereits auch biblische Spiritualität. Das Erkennen allein – in der Philosophie der (Neu-)Platoniker der Königsweg zu Gott – genügt offensichtlich nicht. Es müssen die drei theologischen Tugenden hinzukommen: der Glaube, die Hoffnung und die Liebe. Sie werden in der Theologie und der Pastoral des Kirchenvaters Augustinus die Führung übernehmen.

12. «Diximusne aliquid et sonuimus aliquid dignum deo?
Immo vero nihil me aliud quam dicere voluisse sentio; si autem dixi, non hoc est quod dicere volui.

Hoc unde scio, nisi quia deus ineffabilis est?

Quod autem a me dictum est, si ineffabile esset, dictum non esset.

Ac per hoc ne ineffabilis quidem dicendus est deus, quia et hoc cum dicitur, aliquid dicitur et fit nescio qua pugna verborum, quoniam si illud est ineffabile quod dici non

«Haben wir nun etwas gesagt bzw. geäußert, was Gottes würdig wäre?
Ganz im Gegenteil, denn ich merke, dass ich solches zu sagen lediglich beabsichtigte. Sagte ich etwas, so nicht das, was ich zu sagen beabsichtigte.

Woher weiß ich das, wenn nicht aufgrund dessen, dass Gott unaussprechlich ist?

Was auch immer von mir gesagt wurde, wäre, falls es unsagbar wäre, nicht gesagt worden.

Und so darf Gott nicht einmal unaussprechlich genannt werden, da ja etwas stets gesagt wird, wenn dies gesagt wird (nämlich, dass er unaussprechlich ist). Es entsteht sozusagen

potest, non est ineffabile quod vel ineffabile dici potest.

Quae pugna verborum silentio cavenda potius quam voce pacanda est. Et tamen deus, cum de illo nihil digne dici possit, admisit humanae vocis obsequium, et verbis nostris in laude sua gaudere nos voluit.

Nam inde est et quod dicitur deus.

Non enim re vera in strepitu istarum duarum syllabarum ipse cognoscitur, sed tamen omnes latinae linguae socios, cum aures eorum sonus iste tetigerit, movet ad cogitandam excellentissimam quandam immortalemque naturam».
(*De doctrina christiana* 1,6)

eine Art Wortspalterei, denn wenn unsagbar ist, was nicht gesagt werden kann, ist es nicht unaussprechbar, was unsagbar genannt wird. Diese Wortspalterei wäre eher durch Schweigen zu vermeiden als durch Sprache zu beheben. Und dennoch hat Gott, obgleich sich über ihn auf angemessene Weise nichts aussagen lässt, einen Dienst der menschlichen Stimme zugelassen und es gewollt, dass wir uns an unseren Worten zu seinem Lob erfreuen.

Darin gründet auch, dass er Gott genannt wird.

Ganz gewiss wird er in seinem Wesen nicht im Klang dieser beiden Silben (sc. ‹deus›) erkannt; dennoch regt er alle des Lateins Kundigen, sobald dieser Ton ihre Ohren berührt, zum Denken an eine möglichst vollkommene und unsterbliche Natur an».
(*Die christliche Wissenschaft* 1,6)

Kurzkommentar: In den diesem Abschnitt vorausgehenden Paragraphen 4 und 5 aus dem zitierten Werk *Über die christliche Wissenschaft* behandelt Augustinus das Begriffspaar ‹frui – uti›, ‹genießen – gebrauchen›, als sogenanntes Schema. Jede Lehre habe ‹res›, ‹Sachen›, oder ‹signa›, ‹Zeichen›, zum Gegenstand (ebd. 1,2). Die Sachen, die ‹res›, werden in ‹veränderliche›, ‹mutabiles›, und in ‹unveränderliche›, ‹inmutabiles›, eingeteilt. Gegenstände des ‹Gebrauchens› sind demnach die veränderlichen Dinge, die des ‹Genießens› die unveränderlichen, im strikten Sinn der dreieinige Gott: Vater, Sohn und Heiliger Geist. Darauf bezieht sich die zu verneinende Frage: «Haben wir nun etwas gesagt, ... was Gottes würdig wäre?» Nach der Philosophie der Neuplatoniker entströmt alles Seiende einem Prinzip, dem ‹Einen›, ἕν, über das wegen seiner

Transzendenz nichts ausgesagt werden kann: es ist darum seinem Wesen nach ‹ineffabile›, ‹unaussprechlich›. Augustinus bekennt sich zu dieser Sicht des mit dem offenbarten Gott identischen Prinzips. So heißt es z. B. in der Frühschrift *De ordine – Über die Ordnung* 2,44: «qui (sc. deus) scitur melius nesciendo – Gott wird besser durch Nichtwissen erkannt». Dennoch wünscht er in der ebenfalls zum Frühwerk zählenden Schrift *Soliloquiorum libri – Alleingespräche* nichts sehnlicher erkennen zu wollen als Gott und von Gott her bzw. auf Gott hin die Seele: «Deum et animam scire cupio» (1,7). Zugleich freilich bekennt er sich als Christ zum offenbarten Gott. Obgleich also Gott als Prinzip und im Prinzip unaussprechlich ist, darf und kann die Theologie als Wissenschaft, als ‹doctrina›, nicht stumm bleiben. Ja, selbst die Aussage, er, Gott, sei ‹ineffabilis›, desavouiert dieses Prinzip, bringt es doch etwas in Bezug auf Gott zur Sprache. – Man beachte den Bildbegriff ‹pugna verborum›: eigentlich Kampfspiel, Ringen um das treffende Wort, das an Anschaulichkeit in diesem Kontext kaum zu übertreffen ist.

13. «Non enim sicut hominem paenitet deum; sed sicut deum, quemadmodum non sicut homo irascitur nec sicut homo miseretur nec sicut homo zelat, sed omnia sicut deus.

Paenitentia dei non est post errorem; ira dei non habet perturbati animi ardorem; misericordia dei non habet compatientis miserum cor, unde in latina lingua nomen accepit, zelus dei non habet mentis livorem.

Sed paenitentia dei dicitur rerum in eius potestate constitutarum hominibus inopinata mutatio; ira dei est vindicta peccati; misericordia dei

«Es reut nämlich Gott nicht, wie es einen Menschen reut, sondern wie Gott. In gleicher Weise zürnt er nicht wie der Mensch, und er erbarmt sich ebenfalls nicht wie der Mensch, wie er sich auch nicht wie der Mensch ereifert. Dies alles tut er wie Gott. (So) ist Gottes Reue keine Folge eines Irrtums; kennt Gottes Zorn keine Leidenschaft (wie) eine in Verwirrung gebrachte Seele; Gottes Erbarmen kennt (auch) kein bejammernswertes Herz eines Mitleidenden – woher das Erbarmen in der lateinischen Sprache seinen Namen erhielt. (Und auch) Gottes Eifersucht kennt die Missgunst nicht.

Gottes Reue besteht vielmehr in einem für Menschen unverhofften Wechsel der seiner Macht unterstellten Dinge. Gottes Zorn bedeutet (so

est bonitas opitulandi; zelus dei est providentia, qua non sinit eos, quos subditos habet, impune amare quod prohibet».

(*Contra adversarium legis et prophetarum* 1,40)

viel wie) Strafe für die (begangene) Sünde; Gottes Erbarmen die Güte seines Beistandes; Gottes Eifersucht die Fürsorge gegenüber jenen seiner Untertanen, denen er es nicht gestattet, ungestraft (das) zu lieben, was er verbietet».

(*Antwort auf einen Gegner des Gesetzes und der Propheten* 1,40)

Kurzkommentar: Die Lehre von den Affekten, den πάθη, den ‹affectus›, bzw. den ‹affectiones›, wie Augustinus sie nennt, spielte schon in der Philosophie der Antike, speziell in der Ethik, eine wichtige Rolle. Augustinus definiert sie «motus animi contra rationem – Erregungen der Seele, die sich der Vernunft widersetzen» (*De civitate dei – Der Gottesstaat* 8,17). Gerade dieser der Vernunft sich widersetzende Aspekt beherrschte seine Lehre von der Affektlosigkeit Gottes, denn im Gegensatz zum Menschen ist Gott der «semper atque omni modo incommutabilis atque tranquillus – der immer und in jeder Hinsicht Unveränderliche und in sich Ruhende» (*Quaestionum libri septem – Sieben Bücher mit Fragen* 2,158). Nun redet die Bibel, insbesondere das Alte Testament, häufig von der Reue, dem Zorn, dem Erbarmen und der Eifersucht Gottes, worauf die gebildeten und dem Christentum feindlich gesonnenen Heiden wie der Neuplatoniker Porphyrios nur Spott und Verachtung übrig hatten. Christliche Schriftsteller setzten sich dieser philosophischen Kritik an den Emotionen Gottes durch Hinzuziehung einer allegorischen Exegese zur Wehr. Generell hält Augustinus fest, dass die erwähnten Affekte Gottes mit den Affekten der Menschen nicht zu vergleichen sind, wenngleich sie nur auf den Menschen hin zu verstehen sind. So wird Reue als unerwartete Änderung der Dinge erlebt und verständlich, Zorn als gerechte Strafe, Barmherzigkeit als Güte und Eifersucht als Vor- und Fürsorge. (Siehe auch den Artikel *Affectus (passio, perturbatio)* von GERARD J.P. O'DALY und ADOLAR ZUMKELLER im *Augustinus-Lexikon* 1, 166–180.)

Gottesliebe

1. «Sero te amavi, pulchritudo tam antiqua et tam nova, sero te amavi.

Et ecce intus eras et ego foris et ibi te quaerebam et in ista formosa, quae fecisti, deformis inruebam.

Mecum eras, et tecum non eram.

Ea me tenebant longe a te, quae si in te non essent, non essent.

Vocasti et clamasti et rupisti surditatem meam, coruscasti, splenduisti et fugasti caecitatem meam, flagrasti, et duxi spiritum et anhelo tibi, gustavi et esurio et sitio, tetigisti me, et exarsi in pacem tuam».

(*Confessiones* 10,38)

«Spät habe ich dich geliebt, du Schönheit, so alt und doch so neu, spät habe ich dich geliebt.

Und siehe, du warst drinnen und ich draußen, und dort habe ich dich gesucht, in jenen wohlgestalteten Dingen, die du schufst, (dort) suchte ich missgestaltet das Heil.

Du warst (zwar) mit mir, aber ich nicht mit dir.

Weit hielten mich jene Dinge von dir entfernt, die kein Sein hätten, wären sie nicht in dir.

Du hast gerufen, du hast geschrien und hast meine Taubheit zerrissen; du hast geblitzt und gestrahlt und hast meine Blindheit in die Flucht geschlagen; du hast geduftet, und ich habe deinen Hauch eingesogen und nun lechze ich nach dir; ich habe dich gekostet und ich hungere und dürste; du hast mich angerührt, und da bin ich entbrannt nach deinem Frieden». (*Bekenntnisse* 10,38)

Kurzkommentar: Im 10. Buch der *Confessiones* gibt Augustinus Rechenschaft von seiner Gottesbeziehung, nachdem er in den Büchern 1–9 seine Irrwege als sein Werk und seinen Weg zu Gott als Werk der Gnade deutend ausführlich und packend zur Sprache brachte. Zurückblickend auf jenen Weg bekennt er in hymnisch-lyrischer Sprache, die Angelus Silesius zur Abfassung des 1657 gedichteten Liedes mit der bekannten 3. Strophe inspiriert haben mochte: «Ach, dass ich dich so spät erkannte, du hochgelobte Schönheit du, dass ich nicht eher mein dich nannte, du höchstes Gut, du wahre Ruh; es ist mir leid, ich bin betrübt, dass ich dich ach so spät geliebt». Man erkennt in diesem 10. Buch der *Confessiones* unschwer den methodischen Weg, den zu gehen Augustinus den Lesern empfiehlt. Es ist der Weg von außen nach innen. Er habe bei dieser methodischen Gottsuche, so rekapituliert er ebd. 10,65, ‹die Außenwelt› mit seinen Sinnen durchwandert, aber die Dinge draußen waren nicht Gott. Darauf habe er ‹die Gemächer seines Gedächtnisses› mit dessen ‹Schätzen des Erinnerns› durchsucht. Die Dinge drinnen sind ebenfalls nicht Gott. Allerdings leuchtet dort das Licht der Erkenntnis des unveränderlich Wahren, das Gott ist. Im Buch 3,11 nennt er ihn den ‹deus interior intimo meo et superior summo meo›, den ‹Gott, der tiefer ist als sein Innerstes und höher als sein Höchstes›. (Siehe **Gott, Text 2**). Oftmals, so bekennt er (ebd. 10,65), gehe er diesen Weg der Gotteserkenntnis von außen nach innen und von innen nach oben, was ihn erfreue. So oft er sich Erholung gönnen könne, entfliehe er von dem Zwang der Geschäfte zu dieser Wonne. Denn von allem, das er befragend durchlaufe, finde er für sich keinen sichereren Ort als in Gott, wo sein ‹Zersplittertsein› sich sammeln könne. Und dies versetze ihn zuweilen ‹in eine höchst ungewöhnliche Gemütserregung›. Freilich sinke er dann wieder in den Alltag zurück, wo ihn das Gewohnte verschlinge.

2. «Amandi deum modus est sine modo». (*Sermo Dolbeau* 11,9)

«Das Maß, Gott zu lieben, ist maßlos». (*Predigt Dolbeau* 11,9)

Kurzkommentar: Man beachte die Kürze und zugleich die Dichte dieses Satzes: Die Maßlosigkeit ist das Maß der Gottesliebe. Das ist Dialektik und vollendete Rhetorik zugleich.

3. «Percussisti cor meum verbo tuo, et amavi te». (*Confessiones* 10,8)

«Du hast mein Herz mit deinem Wort durchbohrt, und (da) habe ich dich geliebt». (*Bekenntnisse* 10,8)

Kurzkommentar: Nach der Gnadenlehre Augustins geht die Initiative der Gottesliebe stets von Gott aus. In den *Confessiones* wird dieser Aspekt in der Bekehrungsszene des 8. Buches ebenso eingehend wie eindringlich zur Sprache gebracht: Augustin vernimmt das ‹tolle lege – nimm und lies›; er greift zur Bibel. Die Verse im *Römerbrief* 13,13 f. sind ‹das Wort›, das ihn trifft. Darauf antwortet er mit seiner Liebe.

4. «Potestatem eius timete, misericordiam eius amate.

«Fürchtet seine (sc. Gottes) Macht, liebt (jedoch) sein Erbarmen.

Nec sic de misericordia eius prae-sumatis, ut potestatem contemnatis, nec sic potestatem timeatis, ut de misericordia desperetis».

(*Enarrationes in Psalmos* 61,20)

Ihr sollt indes nicht so auf sein Erbarmen setzen, dass ihr seine Macht hintansetzt, doch sollt ihr auch seine Macht nicht so fürchten, dass ihr an seinem Erbarmen verzweifelt».

(*Auslegungen der Psalmen* 61,20)

Kurzkommentar: Die Gottesfurcht sei der Anfang der Weisheit, heißt es in der Bibel (*Psalm* 111,10). (Siehe **Frömmigkeit, Text 1**.) Die Bibel artikuliert aber an zahlreichen Stellen zugleich Gottes Erbarmen – sogar grenzenloses Erbarmen. Wieder zeigt sich in diesen Sätzen die der Schärfe seines Denkens nicht nachstehende Sprachkompetenz Augustins, der Gegensätzliches zusammenjocht und so gleichsam auf einen gemeinsamen Nenner bringt.

5. «Per continentiam quippe colligimur et redigimur in unum, a quo in multa defluximus.

Minus enim te amat qui tecum aliquid amat, quod non propter te amat.
O amor, qui semper ardes et numquam extingueris, caritas, deus meus, accende me!
Continentiam iubes: Da quod iubes et iube quod vis».

(*Confessiones* 10,40)

«Durch Mäßigung freilich raffen wir uns zusammen und werden zur Einheit zurückgeführt, von der wir uns in das Viele verströmten.

Denn weniger liebt dich, wer neben dir noch ein anderes liebt, das er nicht deinetwegen liebt.
O Verlangen, das du immer glühst und nie erlischst, o Liebe, mein Gott, entzünde mich!
Mäßigung forderst du: Gib, was du forderst, und (dann) fordere, was du willst».

(*Bekenntnisse* 10,40)

Kurzkommentar: Das Zitat illustriert wie viele andere Texte auch die neuplatonisch-philosophischen Bezüge der augustinischen Spiritualität. Diese gipfelt eindeutig in der alles umfassenden Gottesliebe. Erschaffenes hat keinen von seinem Schöpfer losgelösten Eigenwert. Es empfängt seine (ontologische, d. h. die in der Herkunft seines Seins gründende) Wertigkeit stets nur in der Bindung an seinen Ursprung. Die Neuplatoniker lehrten, das Prinzip aller Dinge sei das Eine (= ἕν), auf das sie auch finalisiert seien. Das mit ‹Mäßigung› wiedergegebene Wort ‹continentia› bedeutet im Lateinischen das Zusammenhalten («continere») des Wesentlichen, übertragen die Selbstbeherrschung auch im ethischen Sinn. Die Ontologie, also die Lehre vom Sein, weist der Ethik, dem sittlichen Handeln, den Weg zur Einheit mit dem Ursprung und dem Ziel aller Dinge. Das sittliche Handeln des vernunftbegabten Menschen hat auf das Eine hin ausgerichtet zu sein, von dem es sich abwandte und sich in das Viele und Vielerlei verströmte. Theologisch erblickt Augustin in diesem Vorgang des Sich-Abwendens und des Zurückgeführtwerdens den Kern der christlichen Verkündigung: den Abfall von Gott durch die Sünde und die Umkehr mit Hilfe der Gnade. Diese Kehre hat Christi Erlösungswerk zur Voraussetzung.

6. «Sed et caelum et terra et omnia, quae in eis sunt, ecce undique mihi dicunt, ut te amem, nec cessant dicere omnibus, ‹ut sint inexcusabiles› (*Rm* 1,20).

«Indes, auch Himmel und Erde und alles, was in ihnen ist, siehe, von allen Seiten spricht das Erschaffene zu mir, dass ich dich lieben soll, ja unaufhörlich sprechen sie zu allen, ‹weshalb es keine Entschuldigung für sie gibt› (*Römerbrief* 1,20).

Altius autem tu misereberis, cui misertus eris, et misericordiam praestabis, cui misericors fueris: alioquin caelum et terra surdis loquuntur laudes tuas.

Doch tiefer noch wirst du dich erbarmend dem zuneigen, dessen du dich erbarmen willst, und dein Erbarmen dem zuweisen, dem du es erweisen willst (vgl. ebd. 9,14 f.), sonst würden Himmel und Erde dein Lob nur tauben Ohren künden.

Quid autem amo, cum te amo?

Was aber liebe ich, wenn ich dich liebe?

Non speciem corporis nec decus temporis, non candorem lucis ecce istis amicum oculis, non dulces melodias cantilenarum omnimodarum, non florum et unguentorum et aromatum suavolentiam, non manna et mella, non membra acceptabilia carnis amplexibus: non haec amo, cum amo deum meum.

Nicht die schöne Gestalt eines Körpers, nicht vergängliche Anmut, nicht den Augen so lieblichen Glanz des Lichtes, nicht die süßen Melodien wohltönender Lieder, nicht den süßen Duft der Blumen, der Salben und der Spezereien, nicht Manna und Honig, nicht sinnlich-fleischliche Umarmung – nichts (von all dem) liebe ich, wenn ich meinen Gott liebe.

Et tamen amo quandam lucem et quandam vocem et quendam odorem et quendam cibum et quendam amplexum, cum amo deum meum, lucem, vocem, odorem, cibum, amplexum interioris hominis mei, ubi fulget animae meae, quod non capit locus, et ubi sonat, quod non rapit tempus, et ubi olet, quod non spargit flatus, et ubi sapit, quod non minuit edacitas, et ubi haeret, quod non divellit satietas.

Hoc est quod amo, cum deum meum amo». (*Confessiones* 10,8)

Und dennoch liebe ich eine Art von Licht, von Klang, von Duft, von Speise und von Umarmung, wenn ich meinen Gott liebe: Licht und Klang und Duft und Speise und Umarmung meines inneren Menschen, wo meiner Seele leuchtet, was kein Raum zu fassen vermag, und wo ertönt, was keine Zeit entreißt, und wo erduftet, was kein Windhauch verweht, und wo mundet, was keine Gefräßigkeit mindert, und wo sich anschmiegt, was Überdruss nicht auseinanderreißt.

Das ist es, was ich liebe, wenn ich meinen Gott liebe».

(*Bekenntnisse* 10,8)

Kurzkommentar: Es ist zu bemerken, dass Augustin hier zwar auch der natürlichen Gotteserkenntnis das Wort redet – er zitiert ja *Römerbrief* 1,20 –, dass er aber bereits als Glaubender seine Art und Weise, Gott zu lieben, beschreibt. «Non dubia, sed certa conscientia, domine, amo te – Ohne Zweifel und voller Gewissheit liebe ich dich, Herr». Mit diesem Bekenntnis beginnt der inhaltlich wie rhetorisch brillante Abschnitt. Gottes Wort hat ihn bereits getroffen (siehe oben **Text 3**). Gegenüber den auf den Schöpfer verweisenden Geschöpfen, den ‹vestigia dei›, kommt dem Bibelwort eine Priorität zu. «Überall ist Gott verborgen, überall ist er offenbar» (*Enarrationes in Psalmos – Auslegungen der Psalmen* 74,9) für den, der an ihn glaubt. Deshalb rühmt die Kreatur Gott dann, wenn bei ihrer Betrachtung über Intelligenz verfügende Geschöpfe Gott rühmen, lehrt Augustinus (ebd. 68,2,19). Ihm ist die Unter- bzw. die Hinordnung der Sinne auf einen inneren Sinn, den ‹sensus interioris hominis›, wodurch Wahrnehmung überhaupt erst zustande kommt, wichtig. Erkenntnis ist Sache der Innerlichkeit. Die Objekte der Wahrnehmung draußen, im Bereich des ‹foris›, können nur dann zu auf Gott verweisenden Zeichen, zu ‹signa›, werden, wenn die Sache, die ‹res›, auf welche die Zeichen – hier als Spuren des Schöpfers, als ‹vestigia dei› – verweisen, schon bekannt ist. Gott geht in den Geschöpfen nicht auf, das wäre Pantheismus, er verleiht ihnen ihren gestuften Anteil am

Sein, das im Unterschied zu seinem eigenen, ungestuften, unveränderlichen Sein veränderlich ist.

7. «Creator autem si veraciter ametur, hoc est si ipse, non aliud pro illo quod non est ipse, ametur, male amari non potest.

«Wenn jedoch der Schöpfer (im Unterschied zu den Geschöpfen) wahrhaft geliebt wird, das heißt, wenn er um seiner selbst willen und nicht um eines anderen willen, was er nicht selbst ist, geliebt wird, vermag er nicht auf schlechte Weise geliebt zu werden.

Nam et amor ipse ordinate amandus est, quo bene amatur quod amandum est, ut sit in nobis virtus qua vivitur bene. Unde mihi videtur, quod definitio brevis et vera virtutis ordo est amoris; propter quod in sancto cantico canticorum cantat sponsa Christi, civitas dei: ‹ordinate in me caritatem› (Ct 2,4)». (*De civitate dei* 15,22)

Die Liebe selbst hat sich nämlich nach einer festgelegten Ordnung zu vollziehen, damit die Tugend uns beherrsche, kraft derer man gut lebt. Daher scheint mir ‹die Ordnung der Liebe› eine (ebenso) kurze (wie) wahre Definition der Tugend zu sein. Aus diesem Grund singt (auch) die Braut Christi, der Gottesstaat, im heiligen *Hohenlied* (2,4): ‹Ordnet in mir die Liebe›».

(*Der Gottesstaat* 15,22)

Kurzkommentar: Augustinus definiert die Tugend immer wieder unter dem Hinweis auf die Stelle in *Hohelied* 2,4 als ‹ordo amoris – Ordnung der Liebe›. ‹Ordo› ist ein zentraler Begriff seiner Philosophie (siehe auch die Texte zum Stichwort **Ordnung**). Der ‹ordo› umfasst sozusagen alles Seiende, selbst Gott. Allerdings kommt Gott insofern eine Sonderstellung innerhalb des ‹ordo› zu, als er, der Schöpfer aller Dinge, zugleich Ursprung und Quelle dieser geordneten Dinge und damit auch Inbegriff der Ordnung ist. Das biblische Liebesgebot mit der Weisung, Gott über alles andere zu lieben, trägt dem Rechnung.

Gut, Güter und höchstes Gut

1. «Bona mundi huius alia sunt superflua, alia necessaria.

Hinc paululum ut loquamur, attendite, et distinguamus, si possumus, quae sint bona huius mundi superflua, quae necessaria; ut videatis, non esse negandum Christum nec propter superflua, nec propter necessaria.

Superflua mundi huius quis enumerat?
Si ea commemorare voluerimus, magnas moras faciemus.
Dicamus ergo necessaria; quaecumque alia erunt, haec erunt superflua.

Necessaria sunt in hoc mundo duo ista, salus et amicus: Ista sunt, quae magni pendere, quae non debemus contemnere.

Salus et amicus, naturalia bona sunt.

Fecit deus hominem, ut esset et viveret: Salus est; sed, ne solus esset, amicitia quaesita est.

Incipit ergo amicitia a coniuge et filiis, et progreditur usque ad alienos».
(*Sermo Denis* 16,1)

«Von den Gütern dieser Welt sind die einen überflüssig, die anderen notwendig.

Hier sei kurz darüber die Rede, seid aufmerksam, und lasst uns unterscheiden, sofern wir können, zwischen den überflüssigen und den notwendigen Gütern dieser Welt, damit ihr (ein)seht, dass Christus weder wegen der überflüssigen noch wegen der notwendigen Güter zu verleugnen ist.

Wer vermag die überflüssigen (Güter) dieser Welt aufzuzählen?
Wollten wir sie erwähnen, müssten wir uns lange dabei aufhalten.
Beschränken wir uns also auf das Notwendige. Was immer sich verändert, dies gehört zum Überflüssigen.

Zum Notwendigen gehören in dieser Welt lediglich diese zwei (Güter), das Wohlsein und der Freund: Diese sind hoch einzuschätzen und nicht zu verachten.

Das Wohlsein und der Freund sind natürliche Güter.

Gott schuf den Menschen, auf dass er sei und lebe: Das ist das Wohlsein; aber auf dass er nicht allein sei, ist ihm die Freundschaft beigesellt.

Es beginnt also die Freundschaft bei Gattin und Söhnen, und sie reicht bis zu Fremden». (*Predigt Denis* 16,1)

Kurzkommentar: Wie schon Aristoteles spricht Augustinus auch im Anschluss an die Neuplatoniker dem Übel, dem ‹malum›, jeglichen Anteil am Sein strikte ab. Was immer existiert, hat Anteil am Sein und ist aus diesem Grunde ein Gut, ein ‹bonum›. Im Unterschied zu allem Erschaffenen, den ‹bona›, steht das Unerschaffene, das ‹summum bonum›, nicht nur an der Spitze der ‹bona›, es ist deren Quellgrund. Die erschaffenen Güter hingegen existieren in einer gestuften Ordnung (siehe das Stichwort **Ordnung**). Es gibt natürlich viele Aspekte, unter denen man die Güter ein- und aufteilend voneinander unterscheiden kann. Der predigende Augustinus nimmt sie hier zwischen überflüssig und notwendig unterscheidend in den Blick und hebt unter den notwendigen das Wohlsein und die Freundschaft hervor. Auffallend ist die Stellung der Freundschaft neben dem Wohlsein, der Augustinus auch sonst große Aufmerksamkeit in seinen Schriften schenkt. (Siehe auch **Freundschaft**.)

2. «De finibus enim bonorum et malorum multa et multipliciter inter se philosophi disputarunt; quam quaestionem maxima intentione versantes invenire conati sunt, quid efficiat hominem beatum.
Illud enim est finis boni nostri, propter quod appetenda sunt cetera, ipsum autem propter se ipsum; et illud finis mali, propter quod vitanda sunt cetera, ipsum autem propter se ipsum.

Finem boni ergo nunc dicimus, non quo consumatur, ut non sit, sed quo perficiatur, ut plenum sit; et finem mali, non quo esse desinat, sed quo usque nocendo perducat.

«Über die Ziele der Güter und der Übel haben die Philosophen häufig und vielfach untereinander gestritten und sich dabei die allergrößte Mühe gegeben herauszufinden, was denn den Menschen glücklich mache.
Ziel des Guten ist nämlich allein jenes (Gut), um dessentwillen alles andere zu erstreben ist, es selbst jedoch um seinetwillen erstrebt wird. Ziel des Übels (hingegen) ist jenes, um dessentwillen alles andere zu meiden ist, es selbst jedoch um seinetwillen gemieden wird.
Ziel des Guten nennen wir es, nicht weil es durch seinen Gebrauch verzehrt werde, sondern weil es (sich gerade dadurch) vollenden solle, auf dass es vollkommen sei; und auch Ziel des Übels (nennen wir jenes), nicht damit es womöglich aufhörte zu sein, sondern weil es schädigend zum größten Unheil führt.

Fines itaque isti sunt summum bonum et summum malum». (*De civitate dei* 19,1)	Diese Ziele sind somit das höchste Gut und das höchste Übel». (*Der Gottesstaat* 19,1)

Kurzkommentar: Verständlicherweise kam Augustinus auch in seinem epochalen Werk *Der Gottesstaat* auf die Güter zu sprechen, zumal er die Ziele der beiden Staaten, das der ‹civitas dei› und das der ‹civitas diaboli›, mit dem höchsten Gut, dem ‹summum bonum›, und dem höchsten Übel, dem ‹summum malum›, identifizierte. Im ersten Kapitel des 19. Buches, aus dem unser Text genommen ist, referiert er über den römischen Schriftsteller Marcus Terentius Varro, der in seinem verloren gegangenen *Liber de philosophia* 288 Schulen mit ebenso vielen Schulmeinungen über die Beantwortung der Frage nach dem höchsten Gut nachzuweisen unternahm. Varro, so bemerkt Augustin, habe zwar zu Recht erwähnt, den Menschen treibe nichts anderes zum Philosophieren als das Verlangen nach Glückseligkeit und glückselig mache den Menschen nichts anderes als das höchste Gut: «nulla est homini causa philosophandi, nisi ut beatus sit; quod autem beatum facit, ipse est finis boni; nulla est igitur causa philosophandi, nisi finis boni» (*Der Gottesstaat* 19,1). Für Augustin indes war das höchste Gut: Gott. So lange der Gläubige noch auf Erden lebt, besitzt er das höchste Gut erst in der Hoffnung, zuteil wird es ihm in der Ewigkeit. Alle zeitlichen Güter sollen deshalb nur dazu gebraucht werden (‹uti›), um das transzendente, unveränderliche Gut zu erlangen (‹frui›).

3. «Summum bonum, quo superius non est, deus est; ac per hoc incommutabile bonum est; ideo vere aeternum et vere inmortale.	«Das höchste Gut, über das es kein höheres gibt, ist Gott; aus diesem Grund ist es auch ein unveränderliches Gut; und aus gleichem Grund wahrhaft ewig, wahrhaft unsterblich.
Cetera omnia bona non nisi ab illo sunt, sed non de illo.	Alle übrigen Güter sind von keinem anderen als von jenem, aber nicht aus ihm.
De illo enim quod est, hoc quod ipse est.	Was nämlich aus ihm ist, ist es selbst.
Ab illo autem quae facta sunt, non sunt quod ipse.	Was aber von ihm geschaffen ist, ist nicht, was er selbst ist.

Ac per hoc si solus ipse incommutabilis, omnia quae fecit, quia ex nihilo fecit, mutabilia sunt.

Tam enim omnipotens est, ut possit etiam de nihilo, id est ex eo, quod omnino non est, bona facere, et magna et parva, et caelestia et terrena, et spiritalia et corporalia».
(*De natura boni* 1)

Ist er aus diesem Grunde allein unveränderlich, so sind alle Dinge, die er schuf, weil er sie aus dem Nichts schuf, veränderlich.

Er ist in der Weise allmächtig, dass er selbst aus dem Nichts, das heißt aus dem, was überhaupt nicht ist, Güter zu schaffen in der Lage ist, große und kleine, himmlische und irdische, geistige und leibliche».
(*Die Natur des Guten* 1)

Kurzkommentar: Gegen Ende der gut zehn Jahre währenden Auseinandersetzung mit den Manichäern, die einem doppelten Prinzip des Seins, einem guten und einem bösen, das Wort redeten, verfasste Augustinus um das Jahr 399 eine kompakte Schrift, in der er sozusagen in nuce seine Ontologie darlegte. Er gab ihr den Titel *Die Natur des Guten*. Das ‹bonum – Gute› bzw. die ‹bona – Güter› sind Substanzen, die keinerlei Gegensubstanzen kennen, nicht einmal das ‹nihil – Nichts›, denn dies ist keine Substanz, sondern ‹prorsus nihil – absolut Nichts›. Was das ‹höchste Gut› ontologisch auszeichnet und kennzeichnet, ist seine Unveränderlichkeit. Im Unterschied zu ihm sind sämtliche Güter, die es schuf, veränderlich. Augustin verwendet in Bezug auf die Herkunft der Güter die Präposition ‹a› und ‹ab›, ‹von›, was er im Blick auf die zweite und dritte Person der Trinität hervorhebt. Diese gehen ‹aus›, ‹de›, ihm, dem höchsten Gut, hervor. Was die veränderlichen Güter insgesamt verbindet, ist ihre Herkunft aus dem Nichts. (Zur Ein- und Aufteilung der ‹bona› und zur Sonderstellung des ‹summum bonum› siehe den Artikel *Bonum* von NORBERT FISCHER im *Augustinus-Lexikon* 1, 671–681.)

4. «Quicquid fecit deus, bonum est. Sed alia sunt magna bona, alia parva bona, omnia tamen bona.

Alia caelestia bona, alia terrestria bona.
Alia spiritalia bona, alia corporalia bona.

«Was immer Gott schuf, ist ein Gut. Es gibt allerdings große und kleine Güter, dennoch sind alle zusammen Güter.

Andere sind die himmlischen, andere die irdischen Güter.
Andere die geistigen, andere die materiellen.

Alia sempiterna bona, alia temporalia bona.	Andere die ewigen, andere die zeitlichen.
Omnia tamen bona, quia bonus fecit bona.	Alle sind jedoch Güter, weil der Gute (nur) Güter schuf.
Ideo quodam in loco scripturarum divinarum dicitur: ‹Ordinate in me caritatem› (*Ct* 2,4).	Deshalb heißt es auch in den heiligen Schriften: ‹Ordnet in mir die Liebe› (*Hohelied* 2,4).
Bonum aliquid te fecit deus sub se, fecit aliquid inferius et sub te.	Als ein Gut unter sich erschuf Gott dich, er schuf auch Niedrigeres unter dir.
Sub alio es, super aliud es.	Du bist also unter einem anderen und über einem anderen.
Noli relicto superiore bono, curvare te ad inferius bonum.	Neige dich nicht dem niederen Gut zu, indem du das höhere Gut aufgibst.
Rectus esto, ut lauderis, quia ‹laudabuntur omnes recti corde› (*Ps* 63,11).	Sei aufrecht, um gepriesen zu werden, heißt es doch, ‹alle redlichen Herzens werden gepriesen› (*Psalm* 63,11).
Unde enim peccas, nisi quia inordinate tractas res, quas in usum accepisti?	Worin besteht die Sünde, wenn nicht im ungeordneten Umgang mit den Dingen, die du zum Gebrauch bekamst?
Esto bene utens rebus inferioribus, et eris recte fruens bono superiore». (*Sermo* 21,3)	Gehe mit den niedrigeren Dingen gut um und du wirst in den Genuss des höheren Gutes gelangen». (*Predigt* 21,3)

Kurzkommentar: Neun Jahre lang war der junge Augustinus Anhänger der Manichäer, die lehrten, es gäbe in der Welt zwei Prinzipien, das des Guten, von dem alles Gute, und das des Bösen, von dem alles Böse stamme. Intensive philosophische Studien überzeugten ihn von der Herkunft aller Dinge aus einem einzigen Prinzip des Guten. Dieses Prinzip, Gott, könne deshalb nur Gutes schaffen. Allerdings differierten diese Güter hinsichtlich ihrer Beschaffenheit. Ihrer ontologischen Struktur nach ließen sie sich jedoch in zwei Teile, in veränderliche, ‹mutabilia›, und unveränderliche, ‹inmutabilia›, Güter, ‹bona›, aufteilen. Diese ontologische Aufteilung diktiert natürlich auch den Umgang mit den Gütern. Den Satz «Ordnet in mir die Liebe» aus *Hohelied* 2,4 bezieht der predigende Augustin auf den geforderten Vorzug der unveränderlichen vor den veränderlichen Gütern. Erstere allein sind Gegenstände des Genießens, letztere lediglich des Gebrauchens. Dem ontologischen Schema ‹mutabile – inmutabile› entspricht in der Ethik Augustins das Schema ‹uti – frui›. Siehe dazu die Artikel *Frui-uti* im *Augustinus-Lexikon* 3, 70–75 von Henry Chadwick sowie *Mutabile-inmutabile* ebd. 4, 137–142 von Christian Pietsch.

Heilige Schrift

1. «Itaque institui animum intendere in scripturas sanctas et videre, quales essent.

«Ich beschloss daher, meinen Geist auf die heiligen Schriften zu richten, um zu sehen, von welcher Qualität sie wären.

Et ecce video rem non compertam superbis neque nudatam pueris, sed incessu humilem, successu excelsam et velatam mysteriis, et non eram ego talis, ut intrare in eam possem aut inclinare cervicem ad eius gressus.

Und siehe, ich stieß auf ein Ding, das sich den Stolzen noch nicht erschlossen, den Kindern noch verschleiert darbot. Tritt man hinzu, erscheint es (zunächst) alltäglich, befasst man sich damit, zeigt es sich erhaben, von Mysterien verschleiert. Und so, wie es mit mir damals stand, vermochte ich noch nicht, hinzutreten und meinen Nacken zu beugen und ihren Schritten zu folgen.

Non enim sicut modo loquor, ita sensi, cum attendi ad illam scripturam, sed visa est mihi indigna, quam Tullianae dignitati compararem.
Tumor enim meus refugiebat modum eius et acies mea non penetrabat interiora eius.

Denn nicht so, wie ich heute rede, fühlte ich damals, als ich mich jener Schrift zuwandte. Sie schien mir unwürdig, einen Vergleich mit dem erhabenen Stil Ciceros zu bestehen. Mein Stolz verschmähte ihr literarisches Maß und die Schärfe meines Geistes drang nicht in ihre Tiefen.

Verum autem illa erat, quae cresceret cum parvulis, sed ego dedignabar esse parvulus et turgidus fastu mihi grandis videbar».
(*Confessiones* 3,9)

Und dennoch war sie es, die mit den Kleinen wachsen würde. Ich jedoch verschmähte es, ein Kleiner zu sein, und von Hochmut aufgebläht, hielt ich mich für groß».
(*Bekenntnisse* 3,9)

Kurzkommentar: Augustinus war zwar nicht ein Exeget vom Format eines Origenes oder eines Hieronymus, dennoch einer der glühendsten Liebhaber der biblischen Schriften. Man vermutet zu Recht, dass er nahezu sämtliche ihrer Texte aus dem Gedächtnis zitieren konnte. Wie er in den *Confessiones* berichtet, griff er nach der Lektüre der ciceronianischen Schrift *Hortensius*, die eine erste Wende in seiner geistigen Entwicklung auslöste, zunächst zur Bibel, deren Texte jedoch seinen literarischen Erwartungen und Ansprüchen wohl nicht entsprachen. Erst in Mailand, wo er aus rhetorischer Neugier die Predigten des dortigen Bischofs Ambrosius besuchte, eröffnete dieser ihm allmählich den Zugang zur Bibel.

2. «Quapropter in veteri testamento est occultatio novi, in novo testamento est manifestatio veteris».
(*De cathecizandis rudibus* 8)

«Aus diesem Grunde ist im Alten Testament das Neue verborgen, im Neuen Testament (hingegen) wird das Alte offengelegt».
(*Der erste katechetische Unterricht* 8)

Kurzkommentar: Mit diesem Satz brachte Augustinus die Einheit und die Differenz der aus zwei Testamenten bestehenden biblischen Offenbarung gleichsam auf einen Nenner. Zugleich unterstrich er den Vorrang des Neuen Testamentes gegenüber dem Alten. Dieser Vorrang ist normativ für die Bibelhermeneutik, die schon der frühe Augustinus, allem voran aber der Bischof in zahlreichen Schriften, speziell jedoch in *De doctrina christiana – Die christliche Wissenschaft* dargelegt hat. Danach ist das Alte Testament auf das Neue hin bzw. im Lichte des Neuen zu lesen, zu verstehen und zu interpretieren. (Siehe dazu meinen Artikel *Congruentia testamentorum* im *Augustinus-Lexikon* 1, 1195–1201.)

3. «Signum est enim res praeter speciem, quam ingerit sensibus, aliud

«Ein Zeichen ist nämlich eine Sache, die außer der Erscheinung, die es den

aliquid ex se faciens in cogitationem venire». (*De doctrina christiana* 2,1)

Sinnen darbietet, aus sich noch etwas anderes zum Bedenken vermittelt». (*Die christliche Wissenschaft* 2,1)

Kurzkommentar: Augustinus war einer der bedeutendsten Hermeneutiker der christlichen Spätantike und Verfasser zweier Bücher über die Hermeneutik: *De magistro*, ein Dialog mit seinem jungen Sohn Adeodatus, und das vierbändige, zum Beginn seiner Bischofszeit in Angriff genommene *De doctrina christiana*. Hermeneutik ist die Wissenschaft bzw. die Kunst oder die Lehre von der Auslegung und vom Verstehen des Sinns insbesondere von Texten, aber auch von Sachen und Sachverhalten. Der Sinn also, der sich in einem Text, in einer Sache bzw. einem Sachverhalt verbirgt und erfasst werden soll, macht eine ‹res›, eine Sache, zu einem ‹signum›, einem Zeichen. Im Buch 2 des zitierten Werkes teilt Augustin die Zeichen in natürliche, ‹signa naturalia›, wie den Rauch, der ein Feuer anzeigt, und in beabsichtigte, ‹signa data›, die Sprache z. B., ein. Letztere dienen zusammen mit der Schrift der intersubjektiven Kommunikation. Dabei sind Menschen auf Zeichen angewiesen. Allerdings sind diese wegen ihrer ontologischen Zugehörigkeit zum vergänglichen Außenbereich vielfach Quell möglicher Missverständnisse. In einer allegorischen Auslegung der Verse in *Genesis* 2,4b–6, wonach auf die Erde noch kein Regen fiel, Feuchtigkeit jedoch aus dem Innern der Erde aufstieg, verdeutlicht Augustin den Unterschied zwischen einer ideellen, auf Außenbereiche nicht angewiesenen und deshalb unfehlbaren Kommunikation von Gedanken und Absichten und der realen, der auf die Außenwelt angewiesenen, die der Regen allegorisch versinnbildlicht. Den Grund dafür, dass Menschen auf sinnenfällige, auch Irrtümer verursachende Kommunikation angewiesen sind, erblickt Augustin im Sündenfall. (Näheres dazu: CORNELIUS PETRUS MAYER, *Die Zeichen in der geistigen Entwicklung und in der Theologie Augustins*, Teil II, Würzburg 1974, 203–208.)

4. «Hoc magnum et inenarrabile sacramentum, hoc regnum et sacerdotium antiquis per prophetiam revelabatur, posteris eorum per evangelium praedicatur.

«Dieses große und unerzählbare Sakrament, dieses Reich und Priestertum wurde bereits den Menschen (des Alten Bundes) über die Prophetie offenbart und deren Nachfolgern über das Evangelium verkündet.

Oportebat enim, ut aliquando in omnibus gentibus redderetur, quod diu per unam gentem promittebatur. Proinde qui prophetas ante descensionem suam praemisit, ipse et apostolos post ascensionem suam misit. Omnibus autem discipulis suis per hominem, quem adsumpsit, tamquam membris sui corporis caput est. Itaque cum illi scripserunt quae ille ostendit et dixit, nequaquam dicendum est, quod ipse non scripserit, quandoquidem membra eius id operata sunt, quod dictante capite cognoverunt.

Quidquid enim ille de suis factis et dictis nos legere voluit, hoc scribendum illis tamquam suis manibus imperavit».
(*De consensu evangelistarum* 1,54)

Es sollte nämlich dereinst allen Völkern zuteil werden, was lange einem einzigen Volk verheißen war. Aus diesem Grunde hat der, welcher vor seiner Menschwerdung die Propheten voraussandte, nach seiner Himmelfahrt die Apostel gesandt. Allen seinen Schülern ist er dank seiner Menschwerdung gleichsam das Haupt den Gliedern seines Leibes.

Weil somit jene niederschrieben, was dieser zeigte und sagte, so darf keineswegs verkündet werden, dass er selbst nicht geschrieben habe, weil doch seine Glieder das getan haben, was sie (gleichsam) aufgrund eines Diktats des Hauptes erkannt haben. Was immer nämlich jener von seinen Taten und Reden uns zum Lesen überliefert haben wollte, das hat er ihnen gleichsam mit seinen eigenen Händen niederzuschreiben befohlen».
(*Die Übereinstimmung der Evangelisten* 1,54)

Kurzkommentar: Widersprüche nicht nur zwischen den Schriften des Alten und Neuen Testamentes, sondern auch innerhalb des Neuen Testamentes selbst, speziell in den Evangelien, zählten schon in den frühen Jahrhunderten der Kirche zu den wichtigsten Argumenten gegen das Christentum. Das war zu Augustins Zeiten nicht anders. Er war bereits Bischof, als er das vierbändige Werk *Die Übereinstimmung der Evangelisten* verfasste. Am Ende des ersten Buches kommt er darin ausdrücklich auf die Irrtumslosigkeit sämtlicher biblischen Schriften zu sprechen. Deren Verfasser sei eigentlich Christus selbst, der schon vor seiner Inkarnation die Propheten darüber zu schreiben inspirierte. Inspiration sei erst recht einer der Schlüsselbegriffe für die Unfehlbarkeit der in den

Evangelien niedergeschriebenen Ereignisse und Reden. Augustinus erinnert dabei an die Lehre des Apostels Paulus von Christus dem Haupt der Kirche und den Christen als den Gliedern des verherrlichten Leibes Christi im *Ersten Korintherbrief* 12. Biblische Schriftsteller seien lediglich Hände des Autors Christus, der deren Schriften gleichsam diktierte. Siehe dazu auch den Artikel *De consensu evangelistarum* von HELMUT MERKEL im *Augustinus-Lexikon* 1, 1228–1236.

Heiliger Geist

1. «Accipimus ergo et nos spiritum sanctum, si amamus ecclesiam, si caritate compaginamur, si catholico nomine et fide gaudemus.

«Auch wir empfangen also den Heiligen Geist, wenn wir die Kirche lieben, wenn wir durch die Liebe verbunden sind, wenn wir uns des katholischen Namens und Glaubens erfreuen.

Credamus, fratres, quantum quisque amat ecclesiam Christi, tantum habet spiritum sanctum».

Lasst uns (dies) glauben, Brüder: In dem Maße einer die Kirche Christi liebt, hat er den Heiligen Geist».

(*In Iohannis evangelium tractatus* 32,8)

(*Auslegungen des Johannesevangeliums* 32,8)

Kurzkommentar: Abgesehen von seinem bedeutsamsten theologischen Werk *De trinitate – Über die Dreieinigkeit*, in dem wohl am ausführlichsten der Heilige Geist behandelt wird, kommt Augustinus häufig, meist wie hier im Kontext der Kirche und der christlichen Spiritualität, auf ihn zu sprechen. Der Heilige Geist ist die Seele der Kirche. Nach dem *Römerbrief* 5,5 ist er es, der die Liebe in die Herzen der Gläubigen eingießt. Diese eingegossene Liebe ist das Lebenselixier der Kirche. Treffend daher die Formulierung: «In dem Maße einer die Kirche Christi liebt, hat er den Heiligen Geist».

Heilsgeschichte, Heilshandeln Gottes in der Zeit

1. «Tempora variata sunt, non fides. Quia et ipsa verba pro tempore variantur, cum varie declinantur; alium sonum habet: Venturus est; alium sonum habet: Venit; mutatus est sonus, venturus est, et venit; eadem tamen fides utrosque coniungit, et eos qui venturum esse, et eos qui eum venisse crediderunt.

Diversis quidem temporibus, sed utrosque per unum fidei ostium, hoc est per Christum, videmus ingressos.

Nos credimus dominum Iesum Christum natum ex virgine, venisse in carne, passum esse, resurrexisse, in caelum adscendisse; totum hoc, sicut verba auditis praeteriti temporis, impletum esse iam credimus.

In eius sunt fidei societate nobiscum et illi patres, qui crediderunt de virgine nasciturum, passurum, resurrecturum, in caelum adscensurum; illos enim ostendit apostolus ubi ait: ‹Habentes autem eumdem spiritum fidei, sicut scriptum est: Credidi, propter quod locutus sum; et nos

«Die Zeiten haben sich geändert, nicht der Glaube. Denn auch die Tätigkeitsworte ändern sich, wenn sie nach ihrer Zeitstruktur abgewandelt werden: ‹Er wird kommen› hat einen anderen Klang als ‹er ist gekommen›. Der Klang ist (jeweils) ein anderer: ‹Er wird kommen› und ‹er ist gekommen›. Indes, der Glaube verbindet beide, sowohl jene, die glaubten, dass er kommen wird, wie auch jene, die glaubten, dass er (bereits) gekommen ist.

Wir sehen, dass beide Ereignisse zu verschiedenen Zeiten, jedoch durch die eine Tür des Glaubens, das ist durch Christus, eingetreten sind.

Wir glauben, dass unser Herr Jesus Christus, geboren aus der Jungfrau, im Fleisch gekommen sei, gelitten habe, auferstanden und in den Himmel aufgefahren sei. Dies alles glauben wir als bereits erfüllt, wie wir die Worte in der Zeitform der Vergangenheit vernehmen.

In Gemeinschaft desselben Glaubens mit uns sind auch jene Väter, die glaubten, er (Christus) werde aus einer Jungfrau geboren werden, leiden, auferstehen und in den Himmel auffahren. Auf sie weist nämlich der Apostel hin, wo er sagt: ‹Weil wir denselben Geist des Glaubens haben,

Abb. 7: Der predigende Augustinus, umgeben von lauschenden Gläubigen (Miniatur, 14. Jh.; Missale Romanum; Madrid, Real Biblioteca del Monasterio de San Lorenzo de El Escorial).

credimus, propter quod et loquimur⋅ (*2 Cor* 4,13).

Propheta dixit: ⋅Credidi, propter quod locutus sum⋅ (*Ps* 115,10); apostolus dicit: ⋅Et nos credimus, propter quod et loquimur⋅ (*2 Cor* 4,13).

Ut scias autem quod una sit fides, audi dicentem: ⋅Habentes eumdem spiritum fidei, et nos credimus⋅ (*2 Cor* 4,13)».

(*In Iohannis evangelium tractatus* 45,9)

wie geschrieben steht: Ich glaube, darum rede ich; auch wir glauben, weshalb auch wir reden⋅ (*Zweiter Korintherbrief* 4,13).
Der Prophet sagte (nämlich): ⋅Ich glaube, darum rede ich⋅ (*Psalm* 115,10); (ähnlich) sagt der Apostel: ⋅Auch wir glauben, darum reden wir auch⋅ (*Zweiter Korintherbrief* 4,13).
Damit du aber wissest, dass der Glaube ein (und derselbe) sei, achte, was er sagt: ⋅Weil wir denselben Geist des Glaubens haben, glauben auch wir⋅ (ebd.)».

(*Auslegungen des Johannesevangeliums* 45,9)

Kurzkommentar: Den Terminus Heilsgeschichte gibt es zwar bei Augustinus nicht, aber die damit gemeinte Sache, Gottes Heilshandeln in der Zeit – in der Sprache Augustins ⋅dispensatio temporalis⋅ –, umfasst die Offenbarung als solche und gehört mit zu den zentralen Themen seiner Theologie. Vorzüglich in den frühen Schriften kommt Augustinus des Öfteren darauf zu sprechen (siehe dazu den Artikel *Dispensatio II* von HILDEGUND MÜLLER im *Augustinus-Lexikon* 2, 491–498). Er beinhaltet den Gedanken an eine göttliche Heilsökonomie, derzufolge die Inhalte des in der Menschwerdung des Sohnes Gottes gipfelnden Heilshandelns vom Sündenfall bis zum Gericht am Ende der Zeiten nach einem festgelegten Plan verlaufen. Dieses Heilshandeln in der Zeit hat die Versöhnung des gefallenen Menschen sowie der entfremdeten Schöpfung mit Gott zum Ziel. Da der Mensch seit Adam sündhaft in das Geschaffene verstrickt sei, heißt es im erwähnten Artikel, habe Gott aus Erbarmen in einem innergeschichtlichen Vorgang die Kluft zwischen sich und der menschlichen Existenz durch einen Mittler, Christus, behoben. Dieser sei einerseits zwar als ein der Zeit unterworfenes Geschöpf (⋅creatura mutabilis⋅) den der Sünde verfallenen Menschen vernehmbar, andererseits aber sei er als ein dem ewigen Gesetz gehorchendes makelloses Geschöpf von allen anderen Menschen derart verschieden, dass er diesen ihre ursprünglich vollkommene Natur bewusst machen und so den Glauben an einen Schöpfer- und Erlösergott wieder ermöglichen könne. Nach diesem Konzept der Heilsgeschichte ist der Glaube an Christi Erlösungswerk allein die Quelle des Heils. Die Notwendigkeit dieses Glaubens illustriert der Satz aus dem *Zweiten Korintherbrief* 4,13. Mit dem Apostel Paulus postuliert Augustinus den Christusbezug aller Heilsereignisse im Alten wie im Neuen Bund. Wer immer glaubt und redet, der glaube an Christi Heilswerk und rede davon – fordert Augustinus.

2. «Omnium igitur quae dicta sunt, ex quo de rebus tractamus, haec summa est, ut intellegatur legis et omnium divinarum scripturarum plenitudo et finis esse dilectio rei, qua fruendum est, et rei, quae nobiscum ea re frui potest, quia ut se quisque diligat, praecepto non opus est.

Hoc ergo ut nossemus atque possemus, facta est tota pro nostra salute per divinam providentiam dispensatio temporalis, qua debemus uti, non quasi mansoria quadam dilectione et delectatione, sed transitoria potius tamquam viae, tamquam vehiculorum vel aliorum quorumlibet instrumentorum aut si quid congruentius dici potest, ut ea quibus ferimur propter illud ad quod ferimur, diligamus».
(*De doctrina christiana* 1,39)

«Die Summe aller Erörterung des bisher Gesagten hat die Erkenntnis zum Ziel, dass die Fülle und der Zweck sowohl des Gesetzes wie auch sämtlicher göttlicher Schriften die Liebe sei, und zwar die Liebe zu jener Sache, die (allein) zum Genuss bestimmt ist, ferner zu jener Sache, die wie wir zum Genuss berufen ist. Denn zur Selbstliebe braucht es keine Vorschrift.
Um dieses Ziel zu erkennen und zu erreichen, wurde von der göttlichen Vorsehung die ganze Heilsveranstaltung zu unserem Heil getroffen. Wir sollen uns ihrer nicht als etwas Bleibenden, an das wir unsere Liebe und unsere Freude hängen, bedienen, sondern vielmehr als etwas Vorübergehenden, gleichsam als Weg für Fahrzeuge und sonstige Beförderungsmittel – mag es sonst noch passende Namen dafür geben –, damit wir jene Dinge, mittels derer wir geführt werden, allein um dessen willen lieben, zu dem wir geführt werden (sc. zum Dreieinigen Gott)».
(*Die christliche Wissenschaft* 1,39)

Kurzkommentar: In der zum Beginn seines Episkopates verfassten Schrift *Die christliche Wissenschaft* geht es Augustinus um das rechte Verständnis der aus Altem und Neuem Testament bestehenden biblischen Offenbarung. Offenbarung meint Gottes Heilshandeln in der Zeit, ‹dispensatio temporalis› (siehe das unter **Text 1** hierzu Gesagte). Zwar verweist die Schöpfung selbst auf den Schöpfer, was Augustinus im Anschluss an *Römerbrief* 1,19 f. zu betonen nicht vergisst. Darüber hinaus offenbart Gott sich in seinem Heilshandeln, das in der Menschwerdung und im Erlösungswerk Christi gipfelt. Darin wird für uns die Verdichtung seiner Liebe gleichsam erfahrbar. Darin gründet auch umgekehrt das Gebot der Gottes- und der Nächstenliebe. Alles, was Gottes Heilshandeln in der Zeit betrifft, zielt auf die geforderte und mit Hilfe der Gnade zu leistende Liebe, ‹caritas› und ‹dilectio›. Die Liebe wird gewissermaßen zur hermeneutischen Norm des rechten Verstehens aller in der Bibel schriftlich festgehaltenen Heilskundgaben (Worte und Taten) Gottes. Strikt genommen sind diese Heilskundgaben zu unterscheiden von dem, der sich in ihnen kundtut. Um diesen Unterschied zu erklären und gebührend ins Licht zu rücken, bedient Augustinus sich der in der antiken Güterethik gängigen Unterscheidung zwischen ‹frui – genießen› und ‹uti – gebrauchen›. Der dem Heilshandeln Gottes in der Zeit entstammende Wissensstoff gehört zu den ‹res utendae›; der im Heilshandeln sich offenbarende dreieinige Gott hingegen ist allein der Inbegriff der ‹res fruenda›. Auf sie bzw. auf ihn (Gott) hin sind die Taten und Worte der Offenbarung zu beziehen. ‹Referre ad› lautet die einschlägige exegetische Weisung in der nach Augustinus geltenden Bibelauslegung. Alles ist danach auf Gott hin in ein Bezugssystem zu bringen und darum ist auch Gott allein um seiner selbst willen, alles andere aber seinetwegen – ‹propter deum› bzw. auf ihn hin – zu lieben.

Herz

1. «Tu excitas (hominem), ut laudare te delectet, quia fecisti nos ad te et inquietum est cor nostrum, donec requiescat in te». (*Confessiones* 1,1)

«Du regst (den Menschen) an, dass dich loben ihm zur Wonne werde; denn du hast uns auf dich hin erschaffen, und ruhelos ist unser Herz, bis es ruhet in dir».

(*Bekenntnisse* 1,1)

Kurzkommentar: Dieser vielleicht meistzitierte Satz Augustins gibt geradezu in klassischer Weise das Leitthema der *Confessiones* an. Die Unruhe des Herzens bezieht sich nicht allein auf sein Leben vor der Bekehrung. Die Ruhelosigkeit des Herzens ist – um mit der Existenzphilosophie Heideggers zu sprechen – ein Existenzial aller in dieser Welt Lebenden. Was Christen aus- und kennzeichnet, ist der Glaube an eine Ruhe in der Fülle.

2. «Vis habere rectum cor?
Tu fac quod vult deus; noli deum velle facere quod vis tu».
(*Enarrationes in Psalmos* 124,2)

«Willst du ein aufrechtes Herz haben?
Tu, was Gott will, und wolle nicht, dass Gott tue, was du willst».
(*Auslegungen der Psalmen* 124,2)

Kurzkommentar: ‹Herz› ist ein Schlüsselbegriff der augustinischen Anthropologie, und zwar speziell was die Beziehung des Menschen zu Gott und die Beziehung Gottes zum Menschen betrifft, was die rhetorisch gelungenen Sätze inhaltlich wie formal illustrieren.

3. «Non enim verba a te quaerit deus, sed cor.
... quia cor quaerit, cor inspicit, intus testis est, iudex, adprobator, adiutor, coronator».
(*Enarrationes in Psalmos* 134,11)

«Nicht Worte verlangt Gott von dir, sondern (dein) Herz.
... weil er das Herz verlangt und es in Augenschein nimmt, ist er im Inneren Zeuge, Richter, Begutachter, Helfer, Kröner».
(*Auslegungen der Psalmen* 134,11)

Kurzkommentar: Siehe dazu das unter **Text 2** Gesagte, zu beachten ist die rhetorische Klimax: ‹testis›, ‹iudex›, ‹adiutor›, ‹coronator›.

4. «Non dubia, sed certa conscientia, domine, amo te.
Percussisti cor meum verbo tuo, et amavi te». (*Confessiones* 10,8)

«Nicht zweifelnden, nein, sicheren Bewusstseins liebe ich dich, Herr. Durchbohrt hast du mein Herz mit deinem Wort, und ich habe dich geliebt». (*Bekenntnisse* 10,8)

Kurzkommentar: Gottes Liebe zum Menschen manifestiert sich nicht nur in Dingen und Ereignissen, die uns gefallen. Die Ereignisse auf Golgotha sprechen eine andere Sprache, aber keine gegen die Liebe. Das ‹percussisti cor meum› bringt dies ebenfalls unmissverständlich zum Ausdruck.

5. «Ad illa quae promittuntur, intentionem nostram extendamus. Cor nostrum ibi ponamus, ubi putrescere non potest saecularibus curis. Transeunt ista quae occupant homines, volant ista, vapor est vita humana super terram».
(*Sermo* 19,6)

«Auf das, was verheißen ist, wollen wir uns besinnen. Lasst uns das Herz dorthin verankern, wo es nicht dem Verderb durch weltliche Sorgen ausgesetzt ist. Es vergehen die Dinge, die die Menschen beschäftigen, sie verflüchtigen sich, (denn) Rauch (nur) ist menschliches Leben auf Erden».
(*Predigt* 19,6)

Kurzkommentar: «Wo dein Schatz ist, da wird auch dein Herz sein», heißt es in der Bergpredigt *Matthäusevangelium* 6,21. Der Schatz schlechthin ist das verheißene ewige Leben bei Gott – in der Sprache der Bergpredigt: der Himmel, «wo keine Motten und Würmer» ihn zerstören. In den Himmel gilt es hier und jetzt schon das Herz zu verankern.

Himmel

1. «Nimirum enim caelum caeli, quod in principio fecisti, creatura est aliqua intellectualis, quamquam nequaquam tibi, trinitati, coaeterna, particeps tamen aeternitatis tuae, valde mutabilitatem suam prae dulcedine felicissimae contemplationis tuae cohibet et sine ullo lapsu, ex quo facta est, inhaerendo tibi excedit omnem volubilem vicissitudinem temporum». (*Confessiones* 12,9)

«Zweifelsohne ist der Himmel des Himmels, den du (Gott) am Anfang erschaffen hast, irgendeine geistige Kreatur, wenngleich auf keine Weise dir, der Dreieinigkeit gleichewig, jedoch teilhabend an deiner Ewigkeit. Sie schränkt ihre Wandelbarkeit ob der Wonne deiner beseligendsten Betrachtung aufs Äußerste ein, und ohne jeglichen Abfall seit ihrer Erschaffung überragt sie jedweden flüchtigen Wechsel der Zeiten, indem sie dir anhängt». (*Bekenntnisse* 12,9)

Kurzkommentar: Augustinus verstand im ersten Vers der *Genesis* ‹Im Anfang schuf Gott Himmel und Erde› unter dem Wort ‹Himmel› eine rein geistige Schöpfung. Bei dieser Interpretation stützte er sich weithin auch auf die Philosophie der Neuplatoniker, die in ihrer Ontologie eine rein geistige Stufe des Seienden kannten. Er hielt indes stets daran fest, dass dieser ‹Himmel des Himmels› bei allen Prärogativen ebenfalls ein Geschöpf, eine Kreatur ist, die sich im Prinzip mit Gottes Unveränderlichkeit nicht messen kann. Er hebt jedoch seine intellektuelle Ausstattung in ein möglichst helles Licht. Freilich scheute er sich nicht, ihn mit Namen zu benennen, die er der Bibel entnahm, wie ‹das himmlische Jerusalem› (*Brief an die Galater* 4,26; *Zweiter Brief an die Korinther* 5,1) oder ‹das neue Jerusalem› (*Offenbarung* 21,2) u. a. (Zum Terminus *Caelum caeli* siehe den gleichnamigen aufschlussreichen Artikel von AIMÉ SOLIGNAC im *Augustinus-Lexikon* 1, 702–704.)

2. «Ibi inops nullus erit, ibi nullus claudus, nullus caecus, nullus debilis, nullus hospes, nullus nudus; omnes sani, omnes vegeti, omnes abundantes, omnes aeterna luce vestiti.

Quem ibi vides peregrinum? Patria nostra ipsa est: hic sumus peregrini, illam desideremus.

Iussa faciamus, ut promissa exigamus, ultro data sumemus».
(*Sermo* 339,6)

«Dort wird niemand mittellos sein, niemand lahm, niemand blind, niemand hinfällig, niemand fremd, niemand nackt; alle werden gesund sein, alle rüstig, alle im Überfluss lebend, alle mit dem ewigen Licht bekleidet.

Wen siehst du dort als Fremdling? Dergestalt ist unsere Heimat: hier sind wir Fremdlinge, nach jener wollen wir uns sehnen.

Lasst uns (von Gott) Befohlenes ausführen, damit wir das (von ihm) Verheißene einfordern und das darüber hinaus Geschenkte in Empfang nehmen können». (*Predigt* 339,6)

Kurzkommentar: Dieser unter 2 wiedergegebene Text unterscheidet sich in seiner sprachlichen Diktion augenfällig von dem vorausgehenden (**Text 1**), obgleich beide vom gleichen Thema ‹Himmel› handeln und obgleich beide um die Zeit zwischen den Jahren 395 und 400 entstanden sind. Dem hochgebildeten Bischof war es ein Leichtes, über den Himmel auch philosophisch zu reflektieren. Als Seelsorger allerdings bediente er sich der Sprache der Bibel: ‹Lahme›,

‹Blinde›, ‹Fremde› und ‹Nackte› sind gängige Vokabeln der neutestamentlichen Verkündigung. Sie waren den Hörern der Predigt geläufig. Und in der Predigt ging es dem Bischof um ein Doppeltes: einmal darum, in den Christen, die sich als ‹Fremdlinge› in dieser Welt verstehen sollten, die Sehnsucht nach dem Himmel, ihrer eigentlichen Heimat, zu entfachen, dann aber auch darum, ihnen die Bedingungen zum Erlangen der himmlischen Verheißungen ans Herz zu legen. In seinen *Confessiones – Bekenntnissen* sprach der Kirchenvater die Intellektuellen seiner Zeit an. In den Predigten wandte er sich an die schlichten Gläubigen. Auch an Volkstümlichkeit war dieser ehemalige Professor der Rhetorik kaum zu überbieten.

3. «‹Statuit ea in saeculum et in saeculum saeculi› (*Ps* 148,6).
Omnia caelestia, omnia superiora, virtutes omnes atque angelos, civitatem quamdam supernam, bonam, sanctam, beatam; unde quoniam peregrinamur, miseri adhuc sumus; et quo redituri, in spe beati; et quo cum redierimus, in re beati».
(*Enarrationes in Psalmos* 148,8)

«‹Er stellte sie hin für ewige Zeiten› (*Psalm* 148,6).
Alle Himmlischen, alle Überirdischen, sämtliche Kräfte und Engel stellte er hin als eine überirdische, als eine gute, als eine heilige, als eine glückliche Stadt. Wir sind gegenwärtig nur deshalb bejammernswert, weil wir als Pilger dorthin noch unterwegs sind. Allerdings sind wir auf unserer Pilgerschaft dorthin der Hoffnung nach bereits glücklich. Und wenn wir dort angekommen sein werden, werden wir vollends glücklich sein».
(*Auslegungen der Psalmen* 148,8)

Kurzkommentar: Mit zu den wirkungsgeschichtlich bedeutsamsten Werken des Kirchenvaters zählt sein 22 Bücher umfassendes epochales Werk *De civitate dei – Der Gottesstaat*. Obgleich der Terminus selbst biblischen Ursprungs ist, so verwendet die Bibel ihn doch selten. Sachlich redet sie jedoch oft davon wie im Satz aus dem zitierten *Psalm*. Bürger jenes Staates sind zusammen mit den ‹Himmlischen›, den Engeln, die Erwählten – hier und jetzt noch bejammernswert, der Hoffnung nach jedoch bereits, weil Bürger, glücklich.

Hoffnung

1. «... spes ergo ad hoc nos hortatur, ut praesentia contemnamus, futura exspectemus; ea quae retro sunt obliviscentes, cum apostolo in anteriora extendamur.

Sic enim dicit: ‹Unum autem, quae retro oblitus, in ea quae ante sunt extentus, secundum intentionem sequor ad palmam supernae vocationis dei in Christo Iesu› (*Phil* 3,13 sq.).

Nihil ergo tam inimicum est spei, quam retro respicere, id est, in eis rebus, quae praeterlabuntur et transeunt, spem ponere:
Sed in his quae nondum datae sunt, sed dandae quandoque nunquam transibunt». (*Sermo* 105,7)

«... die Hoffnung hält uns also dazu an, das Gegenwärtige hintanzusetzen, dem Künftigen entgegenzusehen. Mit dem Apostel sollen wir, was zurückliegt vergessend, uns dem Künftigen entgegenstrecken.

So sagt er nämlich: ‹Das eine aber (tue ich), ich vergesse, was hinter mir liegt (und) strecke mich nach dem, was vor mir liegt. Gezielt jage ich der Siegespalme der himmlischen Berufung Gottes in Christus Jesus nach› (*Philipperbrief* 3,13 f.).

Nichts also ist der Hoffnung abträglicher als zurückzuschauen, das will sagen, zu hoffen auf Dinge, die vorüberschwirren und vergehen. Wir müssen (also vielmehr unsere Hoffnung auf jene Dinge setzen), die noch nicht gegeben sind, aber in Zukunft gegeben und niemals vergehen werden». (*Predigt* 105,7)

Kurzkommentar: Augustin kann sich nicht genug tun, den Gläubigen den fundamentalen Unterschied zwischen irdischen Hoffnungen (Plural) und der theologischen Tugend der Hoffnung (Singular) zu erklären. Er tut dies in der Regel, indem er entsprechend seiner neuplatonisch konzipierten Ontologie (= Seinslehre) das Unveränderliche und das Ewige als Gegenstand der christlichen Hoffnung vom Veränderlichen und Zeitlichen als Gegenständen irdischer Hoffnungen scharf abhebt. Gegenstand der Hoffnung ist der Theologie Augustins entsprechend das Heil, das Gott aufgrund des Erlösungswerkes Jesu den Seinen schenkt.

2. «Unde et apostolus Paulus ... ait: ‹Spe enim salvi facti sumus.

«Daher sagt auch der Apostel Paulus: ‹Durch Hoffnung sind wir im Heil.

Spes autem quae videtur, non est spes. Quod enim videt quis, quid et sperat? Si autem quod non videmus speramus, per patientiam expectamus› (Rm 8,24 sq.). Sicut ergo spe salvi, ita spe beati facti sumus, et sicut salutem, ita beatitudinem non iam tenemus praesentem, sed expectamus futuram, et hoc ‹per patientiam› (Rm 8,25); quia in malis sumus, quae patienter tolerare debemus, donec ad illa veniamus bona, ubi omnia erunt, quibus ineffabiliter delectemur, nihil erit autem, quod iam tolerare debeamus.

Talis salus, quae in futuro erit saeculo, ipsa erit etiam finalis beatitudo».
(*De civitate dei* 19,4)

Eine Hoffnung jedoch, die man sieht, ist keine Hoffnung. Was nämlich jemand (bereits erfüllt) sieht, was soll der noch hoffen? Wenn wir allerdings noch erhoffen, was wir nicht sehen, so erwarten wir es in Geduld› (*Römerbrief* 8,24 f.). Wie wir also (erst) durch Hoffnung im Heil sind, so sind wir auch (erst) durch Hoffnung glückselig, und so wie wir das Heil (erwarten), so haben wir auch die Glückseligkeit noch nicht in den Händen; wir erwarten sie als etwas Künftiges, und zwar ‹mit Geduld› (ebd. 8,25); weil wir uns in üblen Zuständen befinden, die wir so lange geduldig ertragen müssen, bis wir zu jenen Gütern gelangen, in denen alles so sein wird, dass wir uns an ihnen unsagbar ergötzen werden. Nichts wird es dann mehr geben, was wir noch ertragen müssen.

Ein solches Heil, das uns in der künftigen Welt bevorsteht, wird unsere endgültige Glückseligkeit sein».
(*Der Gottesstaat* 19,4)

Kurzkommentar: Die Stelle aus dem *Römerbrief* 8,24 f. zählt mit zu den häufigsten, die Augustinus in seinem Œuvre zitiert. Sie erlaubt es ihm, das beim Apostel Paulus heilsgeschichtlich-eschatologisch formulierte Heil in Kategorien der Ontologie – Vergängliches-Unvergängliches: ‹Dinge, die vorübergehen›, und ‹Dinge, die niemals vergehen werden› (siehe unter **Text 1**) –, aber auch umgekehrt: ‹Vergängliches› und ‹Unvergängliches› in Kategorien einer auf Ewigkeit hin finalisierten Heilsgeschichte zu reflektieren. Inbegriff der Hoffnung ist die Glückseligkeit, die ‹beatitudo› (siehe **Glück, Glückseligkeit**). Diese war schon bei den griechischen Philosophen das zu erstrebende Lebensziel. Zu erlangen war sie, indem man sich die ethischen Imperative der jeweiligen philosophischen Weltanschauung zu eigen machte. Augustin kritisiert an ihnen diese weltimmanente Vorstellung von der Glückseligkeit. «Hic beati esse et a se ipsis beatificari mira vanitate voluerunt – In wunderlicher Verblendung wollten sie hier auf Erden und aus sich selbst die Glückseligkeit erlangen» (ebd.). Im Christentum ist die Glückseligkeit an den Glauben an das Heilswerk Christi gebunden, und auch die ethischen Imperative, die im Liebesgebot gipfeln, sind hier und jetzt nur mit Hilfe der Gnade zu erfüllen.

Idee(n)

1. «Sunt namque ideae principales quaedam formae vel rationes rerum stabiles atque incommutabiles, quae ipsae formatae non sunt ac per hoc aeternae ac semper eodem modo sese habentes, quae divina intellegentia continentur.
Et cum ipsae neque oriantur neque intereant, secundum eas tamen formari dicitur omne quod oriri et interire potest et omne quod oritur et interit».
(*De diversis quaestionibus octoginta tribus* 46,2)

«Die Ideen sind nämlich Urformen oder beständige und unveränderliche Urgründe der Dinge, die selbst nicht geformt wurden und deshalb auch in ihrem Wesen, das sie in der göttlichen Intelligenz bewahren, so bleiben, wie sie sind.
Während sie selbst weder entstehen noch vergehen, sagt man, alles, was entstehen und vergehen kann, und auch alles, was entsteht und vergeht, werde durch sie geformt».
(*Über dreiundachtzig verschiedene Fragen* 46,2)

Kurzkommentar: In einer eigenen Quaestio behandelt Augustin die Lehre Platons über die Ideen, die allerdings bereits in dem sogenannten Mittleren Platonismus insofern weiterentwickelt wurde, dass man sie sich in einer göttlichen Intelligenz zusammengefasst vorstellte. Was sie jedoch an ihrem platonischen Ursprung bewahrten, ist die Auffassung, sie seien die Urbilder und Urformen aller der Veränderung unterworfenen Phänomene, im Weltbild Augustins Urformen aller Kreaturen. Weil sie jedoch in der göttlichen Intelligenz enthalten sind, sind sie wie Gott selbst unveränderlich und folglich ewig.

Innerlichkeit

1. «Noli foras ire, in te ipsum redi; in interiore homine habitat veritas.

Et si tuam naturam mutabilem inveneris, transcende et te ipsum.

Sed memento, cum te transcendis, ratiocinantem animam te transcendere.

Illuc ergo tende, unde ipsum lumen rationis accenditur.

Quo enim pervenit omnis bonus ratiocinator nisi ad veritatem?

... Confitere te non esse, quod ipsa (sc. veritas) est – si quidem se ipsa non quaerit.

Tu autem ad eam quaerendo venisti non locorum spatio, sed mentis affectu, ut ipse interior homo cum suo inhabitatore non infima et carnali, sed summa et spiritali voluptate conveniat».

(*De vera religione* 72)

«Geh nicht nach außen, zu dir selbst kehre zurück; im inneren Menschen wohnt die Wahrheit.

Und wenn du deine Natur als veränderlich wahrnimmst, übersteige dich selbst.

Sei jedoch dessen eingedenk, dass du, wenn du dich übersteigst, deine der Vernunft mächtige Seele übersteigst.

Dorthin also trachte, von wo das Licht deiner Vernunft sich entzündet.

Denn wohin gelangt jeder, der seine Vernunft recht gebraucht, wenn nicht zur Wahrheit?

... Bekenne, dass du nicht bist, was sie (die Wahrheit) ist – sie hat es nämlich nicht nötig, sich selbst zu suchen.

Du aber bist suchend zu ihr gelangt, zwar nicht Räume durchschreitend, sondern vom Verlangen des Geistes getrieben. So möge der innere Mensch mit ihr als sein Mitbewohner übereinstimmen – nicht in niederem und fleischlichem Genuss, sondern in höchstem und geistigem».

(*Die wahre Religion* 72)

Kurzkommentar: Der Satz «noli foras ire, ...» zählt mit zu den am häufigsten zitierten Texten Augustins. Seine neuplatonische Prägung steht außer Zweifel, denn nach der Lehre jener Philosophie zeichnet sich der seine Vernunft gebrauchende Mensch, der ‹homo ratiocinans›, durch die Fähigkeit aus, das Vernünftige, den ideellen Bereich des νοῦς, das Wahre, erkennen zu können. Für Augustin war dieser νοῦς identisch mit dem λόγος im Prolog des *Johannesevangeliums*, theologisch mit der zweiten Person des dreieinigen Gottes.

Seine Erkenntnislehre trägt dem weithin Rechnung. Die gleichen Neuplatoniker waren es, die das Seiende in zwei Bereiche, den des Draußen, des ‹foris›, und den des Drinnen, des ‹intus›, aufteilten. Geistiges, Intelligibles gehört prinzipiell dem Bereich des ‹intus› an, das in Raum und Zeit Vorhandene dem Bereich des ‹foris›. Augustin verwendet das Begriffspaar ‹foris – intus› gerne als Schema (Begriffe, die sich gegenseitig bedingen). Zum inneren Menschen gehört allein die Geistseele, die den Leib nicht nur qualitativ, sondern essentiell überragt. In seinen *Confessiones – Bekenntnissen* 7,16 berichtet Augustinus von einem solchen Experiment des Rückzugs des Geistes von außen nach innen und von innen nach oben: «... ich trat ein in mein tiefstes Inneres ... Ich trat ein und sah ... über meinem Geist das ewig unveränderliche Licht ... nicht dieses alltägliche, ... sondern ein anderes, ein völlig anderes» (siehe auch unter **Licht, Text 1**). Der Imperativ «Noli foras ire!» bringt dies alles auf den Punkt (siehe auch **Mensch(sein), Text 3**).

Intellekt

1. «Intellectum vero valde ama».
(*Epistula* 120,13)

«Den Intellekt jedoch sollst du hoch einschätzen».
(*Brief* 120,13)

Kurzkommentar: Im Kontext des Briefes ist vom rechten Verstehen der offenbarten Texte der Bibel die Rede. Auch sie wollen mit dem Intellekt gelesen und womöglich verstanden werden.

2. «Fides quaerit, intellectus invenit ... et rursus intellectus eum quem invenit adhuc quaerit».
(*De trinitate* 15,2)

«Der Glaube sucht, der Intellekt findet ... und dennoch fährt der Intellekt fort, den zu suchen, den er bereits gefunden hat».
(*Über die Dreieinigkeit* 15,2)

Kurzkommentar: Wie unter dem Stichwort **Glaube(n) und Verstehen** dargelegt, war Augustinus davon überzeugt, dass Glaube an Offenbartes und mittels der Vernunft erfasste Einsichten im Hinblick auf ihre gemeinsame Quelle in Gott einander nicht widersprechen dürfen. Prinzipiell gilt, dass auch der Glaube dem Intellekt zugeordnet ist.

Kirche

1. «Verbum caro factum est (cf. *Io* 1,14), ut fieret caput ecclesiae. Verbum enim ipsum non est pars ecclesiae; sed ut esset caput ecclesiae, carnem assumpsit».
(*Enarrationes in Psalmos* 148,8)

«Das Wort ist Fleisch geworden (vgl. *Johannesevangelium* 1,14), um das Haupt der Kirche zu werden. Zwar ist das Wort selbst nicht Teil der Kirche, aber um das Haupt der Kirche werden zu können, nahm es Fleisch an».
(*Auslegungen der Psalmen* 148,8)

Kurzkommentar: In den Schriften Augustins ist die Christologie mit der Ekklesiologie und die Ekklesiologie mit der Christologie aufs Engste verzahnt. Ja, der Kirchenvater finalisiert geradezu das Mysterium der Menschwerdung des Wortes Gottes auf die Kirche hin, wobei er strikt an der Wahrung der Transzendenz des Wortes innerhalb der Trinität festhält.

2. «Quomodo autem non ad partum virginis pertinetis, quando Christi membra estis?
Caput vestrum peperit Maria, vos ecclesia.
Nam ipsa quoque et mater et virgo est: mater visceribus caritatis, virgo integritate fidei et pietatis».
(*Sermo* 192,2)

«Wieso solltet ihr nicht in das Gebären der Jungfrau mit eingeschlossen sein, wenn ihr Glieder Christi seid?
Euer Haupt gebar Maria, euch die Kirche.
Denn auch sie (die Kirche) ist sowohl Mutter wie Jungfrau: Mutter durch den Schoß der Liebe, Jungfrau durch die Unversehrtheit des Glaubens und der Frömmigkeit». (*Predigt* 192,2)

Kurzkommentar: Augustinus war insofern ein Marienverehrer, als er sie vorzüglich und gerne von der Kirche her bzw. auf die Kirche hin theologisch meditierend in den Blick nahm. Er sagte auf diese Weise jedesmal Großes über sie. Dies zeigt unser Text aus einer Weihnachtspredigt. Maria war Mutter und Jungfrau, die Christus, das Haupt der Kirche, gebar. Darin gründet ihre Würde, darin ist sie eine Art Urbild der Kirche, die als Mutter und Jungfrau die Glieder jenes Leibes gebar, dessen Haupt Christus ist.

3. «Ego vero evangelio non crederem, nisi me catholicae ecclesiae conmoveret auctoritas».
(*Contra epistulam Manichaei* 5,6)

«Ich würde dem Evangelium keinen Glauben schenken, wenn mich die Autorität der katholischen Kirche nicht dazu bewegte».
(*Gegen den Brief Manis* 5,6)

Kurzkommentar: Die Glaubensautorität der Kirche gründet natürlich in der engen Verbindung der Kirche als Leib Christi mit ihrem Haupt, dem Mensch gewordenen Wort Gottes.

4. «Non autem habet dei caritatem, qui ecclesiae non diligit unitatem, ac per hoc recte intellegitur dici non accipi nisi in catholica spiritus sanctus». (*De baptismo* 3,21)

«Wer die Einheit der Kirche nicht liebt, ist nicht im Besitz der Gottesliebe. Aus diesem Grunde wird zu Recht gesagt: Nur in der katholischen Kirche wird der Heilige Geist empfangen». (*Über die Taufe* 3,21)

Kurzkommentar: Die Quelle der christlichen ‹caritas› ist der Heilige Geist, der, wie es im *Römerbrief* 5,5 heißt, die Liebe Gottes in die Herzen der Gläubigen eingießt. ‹Caritas› – und dies gehört zum Kern christlich-augustinischer Spiritualität – ist ‹unitas›. Die Kircheneinheit in der ‹catholica› steht und fällt mit dieser Identifikation von Liebe und Einheit. Pointiert sagt Augustinus in *Sermo – Predigt* 267,4: Wie einem amputierten Glied nicht der belebende Geist folgt – «membrum amputatum non sequitur spiritus» –, so folgt auch der Heilige Geist einem vom Glauben der Kirche Abgefallenen nicht.

5. «Accipimus ergo et nos spiritum sanctum, si amamus ecclesiam, si caritate compaginamur, si catholico nomine et fide gaudemus.

Credamus, fratres, quantum quisque amat ecclesiam Christi, tantum habet spiritum sanctum».
(*In Iohannis evangelium tractatus* 32,8)

«Auch wir empfangen also den Heiligen Geist, wenn wir die Kirche lieben, wenn wir durch die Liebe verbunden sind, wenn wir uns des katholischen Namens und Glaubens erfreuen.

Lasst uns (dies) glauben, Brüder: In dem Maße einer die Kirche Christi liebt, hat er den Heiligen Geist».
(*Auslegungen des Johannesevangeliums* 32,8)

Kurzkommentar: Wie schon unter **Text 4** dargelegt, gehören der Heilige Geist, die Kirche und die ‹Caritas› zusammen. Die Kirchenliebe, die nach Augustinus selbstverständlich das Festhalten am offenbarten Glauben der Kirche zur Voraussetzung hat, garantiert die Teilhabe am Heiligen Geist und dessen Gaben.

6. «Praedicat ergo Christus Christum; praedicat corpus caput suum, et tuetur caput corpus suum».

(*Sermo* 354,1)

«Es predigt Christus über Christus; es predigt der Leib über sein Haupt, und es schützt das Haupt seinen Leib».

(*Predigt* 354,1)

Kurzkommentar: Die enge Verflechtung der Kirche mit ihrem Haupt kommt auch in diesem Text mustergültig zum Ausdruck. Wer Glied am Leibe Christi geworden ist, ist geradezu Christus geworden (siehe das nächste Zitat unter **Text 7**). Folglich predigt der Christ geradezu als ein ‹alter Christus›, als ein anderer Christus über Christus. Welch kühne These!

7. «Ergo gratulemur et agamus gratias, non solum nos christianos factos esse, sed Christum.
Intellegitis, fratres, gratiam dei super nos capitis?
Admiramini, gaudete, Christus facti sumus.
Si enim caput ille, nos membra; totus homo, ille et nos».

(*In Iohannis evangelium tractatus* 21,8)

«Also lasst uns gegenseitig beglückwünschen, nicht nur Christen geworden zu sein, sondern Christus.
Versteht ihr, Brüder, fasst ihr die Gnade Gottes über uns?
Bestaunt dies, bewundert es: Christus sind wir geworden.
Ist nämlich jener das Haupt, so sind wir die Glieder: Der ganze Mensch ist jener und wir».

(*Auslegungen des Johannesevangeliums* 21,8)

Kurzkommentar: Der Kommentar Augustins zum *Johannesevangelium* besteht zum großen Teil aus Predigten. Man kann sich gut vorstellen, welche Begeisterung den Rhetor Augustinus bei diesem Teil seiner Ausführungen ergriffen haben mag. Die Verben der Begeisterung überbieten sich geradezu: ‹gratulemur›, ‹agamus gratias›, ‹admiramini›, ‹gaudete›! Und dann: «Christus facti sumus». Diese mystische Einheit kann nicht mehr dichter zur Sprache gebracht werden.

8. A. «... ‹Nisi dominus aedificaverit domum, in vanum laboraverunt aedificantes eam› (*Ps* 126,1).
Dominus ergo aedificat domum, dominus Iesus Christus aedificat domum suam.
Laborant multi in aedificando; sed si non ille aedificet, ‹in vanum laboraverunt aedificantes eam› (*Ps* 126,1).

B. Qui sunt qui laborant aedificantes?
Omnes qui in ecclesia praedicant verbum dei, ministri sacramentorum dei.
Omnes currimus, omnes laboramus, omnes aedificamus modo; et ante nos cucurrerunt, laboraverunt, aedificaverunt; sed ‹nisi dominus aedificaverit domum, in vanum laboraverunt, aedificantes eam› (*Ps* 126,1).

Ideo quosdam videntes ruere apostoli, et proprie Paulus ait: ‹Dies observatis, et annos, et menses, et tempora; timeo vos, ne forte sine causa laboraverim in vos› (*Gal* 4,10).

Quia noverat se intus a domino aedificari, plangebat istos, quia sine causa laboraverat in eis.

A. «... ‹Wenn nicht der Herr das Haus baut, mühen sich umsonst, die daran bauen› (*Psalm* 126,1).
Der Herr also baut das Haus, der Herr Jesus Christus baut sein Haus.
Viele mühen sich bei diesem Bau; jedoch, wenn nicht er es baut, ‹mühen sich vergebens, die daran bauen› (ebd.).

B. Wer sind, die mit dem Bau sich abmühen?
Alle, die in der Kirche Gottes Wort verkünden, die Diener der Geheimnisse Gottes.
Alle beeilen wir uns, alle mühen wir uns ab, alle befinden wir uns am Bau. (Gewiss) gab es schon vor uns (Leute), die (herbei)eilten, die sich abmühten, die daran bauten, doch, ‹wenn nicht der Herr sein Haus baut, mühen sich umsonst, die daran bauen› (ebd.).

Deshalb bemühten sich die Apostel (um jene), deren Ruin sie sahen, besonders Paulus, der sagte: ‹Ihr seid (in kultischer Verehrung) auf Tage bedacht, auf Jahre, Monate und Zeiten. Ich befürchte, mich vergeblich um euch bemüht zu haben› (*Galaterbrief* 4,10).

Weil er wusste, dass er selbst im Innern vom Herrn erbaut werde, beklagte er jene, weil er sich (offensichtlich) vergebens um sie bemüht hatte.

C. Nos ergo loquimur foris, ille aedificat intus.

Quomodo audiatis, nos advertimus; quid cogitetis, ille solus novit qui cogitationes vestras videt. Ipse aedificat, ipse monet, ipse terret, ipse intellectum aperit, ipse ad fidem applicat sensum vestrum; et tamen laboramus et nos tamquam operarii; sed ‹nisi dominus aedificaverit domum, in vanum laboraverunt aedificantes eam› (*Ps* 126,1). ...

D. Quae autem domus dei, et ipsa civitas.
Domus enim dei, populus dei; quia domus dei, templum dei.
Et quid dicit apostolus?
‹Templum enim dei sanctum est, quod estis vos› (*1 Cor* 3,17).
Omnes autem fideles, quae est domus dei, non solum qui modo sunt, sed et qui ante nos fuerunt et iam dormierunt, et qui post nos futuri sunt, adhuc qui nasci habent in rebus humanis usque in finem saeculi, congregati in unum fideles innumerabiles, sed domino numerati, de quibus dicit apostolus: ‹Novit dominus qui sunt eius› (*2 Tm* 2,19); grana illa quae modo gemunt inter paleas, quae massam unam factura sunt, quando area in fine fuerit ventilata; omnis ergo numerus fidelium sanctorum, ex hominibus commutandorum ut fiant aequales angelis dei,

C. Wir also verkündigen im äußeren Bereich, jener aber erbaut im inneren Bereich.
Wie ihr hört, ermahnen wir euch; was ihr (darüber) denkt, weiß jener allein, der eure Gedanken sieht. Er selbst ist es, der baut, der mahnt, der droht, der das Verstehen ermöglicht, der euren Sinn auf den Glauben richtet; und dennoch mühen auch wir uns gleichsam wie Taglöhner ab; doch ‹wenn der Herr nicht das Haus baut, mühen sich umsonst ab, die daran bauen› (*Psalm* 126,1). ...

D. Das (zu bauende) Haus Gottes ist selbst eine Stadt.
Gottes Haus ist Gottes Volk, weil Gottes Haus Gottes Tempel ist.
Und was sagt der Apostel?
‹Gottes Tempel ist heilig, der (aber) seid ihr› (*Erster Korintherbrief* 3,17).
Die Gläubigen alle aber, d. h. das Haus Gottes, sind nicht nur die jetzt Lebenden, sondern auch jene, die vor uns da waren, die bereits Verstorbenen, ebenso jene, die nach uns sein werden, die in der Gesellschaft bis zum Ende der Zeit geboren werden – versammelt sind es unzählige, für Gott jedoch gezählte Gläubige, von denen der Apostel sagt: ‹Der Herr kennt die Seinen› (*Zweiter Timotheusbrief* 2,19); jene Weizenkörner, die gegenwärtig unter der Spreu stöhnen, die jedoch eine einzige Menge sein werden, wenn am Ende die Tenne geworfelt sein wird; die ganze (voll-

adiuncti etiam ipsi angelis, qui modo non peregrinantur, sed exspectant nos quando a peregrinatione redeamus; omnes simul unam domum dei faciunt, et unam civitatem.

E. Ipsa est Ierusalem.
Habet custodes; quomodo habet aedificantes, laborantes ut aedificetur, sic habet et custodientes.
Nam ad custodiam pertinet quod dicit apostolus: ‹Timeo ne sicut serpens Evam seduxit adstutia sua, sic et vestrae mentes corrumpantur a castitate quae est in Christo› (*2 Cor* 11,3).

Custodiebat, custos erat, vigilabat, quantum poterat, super eos quibus praeerat.
Et episcopi hoc faciunt.
Nam ideo altior locus positus est episcopis, ut ipsi superintendant, et tamquam custodiant populum.

Nam et graece quod dicitur episcopus, hoc latine superintentor interpretatur; quia superintendit, quia desuper videt.

Quomodo enim vinitori altior fit locus ad custodiendam vineam, sic et episcopis altior locus factus est.

endete) Zahl der heiligen Gläubigen, die aus der Zahl der Menschen verwandelt werden müssen, um den Engeln Gottes gleich zu werden, den Engeln, die nicht in der Ferne pilgern, sondern auf unsere Heimkehr aus der Ferne warten; (diese alle) bilden zusammen das eine Haus Gottes, die eine Stadt (Gottes).

E. Sie selbst ist Jerusalem.
Sie hat Wächter; so wie sie Bauleute und Handwerker für ihren Bau hat, so hat sie auch Wächter.
Denn auf die Bewachung bezieht sich das Apostelwort: ‹Ich fürchte, wie die Schlange durch ihre List Eva verführte, so könnten auch eure Gedanken sich abwenden von der Reinheit, die in Christus ist› (*Zweiter Korintherbrief* 11,3).

Er (Paulus) wachte, ein Wächter war er, er bewachte, so gut er konnte, jene, denen er vorgesetzt war.
Gleiches tun auch die Bischöfe.
Denn aus diesem Grunde ist den Bischöfen ein erhöhter Platz reserviert, damit sie Übersicht haben und ihr Volk gleichsam überwachen.
Denn das griechische Wort ‹episcopus› bedeutet lateinisch Aufseher (‹superintentor›), (und zwar) weil er die Übersicht hat, weil er von oben hinabsieht.
Wie nämlich einem Winzer ein erhöhter Platz errichtet wird, um seinen Weingarten überwachen zu

Et de isto alto loco periculosa redditur ratio, nisi eo corde stemus hic, ut humilitate sub pedibus vestris simus, et pro vobis oremus, ut qui novit mentes vestras ipse custodiat.

Quia nos intrantes vos et exeuntes possumus videre; usque adeo autem non videmus quid cogitetis in cordibus vestris, ut neque quid agatis in domibus vestris videre possimus.
F. Quomodo ergo custodimus? Quomodo homines; quantum possumus, quantum accepimus.

Et quia nos sicut homines custodimus, et perfecte custodire non possumus, ideo sine custode remanebitis?
Absit. Nam ubi est ille de quo dicitur: ‹Nisi dominus custodierit civitatem, in vanum laboravit qui custodit eam› (*Ps* 126,1)?
Laboramus in custodiendo, sed vanus est labor noster, nisi ille custodiat qui videt cogitationes vestras.

Custodit ille cum vigilatis, custodit et cum dormieritis.
Ille enim dormivit in cruce semel, et surrexit; iam non dormit.

können, so wurde auch den Bischöfen ein erhöhter Platz errichtet.
Und von diesem erhöhten Platz aus ist eine gefährliche Rechenschaft abzulegen, es sei denn, wir stehen hier in der Absicht, um in Demut zu euren Füßen zu liegen und für euch zu beten, damit jener, der euer Inneres kennt, euch selbst bewache.

Gewiss vermögen wir euch ein- und ausgehen zu sehen; aber zu sehen, was ihr in eurem Inneren denkt, was ihr in euren Häusern tut, das vermögen wir nicht zu sehen.
F. Wie also wachen wir (über euch)? So wie Menschen; so weit wir können, so weit wir (von Gott dazu) befähigt werden.

Und weil wir nach Menschenart wachen, vermögen wir (euch) nicht perfekt zu überwachen. Werdet ihr deshalb ohne einen Wächter bleiben? Keineswegs. Denn, wo ist jener, von dem es heißt: ‹Bewacht der Herr nicht die Stadt, so müht sich vergebens, wer sie bewacht› (*Psalm* 126,1)?
Wir mühen uns zwar beim Wachen ab, aber unsere Mühe ist umsonst, wenn nicht jener wacht, der eure Gedanken sieht.

Es wacht jener, wenn ihr wach seid, er wacht auch, wenn ihr schlaft.
Jener nämlich entschlief einmal am Kreuz und erstand vom Tod; er schläft nicht mehr.

Estote Israel; quia non dormit, neque dormitabit, qui custodit Israel.	Seid (somit) Israel; denn es schläft der nicht und wird auch nicht schlafen, der über Israel wacht.
G. Eia, fratres, si volumus sub umbra alarum dei custodiri, simus Israel.	G. Also, meine Brüder, wollen wir unter dem Schatten der Flügel Gottes bewacht werden, so lasst uns Israel sein.
Custodimus enim vos ex officio dispensationis; sed custodiri volumus vobiscum.	Zwar wachen wir über euch kraft des Amtes, aber zugleich wollen wir mit euch bewacht werden.
Tamquam vobis pastores sumus, sed sub illo pastore vobiscum oves sumus.	So sehr wir eure Hirten sind, so sind wir doch unter jenem Hirten mit euch Schafe.
Tamquam vobis ex hoc loco doctores sumus; sed sub illo uno magistro in hac schola vobiscum condiscipuli sumus».	So wahr wir von diesem (erhöhten) Platz (der Kathedra) eure Lehrer sind, so sind wir doch unter jenem einen Lehrer in dieser Schule eure Mitschüler».
(*Enarrationes in Psalmos* 126,2 sq.)	(*Auslegungen der Psalmen* 126,2 f.)

Kurzkommentar: Der *Psalm* 127 – nach der Zählung Augustins der *Psalm* 126 – hat Gottes Segen, an dem alles gelegen ist, zum Inhalt. Die Auslegung des Bischofs ist zugleich ein Muster seiner Exegese: Texte des Alten Bundes sind auf den Neuen Bund, konkret auf Christus und die Kirche hin, zu lesen und zu interpretieren. Der entscheidende Aspekt, der hier nicht aus dem Blick geraten darf – der einleitende Vers bringt dies bündig zum Ausdruck –, ist der, dass Gott Bauherr seiner Kirche ist. Wäre dies nicht der Fall, wären alle Baumaßnahmen umsonst. Der Kommentar zu diesem *Psalm* ist wie *Sermo* – Predigt 227 eine Perle der augustinischen Volkspredigt, es soll deshalb ausführlicher daraus zitiert und das Zitierte kommentiert werden.

Erklärungen zu A und B: Das Leitbild des Psalmes ist das Wort ‹Haus›; es wird zugleich zum Leitbild für die Kirche. Das Haus, von dem das Neue Testament redet, sind laut dem *Ersten Korintherbrief* 3,17 die Christen. Die Bauleute sind die mit der Verkündigung der Geheimnisse Gottes Beauftragten, speziell die Apostel, unter ihnen paradigmatisch der in der Pastoral sich abmühende Paulus.

Zu C: In der Nachfolge der Apostel stehen die Bischöfe. Jedoch, und dies zu sehen ist wichtig: Alle Bautätigkeit der Bauleute vollzieht sich im Bereich des Äußeren, des ‹foris›, im Bereich des Inneren, des ‹intus›, ist Gott der Bauherr und Baumeister.

Zu D: Das Haus Gottes ist eine Stadt – wohl die Stadt Gottes. Ihre Bürger sind die ‹fideles›, die Gläubigen aller Zeiten, von denen es im *Zweiten Timotheusbrief* 2,19 zu Recht heißt, der Herr kenne die Seinen. Diese bilden zusammen mit den Engeln das eine Haus, die eine Gottesstadt.

Zu E: Diese Stadt ist ein Teil Jerusalems, und zwar jener, der noch hier auf Erden pilgert. Unter den Bauleuten, unter den in der Pastoral sich Abmühenden, kommt den Wächtern eine nicht zu unterschätzende Funktion am Bau zu. Die Apostel waren solche Wächter. In ihrer Nachfolge stehen die Bischöfe. Das griechische Wort ἐπίσκοπος, latinisiert ‹episcopus›, bringt diese ihre Wächterfunktion auch begrifflich plastisch zum Ausdruck. Offensichtlich wusste Augustin, welche Gefahren der Selbsteinschätzung und der Überheblichkeit mit einem solchen Wächteramt verbunden sind, weshalb er zur Demut bei der Ausübung des Wächteramtes mahnt.

Zu F: Faktisch bezieht sich das Wächteramt auf den äußeren Bereich des Christseins. Daran lässt der Bischof keinen Zweifel aufkommen. Eine perfekte Überwachung in diesem Bereich gibt es nicht, wohl aber im inneren, in dem der Herr das Haus baut, der auch die Gedanken sieht. Vielsagend identifiziert der Prediger den Herrn, der sein Haus, die Kirche, baut, mit dem gekreuzigten und verherrlichten Christus. Er ist es, der nicht mehr schläft, sondern über seine Kirche, das neue Israel, wacht.

Zu G: Diese Predigt wäre nicht von Augustin, wenn der predigende Bischof das ihm pastoral anvertraute Kirchenvolk nicht daran erinnerte, dass er wohl kraft seines Amtes Hirte und Lehrer ist, dass er aber als Christ zugleich mit den ihm Anvertrauten unter dem wahren Hirten zu den Schafen und unter dem wahren Lehrer zu den Mitschülern zählt.

9. «Celebritas huius congregationis, dedicatio est domus orationis.

Domus ergo nostrarum orationum ista est, domus dei nos ipsi.

«Der Grund für diese unsere Versammlung ist die Weihe eines Gebetshauses.

(Zwar) ist dies ein Haus für unsere Gebete, das Haus Gottes (jedoch) sind wir selbst.

Si domus dei nos ipsi, nos in hoc saeculo aedificamur, ut in fine saeculi dedicemur.

Aedificium, imo aedificatio habet laborem, dedicatio exsultationem.

Quod hic fiebat, quando ista surgebant, hoc fit modo cum congregantur credentes in Christum.

Credendo enim quasi de silvis et montibus ligna et lapides praeciduntur: Cum vero catechizantur, baptizantur, formantur, tanquam inter manus fabrorum et opificum dolantur, collineantur, complanantur.

Verumtamen domum domini non faciunt, nisi quando caritate compaginantur.
Ligna ista et lapides si non sibi certo ordine cohaererent, si non se pacifice innecterent, si non se invicem cohaerendo sibi, quodam modo amarent; nemo huc intraret.

Denique quando vides in aliqua fabrica lapides et ligna bene sibi cohaerere, securus intras, ruinam non times. Volens ergo dominus Christus intrare, et in nobis habitare, tanquam

Sind wir selbst das Haus Gottes, (so) werden wir in dieser Weltzeit auferbaut, um an deren Ende geweiht zu werden.
Das Gebäude, besser gesagt, das Bauen ist mit Mühsal verbunden, die Weihe (hingegen) mit Jubel.
Was hier geschah, als die Mauern errichtet wurden, dies vollzieht sich geistig, wenn Gläubige sich in Christus versammeln.
Durch den Glaubensvollzug werden sie gleich Hölzern in den Wäldern gefällt und gleich Steinen in den Bergen gebrochen. Werden sie sodann in der Katechese unterwiesen, getauft und gestaltet, so werden sie gleichsam von den Händen der Zimmerleute und der Bauleute behauen, in Reihe gerichtet und zurechtgeschliffen.
Zu einem Haus des Herrn werden sie jedoch allein dann, wenn Liebe sie verbindet.
Würden diese Hölzer und Steine nicht nach einer vorgegebenen Ordnung zusammengefügt und fügsam untereinander verbunden, würden sie nicht kraft gegenseitiger Kohärenz sich gewissermaßen lieben, so könnte niemand, ohne einen Einsturz fürchten zu müssen, hierzu eintreten.
Siehst du also, dass bei einem Bau Steine und Holz gut miteinander verankert sind, so trittst du sorglos, ohne einen Zusammenbruch zu fürchten, ein. Weil also Christus

aedificando dicebat: ‹Mandatum novum do vobis, ut vos invicem diligatis› (*Io* 13,34).

‹Mandatum›, inquit, ‹do vobis› (*Io* 13,34).
Veteres enim eratis, domum mihi nondum faciebatis, in vestra ruina iacebatis.
Ergo ut eruamini de vestrae ruinae vetustate, vos invicem amate.

Consideret ergo caritas vestra, aedificari adhuc istam domum toto, sicut praedictum est et promissum, orbe terrarum.
Cum enim aedificaretur domus post captivitatem, sicut habet alius Psalmus, dicebatur: ‹Cantate domino canticum novum; cantate domino, omnis terra› (*Ps* 95,1).

Quod ibi dixit, ‹canticum novum› (*Ps* 95,1); hoc dominus dixit, ‹mandatum novum› (*Io* 13,34).

Quid enim habet canticum novum, nisi amorem novum?
Cantare amantis est.
Vox huius cantoris, fervor est sancti amoris». (*Sermo* 336,1)

eintreten und in uns wohnen will, sprach er gleichsam als Baumeister: ‹Ein neues Gebot gebe ich euch: Ihr sollt einander lieben› (*Johannesevangelium* 13,34).
‹Ein Gebot gebe ich euch›, sagt er (ebd.).
Ihr wart nämlich alt; ihr habt mir noch kein Haus errichtet; ihr lagt noch in euren Trümmern.
Um also aus euren alten Trümmern herauskommen zu können, liebt einander.
Eure Liebe möge also erwägen, dass dieses Haus, wie es vorhergesagt und verheißen ist, auf dem ganzen Erdkreis immer noch zu bauen ist.
Als nämlich nach der (babylonischen) Gefangenschaft der Tempel erbaut werden sollte, hieß es in einem anderen Psalm: ‹Singt dem Herrn ein neues Lied, singt dem Herrn alle Lande› (*Psalm* 95,1).
Was (der Psalmist) dort ein ‹neues Lied› (ebd.) nannte, dies nennt der Herr hier ein ‹neues Gesetz› (*Johannesevangelium* 13,34).
Was ist nämlich mit dem neuen Lied gemeint, wenn nicht die neue Liebe?
Singen ist Sache des Liebenden.
Die Stimme eines solchen Sängers ist die Glut heiliger Liebe».

(*Predigt* 336,1)

Kurzkommentar: Im Alten Testament gab es einen ausgeprägten Tempelkult. Im Neuen dagegen findet man eine Reihe kritischer Texte gerade dazu. Weil allerdings die Kirche spätestens seit der sogenannten Konstantinischen Wende teils heidnische Tempel beerbte, teils zahlreiche Kirchengebäude selbst errichtete, konnte es bei einer vom Neuen Testament suggerierten theologischen Vernachlässigung des kultischen Raumes nicht bleiben. Dem Kirchenvater Augustinus blieb diese bibeltheologische Ambivalenz nicht verborgen. Er selbst ließ Kirchengebäude errichten und er weihte sie auch feierlich ein. Eine Reihe Predigten, die er anlässlich der Weihe eines Kirchengebäudes oder auch anlässlich der Gedächtnistage dieser Weihen hielt, sind noch überliefert. Den *Sermo* 336 hielt er bei einer solchen Weihe eines Kirchengebäudes. Darin ist jedoch kennzeichnenderweise keine Rede von der Ästhetik des Bauwerkes, dessen Kosten und dergleichen. Das Thema lautet vielmehr: Gottes Haus sind wir selbst. Im Begriff ‹Haus Gottes› dominiert nicht der Raum, sondern die aus lebendigen Steinen zu erbauende und erbaute Gemeinde. Wie und wozu sie erbaut ist, darin soll diese sich erkennen. Die Metaphorik der Herrichtung des Baumaterials bietet dem Prediger den Stoff zur Veranschaulichung für den Aufbau der Gemeinde, deren Glieder in Liebe miteinander verbunden sind. Offensichtlich wurde bei der Weihe der Kirche der *Psalm* 95 gesungen, dessen ersten Vers, «Singt dem Herrn ein neues Lied», der Prediger mit einer berückenden Interpretation auf die ‹neue›, durch Christus vermittelte ‹Liebe› verdeutlichte, die sich im Gesang des Liebenden stets kundtue, denn Singen sei doch Sache der Liebenden. Zur theologischen Deutung des Begriffes ‹Haus Gottes› bei Augustin siehe die Promotionsarbeit des emeritierten Papstes Benedikt XVI.: JOSEPH RATZINGER, *Volk und Haus Gottes in Augustins Lehre von der Kirche*, München 1954 (Nachdruck in: *Joseph Ratzinger Gesammelte Schriften* 1, Freiburg et al. 2011, 43–418).

Kreuz

1. «Noli ergo erubescere ignominiam crucis, quam pro te deus ipse non dubitavit excipere.
Dic cum apostolo: ‹Mihi autem absit gloriari, nisi in cruce domini nostri Iesu Christi› (*Gal* 6,14).

«Schäme dich nicht der Schande des Kreuzes, das für dich selbst auf sich zu nehmen Gott nicht zögerte!
Sprich (vielmehr) mit dem Apostel: ‹Es sei fern von mir, mich in etwas anderem zu rühmen als im Kreuz unseres Herrn Jesus Christus› (*Galaterbrief* 6,14).

Et respondet tibi idem ipse apostolus: ‹Non me iudicavi scire aliquid in vobis, nisi Iesum Christum, et hunc crucifixum› (*1 Cor* 2,2)».

(*Sermo* 215,5)

Und eben dieser Apostel selbst antwortet dir: ‹Nichts anderes wollte ich bei euch kennen als Jesus Christus, und zwar den Gekreuzigten› (*Erster Korintherbrief* 2,2)». (*Predigt* 215,5)

Kurzkommentar: Der junge Augustin war als Christ eher von Christus als Lehrer, als Verkünder christlicher Ethik, fasziniert. Dies geht auch aus der chronologischen Lektüre seiner Werke hervor. Je mehr er sich aber in die Schriften des Apostels Paulus vertiefte, was auch unser Text verdeutlicht, desto intensiver identifizierte er das Christsein mit der Keuzesliebe und der Kreuzesnachfolge.

Krieg

1. «Pacem habere debet voluntas, bellum necessitas, ut liberet deus a necessitate et conservet in pace.

«Auf den Frieden hin muss der Wille ausgerichtet sein, der Krieg darf (nur) Folge des Zwanges sein, damit Gott (die den Krieg führen Müssenden) vom Zwang befreit und (sie) im Frieden bewahrt.

Non enim pax quaeritur, ut bellum excitetur, sed bellum geritur, ut pax adquiratur.

Der Friede wird nämlich nicht deshalb gesucht, damit der Krieg entfacht werde, sondern es wird der Krieg geführt, damit der Friede erreicht werde.

Esto ergo etiam bellando pacificus, ut eos, quos expugnas, ad pacis utilitatem vincendo perducas; ‹beati enim pacifici›, ait dominus, ‹quoniam ipsi filii dei vocabuntur› (*Mt* 5,9)».

(*Epistula* 189,6)

Sei also auch in der Kriegsführung friedfertig, damit du dank deines Sieges (jenen), die du bekämpfst, den Nutzen des Friedens verschaffst. ‹Selig sind nämlich die Friedfertigen›, sagt der Herr, ‹denn sie werden Kinder Gottes genannt werden› (*Matthäusevangelium* 5,9)». (*Brief* 189,6)

Kurzkommentar: Augustinus vertrat die Auffassung, dass ein Krieg dann und nur dann gerechtfertigt sei, wenn es um die Wiederherstellung der gerechten

Friedensordnung geht. Ein ‹bellum iustum›, ein ‹gerechter Krieg›, muss sozusagen die ultima ratio sein. Galt bei den Römern die Devise: «Si vis pacem, para bellum – Willst du den Frieden, so rüste zum Krieg», so lautete bei Augustinus die Losung: «... fac iustitiam – ... schaffe Gerechtigkeit» (*Enarrationes in Psalmos – Enarrationes in Psalmos* 84,12). Freilich war er Realist genug, um zu sehen, wie mühsam das politische Geschäft in Bezug auf das Schaffen und Bewahren der Gerechtigkeit ist. Zahlreich sind die Texte, die die Sieger vor den Grausamkeiten der Kriegsführung, vor der ‹cupiditas nocendi – der Begierde zu schaden›, vor der ‹crudelitas ulciscendi – der Grausamkeit der Rache›, vor der ‹libido dominandi – der Lust zu herrschen›, warnen. (Zum Thema Krieg und gerechter Krieg bei Augustinus siehe den Artikel *Bellum* von MARIE-FRANÇOIS BERROUARD im *Augustinus-Lexikon* 1, 638–645.)

Kunst, Künstler und Kunstgenuss

1. «... ars ipsa pulchrior est quam illa quae arte fabricantur; sed quod videt artifex intus in arte, hoc foris probat in opere, et hoc est perfectum quod artifici suo placet».
(*De Genesi adversus Manicheos* 1,13)

«... die Kunst selbst ist schöner als die Werke, die durch sie geschaffen werden. Was nämlich der Künstler in seinem Inneren als Kunst wahrnimmt, dies gestaltet er in Raum und Zeit als Werk. Und vollendet ist, was seinem Schöpfer gefällt».
(*Über die Genesis gegen die Manichäer* 1,13)

Kurzkommentar: In seiner Auslegung der Verse aus *Genesis* 1,13 f. über die Erschaffung des Lichtes erzählt Augustinus von den Manichäern, die darüber spotteten, dass Gott erst im Nachhinein feststellen musste bzw. durfte, dass das Licht gut sei. Dies veranlasst ihn, auf den Unterschied zwischen der Kunst und dem Kunstwerk hinzuweisen. Die Kunst ist, weil innerlich – und das bedeutet für den Platoniker Augustinus geistig –, weit erhabener als das vom Künstler im Außenbereich von Raum und Zeit gestaltete Kunstwerk. Dessen Qualität hat die Kunst zur Voraussetzung.

2. «Itaque si rationalis vita secundum se ipsam iudicat, nulla iam est natura praestantior.

Sed quia clarum est eam esse mutabilem, quando nunc imperita nunc perita invenitur, tanto autem melius iudicat, quanto est peritior, et tanto est peritior, quanto alicuius artis vel disciplinae vel sapientiae particeps est, ipsius artis natura quaerenda est.

Neque nunc artem intellegi volo, quae notatur experiendo, sed quae ratiocinando indagatur».

(*De vera religione* 54)

«Würde ein mit Vernunft begabtes Lebewesen (allein) seiner Vernunft gemäß urteilen, so würde kein anderes dieses übertreffen.

Weil indes klar ist, dass dieses (Lebewesen) wandelbar ist – ist es doch bald unkundig, bald kundig und urteilt es (doch) umso treffender, je kundiger es ist, und ist es umso kundiger, je mehr Anteil es an einer Kunst oder an einer Lehre oder an einer Weisheit hat –, so muss (zunächst) das Wesen der Kunst selbst in den Blick genommen werden.

Allerdings möchte ich jetzt nicht jene Kunst verstanden wissen, die man durch Ausübung wahrnimmt, sondern jene, die man durch Überlegung erforscht». (*Die wahre Religion* 54)

Kurzkommentar: Als mit Vernunft ausgestattetes Lebewesen übertrifft der Mensch von Natur aus alle anderen Lebewesen auf Erden. Was er jedoch mit allen anderen Geschöpfen teilt, ist seine Veränderlichkeit. Dennoch, gerade seine Ausstattung mit der Vernunft eröffnet ihm den Blick in den Bereich des Unveränderlichen und damit auch in die Bereiche der Kunst, der Wissenschaften und der Weisheit. Warum – so fragt Augustinus an Ort und Stelle – verletzt uns Ungleichheit, ‹inaequalitas›, beim Betrachten selbst alltäglicher Kunst («ars vulgaris»)? Jeder müsse diese nicht ausüben können. Dennoch dürfte jeder befähigt werden, über die Kunst zu urteilen, ohne Kunstwerke zu schaffen.

3. «Sed cum in omnibus artibus convenientia placeat, qua una salva et pulchra sunt omnia, ipsa vero convenientia aequalitatem unitatemque appetat vel similitudine parium partium vel gradatione disparium, quis est, qui summam aequalitatem vel

«Wenn indes in allen Künsten die Übereinstimmung, durch die allein alles heil und schön ist, Gefallen finden soll – ist es doch die Übereinstimmung, die, sei es mit Hilfe der Ähnlichkeit gleicher Teile, sei es durch Abstufung ungleicher, auf

similitudinem in corporibus inveniat audeatque dicere, cum diligenter consideraverit, quodlibet corpus vere ac simpliciter unum esse, cum omnia vel de specie in speciem vel de loco in locum transeundo mutentur et partibus constent sua loca obtinentibus, per quae in spatia diversa dividuntur?	Gleichheit und Einheit dringt –, wen gibt es dann, der im Bereich der Körper das Höchste an Gleichheit oder an Ähnlichkeit entdeckte und bei sorgfältiger Betrachtung zu sagen wagte, irgendein Körper sei in Wahrheit und Schlichtheit ein Unikat? Gehen nicht alle Dinge aus einer Gestalt in eine andere über oder wechseln sie nicht von Ort zu Ort, wobei sie sich verändern? Setzen sie sich nicht aus Teilen zusammen, die jeweils ihren eigenen Ort einnehmen, wodurch sie in verschiedene Räume gesondert werden?
Porro ipsa vera aequalitas ac similitudo atque ipsa vera et prima unitas non oculis carneis neque ullo tali sensu, sed mente intellecta conspicitur.	Es wird ja sodann die wahre Gleichheit und Ähnlichkeit sowie auch die wahre und erste Einheit weder mit den leiblichen Augen noch mit irgendeinem anderen Sinn wahrgenommen werden, sondern (allein) mit dem Einsicht gewährenden Verstand.
Unde enim qualiscumque in corporibus appeteretur aequalitas aut unde convinceretur longe plurimum differre a perfecta, nisi ea quae perfecta est mente videretur?» (*De vera religione* 55)	Woher denn könnte irgendeine Gleichheit im Bereich der Körper gefordert oder woher überzeugend bewiesen werden, dass eine solche weit von einer vollendeten (Gleichheit) abweicht, wenn nicht sie, die vollendete, durch den Verstand (allein) geschaut würde?» (*Die wahre Religion* 55)

Kurzkommentar: Am rationalen Wesen der Kunst lässt Augustinus keinen Zweifel aufkommen. Kernbegriffe seines Kunstverständnisses sind darum Abstrakta wie Übereinstimmung, ‹convenientia›, Gleichheit, ‹aequalitas›, Einheit, ‹unitas›, und Ähnlichkeit, ‹similitudo›, die sich wie die Wahrheit, ‹veritas›, durch zeit- und raumentzogene Unveränderlichkeit auszeichnen. Kunstwerke dagegen sind Gegenstände, in denen sich, weil sie der Veränderung unterworfen sind, jene unveränderlichen Vorgaben spiegeln bzw. abschatten. Augustin spricht von einem Gesetz aller Künste, einer ‹lex omnium artium›, die, weil aller Wandelbarkeit entzogen, mit der Wahrheit identisch und über alles Veränderliche erhaben ist (ebd. 56).

4. «Nec iam illud ambigendum est incommutabilem naturam, quae supra rationalem animam sit, deum esse et ibi esse primam vitam et primam essentiam, ubi est prima sapientia.

Nam haec est illa incommutabilis veritas, quae lex omnium artium recte dicitur et ars omnipotentis artificis». (*De vera religione* 57)

«Es ist ferner nicht zu bezweifeln, dass die unwandelbare Natur, die an Sein die vernünftige Seele überragt, Gott ist, und dass dort der Ursprung des Lebens und der Ursprung des Seins ist, wo der Ursprung der Weisheit ist.

Dies nämlich ist jene unwandelbare Wahrheit, die zu Recht das Gesetz aller Künste genannt wird, die Kunst des allmächtigen Künstlers».

(*Die wahre Religion* 57)

Kurzkommentar: Schon in der antiken Philosophie – bei Platon und Cicero – galt Gott als Künstler. Auch für Augustin ist Gott als Schöpfer, ‹conditor›, und Erhalter, ‹administrator›, der Welt zugleich deren ‹artifex› (*De Genesi adversus Manicheos* 1,35). Die Schöpfung als sein Werk ist ein ‹carmen pulcherrimum› (*De civitate dei* 11,18). Inbegriff der Kunst wie auch Inbegriff aller Weisheit und allen Wissens ist die zweite Person in der Trinität, das Verbum. In seinem Werk über die Dreieinigkeit, *De trinitate*, nennt er es «verbum perfectum cui non desit aliquid et ars quaedam omnipotentis atque sapientis dei plena omnium rationum viventium incommutabilium – das vollkommene Wort, dem nichts mangelt, das in gewisser Hinsicht die Kunst des allmächtigen und weisen Gottes, die Fülle sämtlichen vernünftigen und unveränderlichen Lebens ist» (*De trinitate* 6,11).

5. «In omnibus tamen cum mensuras et numeros et ordinem vides, artificem quaere nec alium invenies, nisi ubi summa mensura et summus

«In allem jedoch, wenn du (darin) Maße, Zahlen und Ordnung entdeckst, suche den Künstler. Du wirst indes keinen anderen finden als den,

numerus et summus ordo est, id est deum, de quo verissime dictum est, quod omnia in mensura et numero et pondere disposuerit».
(*De Genesi adversus Manicheos* 1,26)

bei dem du den Inbegriff des Maßes, den Inbegriff der Zahl und den Inbegriff der Ordnung findest, das heißt Gott, von dem aufs Treffendste gesagt wird, er habe alles nach Maß, Zahl und Gewicht eingerichtet».
(*Über die Genesis gegen die Manichäer* 1,26)

Kurzkommentar: Augustins Lehre von der Kunst und von dem Kunstgenuss steht, wie auch die von den Wissenschaften, speziell der sogenannten ‹freien Künste›, der ‹artes liberales›, im Dienste der Gotteserkenntnis und der Gotteserfahrung, die den damit sich Beschäftigenden zum Aufstieg motivieren soll (siehe **Aufstieg zu Gott – Abstieg**). Mit Vorliebe zitiert der Kirchenvater in seinen Ausführungen über den ‹deus artifex› und dessen Werk, die Schöpfung, wie hier den Vers aus *Weisheit* 11,21: «Alles hast du nach Maß, Zahl und Gewicht geordnet». (Zum Thema Kunst bei Augustinus siehe den Artikel *Ars* von KARL-HEINRICH LÜTCKE im *Augustinus-Lexikon* 1, 459–465.)

Leben, Dasein

1. «... modo videor mihi tribus tantum rebus posse conmoveri: metu amissionis eorum hominum quos diligo, metu doloris, metu mortis».
(*Soliloquiorum libri* 1,16)

«... augenblicklich scheine ich lediglich von drei Dingen erschüttert werden zu können: der Furcht, jene Menschen zu verlieren, die ich liebe, der Furcht vor einem Schmerz und der Furcht vor dem Tod».
(*Alleingespräche* 1,16)

Kurzkommentar: Augustin gilt zu Recht als ein Vorläufer der Existenzphilosophie, nach deren Lehre über die Verfassung des menschlichen Daseins die Sorge, die Furcht, die Angst, allem voran die Erfahrbarkeit des Todes gehören. Zu diesen sogenannten Existentialien siehe die 1927 erschienene Studie *Sein und Zeit* von MARTIN HEIDEGGER, der sich übrigens wiederholt und intensiv mit Augustins Schriften beschäftigt hat.

2. «Quid enim est quod volo dicere, domine, nisi quia nescio, unde venerim huc, in istam dico vitam mortalem an mortem vitalem? Nescio». (*Confessiones* 1,7)

«Was anderes will ich denn sagen, Herr, wenn nicht dies, dass ich nicht weiß, von wo ich hierher gekommen bin, in dieses, so muss ich wohl sagen, sterbliche Leben oder lebendige Sterben? Ich weiß es nicht». (*Bekenntnisse* 1,7)

Kurzkommentar: Augustinus beginnt seine *Bekenntnisse* mit einem Lobpreis auf Gott, seinen Schöpfer, über dessen Größe und Vollkommenheit er in den ersten Kapiteln breit reflektiert. Erst im Kapitel 6 setzt er an, seine Kindheit zu schildern. Es charakterisiert seine Auffassung vom menschlichen Dasein in dieser Welt, das er ein ‹sterbliches Leben› oder ein ‹lebendiges Sterben› nennt.

3. «Hic esse valeo nec volo, illic volo nec valeo, miser utrobique». (*Confessiones* 10,65)

«Hier kann ich sein und will es nicht, dort will ich sein und kann es nicht, elend bin ich in beiden Fällen». (*Bekenntnisse* 10,65)

Kurzkommentar: In seinen *Bekenntnissen* kommt Augustinus des Öfteren auch auf die Zwiespältigkeit des menschlichen Daseins zu sprechen. Leben im strikten Sinn darf nicht für allemal der Sterblichkeit ausgeliefert sein. Was also ist wahres Leben, was kennzeichnet es? Sowohl der Philosophie der Neuplatoniker wie auch der biblischen Offenbarung entnahm er die Überzeugung, dass es ein wahres Leben gebe und dass Gott allein es in seiner Fülle besitze. Im 10. Buch seiner *Bekenntnisse* zeigt er dann, wie der Mensch durch philosophische Reflexion wie auch theologische Meditation zu dieser Überzeugung kommen könne. Beide, Reflexion wie Meditation, gleichen einem Weg, der den Reflektierenden und Meditierenden von außen nach innen und von innen nach oben führt. Augustin bekennt, dass er, so oft seine Geschäfte es ihm erlaubten, diesen Weg gehe und dass dies ihn stets ‹in eine höchst ungewöhnliche Gemütserregung in seinem Innern› versetze, er sinke dann aber ‹trübsalschwer in den Alltag› zurück. Auf diese doppelte Perspektive, auf das ‹hier sein› müssen und auf das noch nicht ‹dort sein› können, bezieht sich das Geständnis über das Elend des menschlichen Daseins.

4. «Apostolum, cum legeretur, audistis; imo omnes audivimus, dicentem nobis: ‹Videte quomodo caute ambuletis; non ut insipientes, sed ut sapientes; redimentes tempus, quoniam dies mali sunt› (*Eph* 5,15 sq.).

Dies malos, fratres, duae res faciunt, malitia et miseria.

... Ceterum dies isti, quantum pertinet ad spatia horarum, ordinati sunt: Ducunt vices, agunt tempora; oritur sol, occidit sol, transeunt tempora.

Cui molesta sunt tempora, si homines sibi non sunt molesti?

... Sed miseria hominum communis est: Non debet malitia esse communis.

Ex quo enim lapsus est Adam, et de paradiso expulsus, nunquam fuerunt dies, nisi mali.
Istos pueros qui nascuntur, interrogemus, quare a ploratu incipiunt, qui et ridere possunt.

Nascitur, et statim plorat: Post nescio quot dies ridet.

«Ihr habt den Apostel, als er gelesen wurde, vernommen; ja, alle haben wir vernommen, was er uns sagt: ‹Seht zu, dass ihr einen behutsamen Lebenswandel führt; nicht als Törichte, sondern als Weise; erkauft die Zeit, denn die Tage sind böse› (*Epheserbrief* 5,15 f.).

Zwei Dinge, Brüder, machen die Tage böse: die Schlechtigkeit und das Elend.

... Übrigens, was die Tage als solche, nämlich ihren Bestand aus Stunden betrifft, so befinden sie sich in Ordnung: Sie folgen einer dem anderen, sie setzen die Zeiten in Bewegung; die Sonne geht auf, die Sonne geht unter, die Zeiten vergehen.

Wem wären die Zeiten lästig, wenn nicht Menschen sich gegenseitig lästig wären?

... Aber wenn das Elend allen Menschen gemeinsam ist, so muss (doch) die Schlechtigkeit nicht allen gemeinsam sein.

Seit Adams Fall und seiner Vertreibung aus dem Paradies gab es keine anderen Tage als böse.
Fragen wir die neugeborenen Knaben, warum sie ihr Leben mit Weinen beginnen, die doch auch lachen können.

Der Knabe wird geboren, und sofort weint er; erst nach einigen Tagen lacht er.

Quando plorabat nascens, propheta suae calamitatis erat: Lacrymae enim testes sunt miseriae.	Als er bei seiner Geburt weinte, verhielt er sich (gleichsam) als Prophet seines eigenen Unheils. Tränen bezeugen nämlich das Elend.
Nondum loquitur, et iam prophetat.	Er ist noch nicht in der Lage zu sprechen und schon prophezeit er.
Quid prophetat?	Was prophezeit er?
In labore se futurum, vel in timore.	Er werde sein Leben in Leid oder in Furcht verbringen.
Et si bene vixerit et iustus fuerit, certe in mediis positus tentationibus semper timebit». (*Sermo* 167,1)	Und selbst wenn er ein gutes Leben geführt haben und gerecht gewesen sein wird, so wird er, weil er den Versuchungen ausgesetzt ist, ständig in der Furcht existieren». (*Predigt* 167,1)

Kurzkommentar: ‹Dies mali sunt – die Tage sind böse›, diese und ähnliche Aussagen verdichten sich seit der Belagerung Roms im Jahre 410 in den Schriften Augustins, speziell in seinen Predigten. Die Ambivalenz des Lebensbegriffes dürfte er sich, wie im vorausgegangenen Kurzkommentar erwähnt, bereits seit seiner Bekanntschaft mit dem Neuplatonismus zu eigen gemacht haben. Einschlägige Bibeltexte wie der zitierte aus *Epheserbrief* 5,15 f. mögen ihn darin bestätigt haben. Der predigende Bischof kann sich nicht genug tun, seine Zuhörer auf die Betrachtung der Kürze des irdischen Daseins hinzuweisen. Das gegenwärtige Leben, wenngleich es seine Liebhaber hat, ist und bleibt zeitlich, kurz und hässlich: «Praesens vita, temporalis vita, brevis vita, foeda vita» (*Predigt* 302,6). Seine ganze Rhetorik wendet der Bischof auf, um die von der Ewigkeit abgekoppelte Unwertigkeit des gegenwärtigen Lebens zu schildern. Die theologische Begründung dieser Optik, davon scheint er überzeugt zu sein, liege auf der Hand: Es sei Adams Fall. Der Beginn des Lebens unter Tränen führe dies jedermann drastisch vor Augen. Ja, alle Bemühungen um eine gute Lebensführung könnten die Furcht vor sittlichem Versagen selbst dem Gerechten nicht nehmen.

5. «Nam quod dicitur: Quare facit animas eis, quos novit cito morituros? Possumus respondere parentum	«Auf die Frage nämlich: Warum er (Gott) Seelen (für Kinder) schafft, von denen er weiß, sie würden bald

hinc peccata vel convinci vel flagellari.

Possumus etiam recte illius moderationi ista relinquere, quem scimus omnibus temporaliter transeuntibus rebus, ubi sunt etiam animalium ortus et obitus, cursum ornatissimum atque ordinatissimum dare, sed nos ista sentire non posse, quae si sentiremus, delectatione ineffabili mulceremur.

Non enim frustra per prophetam, qui haec divinitus inspirata didicerat, dictum est de deo: ‹Qui profert numerose saeculum› (Is 40,26 LXX).

Unde musica, id est scientia sensusve modulandi ad admonitionem magnae rei etiam mortalibus rationales habentibus animas dei largitate concessa est.

Unde si homo faciendi artifex carminis novit, quas quibus moras vocibus tribuat, ut illud, quod canitur, decedentibus ac succedentibus sonis pulcherrime currat et transeat, quanto magis deus, cuius sapientia, per quam fecit omnia, longe omnibus artibus praeferenda est, nulla in naturis nascentibus et occidentibus temporum spatia, quae tamquam syllabae

sterben, können wir antworten, die Eltern sollten ihrer Sünden entweder überführt oder (dafür) gezüchtigt werden.

Wir können allerdings die Antwort darauf zu Recht auch dem überlassen, von dem wir wissen, dass er allem Zeitlichen inklusive dessen Entstehen und Vergehen den ansehnlichsten und geordnetsten Verlauf verleiht. Dies allerdings vermögen wir so nicht zu empfinden, könnten wir es, so würden wir von unaussprechlicher Wonne beschwichtigt werden.

Nicht grundlos wurde nämlich durch den Propheten kraft göttlicher Inspiration von Gott gesagt: ‹Zahlreich bringt er das Zeitliche hervor› (Jesaja 40,26 LXX).

Deshalb wurde die Musik, die Wissenschaft bzw. der Sinn für das taktmäßige melodische Spielen dank der Großzügigkeit Gottes auch den mit Geistseelen ausgestatteten Sterblichen zugestanden, um ihre Aufmerksamkeit auf eine so bedeutsame Sache zu lenken.

Denn wenn schon der Tonkünstler weiß, welche Längen er welchen Tönen zuteilen soll, damit das zu singende Lied durch die verklingenden und nachfolgenden Töne aufs Schönste dahinströme und vergehe, um wieviel mehr hat dann Gott, dessen Weisheit, mit der er alles schuf, allen Künsten weit vorzuziehen ist, den in der Zeit entstehenden und

ac verba ad particulas huius saeculi pertinent, in hoc labentium rerum tamquam mirabili cantico vel brevius vel productius, quam modulatio praecognita et praefinita deposcit, praeterire permittit!

Hoc cum etiam de arboris folio dixerim et de nostrorum numero capillorum, quanto magis de hominis ortu et occasu, cuius temporalis vita brevius productiusve non tenditur, quam deus dispositor temporum novit universitatis moderamini consonare!» (*Epistula* 166,13)

vergehenden Naturen, die gleich Silben und Worten zu den Teilen dieser irdischen Weltzeit gehören, in den dahingleitenden Dingen wie in einem wunderbaren Lied bald kürzer, bald ergiebiger je nach erwogener und festgesetzter Harmonie das Verfließen ermöglicht!
Dies könnte ich auch von einem Blatt des Baumes und von der Anzahl unserer Haare sagen. Um wie viel mehr dann vom Entstehen und Vergehen des Menschen, dessen Lebensspanne von kürzerer oder längerer Spanne sich erstreckt. Gott, der Ordner der Zeiten, versteht sich auf das Lenken des Weltalls!» (*Brief* 166,13)

Kurzkommentar: Das Wissen um die Vergänglichkeit des Lebens auf Erden ist eine Banalität. Gegen Ende seines Lebens soll Augustinus das Wort von Plotin zitiert haben, es sei der nicht groß, der dies für etwas Großes halte, dass Bäume und Steine fallen und Menschen sterben (Possidius, *Vita Augustini* 28). Der vorliegende Text ist dem Brief entnommen, den Augustinus um 415 seinem Zeitgenossen Hieronymus schrieb. Zu jener Zeit beschäftigte ihn die Frage, ob Gott die Seele für jeden Menschen erst bei dessen Zeugung erschaffe (Kreatianismus) oder ob sie über den Vater vererbt werde. Im Kontext dieser Frage wurde auch diskutiert, warum denn Gott überhaupt Seelen erschaffe, die nur kurze Zeit zu leben hätten. Verschiedene Antworten wären möglich, wie unser Zitat andeutet. Aber Augustinus, dem die Theodizee, die Rechtfertigung Gottes angesichts der wahrnehmbaren Übel in der Welt, ein Kernanliegen seines Denkens war, ist auch hierin bemüht, Gottes Weisheit zu rühmen und sie in ein möglichst helles Licht zu rücken. Wie so oft verweist er bei Fragen der Theodizee auf die Kunst, auf die ‹ars›, in diesem Fall auf die Musik. Als Kunstwerk ist sie ein Paradebeispiel der Veränderlichkeit, und zwar deshalb, weil sie gerade in ihrem Vergehen Freude und Genuss bereitet. Ähnlich sollen wir – dies suggeriert der Vergleich des in Zeitspannen vorübergehenden irdischen

Daseins mit der in Zeitspannen dahinströmenden Musik – das Leben, ob kurz oder lang, als Werk des ‹artifex deus› sehen und schätzen lernen (*Brief* 166,13).

Lehren und Lernen

1. «Sed ad discendum, quod opus est, nulla mihi aetas sera videri potest.

Quia, etsi senes magis decet docere quam discere, magis tamen discere quam, quid doceant, ignorare».
(*Epistula* 166,1)

«Um zu lernen, was zu lernen ist, scheint mir kein Alter zu fortgeschritten zu sein.

Denn, wenn es auch angemessener ist, dass Greise lehren als lernen, ist es doch (nicht weniger) angemessen, dass sie lernen, als das nicht zu kennen, was sie lehren».
(*Brief* 166,1)

Kurzkommentar: Augustinus, der Verfasser des Dialogs *De magistro – Der Lehrer* sowie des vierbändigen Werkes *De doctrina christina – Die christliche Lehre bzw. Wissenschaft*, war ein überzeugter Intellektueller. Zwar wusste er, dass die Erkenntnisfähigkeit des Menschen ihre Grenzen hat, dennoch plädierte er zeit seines Lebens für den Wissenserwerb, was in den zitierten Sätzen aus einem Brief an seinen Zeitgenossen, den Kirchenvater Hieronymus, klar zum Ausdruck kommt. Von ihm stammt übrigens auch der vielsagende Imperativ: «Intellectum vero valde ama – Schätze das Erkenntnisvermögen hoch ein!» (*Brief* 120,13 an Consentius; siehe auch **Intellekt, Text 1**).

2. «Omnis enim res quae dando non deficit, dum habetur et non datur, nondum habetur quomodo habenda est.

Ille autem ait: ‹Qui habet, dabitur ei› (*Mt* 13,12).

Dabit ergo habentibus, id est, cum benignitate utentibus eo quod acce-

«Jede Sache nämlich, die durch Weitergabe nichts verliert, besitzt man nicht, wie man sie besitzen soll, so lange man sie nur besitzt und nicht weitergibt.

Jener aber hat gesagt: ‹Wer hat, dem wird gegeben› (*Matthäusevangelium* 13,12).

Er wird also denen geben, die schon haben, das heißt, denen, die das

perunt adimplebit atque cumulabit quod dedit.

Illi quinque et illi septem erant panes, antequam inciperent dari esurientibus; quod ubi fieri coepit, cophinos et sportas satiatis hominum tot milibus impleverunt.

Sicut ergo ille panis, dum frangeretur, adcrevit, sic ea quae ad hoc opus adgrediendum iam dominus praebuit, cum disputari coeperint, eo ipso suggerente multiplicabuntur, ut in hoc nostro ministerio non solum nullam patiamur inopiam sed de mirabili abundantia gaudeamus».

(*De doctrina christiana* 1,1)

Erhaltene in wohltätiger Absicht gebrauchen, ja sie wird er noch zusätzlich und gehäuft mit dem auffüllen, was er ihnen bereits gab. Fünf und sieben Brote waren es, bevor man es den Hungernden zu verteilen anfing, sobald man mit dem Teilen begann, füllten die Brote, obgleich so viele Tausende von Menschen damit gesättigt waren, immer noch Körbe.

Wie also jenes Brot während des Verteilens sich vermehrte, so werden die Dinge, die der Herr bereits zur Inangriffnahme dieses Werkes gewährt hat, sobald sie erörtert werden, durch seine Eingebung sich vermehren, damit wir durch diesen unseren Dienst nicht nur keinen Mangel leiden, sondern uns sogar eines wunderbaren Überflusses erfreuen dürfen».

(*Die christliche Wissenschaft* 1,1)

Kurzkommentar: Wissen ist ein ‹bonum commune›, ein Gemeingut. Dies betont Augustin gleich am Anfang seines epochalen Werkes, das er zum Beginn seines Episkopates verfasst hat und das von der Wissenschaft handelt. Zwar geht es darin, was der Titel des Werkes bereits verdeutlicht, vorzüglich um christlich-religiöse Wissensinhalte, insbesondere um Zugänge zu einem im Sinne Augustins orthodoxen Verstehen biblischer Texte, aber die von ihm breit dargelegten hermeneutischen Regeln – die Rolle der Sprache, der Allegorien, der Metaphern etc. – sind weithin dem profanen Wissensbereich entnommen und reklamieren allgemeine Gültigkeit. Dem ehemaligen Grammatik- und Rhetoriklehrer ist es offensichtlich ein Anliegen, dass nicht nur das ihm, sondern jedem anderen eigene Wissen weiterzuvermitteln ist. Treffend illustriert er dies mit dem Hinweis auf das im Neuen Testament berichtete Wunder der Brotvermehrung. Wer immer Wissen weitergibt, braucht keinen Mangel oder gar

Abb. 8: Der hl. Augustinus predigt zum Volk. Ottaviano Nelli (Fresko, 1410–1420; Gubbio, Chiesa di Sant'Agostino).

Verlust dieses Vermögens zu befürchten. Im Gegenteil, er vermehrt es und darf sich sogar eines Überflusses davon erfreuen. Die gegenwärtigen Bemühungen der Staaten um Bildung durch Lehren und Lernen haben uralte ethische, ja religiöse Gründe.

Licht

1. «Et inde admonitus redire ad memet ipsum intravi in intima mea duce te et potui, quoniam ‹factus› es ‹adiutor meus› (*Ps* 29,11).

«Und von dort (den Schriften der Platoniker) kam die Mahnung, zu mir zurückzukehren, und ich betrat mein Innerstes unter deiner Führung und ich war dazu imstande, weil du ‹mein Helfer geworden bist› (*Psalm* 29,11).

Intravi et vidi qualicumque oculo animae meae supra eundem oculum animae meae, supra mentem meam lucem incommutabilem, non hanc vulgarem et conspicuam omni carni nec quasi ex eodem genere grandior erat, tamquam si ista multo multoque clarius claresceret totumque occuparet magnitudine.

Ich trat hinein und schaute mit dem so schwachen Auge meiner Seele über eben diesem Auge meiner Seele, über meinem Geist ein unveränderliches Licht, nicht dieses alltägliche und allem Fleisch sichtbare. Es war auch nicht aus der Art (irdischen) Lichtes, größer etwa, als leuchtete es sehr viel heller als dieses und überflutete das Ganze mit seiner Fülle.

Non hoc illa erat, sed aliud, aliud valde ab istis omnibus.

Solches war es nicht, sondern ein anderes, ein völlig anderes als all dieses.

Nec ita erat supra mentem meam, sicut oleum super aquam nec sicut caelum super terram, sed superior, quia ipsa fecit me, et ego inferior, quia factus ab ea.

Es war auch nicht so über meinem Geist wie Öl über dem Wasser, auch nicht wie der Himmel über der Erde, sondern höher, weil es mich erschaffen hat, und ich befand mich tiefer, weil ich von ihm erschaffen war.

Qui novit veritatem, novit eam, et qui novit eam, novit aeternitatem. Caritas novit eam.

Wer die Wahrheit kennt, der kennt es, und wer es kennt, kennt die Ewigkeit. Die Liebe kennt es.

O aeterna veritas et vera caritas et cara aeternitas!» (*Confessiones* 7,16)	O ewige Wahrheit und wahre Liebe und geliebte Ewigkeit!» (*Bekenntnisse* 7,16)

Kurzkommentar: Noch vor seiner Bekehrung zum katholischen Glauben lernte Augustinus die Schriften der Platoniker und durch diese die Vorstellung von einem rein geistigen Seienden kennen. Bewegt schildert er die Folgen dieser Lektüre als eine Einkehr in sein Innerstes. Das ‹Licht› freilich, das er zu beschreiben versucht, trägt bereits in den gut zehn Jahre später abgefassten *Bekenntnissen* die Züge des ‹Lichtes› aus dem Neuen Testament, speziell aus den johanneischen Schriften, wonach Gott ‹Licht› ist. Augustin ist bemüht, Analogien mit dem irdischen Licht fernzuhalten. Er tut dies mit der ebenfalls der platonischen Philosophie entnommenen Bestimmung ‹unveränderlich›. Deren Lehre zufolge ist die Wahrheit ‹unveränderlich›, somit auch ‹ewig›. Gott ist Wahrheit, Ewigkeit, Liebe und in diesem Sinn auch ‹Licht›.

Liebe

1. «Dilige, et quod vis fac!» (*In epistulam Iohannis ad Parthos tractatus* 7,8)	«Liebe, und was du willst, das tu!» (*Vorträge zum Johannesbrief an die Parther* 7,8)

Kurzkommentar: Der Satz fasst aufs Bündigste Augustins Ethik zusammen. Diese kulminiert im christlichen Liebesgebot. Der Satz steht im Kontext der Auslegung des *Ersten Johannesbriefes* 4,8: «Die Liebe Gottes wurde unter uns dadurch offenbart, dass Gott uns seinen einzigen Sohn in die Welt gesandt hat, damit wir durch ihn leben». Daraus leitet Augustinus das Gebot der christlichen ‹Caritas› ab. Das Motiv, auf das es bei der Liebe ankommt, ist die Hingabe. Der Bischof zitiert *Römerbrief* 8,32: «Der (sc. Gott) seinen eigenen Sohn nicht verschone, sondern ihn für uns alle hingegeben hat, wie hätte er uns mit ihm nicht alles geschenkt?» ‹Alles› meine auch ihn, Gott, der die Liebe ist. Er sei die Wurzel der Liebe, die ‹radix caritatis›, und nur von dieser Wurzel her zeichne sich das Tun der ‹Caritas› vor allem anderen Tun und Lassen aus. Treffend kommentiert der Bischof den viel zitierten Satz, indem er fortfährt: «Sive taceas, dilectione taceas; sive clames, dilectione clames; sive emendes, dilectione emendes; sive parcas, dilectione parcas: Radix sit intus dilectionis, non potest de ista radice nisi bonum existere – Schweigst du, so schweige aus Liebe; schreist du, so schreie aus Liebe; weisest du zurecht, so weise aus Liebe zurecht; übst du Nachsicht, so übe sie aus Liebe. Die Wurzel deines Handelns bleibe innerhalb der Liebe. Aus dieser Wurzel kann nichts anderes als Gutes wachsen» (*Vorträge zum Johannesbrief an die Parther* 7,8).

2. «In dono tuo requiescimus: Ibi te fruimur.
Requies nostra locus noster.
Amor illuc attollit nos et spiritus tuus bonus ‹exaltat humilitatem› nostram ‹de portis mortis› (*Ps* 9,15).

In bona voluntate pax nobis est.

Corpus pondere suo nititur ad locum suum.
Pondus non ad ima tantum est, sed ad locum suum.

Ignis sursum tendit, deorsum lapis.

Ponderibus suis aguntur, loca sua petunt.

Oleum infra aquam fusum super aquam attollitur, aqua supra oleum fusa infra oleum demergitur: Ponderibus suis aguntur, loca sua petunt.

Minus ordinata inquieta sunt: Ordinantur et quiescunt.
Pondus meum amor meus; eo feror, quocumque feror.

Dono tuo accendimur et sursum ferimur; inardescimus et imus. As-

«In deiner Gabe ruhen wir: Dort genießen wir deiner.
Unsere Ruhe ist unser Ort.
Die Liebe erhebt uns dorthin und dein guter Geist ‹erhöht› unsere ‹Niedrigkeit von den Pforten des Todes› (*Psalm* 9,15).

Im guten Willen besitzen wir den Frieden.

Der Körper strebt durch sein Gewicht nach seinem Ort.
Indes, das Gewicht strebt nicht nur nach unten, sondern nach seinem ihm angemessenen Ort.

Das Feuer strebt nach oben, der Stein nach unten.

Sie werden von ihrem Gewicht getrieben; sie suchen die ihnen eigenen Orte.

Öl ins Wasser gegossen, schwimmt auf dem Wasser, Wasser aufs Öl gegossen, sinkt unters Öl. Sie werden von ihrem Gewicht getrieben, sie streben nach ihrem Ort.

Was nicht geordnet ist, ist ruhelos; kommt es in seine Ordnung, ruht es.
Mein Gewicht ist meine Liebe; von ihr bin ich gezogen, wo immer ich hingezogen werde.

Durch deine Gabe werden wir entzündet, werden wir aufwärts

cendimus ‹ascensiones in corde› (*Ps* 83,6) et cantamus ‹canticum graduum› (*Ps* 119–133,1).

Igne tuo, igne tuo bono inardescimus et imus, quoniam sursum imus ‹ad pacem Hierusalem› (*Ps* 121,6), quoniam ‹iucundatus sum in his, qui dixerunt mihi: In domum domini ibimus› (*Ps* 121,1).

Ibi nos conlocabit voluntas bona, ut nihil velimus aliud quam permanere illic ‹in aeternum› (*Ps* 60,8)».
(*Confessiones* 13,10)

getragen; wir entbrennen und setzen uns in Bewegung. Wir ersteigen ‹die Stufen in unseren Herzen› (ebd. 83,6) und wir singen den ‹Stufengesang› (*Psalmen* 119–133,1).

Von deinem Feuer, von deinem guten Feuer entbrennen wir und setzen uns in Bewegung, denn wir bewegen uns aufwärts ‹zum Frieden Jerusalems› (*Psalm* 121,6), denn ‹ich habe mich an denen gefreut, die zu mir sagten: Ins Haus des Herrn werden wir ziehen› (ebd. 121,1).

Dort wird der gute Wille uns einen Platz anweisen, so dass wir nichts anderes wollen, als dort verharren ‹in Ewigkeit› (ebd. 60,8)».
(*Bekenntnisse* 13,10)

Kurzkommentar: Liebe, Gabe, Feuer und Heiliger Geist sind in der Theologie Augustins korrespondierende Begriffe. Im 13. Buch der *Confessiones*, dem unser Text entnommen ist, interpretiert der Kirchenvater zum dritten Mal das erste Kapitel der *Genesis*, und zwar ausdrücklich allegorisch. ‹Der Geist des Herrn schwebte über den Wassern›, heißt es in *Genesis* 1,2. Warum wird dies nur vom Heiligen Geist gesagt, fragt er, und nicht auch vom Vater und vom Sohn? Weil der Heilige Geist nach der Theologie Augustins, der sich dabei auf entsprechende Stellen aus dem Neuen Testament stützen kann, Gottes ‹Gabe› (*Apostelgeschichte* 2,38) ist. Der Heilige Geist ist auch die in unsere Herzen gegossene ‹Liebe› (siehe *Römerbrief* 5,5). Nach der *Apostelgeschichte* 2,3 ließ er sich in ‹feurigen Zungen› auf die Gläubigen nieder. Unzählige Male spricht Augustinus vom ‹Feuer der Liebe›. Hier verzahnt er die Liebe mit der ‹Ruhe›, dem Leitbegriff der *Confessiones*. Das ‹unruhige Herz› (1,1) kommt erst in Gott, d. h. am Ende der Zeiten, zu jener Ruhe, die Gott selbst ist. «Im großen Schoß deiner Heiligung werden wir ruhen, wenn sie (unsere Lebensreise) vollbracht sein wird». Die *Confessiones* gipfeln im Bekenntnis des letzten Abschnittes: «Du aber ... bist immer ruhevoll, denn du bist selber deine Ruhe» (13,53). Solange Menschen sich noch auf Erden befinden, gilt es der Liebe eingedenk zu sein, die, weil im Prinzip ‹Feuer des Heiligen Geistes›, also ‹Gabe›, weil Gnade, sie in Bewegung setzt, und zwar ‹sursum-aufwärts›, ‹zum Frieden Jerusalems›. «Pondus meum amor meus – Mein Gewicht ist meine Liebe» lautet bündig die Devise. Die Verdoppelung ‹mein› und ‹meine› darf nicht dazu verleiten, die ‹Liebe› als subjektive Leistung zu betrachten. Die Liebe, von der hier die Rede ist, ist und bleibt von Gott geschenkt. Dies unterstreicht der Text, wenn er passiv fortfährt: ‹Ich werde gezogen›. Und noch deutlicher: ‹Durch deine Gabe werden wir entzündet, werden wir nach oben gehoben› etc. Der Vergleich mit dem Öl und dem Wasser zeigt, dass Augustin in der gottgeschenkten Liebe das spezifische Gewicht des Christen betrachtet. Also: Nicht Begabung macht den Wert des Menschen aus, nicht Reichtum, nicht Öffentlichkeit, nicht Ansehen, sondern einzig und allein die Liebe.

3. «Fecerunt itaque civitates duas amores duo, terrenam scilicet amor sui usque ad contemptum dei, caelestem vero amor dei usque ad contemptum sui».
(*De civitate dei* 14,28)

«Zwei Arten der Liebe haben demnach die zwei Staaten begründet, den irdischen die sich bis zur Gottesverachtung steigernde Selbstliebe, den himmlischen jedoch die bis zur Verachtung ihrer selbst sich steigernde Gottesliebe». (*Der Gottesstaat* 14,28)

Kurzkommentar: In seiner epochalen Schrift *Der Gottesstaat* weist Augustinus zunächst in den ersten zehn Büchern den Vorwurf der Heiden zurück, die Aufgabe der heidnischen Religion und die Annahme des Christentums seien schuld an der Belagerung Roms im Jahr 410 gewesen. Er setzt sich darin ausführlich mit dem Heidentum auseinander. In den Büchern 11–22 legt er den Ursprung und das Ziel des Gottesstaates dar. Im Schlusskapitel des 14. Buches liefert er den Schlüssel zum Verständnis der beiden Staaten. Sie unterscheiden und scheiden sich durch ihre je eigene Liebe, die Gottesliebe und die Selbstliebe.

4. «Caritas autem compagem facit, compages complectitur unitatem, unitas servat caritatem, caritas pervenit ad claritatem».
(*Enarrationes in Psalmos* 30,2,2,1)

«Die Liebe aber schafft Gemeinschaft, die Gemeinschaft begreift sich als Einheit, die Einheit bewahrt die Liebe, die Liebe erreicht den Glanz (wohl der Anschauung Gottes als Lebensziel)».
(*Auslegungen der Psalmen* 30,2,2,1)

Kurzkommentar: ‹Caritas› und ‹unitas› sind nach Augustinus nahezu identisch. Auch im sozialen Bereich ist die ‹caritas› Garant des Zusammenlebens.

5. «Interest ergo quid ametur. Nam in eo, quod amatur, aut non laboratur aut et labor amatur».
(*De bono viduitatis* 26)

«Es kommt also darauf an, was einer liebt. Denn in dem, was man liebt, spürt man entweder die Mühe nicht, oder man liebt selbst die Mühe».
(*Das Gut der Witwenschaft* 26)

Kurzkommentar: Obgleich der Kirchenvater die christliche ‹Caritas› strikt von dem emotionalen Vermögen des Menschen, Objekte aller Art zu lieben, scheidet, so weiß er doch um die Bedeutung dieser Fähigkeit bei der Bewältigung aller Lebensaufgaben. Siehe auch den Kurzkommentar zu **Text 6**.

6. «Non recusetur labor, si adest amor; nostis enim quoniam qui amat non laborat».
(*In Iohannis evangelium tractatus* 48,1)

«Man lehnt die Mühe nicht ab, wenn die Liebe vorhanden ist. Wisst ihr doch, wer liebt, spürt die Mühsal nicht».
(*Auslegungen des Johannesevangeliums* 48,1)

Kurzkommentar: Es sei darauf aufmerksam gemacht, dass im Latein ‹labor› Anstrengung jeder Art bedeutet, also sowohl Mühe und Arbeit wie auch Ungemach, Drangsal, Beschwerde und Krankheit. Die Liebe macht nicht nur die Arbeit erträglich, sie hilft auch, über alles Ungemach hinwegzukommen.

7. «Quamquam ubi succumbo, quia oneror, ibi etiam, quia diligor, sublevor».
(*Epistula* 101,1)

«Obgleich ich unter der Last zusammenbreche, werde ich doch, da ich mich geliebt fühle, dort wieder aufgerichtet, wo sie mich niederdrückt».
(*Brief* 101,1)

Kurzkommentar: Zweifelsohne gilt diese Ermunterung im mitmenschlichen Bereich. Augustinus bezieht jedoch das ‹diligor›, das Geliebtwerden, auch auf Gott. Seine Liebe richtet Unterdrückte auf.

8. «Homines ergo bonos imitare, malos tolera, omnes ama».
(*De cathecizandis rudibus* 55)

«Ahme also gute Menschen nach, böse ertrage, liebe jedoch alle».
(*Der erste katechetische Unterricht* 55)

Kurzkommentar: Immer wieder überrascht der Rhetor Augustinus den Leser mit sprachlich präzisen Abwandlungen des Liebesgebotes. Es erstreckt sich auf alle. Der Satz erinnert an die Bergpredigt im *Matthäusevangelium* 5,45, wonach Gott seine Sonne über Böse und Gute aufgehen lässt.

9. «Ubi autem caritas, ibi pax; et ubi humilitas, ibi caritas».
(*In epistulam Iohannis ad Parthos tractatus*, prologus)

«Wo die Liebe ist, dort ist der Friede, und wo die Demut ist, dort ist die Liebe».
(*Vorträge zum Johannesbrief an die Parther*, Vorwort)

Kurzkommentar: Auf die enge Verflechtung von ‹caritas› und ‹humilitas› bei Augustinus wurde unter **Demut, Text 1** bereits hingewiesen. Liebe, Friede und Demut bedingen und durchdringen sich gegenseitig.

10. «Quia talis est quisque, qualis eius dilectio est.
Terram diligis? Terra eris.

Deum diligis? Quid dicam? Deus eris?
Non audeo dicere ex me, scripturas audiamus: ‹Ego dixi, dii estis, et filii altissimi omnes› (*Ps* 81,6)».
(*In epistulam Iohannis ad Parthos tractatus* 2,14)

«Denn jeder ist so, wie seine Liebe beschaffen ist.
Liebst du die Erde? Du wirst Erde sein.

Liebst du Gott? Was soll ich sagen? Du wirst Gott sein?
Ich wage von mir aus nicht zu antworten, hören wir die heiligen Schriften: ‹Ich sagte, ihr seid Götter – alle seid ihr Söhne des Höchsten› (*Psalm* 81,6)».
(*Vorträge zum Johannesbrief an die Parther* 2,14)

Kurzkommentar: Von Augustinus stammt der bedenkenswerte Satz, die Liebe sei sein spezifisches Gewicht (siehe hier **Text 2**). Unser Zitat unterstreicht dies mit der Aussage über die Wertigkeit eines jeden Menschen. Die Erklärung, der

Gott Liebende sei Gott, beruft sich zwar auf den Psalmvers 81,6, sie bedarf indes einer zusätzlichen Bemerkung, die aus dem Kontext der Stelle hervorgeht. Was den Gott Liebenden mit Gott verbindet, ist das verheißene ewige Leben, nicht die göttliche Natur. Denn Gott ist Schöpfer, der Mensch bleibt auch im verheißenen ewigen Leben Geschöpf.

11. «Amemus, gratis amemus: Deum enim amamus, quo nihil melius invenimus.

Ipsum amemus propter ipsum, et nos in ipso, tamen propter ipsum.

Ille enim veraciter amat amicum, qui deum amat in amico, aut quia est in illo, aut ut sit in illo.

Haec est vera dilectio: Propter aliud si nos diligimus, odimus potius quam diligimus». (*Sermo* 336,2)

«Lasst uns lieben, lasst uns aus freien Stücken lieben: Lieben wir doch Gott, im Vergleich zu dem wir Besseres nicht finden.

Lasst uns ihn selbst seinetwegen lieben und uns in ihm, jedoch seinetwegen.

Jener nämlich liebt wahrhaft seinen Freund, der Gott im Freunde liebt, entweder weil der in jenem ist oder in ihm sein soll.

Dies ist wahre Liebe; sollten wir uns aus einem anderen Grund lieben, hassen wir uns eher als dass wir uns lieben». (*Predigt* 336,2)

Kurzkommentar: Augustinus entgingen die kleinen Unterschiede bei den Antworten, die Jesus nach den drei synoptischen Evangelien auf die Frage seines Gesprächspartners gab, welches denn das wichtigste Gebot sei, nicht. Dass das zweite Gebot ebenso wichtig ist wie das erste (*Mt* 22,39), legt er in unserem Text so aus, dass das Gebot der Nächstenliebe sozusagen als die Fortsetzung bzw. Verlängerung des ersten Gebotes erscheint. Schon die Selbstliebe als Maßstab der Nächstenliebe ist ein Reflex der Gottesliebe und dieser Reflex soll auch die Nächstenliebe bestimmen. Das «propter ipsum», das Gott allein gilt, bestimmt das Wesen des Liebesgebotes auch gegenüber dem Nächsten.

12. «Dilectio ergo sola discernit inter filios dei et filios diaboli.

Signent se omnes signo crucis Christi; respondeant omnes, amen; cantent

«Die Liebe allein also unterscheidet zwischen den Söhnen Gottes und den Söhnen des Teufels.

Mögen sich alle mit dem Zeichen des Kreuzes Christi bezeichnen, mögen

omnes, alleluia; baptizentur omnes, intrent ecclesias, faciant parietes basilicarum: Non discernuntur filii dei a filiis diaboli, nisi caritate.	alle Amen antworten, mögen alle Halleluja singen, mögen alle sich taufen lassen, in die Kirchen eintreten, Kirchenwände errichten: Der Unterschied zwischen den Kindern Gottes und den Kindern des Teufels liegt einzig und allein im Besitz der Liebe.
Qui habent caritatem, nati sunt ex deo: Qui non habent, non sunt nati ex deo.	Die die Liebe haben, sind aus Gott geboren, die sie nicht haben, sind nicht aus Gott geboren.
Magnum indicium, magna discretio.	Ein sicheres Indiz, eine sichere Unterscheidung.
Quidquid vis habe; hoc solum non habeas, nihil tibi prodest:	Magst du haben, was immer du willst; hast du dies allein nicht, nützt es dir nichts.
Alia si non habeas, hoc habe, et implesti legem.	Magst du anderes nicht haben, bemühe dich um dies, und du hast (damit) das Gesetz erfüllt.
‹Qui enim diligit alterum, legem implevit› (*Rm* 13,8), ait apostolus, et: ‹Plenitudo legis caritas› (*Rm* 13,10).	‹Wer nämlich den anderen liebt, hat das Gesetz erfüllt› (*Römerbrief* 13,8), sagt der Apostel, und: ‹Die Liebe ist des Gesetzes Erfüllung› (ebd. 13,10).
Puto istam margaritam esse illam quam homo negotiator quaesisse describitur in evangelio, qui invenit unam margaritam, et vendidit omnia quae habebat, et emit eam.	Ich vermute, sie (die Liebe) ist jene Perle, die ein Kaufmann, wie das Evangelium ihn schildert, gesucht hatte, und als er sie fand, alles verkaufte, und sie erwarb (vgl. *Matthäusevangelium* 13,46).
Haec est margarita pretiosa, caritas, sine qua nihil tibi prodest quodcumque habueris: Quam si solam habeas, sufficit tibi.	Sie, die Caritas, ist die kostbare Perle, ohne die dir nichts nützt, was immer du erwerben wirst; hast du sie aber, wenn auch nur sie alleine, so genügt es dir.
Modo cum fide vides, tunc cum specie videbis.	Jetzt (allerdings) siehst du nur im Glauben, dann (aber) in der Gestalt.

Si enim amamus cum non videmus, quomodo amplectemur cum viderimus? Sed ubi nos debemus exercere? In amore fraterno. Potes mihi dicere, non vidi deum; numquid potes mihi dicere, non vidi hominem? Dilige fratrem.

Si enim fratrem quem vides dilexeris, simul videbis et deum; quia videbis ipsam caritatem, et intus inhabitat deus».
(*In epistulam Iohannis ad Parthos tractatus 5,7*)

Wenn wir nämlich lieben, obgleich wir nicht schauen, wie werden wir in der Schau umarmen? Wo aber ist der Ort, um uns (in der Caritas) zu üben? In der Bruderliebe. Du magst mir entgegnen, ich habe Gott (noch) nicht gesehen; vermagst du aber mir entgegnen, ich habe den Menschen (meinen Nächsten) nicht gesehen? Liebe (also) den Bruder (den Nächsten).
Denn wenn du den Bruder, den du siehst, liebst, wirst du zugleich auch Gott sehen; du wirst nämlich die Caritas sehen, und im Inneren (des Menschen) wohnt Gott».
(*Vorträge zum Johannesbrief an die Parther 5,7*)

Kurzkommentar: Der Kirchenvater Augustinus macht mit der neutestamentlichen Lehre, ‹deus caritas est – Gott ist Caritas› (*Erster Johannesbrief* 4,8.16) insofern Ernst, als er Subjekt und Prädikat untereinander austauscht: ‹dilectio deus est› bzw. ‹caritas deus est› (vgl. *Vorträge zum Johannesbrief an die Parther* 7,6; 9,2 u. a.). Die Caritas bezieht sich nicht allein auf den Bereich des Emotionalen, sie erschöpft sich auch nicht darin, sie ist Ausfluss Gottes, laut *Römerbrief* 5,5 «in unsere Herzen ausgegossen durch den uns gegebenen Heiligen Geist». Nach Augustinus begegnet Gott dem Menschen vorzüglich in dessen Liebe zum Nächsten, weil diese ihm als Gnade geschenkt, prinzipiell seine (Gottes) Liebe ist. Deshalb ist auch die christliche ‹Caritas› stets eine durch den Mittler Christus vermittelte: Wer den Nächsten mit christlicher Liebe liebt, liebt immer auch Christus, den Bruder dieses Nächsten, der, wenn ein Christ, zugleich Glied am Leibe Christi ist. Und wer Christus liebt, der liebt über den Sohn Gottes auch den Vater des Sohnes Gottes. Und er liebt letzten Endes die Liebe selbst, die der Heilige Geist ist. Deshalb ist die Liebe unteilbar (siehe dazu *Vorträge zum Johannesbrief an die Parther* 10,3).

13. «‹Tolle› inquit, ‹grabatum tuum, et ambula› (*Io* 5,8).
Quae sunt illa duo praecepta, fratres, recolite mecum.

Notissima enim esse debent, nec modo tantum venire in mentem cum commemorantur a nobis, sed deleri numquam debent de cordibus vestris.

Semper omnino cogitate diligendum esse deum et proximum: ‹Deum ex toto corde, ex tota anima, et ex tota mente; et proximum tamquam seipsum› (*Lc* 10,27).

Haec semper cogitanda, haec meditanda, haec retinenda, haec agenda, haec implenda sunt.

Dei dilectio prior est ordine praecipiendi, proximi autem dilectio prior est ordine faciendi.

Neque enim qui tibi praeciperet dilectionem istam in duobus praeceptis, prius tibi commendaret proximum, et postea deum, sed prius deum, postea proximum.
Tu autem quia deum nondum vides, diligendo proximum promereris quem videas; diligendo proximum purgas oculum ad videndum deum, evidenter Iohanne dicente: ‹Si fratrem quem vides non diligis, deum

«‹Nimm deine Matte›, so sprach er, ‹und geh!› (*Johannesevangelium* 5,8).
Bedenkt mit mir, Brüder, was mit diesem doppelten Imperativ gemeint ist.
Er sollte euch über alles bekannt sein und er dürfte euch nicht erst dann in den Sinn kommen, wenn er von uns in Erinnerung gerufen wird. Nie und nimmer dürft ihr ihn aus euren Herzen löschen.
Immerzu sollt ihr das Gebot der Gottes- und Nächstenliebe erwägen: ‹Gott aus ganzem Herzen, aus ganzer Seele, aus ganzem Denken, den Nächsten wie sich selbst lieben› (*Lukasevangelium* 10,27).
Darüber sollt ihr nachdenken, darüber nachsinnen, das habt ihr festzuhalten, das in die Tat umzusetzen, das zu erfüllen!
(Achtet indes darauf:) Nach der Ordnung des Doppelgebotes steht die Gottesliebe an erster Stelle, nach der seiner Ausführung (hingegen) die Nächstenliebe.
Der dir nämlich die Liebe in diesen beiden Geboten vorschrieb, wollte dir nicht die Nächstenliebe als die rangerste vor der Gottesliebe vorschreiben.
Du jedoch, weil du Gott noch nicht siehst, verdienst ihn, Gott, erst durch die Liebe zum Nächsten, den du siehst, zu sehen. Durch die Nächstenliebe reinigst du (gewissermaßen) dein Auge, um Gott schauen zu kön-

quem non vides quomodo diligere poteris?› (*1 Io* 4,20).	nen, worüber (auch) Johannes redet (der schreibt): ‹Wenn du deinen Bruder, den du siehst, nicht liebst, wie wirst du Gott lieben können, den du nicht siehst?› (*Erster Johannesbrief* 4,20).
Ecce dicitur tibi: Dilige deum.	Siehe, dir wird gesagt: Du sollst Gott lieben!
Si dicas mihi: Ostende mihi quem diligam, quid respondebo, nisi quod ait ipse Iohannes: ‹Deum nemo vidit umquam› (*Io* 1,18)?	Wenn du mir erwiderst: Zeige mir, den ich lieben soll, was anderes werde ich dann antworten, wenn nicht das, was Johannes selber sagt: ‹Niemand hat Gott je geschaut› (*Johannesevangelium* 1,18)?
Et ne te alienum omnino a deo videndo esse arbitreris: ‹Deus›, inquit, ‹caritas est; et qui manet in caritate, in deo manet› (*1 Io* 4,16).	Damit du aber nicht glaubst, es sei dir völlig unmöglich, Gott zu sehen, sagt er: ‹Gott ist Liebe; und wer in der Liebe bleibt, der bleibt in Gott› (*Erster Johannesbrief* 4,16).
Dilige ergo proximum, et intuere in te unde diligis proximum; ibi videbis, ut poteris, deum.	Liebe also den Nächsten und (dann) achte auf dein Inneres, um zu sehen, woher du den Nächsten liebst. Dort wirst du, so weit möglich, Gott schauen.
Incipe ergo diligere proximum.	Fange also an, den Nächsten zu lieben.
‹Frange esurienti panem tuum, et egenum sine tecto induc in domum tuam; si videris nudum, vesti, et domesticos seminis tui ne despexeris› (*Is* 58,7 sq.).	‹Teile dein Brot mit dem Hungernden, den Obdachlosen nimm auf in dein Haus; wenn du einen Nackten siehst, bekleide ihn, und verachte den Hausgenossen deines Stammes nicht› (*Jesaja* 58,7 f.).
Faciens autem ista quid consequeris?	Tust du dies, was wirst du (dann) erreichen?
‹Tunc erumpet velut matutina lux tua› (*Is* 58,8).	‹Dann wird dein Licht gleich der Morgenröte hervorbrechen› (ebd. 58,8).

Lux tua deus tuus est, tibi ‹matutina›, quia post noctem saeculi tibi veniet; nam ille nec oritur, nec occidit, quia semper manet.

Erit tibi matutinus redeunti, qui tibi occasum fecerat pereunti.

Ergo, ‹tolle grabatum tuum› (*Io* 5,8), mihi videtur dixisse: Dilige proximum tuum. ...
Quid ergo in grabato, obsecro te?

Quid, nisi quia ille languidus grabato portabatur, sanus autem grabatum portat.
Quid dictum est ab apostolo? ‹Invicem onera vestra portate, et sic adimplebitis legem Christi› (*Gal* 6,2).

Lex ergo Christi caritas est, nec caritas impletur nisi invicem onera nostra portemus.

‹Sufferentes›, inquit, ‹invicem in dilectione, studentes servare unitatem spiritus in vinculo pacis› (*Eph* 4,2 sq.).

Cum esses languidus, portabat te proximus tuus; sanus factus es, porta proximum tuum: ‹Invicem onera

Dein Licht ist dein Gott, er ist deine ‹Morgenröte›, dann (nämlich erst) nach der Nacht der (gegenwärtigen) Welt wird es (das Licht) vollends aufstrahlen. Jener nämlich, der weder einen Aufgang noch einen Untergang kennt, bleibt allzeit.
Er wird für dich, wenn du (zur Erfüllung des Gebotes der Nächstenliebe) zurückkehrst, Sonnenaufgang sein, er, der, als du dich davon abkehrtest, eine Art Sonnenuntergang war.
‹Nimm deine Matte› (*Johannesevangelium* 5,8) scheint mir somit zu bedeuten: Liebe deinen Nächsten! ...
Was also ist mit der Matte eigentlich gemeint, ich bitte dich?
Was, wenn nicht dies: Als Kranker wurde jener darauf getragen, als Geheilter jedoch trägt er die Matte.
Sagte nicht der Apostel: ‹Tragt gegenseitig eure Lasten, so werdet ihr das Gesetz Christi erfüllen› (*Galaterbrief* 6,2)?
Das Gesetz Christi ist also die Liebe, und die Liebe wird nicht erfüllt, wenn wir nicht gegenseitig unsere Lasten tragen.
‹Ertragt einander in Liebe›, sagte er, ‹bemüht euch, die Einheit des Geistes zu bewahren im Band des Friedens› (*Epheserbrief* 4,2 f.).
Als du krank darniederlagst, trug dich dein Nächster; (nun) bist du gesund geworden, trage deinen

vestra portate, et sic adimplebitis legem Christi› (*Gal* 6,2).

Sic adimplebis, o homo, quod tibi deerat.
‹Tolle› ergo ‹grabatum tuum› (*Io* 5,8). Sed cum tuleris, noli remanere, ‹ambula›.

Diligendo proximum, et curam habendo de proximo tuo, iter agis.

Quo iter agis, nisi ad dominum deum, ad eum quem diligere debemus ex toto corde, ex tota anima, ex tota mente?
Ad dominum enim nondum pervenimus, sed proximum nobiscum habemus.
Porta ergo eum, cum quo ambulas, ut ad eum pervenias, cum quo manere desideras.

‹Tolle› ergo ‹grabatum tuum, et ambula› (*Io* 5,8)».

(*In Iohannis evangelium tractatus* 17,8 sq.)

Nächsten: ‹Tragt gegenseitig eure Lasten, so werdet ihr das Gesetz Christi erfüllen› (*Brief an die Galater* 6,2).
So wirst du, Mensch, erfüllen, was dir fehlte.
‹Nimm› also ‹deine Matte› (*Johannesevangelium* 5,8). Hast du sie aber genommen, bleibe nicht zurück, ‹laufe›!

(Erst) indem du den Nächsten liebst und für deinen Nächsten Sorge trägst, begibst du dich auf den Weg.

Wohin geht dein Weg, wenn nicht zu Gott dem Herrn; zu ihm, den wir lieben sollen aus ganzem Herzen, aus ganzer Seele, aus ganzem Geiste?
Wir sind nämlich noch nicht beim Herrn angelangt, aber wir haben den Nächsten (bereits) bei uns.
Trage also ihn, mit dem du dich auf dem Weg befindest, um zu dem zu gelangen, bei dem zu bleiben du dich sehnst.

‹Nimm› also ‹deine Matte und geh› (ebd.)».

(*Auslegungen des Johannesevangeliums* 17,8 f.)

Kurzkommentar: Augustinus nutzte jede Gelegenheit, seinen Lesern und Zuhörern das Doppelgebot der Liebe ans Herz zu legen. Er tat dies häufig und ergiebig, wie in unserem Text, mit Hilfe der Allegorese, einer in der christlichen Spätantike äußerst beliebten und von ihm glänzend gehandhabten Methode der Bibelauslegung (siehe dazu meinen Artikel *Allegoria* im *Augustinus-Lexikon* 1, 233–239). Hier bietet ihm der Vers aus dem *Johannesevangelium* 5,8: «Nimm deine Matte und geh!» Anlass, darauf hinzuweisen, was stets zu bedenken und was immerzu in Erinnerung zu rufen ist, nämlich die Verwirklichung des Doppelgebotes, das von der Gottesliebe und das von der Nächstenliebe. Christen sollen sich über die Rangordnung beider, den ‹ordo praecipiendi› und den ‹ordo faciendi›, im Klaren sein. Dem Rang nach steht die Gottesliebe höher als die Nächstenliebe; ihr gehört der Primat, sie steht an erster Stelle des Doppelgebotes. In der Verwirklichung beider – hic et nunc, hier und jetzt – überragt zwar die Nächstenliebe keineswegs die Gottesliebe, im Vollzug wird sie jedoch gleichsam zur Conditio sine qua non, zur unerlässlichen Voraussetzung für die Erfüllung der Gottesliebe. Im Imperativ «Nimm deine Matte!» erblickt der Prediger die zu verwirklichende Ordnung, den ‹ordo faciendi›, beider Gebote angedeutet: zuerst das der Nächstenliebe. Dabei beruft er sich auf eine Reihe einschlägiger Schriftzitate, die seine These vom ‹ordo faciendi› stützen, allem voran auf Stellen aus dem johanneischen Schrifttum, speziell aus dem *Ersten Johannesbrief*. Es wäre indes ein Irrtum, wollte man die Nächstenliebe mit der Gottesliebe identifizieren und auf diese Weise das Gebot der Gottesliebe suspendieren, was man gelegentlich lesen und hören kann. Augustinus bietet dafür keinerlei Argumentationshilfe. Ganz im Gegenteil, die erfüllte Nächstenliebe wird im Blick auf das Ziel schlicht und einfach zum Weg degradiert. Nicht das Ziel führt zum Weg, sondern umgekehrt: der Weg führt zum Ziel. Die Erfüllung des Gebotes der Nächstenliebe ist der dornige Weg des Gesetzes, der mit Hilfe der Gnade zum Ziel, zur Gottesliebe führt. ‹Ambula – mach dich auf den Weg!› ‹Nondum pervenimus – wir sind noch nicht angelangt›, lautet der nicht weniger wichtige zweite Teil der Allegorese. Das Gebot der Nächstenliebe wird seinen Charakter als Last verlieren, das ihm in diesem Dasein anhaftet. Bleiben wird die alle andere Liebe in sich integrierende Gottesliebe. In der bald nach seiner Bischofsweihe (um 395/396) entstandenen, wichtigen bibelhermeneutischen Schrift *De doctrina christiana – Die christliche Wissenschaft* 1,22–33 erläutert Augustinus die Rangordnung des christlichen Liebesgebotes. Er ordnet dort dem Doppelgebot der Liebe vier Gegenstände zu: Gott, sich selbst, den Mitmenschen und die übrigen Geschöpfe. Diese ‹geordnete Liebe›, die ‹ordinata dilectio›, lässt am hierarchischen Aufbau des auf Gott hin finalisierten Liebesgebotes keine Zweifel aufkommen.

14. «Nam non vincit nisi veritas: Victoria veritatis est caritas».
(*Sermo* 358,1)

«Siegen kann nämlich nur die Wahrheit: Der Sieg der Wahrheit ist die Liebe».
(*Predigt* 358,1)

Kurzkommentar: Weil Gott Inbegriff der Wahrheit und der Liebe ist, werden beide Begriffe aufs Engste einander zugeordnet. Zu beiden gesellt sich gerade in Bezug auf Gott der Begriff Ewigkeit. Den Dreiklang der drei Begriffe Wahrheit, Liebe und Ewigkeit hat Augustinus in seinen *Confessiones – Bekenntnissen* 7,16 mustergültig und rhetorisch vollendet zum Ausdruck gebracht: «O aeterna veritas et vera caritas et cara aeternitas! – O ewige Wahrheit und wahre Liebe und geliebte Ewigkeit». (Siehe dazu **Wahrheit, Text 1.**)

15. «Da quod amo: Amo enim.

Et hoc tu dedisti».
 (*Confessiones* 11,3)

«Gib mir (Herr) das, was ich liebe: Ich liebe ja.
Und auch dies (die Fähigkeit zu lieben) hast du gegeben».
(*Bekenntnisse* 11,3)

Kurzkommentar: Ein charakteristischer Satz der augustinischen Gnadenlehre, der zufolge die Gottes- und Nächstenliebe als die entscheidenden Impulse einer christlichen Daseinsgestaltung Gottes Gaben sind (siehe das Zitat aus den *Bekenntnissen* 10,40 unter **Gottesliebe, Text 6**). Augustin wiederholt den Satz wörtlich in *Confessiones* 11,28. Unter den zahlreichen Texten, mit denen der Bischof die Voraussetzung der Gnade für einen gottgefälligen Wandel illustriert, sei der Satz aus der Schrift *De bono viduitatis – Das Gut der Witwenschaft* 21 angeführt: «Proinde petamus ut det, quod ut habeamus iubet – Bitten wir (Gott) somit, dass er uns das gebe, was zu haben er uns befiehlt».

16. «Nemo est qui non amet, sed quaeritur quid amet.
Non ergo admonemur ut non amemus, sed ut eligamus quid amemus.

Sed quid eligimus, nisi prius eligamur?

Quia nec diligimus, nisi prius diligamur?»
 (*Sermo* 34,2)

«Es gibt niemanden, der nicht liebte; es gilt jedoch zu fragen, was er liebe.
Wir werden also nicht ermahnt, dass wir nicht lieben, sondern (dazu) dass wir wählen, was wir lieben.
Was aber heißt das schon: wir wählen, wenn nicht, dass wir zuvor schon selbst erwählt werden?
Wir vermögen ja auch nicht zu lieben, wenn wir zuvor nicht schon geliebt werden?»
(*Predigt* 34,2)

Kurzkommentar: Auch in diesem Zitat geht es wie in **Text 15** um den Gnadencharakter der christlichen ‹Caritas›. Der Prediger häuft geradezu die einschlägigen Sätze aus dem Neuen Testament, allem voran jenen aus dem *Ersten Johannesbrief* 4,10: «Wir lieben, weil er (Gott) uns zuerst geliebt hat», und jenen aus dem *Römerbrief* 5,5: «Die Liebe Gottes ist ausgegossen in unsere Herzen durch den Heiligen Geist, der uns gegeben ist». Augustinus geht in der Exgese dieser Sätze vom absoluten Geschenkcharakter der christlichen ‹Caritas› so weit, dass er den Wert des Menschen einzig und allein in dessen Gottesliebe erblicken will (siehe **Text 10**).

17. «Si qui forte vultis servare caritatem, fratres, ante omnia ne putetis abiectam et desidiosam; nec quadam mansuetudine, imo non mansuetudine, sed remissione et neglegentia servari caritatem.

Non sic servatur.

Non putes tunc te amare servum tuum, quando eum non caedis; aut tunc te amare filium tuum, quando ei non das disciplinam; aut tunc te amare vicinum tuum, quando eum non corripis: Non est ista caritas, sed languor.

Ferveat caritas ad corrigendum, ad emendandum: Sed si sunt boni mores, delectent; si sunt mali, emendentur, corrigantur.

«Wenn ihr die Liebe bewahren wollt, Brüder, dann stellt sie euch allem voran nicht als etwas Abschätziges und Müßiges vor. Und glaubt auch nicht, die Liebe sei durch eine gewisse Gutmütigkeit oder gar Nachgiebigkeit, ja Nachlässigkeit zu bewahren.

Nein, so wird der Liebe nicht Genüge getan.

Denke nicht, du würdest deinen Diener (nur) dann lieben, wenn du ihn nicht schlägst; oder du würdest deinen Sohn (nur) lieben, wenn du ihn nicht zur Zucht anhältst; oder du würdest deinen Nachbarn (nur) dann lieben, wenn du ihn nicht zurechtweist. Solches Verhalten ist nicht Liebe, sondern Trägheit.

Glühen soll (vielmehr) die Liebe, indem sie korrigiert und verbessert. Sind (freilich) die Sitten gut, (so) sollen sie Freude bereiten; sind sie (hingegen) schlecht, (so) sollen sie gebessert und korrigiert werden.

Noli in homine amare errorem, sed hominem: hominem enim deus fecit, errorem ipse homo fecit.

Ama illud quod deus fecit, noli amare quod ipse homo fecit».

(*In epistulam Iohannis ad Parthos tractatus* 7,11)

Liebe am Mitmenschen nicht die Verirrung, liebe den Menschen. Ihn nämlich hat Gott erschaffen, die Verirrung (hingegen) ist das Werk des Menschen.

Liebe das, was Gott schuf, liebe nicht das, was der Mensch schuf».

(*Vorträge zum Johannesbrief an die Parther* 7,11)

Kurzkommentar: Die christliche ‹Caritas› hat die ‹Veritas› zum Pendant: sie lässt nicht zu, dass zweimal zwei fünf sei. An der Bindung der Liebe an die Wahrheit hat Augustinus nie einen Zweifel aufkommen lassen (siehe den Kurzkommentar zu **Text 14**). Die ‹Caritas› darf sich auch über das Recht und die Gerechtigkeit nicht hinwegsetzen. Im Gegenteil, um der Wahrheit und der Gerechtigkeit willen sind Korrekturen und Härten im Umgang mit dem Mitmenschen keine Fesseln, sondern geradezu notwendige Maßnahmen der ‹Caritas›. Die Liebe zu Wahrheit und Recht nimmt die Zucht in Kauf. In seiner Regel für Mönche bringt der Bischof die Pflicht zur gegenseitigen Zurechtweisung gebührend zur Sprache. Er vergleicht darin den Zurechtzuweisenden mit einem Verwundeten, der geheilt werden müsse. «Wenn dein Bruder an seinem Körper eine Wunde hätte», so fragt er, «die er vielleicht geheimgehalten wissen möchte, da er sich vor dem Schneiden fürchtet, wäre es da nicht grausam ... darüber zu schweigen, dagegen barmherzig, es zu offenbaren?» (*Praeceptum – Regel* 3 4,8).

18. «Sed voluntas dei si et proprie dicenda est aliqua in trinitate persona, magis hoc nomen spiritui sancto competit sicut caritas.

Nam quid est aliud caritas quam voluntas?» (*De trinitate* 15,38)

«Wird der Wille Gottes als Eigenname für eine Person in der Dreieinigkeit genannt, so passt dieser Name wie die Liebe vorzüglich zum Heiligen Geist.

Denn was anderes ist die Liebe als Wille?»

(*Über die Dreieinigkeit* 15,38)

Kurzkommentar: Kaum ein anderer Theologe als Augustinus hat Tiefsinnigeres und auch rhetorisch Vollendeteres über die Liebe gesagt. Er wäre dennoch gründlich missverstanden, wenn man seine Lehre von der ‹Caritas› ausschließlich auf die emotionalen Kräfte, auf die Sphäre der Gefühle und des Gemütes, beschränkte. Er ließ keinen Zweifel daran aufkommen – unsere Stelle verdeutlicht dies –, dass die christliche ‹Caritas› pimär Wille ist, und zwar Wille zum Guten, Wille zum Wahren, Wille zum Schönen und dergleichen. Er stützte seine diesbezüglichen Argumente mit seiner Trinitätslehre, wonach der Mensch ‹imago dei – Ebenbild Gottes›, d. h. als eine mit Intellekt und mit Willen ausgestattete Person Abbild des dreieinigen Gottes ist. Die Identifizierung der christlichen ‹Caritas› mit dem Willen stützt zugleich das Gebot der Feindesliebe, das emotional zwar kaum, jedoch durch den Willen zum Guten zu leisten ist.

19. «Et quodcumque amas, vis ut sit, nec omnino amas quod cupis ut non sit». (*Sermo Lambot* 27,3)

«Und was immer du liebst, besagt zugleich, du willst, dass es sei, denn es ist unmöglich, dass du etwas liebst, von dem du wünschst, es solle nicht sein». (*Predigt Lambot* 27,3)

Kurzkommentar: Die schon im vorausgehenden Zitat festgestellte Identität der christlichen ‹Caritas› mit dem guten Willen illustriert dieser Satz, den Augustinus in einer Predigt über die Liebe Christi zu den Sündern geäußert hat. Wie könne Christus für die Sünder gestorben sein, ohne sie zu lieben, fragt der Prediger. Was immer einer liebt, von dem wolle er auch, dass es sei. Freilich erstreckt sich Christi Wille nicht auf die Sünde, sondern auf den Sünder, für den er, um ihn von der Sünde zu befreien, gestorben ist. Er vernichtete die Sünde, die er nicht liebte. «Wer vernichtet, was er liebt?» fragt der Prediger. Liebe zielt also als Wille zum Guten auf das Gute in uns, um uns und über uns.

20. «Miseremini ergo tanquam misericordes; quia in eo etiam quod diligitis inimicos, fratres diligitis.

Ne putetis Ioannem nihil de dilectione inimici praecepisse; quia de fraterna caritate non tacuit: Fratres diligitis.

«Erbarmt euch also, wie es sich für Barmherzige geziemt. Denn auch darin, dass ihr Feinde liebt, liebt ihr Brüder.

Glaubt nicht, Johannes habe bezüglich der Feindesliebe keine Gebote hinterlassen; hat er doch über die Bruderliebe nicht geschwiegen: Liebt die Brüder (schrieb er).

Quomodo, inquis, fratres diligimus? ... Opta illi ut habeat tecum vitam aeternam; opta illi ut sit frater tuus.	Auf welche Weise, fragst du, lieben wir die Brüder? ... Wünsche ihm, er möge mit dir das ewige Leben haben. Wünsche ihm, er möge dein Bruder sein.
Si ergo hoc optas, diligendo inimicum, ut sit frater tuus; cum eum diligis, fratrem diligis.	Wenn du also dies aufgrund (des Gebotes) der Feindesliebe wünschst, er möge dein Bruder sein, dann liebst du, wenn du ihn als Bruder liebst, den Bruder.
Non enim amas in illo quod est; sed quod vis ut sit».	Du liebst ja in ihm nicht, was er ist, sondern was du willst, dass er sei».
(*In epistulam Iohannis ad Parthos tractatus* 8,10)	(*Vorträge zum Johannesbrief an die Parther* 8,10)

Kurzkommentar: Dass die Feindesliebe der Prüfstein wahrer Nächstenliebe ist, wusste Augustin. Wie bereits unter **Text 18** und **Text 19** dargelegt, erschöpft sich die christliche ‹Caritas› nicht im Bereich der Emotionen und der Affekte, sie ist vielmehr Sache des Willens zum Guten. Die fingierten Fragen nach der Erfüllung des Gebotes der Feindesliebe, ob dazu etwa gute Wünsche zu einem gesunden oder zu einem reichen oder zu einem in Bezug auf die eheliche Partnerschaft befriedigenden Leben genügten, wovon im Korpus des Abschnittes die Rede ist, beantwortet der Prediger mit eindeutigem Nein. Die guten Wünsche haben sich auf das Heil des Menschen zu beziehen. Dies ist auch dem Feind zu wünschen. Im gleichen Abschnitt illustriert Augustin am Beispiel Christi das Gebot der Feindesliebe. Der Herr, so führt er aus, wollte nicht, dass seine Verfolger blieben, was sie waren. Daher betete er: «Vater, verzeih ihnen, denn sie wissen nicht, was sie tun» (*Lukasevangelium* 23,34). Mit der Bitte um Verzeihung verband Jesus offensichtlich – so Augustin – deren Umwandlung: «Quibus voluit ignosci, mutari illos voluit – Denen er verzeihen wollte, von denen wollte er (auch), dass sie sich ändern». So habe er sie aus Feinden zu Brüdern gemacht. Die Maxime des Gebotes der Nächstenliebe lautet: «Quapropter perfecta dilectio, est inimici dilectio: Quae perfecta dilectio est in dilectione fraterna. – Aus diesem Grunde ist die vollkommene Liebe die Feindesliebe, die gerade als vollkommene Liebe in der Bruderliebe integriert ist».

21. «Amor autem rerum amandarum caritas vel dilectio melius dicitur.

Quare omnibus cogitationis viribus considerandum est saluberrimum illud praeceptum, ‹diliges dominum deum tuum in toto corde tuo et in tota anima tua et in tota mente tua› (*Mt* 22,37); et illud quod ait dominus Iesus: ‹haec est autem vita aeterna, ut cognoscant te solum verum deum et quem misisti Iesum Christum› (*Io* 17,3)».
(*De diversis quaestionibus octoginta tribus* 35,2)

«Die Liebe zu den Dingen, die zu lieben sind, heißt zutreffender ‹caritas› oder ‹dilectio›.

Deshalb trifft es auch zu, dass jenes heilvollste Gebot mit all unseren Seelenkräften bedacht zu werden verdient, das da lautet: ‹Du sollst den Herrn, deinen Gott, mit ganzem Herzen, mit ganzer Seele und mit ganzem Verstande lieben› (*Matthäusevangelium* 22,37); ferner auch jenes, das der Herr Jesus gesagt hat: ‹Das ist das ewige Leben, dass sie dich als den wahren Gott erkennen und den du gesandt hast, Jesus Christus› (*Johannesevangelium* 17,3)».
(*Über dreiundachtzig verschiedene Fragen* 35,2)

Kurzkommentar: Im Unterschied zur deutschen Sprache kennt die lateinische gleich drei Wörter für die Liebe, mit denen sie die Arten bzw. die Zielsetzungen der Liebe bezeichnet. Ist das Objekt der Liebe Irdisches, so bevorzugt Augustinus die Worte ‹amor› und ‹amare›, ist es Gott und der Nächste, so verwendet er in der Regel ‹dilectio› und ‹diligere›, der Terminus der christlichen Liebe ist jedoch bei ihm vorzüglich die ‹caritas›. Wie er hier darlegt, hebt er jene Dinge, die bevorzugt zu lieben sind – Gott und alles, was zu Gott gehört –, von den vergänglichen Dingen ab. Er definiert auch in gewissem Sinn den Begriff ‹amor›, indem er sagt, die Liebe sei ein gewisses Begehren: «amor appetitus quidam est». Freilich wird sie vom Verstand begleitet, der ihr zu zeigen vermag, was ewig und deshalb begehrenswerter, und was vergänglich und deshalb weniger begehrenswert ist. Die Seele soll also das zu lieben trachten, was sie mit der Kraft des Verstandes als das Ewige zu erkennen in der Lage ist. (Zu den genannten Termini siehe die einzelnen Artikel von DANY DIDEBERG im *Augustinus-Lexikon*: für *Amor* 1, 294–299; für *Dilectio* 2, 435–453; für *Caritas* 1, 730–743.)

22. «Ardete: Ne ardeatis igne quo arsuri sunt daemones.

Ardete igne caritatis, ut a daemonibus vos discernatis.

Ardor iste sursum vos rapit, sursum tollit, in caelum levat.

Quidquid molestiarum passi fueritis in terra, quantumcumque christianum cor deorsum humiliatum premat inimicus; summa petit ardor dilectionis.

Similitudinem accipite.
Si faculam teneas ardentem, rectam capite sursum teneas; flammae crinis surgit in caelum: Deprime faculam, flamma in caelum it: Fac faculam capite deorsum, numquid et flammam deponis in terram?

Quacumque ardens vergit, flamma aliam viam nescit, caelum petit.

Spiritu ferventes accendimini igne caritatis: Fervere facite vos laudibus dei, et moribus optimis.
Alter calidus, alter frigidus: Calidus frigidum accendat; et qui parum ardet, optet augmentum, oret adiumentum. Dominus paratus est dare».

(*Sermo* 234,3)

«Glüht! Nicht im Feuer sollt ihr glühen, in dem die Dämonen glühen werden.

Glüht im Feuer der Liebe, damit ihr euch von den Dämonen unterscheidet.

Diese Glut reißt euch nach oben, trägt euch nach oben, hebt euch nach oben.

Was immer ihr an Missbehagen auf Erden erduldet haben werdet, wie sehr auch der Feind ein gedemütigtes christliches Herz niederdrücken mag, die Glut der Liebe strebt zum Höchsten.

Nehmt ein Gleichnis.
Wenn du eine brennende Fackel in der Hand hältst, hältst du die Fackel nach oben; die Flammen des Feuers steigen zum Himmel; senkst du die Fackel, die Flamme geht zum Himmel. Kehrst du die Fackel nach unten, wirst du dann auch die Flamme nach unten zwingen?

Wohin immer sich Brennendes wendet, die Flamme kennt keinen anderen Weg, sie strebt zum Himmel.

Glühend im Geiste, lasst euch entzünden vom Feuer der Liebe. Erglüht in Gotteslob und in guten Sitten. Der eine ist warm, der andere kalt; der Warme entzünde den Kalten; und wer wenig glüht, wünsche sich Mehrung, erbitte sich Zehrung. Der Herr ist zum Schenken bereit».

(*Predigt* 234,3)

Kurzkommentar: Unser Text entstammt einer Predigt aus österlicher Zeit über die Jünger von Emmaus (*Lukasevangelium* 24,13–35). «Brannte nicht unser Herz, als er unterwegs mit uns redete … ?» fragten sich die Jünger (ebd. 24,32). Thema der Predigt ist der in den österlichen Ereignissen – Kreuz und Auferstehung – gipfelnde Glaube der Kirche. Vom Kreuze herab, so der Prediger, belehrte der Gekreuzigte den rechten Schächer über das auch ihm bevorstehende Heil. Das Kreuz war somit der Katheder der christlichen Verkündigung. Rhetorisch vollendet heißt es im gleichen *Sermo* 234,2: «Crux illa, schola erat. Ibi docuit magister latronem. Lignum pendentis, cathedra factum est docentis – Jenes Kreuz war (nämlich) eine Schule. Dort bekehrte ein Lehrer einen Banditen. Das Holz eines Gehängten wurde zum Katheder eines Dozenten». Kern der Verkündigung ist der Glaube an den Verherrlichten. Sie, die Glaubensverkündigung, hat sozusagen das heiße Thema der Christenheit zu sein. Dazu benötigt der Einzelne das ‹Feuer der Liebe›, das allein schon kraft seiner Symbolik die Glaubenden nach oben reißt.

Liebe – Begierde

1. «Ergo aut cupiditate aut caritate, non quo non sit amanda creatura, sed si ad creatorem refertur ille amor, non iam cupiditas sed caritas erit.

«(Liebe = ‹amor›) besteht also entweder aus Begierlichkeit oder aus ‹caritas› (von Gott her bzw. auf Gott hin motivierte reine Liebe) – nicht als ob man das Erschaffene nicht lieben sollte, wird aber jene (‹amor› genannte) Liebe auf den Schöpfer bezogen, so ist sie nicht mehr Begierlichkeit, sondern ‹caritas›.

Tunc enim est cupiditas cum propter se amatur creatura.

Begierlichkeit liegt demnach dann vor, wenn das Erschaffene um seiner selbst willen geliebt wird.

Tunc non utentem adiuvat sed corrumpit fruentem.

Dann nützt (das Erschaffene) nicht mehr dem, der es gebraucht, es bringt (vielmehr) Verderben über den, der es genießt.

Cum ergo aut par nobis aut inferior creatura sit, inferiore utendum est ad

Da also das Erschaffene uns entweder gleich ist oder geringer ist als wir,

deum, pari autem fruendum sed in deo.

Sicut enim te ipso non in te ipso frui debes sed in eo qui fecit te, sic etiam illo quem diligis ‹tamquam te ipsum›.

Et nobis ergo et fratribus in domino fruamur, et inde nos nec ad nosmetipsos remittere et quasi relaxare deorsum versus audeamus».
(*De trinitate* 9,13)

müssen wir es als das Geringere auf Gott hin gebrauchen, das uns Gleiche (hingegen) genießen, freilich in Gott. Wie du nämlich dich selbst nicht in dir genießen darfst, sondern in dem, der dich erschuf, so darfst du auch mit dem, den du ‹wie dich selbst› liebst, verfahren.
Uns also und die Brüder wollen wir im Herrn genießen und wollen es nicht wagen, von dort her zu uns selbst zurück zu gleiten und gleichsam nach unten zu sinken».
(*Über die Dreieinigkeit* 9,13)

Kurzkommentar: Die Ethik Augustins gipfelt in seiner Lehre von der christlichen Liebe (bevorzugte Termini: ‹caritas› und ‹dilectio›). Deren Gegenbegriff ist die Begierde, die ‹cupiditas›. Aber nicht jedes Begehren ist böse. Es gibt auch angemessenes, und zwar dann, wenn seine Objekte dem Schöpfer nicht vorgezogen werden. Um in der Ethik zwischen dem Schöpfer und den Geschöpfen klar unterscheiden zu können, übernahm Augustin aus der antiken Philosophie das Begriffspaar ‹frui – genießen› und ‹uti – gebrauchen›. Objekte des ‹frui – Genießens› sind ihrer Natur nach unverbrauchbar, weil unvergänglich, letztendlich Gott selbst. Objekte des ‹uti – Gebrauchens› hingegen sind verbrauchbar, weil vergänglich. Diese Begriffe kehren bei Augustinus häufig wieder, speziell in *De diversis quaestionibus octoginta tribus* – *Über dreiundachtzig verschiedene Fragen* 30; *De doctrina christiana* – *Die christliche Wissenschaft* 1,3–5; *De civitate dei* – *Der Gottesstaat* 11,25. Sie dienen gleichsam als Parameter für seine Ethik. ‹Frui› heißt in liebender Vereinigung sich an jemandem um seiner selbst willen freuen, ‹uti› hingegen meint, etwas als Mittel zu einem Ziel oder Zweck gebrauchen.

2. «Regnat enim carnalis cupiditas ubi non est dei caritas».
(*Enchiridion de fide spe et caritate* 117)

«Fleischliche Begierde herrscht dort, wo Gottes Liebe fehlt».
(*Handbüchlein über Glaube, Hoffnung und Liebe* 117)

Kurzkommentar: Zum Begriff ‹cupiditas› und dessen Gegenbegriff siehe das zu **Text 1** Gesagte.

3. «Muta cor, et mutabitur opus. Exstirpa cupiditatem, planta caritatem. Sicut enim est radix omnium malorum cupiditas, sic est radix omnium bonorum caritas».
(*Sermo Dolbeau* 16,4)

«Verändere das Herz und auch das Tun wird sich ändern. Reiß die Begierlichkeit aus und pflanze die Liebe ein. Denn wie die Begierlichkeit die Wurzel aller Übel ist, so ist die Liebe die Wurzel aller Güter».
(*Predigt Dolbeau* 16,4)

Kurzkommentar: Das Herz ist der Nährboden sowohl aller Tugenden als auch aller Laster. Zur Bedeutung des Herzens bei Augustin siehe die Texte unter dem Stichwort **Herz**.

4. «Et quid erat, quod me delectabat, nisi amare et amari?»
(*Confessiones* 2,2)

«Was war es, woran ich meine Freude fand, wenn nicht zu lieben und geliebt zu werden?»
(*Bekenntnisse* 2,2)

Kurzkommentar: Über die Jahre seiner Pubertät berichtet Augustinus, welche Freude ihm, dem Sechzehnjährigen, das sinnliche Lieben und das Geliebtwerden bedeutete. Aus dem Kontext geht hervor, dass sich jene Liebe auf sexuelle Handlungen bezog, denn es ist von der ‹Begierlichkeit des Fleisches – concupiscentia carnis›, vom ‹Sprudel der Zeugungskraft – scatebra pubertatis› sowie vom ‹Nebel der Lust – caligo libidinis› die Rede. Im Buch 3, das von seinem Studentendasein in Karthago handelt, schien sich die Freude an der sinnlichen Liebe zu potenzieren: «Quaerebam, quid amarem, amans amare – Ich suchte nach etwas, das ich lieben könnte, denn ich liebte das Lieben» und «Amare et amari dulce mihi erat magis, si et amantis corpore fruerer – Lieben und geliebt zu werden war mir süße Lust, mehr noch, wenn ich auch den Leib des Geliebten genoss». Kennzeichnenderweise verschweigt Augustinus den Namen des so Geliebten, wie er auch den Namen seiner Konkubine, von der er in diesen Jahren den Sohn Adeodatus hatte, verschweigt.

Maria, Mutter Christi und Jungfrau

1. «Quod miramini in carne Mariae, agite in penetralibus animae.

‹Qui corde credit ad iustititam, concipit Christum: Qui ore confitetur ad salutem› (*Rm* 10,10), parit Christum.

Sic in mentibus vestris et fecunditas exuberet, et virginitas perseveret».
(*Sermo* 191,4)

«Was ihr am Leib Mariens bewundert, das ahmt in den Gemächern eurer Seele nach.

‹Wer mit dem Herzen an die (Recht schaffende) Gerechtigkeit (Gottes) glaubt, der empfängt Christus, wer mit dem Mund das Heil (das ihm von Gott her zuteil wird) bekennt› (*Römerbrief* 10,10), der gebiert Christus.

In diesem Sinne möge in eurem Geist die Fruchtbarkeit reichlich hervorströmen und die Jungfräulichkeit Bestand haben». (*Predigt* 191,4)

Kurzkommentar: Maria ist zwar nur Glied am Leibe Christi, wenngleich ein, vom Haupt (Christus) abgesehen, hervorragendes, eine Art Vorbild aller anderen Glieder: Sie empfing und gebar Christus, was in mystischer Weise auch auf die übrigen Glieder zutrifft. (Siehe auch **Text 2** sowie **Kirche, Text 2.**)

2. «Sancta Maria, beata Maria, sed melior est ecclesia quam virgo Maria.
Quare? Quia Maria portio est ecclesiae, sanctum membrum, excellens membrum, supereminens membrum, sed tamen totius corporis membrum.
Si totius corporis, plus est profecto corpus quam membrum.
Caput dominus, et totus Christus caput et corpus.

«Heilig (ist) Maria, selig (ist) Maria, jedoch höher einzustufen ist die Kirche als die Jungfrau Maria.
Warum? Weil Maria Glied der Kirche ist, zwar ein heiliges, ein exzellentes und überragendes, dennoch (lediglich) ein Glied des ganzen Leibes.

Wenn (also) des ganzen Leibes, dann ist doch der Leib mehr als das Glied.
Haupt (an diesem Leib) ist der Herr, der ganze Christus ist Haupt und Leib.

Quid dicam? Divinum caput habe- Was soll ich (noch) sagen? Wir haben
mus, deum caput habemus». ein göttliches Haupt, wir haben Gott
     (*Sermo Denis* 25,7) als Haupt». (*Predigt Denis* 25,7)

Kurzkommentar: Augustins Mariologie (= Lehre über Maria) ist streng bibelbezogen. Unser Text zeigt dies mit aller Deutlichkeit. Ihm geht ein Zitat aus dem *Matthäusevangelium* 12,49 f. voraus, wonach die Mutter und die Brüder Jesu diesen suchten. Jesus indes verweist im besagten Evangelientext pointiert auf seine Verwandschaft mit Gott, seinem Vater. Gewiss, so Augustin, trug Maria Jesus in ihrem Leib, aber ihr Glaube, dass sie Gottes inkarniertes Wort trug, wiegt mehr als ihre Mutterschaft dem Leibe nach. Sie selbst ist in Wahrheit deshalb selig zu preisen, weil sie das Wort Gottes hörte und es durch ihr ‹fiat›, ihr ‹so sei es›, befolgte. Zur Bedeutung Mariens im Denken Augustins siehe den Artikel *Maria virgo et mater* von ROBERT DODARO im *Augustinus-Lexikon* 3, 1171–1179.

Mensch(sein)

1. «Factus eram ipse mihi magna «Für mich war ich selbst ein großes
quaestio». (*Confessiones* 4,9) Rätsel geworden».
               (*Bekenntnisse* 4,9)

Kurzkommentar: In seinen *Bekenntnissen* meditiert Augustinus des Öfteren über die ‹abyssus›, die Abgründe des menschlichen Daseins. Er nennt ein Dasein ohne Gott ‹infelix locus – eine unselige Stätte› (*Bekenntnisse* 4,9).

2. «Grande profundum est ipse «Ein tiefer Abgrund ist der Mensch,
homo, cuius etiam capillos tu, do- dessen Haare du, Herr, gezählt
mine, numeratos habes et non kennst, und keines von ihnen geht
minuuntur in te: Et tamen capilli dir verloren. Und trotzdem sind
eius magis numerabiles quam affec- seine Haare leichter zu zählen als
tus eius et motus cordis eius». seine Affekte und die Regungen
    (*Confessiones* 4,22) seines Herzens».
              (*Bekenntnisse* 4,22)

Kurzkommentar: Im Buch 4 der *Bekenntnisse* berichtet Augustinus von seinen Irrungen und Wirrungen in der Zeit zwischen seinem 19. und 28. Lebensjahr. Darin meditiert er auch über das rätselhafte Phänomen menschlicher Liebesfähigkeit. Wo würden die Gewichte so verschiedener Arten der Liebe in ein und derselben Seele verteilt, fragt er. Am Ende solcher Grübelei steht das vielzitierte Bekenntnis, der Mensch sei ein Abgrund. Das Wort ‹profundum› bezeichnet im Latein das Unergründliche, das Bodenlose, den Abgrund. Aber dies allein reicht dem Rhetor nicht, weshalb er noch das ‹grande› hinzufügt, also: sozusagen ein bodenloser Abgrund sei der Mensch.

3. «Et direxi me ad me et dixi mihi: Tu quis es? Et respondi: Homo.

Et ecce corpus et anima in me mihi praesto sunt, unum exterius et alterum interius. ...
Sed melius quod interius».

(*Confessiones* 10,9)

«Und ich wandte mich zu mir selbst und sprach zu mir: Wer bist du? Und ich antwortete: Ein Mensch.

Und siehe, der Leib und die Seele sind mir gegenwärtig, das eine draußen, das andere drinnen. ...
Doch besser ist, was drinnen ist».

(*Bekenntnisse* 10,9)

Kurzkommentar: Bei der systematischen Suche nach Gott, beginnend bei der Außenwelt, dem Bereich des ‹foris›, stößt Augustinus auf sich selbst, was ihn veranlasst, über dieses Selbst nachzudenken. Er ist Mensch und als solcher gehört er zwei Bereichen an, dem des ‹foris›, des Draußen, und dem des ‹intus›, des Drinnen. Ganz im Sinne seiner neuplatonischen Ontologie, wonach der Bereich des ‹intus› einer höheren Seinsstufe angehört, lautet sein Urteil: Das Innere ist besser, denn dort werden mit Hilfe der Vernunft die Urteile sowohl über die Außen- wie auch über die Innenwelt gefällt. So fährt er an Ort und Stelle fort: «Der innere Mensch, der ‹homo interior›, erkannte auch dieses durch den Dienst des äußeren; mein Inneres erkannte dieses; ich als Seele durch die Sinne meines Leibes». Was erkannte er? Dass er, wenngleich beiden Bereichen angehörend, nur Mensch und nicht Gott ist. – Siehe dazu auch den **Text 5** aus *Epistula* 140,3 = *De gratia testamenti novi ad Honoratum* 3, der sich wie ein Kommentar hierzu liest.

4. «Tolle iactantiam, et omnes homines quid sunt nisi homines?

«Nimm die Prahlerei weg, was sind dann alle Menschen, wenn nichts anderes als Menschen?

Quod si perversitas saeculi admitteret, ut honoratiores essent quique meliores: Nec sic pro magno haberi debuit honor humanus, quia nullius est ponderis fumus».

(*De civitate dei* 5,17)

Selbst wenn die Verderbtheit der Zeit es zuließe, dass die Besseren stets auch die Honoratioren wären, wäre menschliche Ehre nur wenig wert. Denn kein Gewicht hat der Rauch».

(*Der Gottesstaat* 5,17)

Kurzkommentar: Der Bischof Augustinus war gegen jedwede Obrigkeit alles andere als devot. Seine Devise lautete, wie unter dem Stichwort **Liebe** schon dargelegt: Jeder ist so viel wert, als seine Liebe ihn ausweist und seine Wertigkeit bestätigt. Er begegnete dem Amt, das jemand innehatte, mit Respekt. Er maß allerdings auch die Ausübung des Amtes an der dem Amt zugrunde liegenden Ordnung, dem ‹ordo rerum›, der alles, das gesellschaftliche Zusammenleben inbegriffen, regelt. Vieles, was Menschen tun, ist ‹iactantia›, Prahlerei. Der Satz «Tolle iactantiam, ...» scheint die Quintessenz des Märchens von des Kaisers neuen Kleidern vorwegzunehmen.

5. «Est quaedam vita hominis carnalibus sensibus implicata, gaudiis carnalibus dedita, carnalem fugitans offensionem voluptatemque consectans.

Huius vitae felicitas temporalis est, ab hac vita incipere necessitatis, in ea persistere voluntatis.

In hac quippe ex utero matris infans funditur, huius offensiones, quantum potest, refugit, huius appetit voluptates, nihil amplius valet.

Sed posteaquam venerit in aetatem, qua in eo rationis evigilet, poterit adiuta divinitus voluntate eligere alteram vitam, cuius in mente gaudi-

«Es gibt ein gewisses Leben des Menschen, das eingebettet ins Sinnliche fleischlichen Genüssen ausgeliefert ist, das die Unpässlichkeit des Fleisches flieht, dessen Genuss (aber) nachjagt.

Dessen Glück ist zeitlich. Zweifelsohne hat (unsere Reflexion) von dieser Art Leben auszugehen, darin jedoch zu verharren, ist Sache des Willens.

In dieses (zeitliche) Leben nämlich wird das Kind aus dem Schoß der Mutter geboren; es meidet, soweit es kann, dessen Leiden und es verlangt nach dessen Freuden; zu anderem ist es nicht fähig.

Sobald es jedoch in (jenes) Alter gekommen ist, in dem seine Vernunft erwacht, vermag es mit Gottes Hilfe ein anderes Leben zu wählen, dessen

um est, cuius interna atque aeterna felicitas. Inest quippe homini anima rationalis, sed interest, eiusdem rationis usum quonam potius voluntate convertat, utrum ad bona exterioris et inferioris an ad bona interioris superiorisque naturae, id est, utrum ut fruatur corpore et tempore, an ut fruatur divinitate atque aeternitate.

In quadam quippe medietate posita est infra se habens corporalem creaturam supra se autem sui et corporis creatorem».

(*Epistula* 140,3 = *De gratia testamenti novi ad Honoratum* 3)

Freude im Bereich des Geistes liegt, dessen Glück innerlich und ewig ist. Dem Menschen ist nämlich eine Geistseele zu eigen; es macht indes in Bezug auf deren Vernunftgebrauch und willentliche Hinwendung einen Unterschied, ob er sich den äußeren und niederen oder den inneren und höheren Gütern der Natur zuwendet, d. h. ob er Leibliches und Zeitliches genießt oder Göttliches und Ewiges.

Die Geistseele befindet sich nämlich in einer Art Mitte: Unter sich hat sie die leibliche Kreatur, über sich aber den Schöpfer des Leibes».

(*Brief* 140,3 = *Über die Gnade des Neuen Testamentes an Honoratus* 3)

Kurzkommentar: Um das Jahr 412, zum Beginn der sogenannten pelagianischen Krise (Pelagius und seine Anhänger leugneten die Voraussetzung der Gnade für das Christsein des Menschen), schrieb Augustinus den *Brief* 140, den er mit dem angeführten Titel zu seinen Werken zählte. Darin bietet er gleichsam ein Kompendium seiner Theologie. Er beginnt mit einer kurzen Darstellung des Wesens des Menschen, dem ontologisch, das will sagen, in der Stufenordnung des Seienden, eine Mittelstellung zukommt. Freilich im Unterschied zu den Neuplatonikern lehrte der Bischof, dass der Mensch von sich aus zu sittlich verdienstvollem Handeln nicht fähig sei, dazu bedürfe er der Gnade, von der im Neuen Testament die Rede ist (siehe auch **Ordnung, Text 1** und **Text 3**).

6. «‹Homo vanitati similis factus est› (*Ps* 143,4); et tamen innotuisti ei, et aestimas eum.

‹Homo vanitati similis factus est› (*Ps* 143,4).

«‹Der Mensch ist dem Geringfügigen gleich geworden› (*Psalm* 143,4); und dennoch nimmst du (Gott) Kenntnis von ihm und schätzt ihn.

‹Der Mensch ist dem Geringfügigen gleich geworden› (ebd.).

Cui vanitati? Temporibus praeterlabentibus et praeterfluentibus.	Welchem Geringfügigen? Den dahingleitenden und dahinfließenden Zeiten.
Vanitas enim ista dicitur in comparatione semper manentis et numquam deficientis veritatis.	Geringfügig nennt man nämlich etwas im Vergleich zur immerwährenden und niemals abnehmenden Wahrheit.
Nam et ista creatura est loci sui.	Denn auch dieses Geringfügige hat als Kreatur seinen Platz (im Bereich des Erschaffenen).
‹Implevit› enim ‹deus terram›, sicut scriptum est, ‹bonis suis› (*Ecli* 16,30). Quid est: ‹suis› (*Ecli* 16,30)? Sibi congruentibus.	‹Gott hat› nämlich ‹die Erde›, wie es in der Schrift heißt, ‹mit seinen Gütern erfüllt› (*Jesus Sirach* 16,30). Was heißt ‹mit seinen› (ebd.)? Den ihm angemessenen.
Sed haec omnia terrena, volatica, transitoria, si comparentur illi veritati, ubi dictum est: ‹Ego sum qui sum› (*Ex* 3,14); totum hoc quod transit, vanitas dicitur.	Aber all das Irdische, Flüchtige, Vorübergehende, vergleicht man es mit jener Wahrheit, von der (in der Schrift) gesagt wird: ‹Ich bin, der ich bin› (*Exodus* 3,14), dies alles, was vorübergeht, nennt man (zu Recht) das Geringfügige.
Evanescit enim per tempus, tamquam in auras fumus».	Es vergeht nämlich im Verlauf der Zeit wie der Rauch in der Luft».
(*Enarrationes in Psalmos* 143,11)	(*Auslegungen der Psalmen* 143,11)

Kurzkommentar: Gleich der Bibel rückt Augustinus den Menschen als Gottes Ebenbild bald in die Nähe Gottes, bald aber auch mit den übrigen Geschöpfen weit von ihrem Schöpfer ab. Der Mensch ist Geschöpf und wie die Geschöpfe insgesamt veränderlich, der Zeit unterworfen. Der Bischof hat die von ihm häufig zitierte Stelle über Gottes Selbstoffenbarung in *Exodus* 3,14 stets in philosophischen Kategorien als das reine, keiner Veränderung unterworfene Sein ausgelegt. Demgegenüber ist der Mensch, so der Psalmist, zwar nicht Nichts, jedoch nahezu nichts, ‹vanitas›. Bibeltheologisch freilich sieht die Sache anders aus. Der *Psalm* deutet dies an: der Mensch ist durch die Sünde der ‹vanitas› gleich geworden, dennoch schätzt Gott ihn so ein, dass er um seinetwillen die in der Menschwerdung und im Erlösungsgeschehen gipfelnde Heilsgeschichte in Gang setzte.

7. «Homo igitur, ut homini apparet, anima rationalis est mortali atque terreno utens corpore».
(*De moribus ecclesiae catholicae et de moribus Manicheorum* 1,52)

«Der Mensch ist also, so wie er dem Menschen erscheint, eine vernünftige Seele, die sich eines sterblichen und irdischen Körpers bedient».
(*Die Sitten der katholischen Kirche und die Sitten der Manichäer* 1,52)

Kurzkommentar: Diese Definition des Menschen aus einer der Frühschriften Augustins dürfte neuplatonisch sein. Plotin setzt in seiner *Enneade* VI,7 den konkreten materiegebundenen irdischen ‹Menschen hier› in Bezug zu seinem seinsbestimmenden Urbild, dem ‹von oben zu nehmenden Menschen›, dem ἄνοθεν ληπτέον ἄνθρωπον (ebd. VI,7,4). Es wird also im Hinblick auf die Seinsweise nicht nur unterschieden, sondern geschieden in eine fortbestehende und eine endliche Seinsweise. ‹Der im Geist befindliche Mensch ist vor allen Menschen Mensch› (ebd. VI,7,6). An einer Präferenz der Geistseele vor dem Leib wird der Kirchenvater zeit seines Lebens festhalten, wenngleich die zunehmende Beschäftigung mit der Bibel, speziell mit den Briefen des Apostels Paulus, sowie die kirchliche Inkarnationschristologie ihn zu einer Hochschätzung auch des Leibes anhielten.

8. «Conserva quod factus es, ut de factore glorieris.

Quid enim eras, homo? Omnis homo, attende quid natus es: Etsi nobilis natus es, nudus natus es.

Quid est nobilitas? Nativitas pauperis et divitis aequalis est nuditas.

An forte quia nobilis natus es, quantum vis vivis?

«Bedenke, weshalb du erschaffen wurdest, (nämlich) um dich des Schöpfers zu rühmen.

Denn was warst du eigentlich, Mensch? Du Jedermann, beachte, als was du geboren wurdest: Selbst wenn du als Adeliger geboren bist, wurdest du nackt geboren.

Und was ist schon Adel? Der Zustand des Armen wie des Reichen ist der gleiche: das Nacktsein.

Oder meinst du vielleicht, weil du als Adeliger geboren bist, leben zu können, so lange du willst?

Quando nescisti, intrasti: Quando non vis, exis.	Du wusstest nicht, wann du antratst, und du trittst ab, wenn du es nicht willst.
Postremo sepulcra inspiciantur, et ossa divitum agnoscantur». (*Sermo* 289,6)	Am Ende mag man die Gräber inspizieren und die Gebeine der Reichen zu erkennen suchen». (*Predigt* 289,6)

Kurzkommentar: Unser Text ist dem Ende einer Predigt entnommen, die der Bischof am Festtag Johannes des Täufers, den Christus zwar ‹als den Größten unter den von Frauen Geborenen› pries (*Matthäusevangelium* 11,11), der aber im Unterschied zu ihm, dem Gottmensch, dennoch nur ein Mensch war und in Demut, wissend um seine Sendung, den Christus zu bezeugen, nichts anderes sein wollte als Mensch. «Iohannes homo est, Christus deus est: Humilietur homo, et exaltetur deus – Johannes ist Mensch, Christus ist Gott: Es möge der Mensch sich demütigen und Gott erhöht werden» heißt es in der Predigt (289,5). Johannes der Täufer hat gerade im Blick auf seine Sendung, Christus zu bezeugen, eine Vorbildfunktion für Christen. Dies setzt wieder voraus, dass Christen ihr Menschsein, damit freilich das Eingeständnis ihres Angewiesenseins auf Christi Heilswerk in Demut anerkennen, und zwar ohne Standesunterschied. Denn «Quid est nobilitas? – Was ist schon Adel?»

Menschwerdung Christi

1. «Nativitates domini nostri Iesu Christi, duae sunt; una divina, altera humana: Ambae mirabiles; illa sine femina matre, ista sine viro patre. ...	«Wir unterscheiden eine doppelte Geburt unseres Herrn Jesus Christus, eine göttliche und eine menschliche: Beide sind wunderbar; jene ohne Frau als Mutter, diese ohne Mann als Vater. ...
‹Semetipsum exinanivit, formam servi accipiens, in similitudinem hominum factus› (*Phil* 2,7).	‹Er hat sich selbst entäußert, indem er die Gestalt eines Sklaven annahm, wurde er den Menschen gleich› (*Brief an die Philipper* 2,7).
Ubi? In virgine Maria.	Wo? In der Jungfrau Maria.

Inde ergo aliquid loquamur, si forte possumus.
Angelus nuntiat, virgo audit, credit, et concipit.
Fides in mente, Christus in ventre.

Virgo concepit, miramini: Virgo peperit, plus miramini: Post partum, virgo permansit». (*Sermo* 196,1)

Dazu wollen wir etwas sagen, falls wir es können.
Der Engel verkündet, die Jungfrau vernimmt, sie glaubt und empfängt.
Im Geiste glaubt sie, im Schoß empfängt sie Christus.
Eine Jungfrau empfing; wundert euch: Eine Jungfrau gebar; wundert euch noch mehr: Nach der Geburt blieb sie Jungfrau». (*Predigt* 196,1)

Kurzkommentar: Kaum ein anderer der frühchristlichen Schriftsteller hat sich so häufig und so intensiv mit der Doppelnatur Christi, dessen menschlicher und dessen göttlicher, beschäftigt wie Augustinus. Das Charakteristische beider Naturen ist ihre jeweilige Geburt, die menschliche aus Maria der Jungfrau, die göttliche und zeitlos ewige aus dem Vater. «Infirma est Christi ex matre nativitas; sed ex patre ampla maiestas – In Schwäche vollzieht sich Christi Geburt aus der Mutter; in glanzvoller Majestät jedoch die aus dem Vater». Das Inkarnationsgeheimnis verdeutlicht zugleich die Bedeutung des Glaubens. Der Empfängnis nämlich geht der Glaube Mariens an die Verkündigung des Engels voraus. Literarisch vollendet: «Audit, credit, concipit». Darauf wieder nicht weniger einprägsam: «Fides in mente, Christus in ventre».

2. «Debemus ... fide catholica retinere duas esse nativitates domini: unam divinam, alteram humanam: illam sine tempore, hanc in tempore.

Ambas autem mirabiles: illam sine matre, istam sine patre». (*Sermo* 190,2)

«Wir müssen ... im katholischen Glauben an zwei Geburten des Herrn festhalten, an einer göttlichen und an einer menschlichen; jene vollzieht sich zeitlos, diese in der Zeit.
Beide sind indes wunderbar: jene ohne Mutter, diese ohne Vater». (*Predigt* 190,2)

Kurzkommentar: Die Lehre von den zwei Naturen Christi ist einer der Anker der Christologie des Kirchenvaters, die den Gläubigen zu erklären eines der Leitthemen seiner Weihnachtspredigten ist.

3. «Natus est Christus, deus de patre, homo de matre.
De patris immortalitate, de matris virginitate.
De patre sine matre, de matre sine patre.
De patre sine tempore, de matre sine semine.
De patre principium vitae, de matre finis mortis.

De patre ordinans omnem diem, de matre consecrans istum diem».

(*Sermo* 194,1)

«Geboren ist Christus, Gott vom Vater, Mensch von der Mutter.
Aus der Unsterblichkeit des Vaters, aus der Unversehrtheit der Mutter.
Aus dem Vater ohne Mutter, aus der Mutter ohne Vater.
Aus dem Vater ohne Zeit, aus der Mutter ohne Samen.
Aus dem Vater der Anfang des Lebens, aus der Mutter das Ende des Todes.

Aus dem Vater jeden Tag ordnend, aus der Mutter diesen Tag heiligend».

(*Predigt* 194,1)

Kurzkommentar: Man spürt bei der Lektüre dieses Textes die Freude des berühmten Redners an der Dialektik, den Gegensätzen bei der Verkündigung des Mysteriums der Menschwerdung Christi.

4. «Postremo omnes alloquor, omnibus dico: Universam virginem castam, quam desponsavit apostolus Christo, ista voce compello.

Quod miramini in carne Mariae, agite in penetralibus animae.

‹Qui corde credit ad iustitiam, concipit Christum: Qui ore confitetur ad salutem› (*Rm* 10,10), parit Christum.

«Schließlich spreche ich alle an, zu allen rede ich, die ganze Kirche rufe ich mit diesen Worten als keusche Jungfrau an, die der Apostel Christus vermählte:

Was ihr am Leib Mariens bewundert, das ahmt in den Gemächern eurer Seele nach.

‹Wer mit dem Herzen an die (Recht schaffende) Gerechtigkeit (Gottes) glaubt, der empfängt Christus; wer mit dem Munde das (ihm von Gott her zuteil werdende) Heil bekennt› (*Römerbrief* 10,10), gebiert Christus.

Menschwerdung Christi 233

Abb. 9: Augustinus beim Schreiben von «De civitate dei». Niccolò Polani (Miniatur, 1459; Paris, Bibliothèque Sainte-Geneviève, Ms. 218, fol. 2).

Sic in mentibus vestris et fecunditas exuberet, et virginitas perseveret». (*Sermo* 191,4)

In diesem Sinne möge in eurem Geist die Fruchtbarkeit reichlich hervorströmen und die Jungfräulichkeit Bestand haben». (*Predigt* 191,4)

Kurzkommentar: Das Mysterium der Menschwerdung Christi setzt sich in der Kirche, die Christi Leib ist, fort. Dies gerade in seinen Weihnachtspredigten zu betonen, wird Augustinus nicht müde. Die Kirche, so schon der Apostel Paulus, ist Christi Braut und als solche empfängt und gebiert auch sie die Glieder des Leibes Christi. Darin Maria nachzuahmen, gehört nach Augustinus mit zum Wesen christlicher Spiritualität. (Siehe auch unter **Text 13**.)

5. «Antequam enim fieret, erat: Et quia omnipotens erat, fieri potuit manens quod erat». (*Sermo* 186,1)

«Bevor er (Mensch) wurde, war er: Und weil er allmächtig war, konnte er (Mensch) werden und zugleich bleiben, was er war». (*Predigt* 186,1)

Kurzkommentar: Christi Menschwerdung folgt nach einem vom Dreieinigen Gott gefassten Heilsplan, demzufolge der Menschgewordene seine göttliche Natur nicht verlor.

6. «Propter vos temporalis effectus est temporum effector, propter vos apparuit mundi conditor, propter vos creatus est creator». (*Sermo* 192,1)

«Euretwegen ging der Hersteller der Zeiten in die Zeit ein; euretwegen erschien der Urheber der Welt (im Fleisch); euretwegen wurde Geschöpf der Schöpfer». (*Predigt* 192,1)

Kurzkommentar: Siehe auch das zu **Text 5** Gesagte. Man beachte die auch rhetorisch brillante Dialektik mit den Wörtern ‹temporum effector›, ‹mundi conditor› sowie ‹creatus est creator›.

7. «Iacebat in praesepio continens mundum: Et infans erat et verbum.

Quem caeli non capiunt, unius feminae sinus ferebat. ...

«Er, der die Welt zusammenhält, lag in der Krippe: Er war Säugling und (zugleich) Gottes Wort.

Den die Himmel nicht fassen, den trug der Schoß einer einzigen Frau. ...

O manifesta infirmitas, et mira humilitas, in qua sic latuit tota divinitas».
(*Sermo* 184,3)

Welch offensichtliche Ohnmacht und bewunderungswürdige Demut, in der sich die ganze Gottheit auf solche Weise verbarg!»   (*Predigt* 184,3)

Kurzkommentar: Christi Menschwerdung illustriert die Bedeutung der Demut im Kanon christlicher Tugenden. Siehe dazu auch das unter dem Stichwort **Demut** Gesagte.

8. «Magis ergo miremur, quam contemnamus eius etiam carnalem nativitatem; et ibi agnoscamus tantae propter nos celsitudinis humilitatem.

Inde accendamus caritatem, ut perveniamus ad eius aeternitatem».
(*Sermo* 190,4)

«Lasst uns seine Geburt im Fleisch eher bewundern als verachten und lasst uns darin die Demut seiner überragenden Hoheit erkennen, die er unseretwegen auf sich nahm.

Davon lasst uns die Liebe entzünden, um zu seiner Ewigkeit zu gelangen».
(*Predigt* 190,4)

Kurzkommentar: Man beachte die rhetorische Klimax in dieser Weihnachtspredigt: ‹humilitas›, ‹caritas›, ‹aeternitas›.

9. «Expergiscere homo: Pro te deus factus est homo.
‹Surge, qui dormis, et exsurge a mortuis, et illuminabit te Christus› (*Eph* 5,14).
Pro te, inquam, deus factus est homo.
In aeternum mortuus esses, nisi in tempore natus esset». (*Sermo* 185,1)

«Wach auf, Mensch: Für dich ist Gott Mensch geworden!
‹Wach auf, der du schläfst, und stehe auf von den Toten, und Christus wird dich erleuchten› (*Epheserbrief* 5,14).
Für dich, sage ich, ist Gott Mensch geworden.
Für alle Ewigkeit wärest du gestorben, wäre er nicht in der Zeit geboren».   (*Predigt* 185,1)

Kurzkommentar: Der dominierende soteriologische, auf das Erlösungswerk zielende Aspekt des Inkarnationsgeheimnisses kommt hier gebührend zur Sprache.

10. «‹Omnia per ipsum facta sunt, et sine ipso factum est nihil› (*Io* 1,3).

O verbum ante tempora, per quod facta sunt tempora, natum et in tempore, cum sit vita aeterna, vocans temporales, faciens aeternos».
(*Enarrationes in Psalmos* 101,2,10)

«‹Alles wurde durch ihn erschaffen, und ohne ihn ist nichts erschaffen worden› (*Johannesevangelium* 1,3).
O Wort vor den Zeiten, durch das die Zeiten geworden sind, geboren in der Zeit, obgleich es das ewige Leben ist; es ruft die der Zeit Verfallenen, um sie mit der Ewigkeit zu beschenken».
(*Auslegungen der Psalmen* 101,2,10)

Kurzkommentar: Das zeitlose Wort des Schöpfers beschenkt die der Zeit Verfallenen mit der Ewigkeit.

11. «Venit humilis creator noster, creatus inter nos: qui fecit nos, qui factus est propter nos: deus ante tempora, homo in tempore, ut hominem liberaret a tempore.

Venit sanare tumorem nostrum magnus medicus.
Ab oriente usque in occidentem genus humanum tamquam magnus iacebat aegrotus, et magnum medicum requirebat: Misit primo pueros suos medicus iste, et venit ipse postea, cum a nonnullis desperaretur».
(*Sermo Guelferbytanus* 32,5)

«Es kam unser demütiger Schöpfer als Geschöpf unter uns: der uns erschuf, der unseretwegen erschaffen wurde: Gott vor den Zeiten, Mensch in der Zeit, um den Menschen von der Zeit zu befreien.
Es kam der große Arzt, unseren Tumor zu heilen.
Vom Orient bis zum Okzident lag das Menschengeschlecht gleich einem großen Patienten darnieder und sehnte sich nach einem großen Arzt: (Dies)er sandte zunächst seine Diener, nachher kam er selbst, da manche nicht mehr auf ihn hofften».
(*Predigt Guelferbytanus* 32,5)

Kurzkommentar: Im Schrifttum Augustins wird Christus des Öfteren ‹Arzt› genannt. Dieser Titel überrascht nicht, wenn man bedenkt, dass der Kirchenvater damit Christi Erlösungswerk aufs Beste veranschaulichen konnte. Dabei ist interessant festzustellen, dass des Erlösers Tätigkeit als ‹Heiler› primär nicht auf die Gebrechen des Leibes, sondern Leib und Seele umfassend auf den Menschen als solchen abzielte. Unter ‹Tumor› versteht der Prediger nicht eine Geschwulst des Leibes, sondern, was das Verb ‹tumescere› ebenfalls bezeichnet, nämlich sich vor Eitelkeit und Stolz aufzublähen. Stolz aber ist in gewisser Hinsicht die Ursünde. Sie zu heilen kam Christus als der ‹medicus humilis›, als der demütige Arzt.

12. «Vide, o homo, quid pro te factus est deus: Doctrinam tantae humilitatis agnosce, etiam in nondum loquente doctore. ...

Tu cum esses homo, deus esse voluisti, ut perires: Ille cum esset deus, homo esse voluit, ut quod perierat inveniret.

Tantum te pressit humana superbia, ut te non posset nisi humilitas sublevare divina». (*Sermo* 188,3)

«Siehe, o Mensch, was Gott für dich geworden ist: Erkenne die Lehre solch großer Demut, auch wenn ihr Lehrer der Sprache noch nicht mächtig war. ...

Du wolltest als Mensch Gott sein, um zugrunde zu gehen, er hingegen wollte als Gott Mensch sein, um wiederzufinden, was verloren gegangen war.

Menschlicher Stolz hat dich in einer Weise niedergedrückt, so dass nur noch göttliche Demut dich wieder aufzurichten vermochte».

(*Predigt* 188,3)

Kurzkommentar: Bereits im *Philipperbrief* 2,6–11, einem Hymnus der frühen Kirche, wurde die als ‹Entäußerung› bezeichnete Menschwerdung Christi als ein Akt der Demut gedeutet. Immer wieder kommt Augustinus vor allem in seinen Weihnachtspredigten auf die in der Menschwerdung des Wortes Gottes zutage tretende Demut zu sprechen. In der Regel zitiert er aus dem Prolog des *Johannesevangeliums* den Vers 3, ‹durch das Wort ist alles geworden›, um in der Erniedrigung die Demut zu zeigen, die der Inkarnierte auf sich nahm. Denn auch in seiner Erniedrigung blieb er Gottes einziggeborener Sohn. Darin gipfelt das Mysterium der Weihnacht.

13. «Est ergo et ecclesiae, sicut Mariae, perpetua integritas, et incorrupta fecunditas.

Quod enim illa meruit in carne, haec servavit in mente; nisi quod illa

«Es erfreut sich somit auch die Kirche wie Maria sowohl einer andauernden Unversehrtheit wie auch einer unversehrten Fruchtbarkeit.

Was nämlich Maria dem Fleisch nach zustand, das bewahrte die Kirche im

peperit unum, haec parit in multos, in unum congregandos per unum».
(*Sermo* 195,2)

Geist; indes, da jene den Einen gebar, gebiert diese die Vielen, die durch den Einen zur Einheit zusammengeschart werden». (*Predigt* 195,2)

Kurzkommentar: Der Glaube an Christi Menschwerdung aus Maria der Jungfrau hat bei Augustinus auch einen ausgesprochen ekklesiologischen Aspekt. Diesem zentralen Gedanken seiner Theologie über die Kirche begegnet man vor allem in den Predigten zu Weihnachten. Der Apostel Paulus, so argumentiert Augustinus, habe in seinem *Zweiten Korintherbrief* die Kirche eine Jungfrau genannt, und zwar nicht allein im Hinblick auf die Jungfrauen in der Kirche, sondern auch auf die Geisteshaltung der Christen, die auf die Unversehrtheit ihres Glaubens achteten: ‹Ich habe euch einem einzigen Mann verlobt, um euch als reine Jungfrau zu Christus zu führen› (*Zweiter Korintherbrief* 11,2). Die Kirche, so folgert Augustinus daraus, ahme deshalb im Geiste die jungfräuliche Mutterschaft Mariens nach, da sie im Leibe dies nicht vermöge. Im Geiste aber sei sie ebenfalls Jungfrau und Mutter zugleich.

14. «Quomodo venit (sc. salvator mundi), nisi quod verbum caro factum est et habitavit in nobis (*Io* 1,14)?

Sicuti cum loquimur, ut id quod animo gerimus in audientis animum per aures carneas inlabatur, fit sonus verbum quod corde gestamus et locutio vocatur, nec tamen in eundem sonum cogitatio nostra convertitur, sed apud se manens integra, formam vocis qua se insinuet auribus sine aliqua labe suae mutationis adsumit: Ita verbum dei non commutatum

«Auf welche Weise kam er (der Erlöser der Welt), wenn nicht in der, dass ‹das Wort Fleisch geworden ist und unter uns gewohnt hat› (*Johannesevangelium* 1,14)?

Stellen wir uns beim Sprechen vor: Soll, was wir im Geiste erwägen, durch das Organ der Ohren in den Geist eines Zuhörers gelangen, so wird das Wort, das wir im Herzen tragen, zum Klang der Sprache. Dennoch verwandelt sich unser Gedanke nicht in denselben Klang, vielmehr bleibt er, indem er die Gestalt einer Stimme annimmt, durch die er sich,

caro tamen factum est, ut habitaret in nobis».
(*De doctrina christiana* 1,12)

ohne einen Schaden durch seine Verwandlung zu nehmen, in die Ohren einnistet, in sich unversehrt. Ebenso ist Gottes Wort, obgleich unverändert, dennoch Fleisch geworden, um unter uns zu wohnen».
(*Die christliche Wissenschaft* 1,12)

Kurzkommentar: Wie schon bei christlichen Schriftstellern der frühen Kirche, dient auch bei Augustinus die Sprache als Mittel zwischenmenschlicher Kommunikation zur Veranschaulichung des Mysteriums der Inkarnation. Hilfreich ist dabei ein Blick in die Ontologie und in die Anthropologie des Kirchenvaters. Seiendes existiert entweder als Stoff oder als Geist. Das Stoffliche befindet sich prinzipiell im raum-zeitlichen Bereich des Draußen, des ‹foris›, Geist hingegen im Bereich des Drinnen, des ‹intus›. Diese Unterscheidung bzw. Trennung gilt auch für die Anthropologie. Der Körper mit all seinen Organen gehört in den Bereich des Draußen, der Geist in den Bereich des Drinnen. Alles, was das Denken, Erkennen, ja selbst Wahrnehmen betrifft, vollzieht sich drinnen. Selbstredend kommt den Dingen im Bereich des Drinnen gegenüber denen des Draußen eine höhere ontologische Dignität zu. Das Wort als sinnenfälliger Klang existiert draußen, es artikuliert lediglich das im Herzen, im ‹cor› angesiedelte innere Wort, den Gedanken. Treffend schreibt WOLFGANG HÜBNER, der Verfasser des Artikels *Lingua* II. 2, c im *Augustinus-Lexikon* 3, 992.–1004: «Das äußere Wort ist der Zeitlichkeit und Vergänglichkeit verhaftet, das innere Wort verweist dagegen auf etwas Überzeitliches, und das bedeutet im theologischen Sinn das ‹verbum› Christus, der im ‹homo interior› die letzte ontologische wie logische Garantie der Evidenz ist». Gerade dieser Text aus *De doctrina christiana* 1,12 zeigt im Kontext der vorausgehenden Zitate aus den Weihnachtspredigten, wie sehr Augustinus einerseits darauf bedacht war, dem einfachen Volk das Mysterium der Weihnacht auch theologisch zu erschließen – die Zitate aus den Weihnachtspredigten belegen dies mustergültig –, wie er aber andererseits auch fähig war, das gleiche Mysterium in philosophischer Denkweise und Terminologie vor entsprechend Gebildeten zu artikulieren.

Natur(en)

1. «Nam et ipsa natura nihil est aliud quam id quod intellegitur in suo genere aliquid esse. Itaque ut nos iam novo nomine ab eo quod est esse, vocamus essentiam, quam plerumque etiam substantiam nominamus ita veteres qui haec nomina non habebant, pro essentia et substantia naturam vocabant».
(*De moribus ecclesiae catholicae et de moribus Manicheorum 2,2*)

«Denn nichts anderes ist die Natur als das, was als ein Etwas in seiner Art zu sein verstanden wird. Daher nennen wir, was zu sein beansprucht, bereits mit einem neuen Namen, Essenz, was wir häufig auch Substanz nennen. So nannten die Alten, die diese Benennungen (noch) nicht hatten, die Essenz und die Substanz Natur».
(*Die Sitten der katholischen Kirche und die Sitten der Manichäer 2,2*)

Kurzkommentar: Die Natur ist ein Etwas sui generis, lautet präzise die Bestimmung dieses Begriffes, der als solcher sich auf alles, Gott und Welt, beziehen kann. Zwischen diesen philosophischen Termini herrscht Identität, denn alles, was existiert, ist eine Substanz, und Substanzen sind Naturen: «naturae ipsae substantiae dicuntur» (*Enarrationes in Psalmos – Auslegungen der Psalmen 68,1,5*). Es sei darauf hingewiesen, dass Augustinus die in der späteren Theologie heimisch gewordene Unterscheidung zwischen Natur und Übernatur nicht kennt. Das Wort ‹supernaturalis› kommt in seinen Schriften nicht vor.

2. «Est natura per locos et tempora mutabilis, ut corpus, et est natura per locos nullo modo, sed tantum per tempora etiam ipsa mutabilis, ut anima, et est natura, quae nec per locos nec per tempora mutari potest, hoc deus est.

Quod hic insinuavi quoquo modo mutabile, creatura dicitur; quod inmutabile, creator.

... vides profecto in ista distributione naturarum, quid summe sit, quid

«Es gibt eine Natur, die in Räumen und Zeiten veränderlich ist wie der Leib, und es gibt eine Natur, die in Räumen auf keinen Fall, sondern nur in Zeiten veränderlich ist wie die Seele, und es gibt eine Natur, die weder in Räumen noch in Zeiten verändert werden kann, das ist Gott.

Was ich hier als veränderlich vorstellte, heißt Schöpfung, was unveränderlich, Schöpfer.

... in dieser Einteilung der Naturen siehst du, was in höchster Weise zu

infime et tamen sit, quid medie, magis infimo et minus summo, sit.

Summum illud est ipsa beatitas; infimum nec beatum potest esse nec miserum; quod vero medium, vivit inclinatione ad infimum misere, conversione ad summum beate vivit».
(*Epistula* 18,2)

sein hat, was in niedrigster Weise (aber) dennoch zu sein hat, was in mittlerer Weise, (nämlich) mehr als das Niedrige und weniger als das Höchste. Jenes Höchste ist die Glückseligkeit selbst, das Niedrigste (hingegen) vermag weder glücklich noch elend zu sein. Was jedoch das Mittlere betrifft, (so ist zu sagen,) es lebt: Neigt es sich dem Niedrigsten zu, ist es bejammernswert, wendet es sich dem Höchsten zu, lebt es glücklich».
(*Brief* 18,2)

Kurzkommentar: Augustins Lehre von der Natur bzw. von den Naturen hat jene von der gestuften **Ordnung** zur Voraussetzung. Danach gibt es zwei Teile des Seienden: das Veränderliche und das Unveränderliche. Während das mit Gott, dem Schöpfer, identische Unveränderliche über jegliche Veränderung erhaben ist, lässt sich das Veränderliche wieder zweiteilen: in raum-zeitlich Veränderliches und in nur zeitlich Veränderliches, in Körperhaftes und Geistiges. Diese Zweiteilung, die sich im Naturgesetz, ‹lex naturalis›, niederschlägt, wird für das sittliche Handeln vernunftbegabter Kreaturen normativ (siehe **Gesetz**). Der aus zwei Naturen, Körper und Geist, bestehende Mensch befindet sich gewissermaßen in der Mitte des veränderlich Seienden. «In unoquoque homine est omnis creatura – In jedem einzelnen Menschen ist die ganze Schöpfung präsent» (*Contra Priscillianistas – Gegen die Priszillianisten* 11). Was das Tun und Lassen des in der Mitte sich befindenden Menschen betrifft, so ist er aufgerufen, sich am Unveränderlichen, dem Quell der Glückseligkeit, zu orientieren (siehe **Glück, Glückseligkeit**). Die Hinwendung zum Niedrigen bezeichnet Augustin in der Regel mit dem neuplatonischen Terminus ‹aversio – Abwendung› (hier ‹inclinatio›), die zum Höchsten hingegen als ‹conversio›. Selbstverständlich wurde diese neuplatonische Ethik von ihm auch biblisch-neutestamentlich angereichert. Im zitierten Abschnitt heißt es vielsagend: «Wer an Christus glaubt, liebt das Niedrigste nicht, er benimmt sich in der Mitte nicht stolz, auf diese Weise wird er befähigt, dem Höchsten anzuhangen. Dies ist das Ganze, was zu tun uns befohlen wird, wozu wir ermahnt und ermuntert werden» (ebd.).

3. «Haec ergo tria: modus, species, ordo, tamquam generalia bona sunt in rebus a deo factis sive in spiritu sive in corpore.

Deus itaque supra omnem creaturae modum est, supra omnem speciem, supra omnem ordinem; nec spatiis locorum supra est, sed ineffabili et singulari potentia; a quo omnis modus, omnis species, omnis ordo.

Haec tria ubi magna sunt, magna bona sunt; ubi parva sunt, parva bona sunt; ubi nulla sunt, nullum bonum est.
Et rursus haec tria ubi magna sunt, magnae naturae sunt; ubi parva sunt, parvae naturae sunt; ubi nulla sunt, nulla natura est.

Omnis ergo natura bona est».

(*De natura boni* 3)

«Diese drei also, Maß, Gestalt und Ordnung, sind gleichsam die Generalgüter unter den von Gott erschaffenen geistigen wie materiellen Dingen.

Gott steht demnach über jedem Maß einer Kreatur, über jeder Gestalt und über jeder Ordnung, und zwar überragt er sie nicht räumlich, sondern durch seine unaussprechlich einmalige Macht, in der alles Maß, alle Gestalt und alle Ordnung gründen.

Wo diese drei groß sind, sind die Güter groß, wo sie klein sind, sind sie klein, und wo sie fehlen, gibt es kein Gut.
Und nochmals: Wo diese drei groß sind, sind die Naturen groß, wo sie klein sind, sind die Naturen klein, und wo sie fehlen, gibt es keine Natur.

Folglich ist jede Natur gut».

(*Die Natur des Guten* 3)

Kurzkommentar: Auf die triadische Struktur der Schöpfung, die sich an allen Kreaturen manifestiert, kam Augustinus des Öfteren zu sprechen. Mit Vorliebe zog er die Trias ‹mensura – Maß›, ‹numerus – Zahl› und ‹pondus – Gewicht› aus dem Buch der *Weisheit* 11,21 heran, um die trinitarischen Strukturelemente des Erschaffenen auch biblisch aufzuzeigen. Daneben kannte er wie in unserem Text die mehr in philosophischen Kreisen gängige ontologische Trias ‹modus›, ‹species› und ‹ordo›, die er hier unter dem Sammelbegriff ‹generalia bona› verwendet. Wie dies schon der Titel *Die Natur des Guten* andeutet, ging es ihm in diesem gegen die Manichäer gerichteten Werk um die Widerlegung von deren Lehre von der Existenz böser Naturen. Gott selbst verleiht seinen Geschöpfen ihre Begrenzung, ihre Gestalt und ihren Platz in dem von ihm geordneten Universum. Diese Trias ist in sich kohärent, und dank dieser Kohärenz prägt sie die ontologische Wertigkeit der Naturen als Güter. Ohne sie gibt es überhaupt keine erschaffenen Naturen. Selbst am Teufel ist nicht die Natur böse, bemerkt Augustin in *De civitate dei – Der Gottesstaat* 19,13, sondern seine Perversität: «Proinde nec ipsius diaboli natura, in quantum natura est, malum est; sed perversitas eam malam facit». Zu diesem Thema siehe auch den Aufsatz *Augustins Interpretation von Sapientia 11,21* von WERNER BEIERWALTES in: *Revue des Études Augustiniennes* 15 (1969) 51–61.

Opfer

1. «Proinde verum sacrificium est omne opus, quo agitur, ut sancta societate inhaereamus deo, relatum scilicet ad illum finem boni, quo veraciter beati esse possimus. ...

Hoc est sacrificium christianorum: ‹Multi unum corpus in Christo› (*Rm* 12,5).
Quod etiam sacramento altaris fidelibus noto frequentat ecclesia, ubi ei demonstratur, quod in ea re, quam offert, ipsa offeratur».

(*De civitate dei* 10,6)

«Ein wahres Opfer ist daher jedes Werk, durch das wir in heiliger Gemeinschaft unsere Verbundenheit mit Gott kundtun, jedes Werk, das auf jenes höchste Gut bezogen wird, durch das wir in Wahrheit glücklich sein können. ...

Das ist das Opfer der Christen: ‹Die Vielen ein Leib in Christus› (*Römerbrief* 12,5).
Das feiert die Kirche auch im Sakrament des Altares, was den Gläubigen bekannt ist. Darin wird ihr (der Kirche) vor Augen geführt, dass sie in der Gabe, die sie darbringt, selbst dargebracht wird».

(*Der Gottesstaat* 10,6)

Kurzkommentar: Viele theologische und liturgische Termini entnahm die junge Kirche dem Heidentum, wie z. B. den des ‹sacramentum›, womit man urprünglich den Fahneneid bezeichnete. So war auch ‹sacrificium› ein wichtiger Terminus im Kult der Heiden. Um auf den Unterschied des ‹sacramentum›-Begriffes der Kirche gegenüber dem der Heiden hinzuweisen, fügt Augustinus das Adjektiv ‹verum›, ‹wahr›, hinzu. Analog verfährt er übrigens mit dem Begriff ‹pietas›. Der Begriff des wahren Opfers bestimmt sich von seinem ‹finis›, von seinem Bezug zum wahren Gott her bzw. auf diesen hin. In seinem «magnum opus et arduum – großes und schwieriges Werk» genannten *Gottesstaat* kommt der Kirchenvater auch auf die Feier der Eucharistie als Opfer zu sprechen. Darin behandelt er u. a. die Nichtigkeit des heidnischen Kultes gegenüber dem christlichen, der im ‹wahren Opfer›, nämlich im Mysterium des Kreuzestodes Christi, gipfelt. Er appelliert dort an die Gläubigen, die der Apostel Paulus im *Römerbrief* (12,3–6) mahnt, sich selbst zusammen mit Christus als eine ‹wohlgefällige Opfergabe› darzubringen, und er nennt dies ein ‹rationabile obsequium›, eine vernunftgemäße Nachfolge bzw. Hingabe. Sichtbar vollziehen Christen dieses Opfer zusammen mit Christus, dem Mittler, der Priester und Opfer zugleich ist. Indes bringen sie als Glieder am Leibe Christi zusammen mit ihrem Haupt Christus sich selbst auch Gott dar.

Ordnung

1. «Ordo est parium dispariumque rerum sua cuique loca tribuens dispositio». *(De civitate dei 19,13)*

«Ordnung ist die Verteilung gleicher und ungleicher Dinge, die jedem den ihm gebührenden Platz zuweist».
(Der Gottesstaat 19,13)

Kurzkommentar: ‹Ordo›, τάξις, ist ein in der stoischen und in der neuplatonischen Philosophie viel verwendeter Begriff der Ontologie, der sich dort zunächst auf die hierarchisch gestufte Ordnung des Seienden mit dem Einen, dem ἕν – bei Augustinus auf den ‹ordo universitatis› mit dem Schöpfergott – an der Spitze bezieht. An der Definition ist nicht zu übersehen, dass in dieser gestuften Ordnung jede der Kreaturen einen ihr angemessenen Platz hat. In *De civitate dei* 12,2 führt Augustinus aus, dass die Kreaturen sich durch ihre ihnen vom Schöpfer zugewiesene Seinsdichte unterscheiden. Sie stehen also in einem gestuften Verhältnis zueinander: «Aliis dedit amplius, aliis minus, atque ita naturas essentiarum gradibus ordinavit – Einige Naturen stattete er reicher, andere weniger reich aus; so ordnete er stufenweise die Naturen der Wesen» (ebd.).

2. «Ordo est, quem si tenuerimus in vita, perducet ad deum, et quem nisi tenuerimus in vita, non perveniemus ad deum». *(De ordine 1,27)*

«Die Ordnung führt uns, wenn wir unser Leben danach ausrichten, zu Gott; richten wir unser Leben nicht danach aus, so gelangen wir nicht zu Gott». *(Über die Ordnung 1,27)*

Kurzkommentar: ‹Ordo› ist auch ein zentraler Begriff der antiken Güter-, Tugend- und Wertelehre. Denn sittliches Handeln verlangt vom Menschen, seine Gedanken und Taten den Gütern und Werten entsprechend zu ordnen. In diesem Sinne wird der Terminus von Augustinus auch in der Ethik verwendet. Darüber hinaus spricht er in Bezug auf Gottes Heilshandeln in der Zeit gerne vom ‹ordo salutis›, von der Heilsordnung (so in *De natura boni – Die Natur des Guten* 35).

3. «Deus ordinavit omnia, ... gradibus quibusdam ordinavit creaturam, a terra usque ad caelum, a visibilibus ad invisibilia, a mortalibus ad immortalia.

Ista contextio creaturae, ista ordinatissima pulchritudo, ab imis ad summa conscendens, a summis ad ima descendens, nusquam interrupta, sed dissimilibus temperata, tota laudat deum».
(*Enarrationes in Psalmos* 144,13)

«Gott hat alles geordnet, ... in Stufen gewissermaßen hat er die Schöpfung von der Erde bis zum Himmel, vom Sichtbaren bis zum Unsichtbaren, vom Sterblichen bis zum Unsterblichen geordnet.

Diese Zusammensetzung der Schöpfung, diese überaus geordnete Schönheit, die von Unterst zu Oberst hinaufsteigt wie auch von Oberst zu Unterst hinabsteigt, die nirgends unterbrochen, sondern durch ihre Vielfalt in ihr gehöriges Maß gesetzt ist, lobt als Ganzes Gott».
(*Auslegungen der Psalmen* 144,13)

Kurzkommentar: Wenngleich Augustinus die Vorstellung von einem gestuften Kosmos der antiken Philosophie entnahm, so übertrug er sie doch zu Recht auf die christliche Lehre von der Schöpfung. Den Neuplatonikern zufolge existiert veränderlich Seiendes in Stufen zwischen zwei Polen, dem des höchsten Seins und dem des Nicht-Seins. Von diesen Stufen war Augustin zeit seines Lebens fasziniert. Er entdeckte sie in der Seele, in den Wissenschaften, in den Künsten, in der Heilsgeschichte, in den Tugenden, in den Gaben des Heiligen Geistes etc. Treffend nennt er das Erschaffene eine ‹contextio›, eigentlich ein Gewebe (von ‹contexere – aneinanderreihen, in Form bringen›), sowie – unübertrefflich – eine ‹ordinatissima pulchritudo›. Als Seelsorger wurde er nicht müde, den Schöpfer über seine Schöpfung zu preisen, die Hörer seiner Predigten sowie die Leser seiner Schriften über die Wahrnehmung der gestuften Schöpfung zum

Aufstieg zu ermuntern und Gott auch auf diese Weise zu preisen (siehe **Aufstieg zu Gott – Abstieg**). Siehe vor allem *Confessiones – Bekenntnisse* 10,6–38.

Philosophie, Philosophen

1. «Verus philosophus est amator dei». (*De civitate dei* 8,1)

«Der wahre Philosoph ist ein Liebhaber Gottes». (*Der Gottesstaat* 8,1)

Kurzkommentar: Die bevorzugte Philosophie war für Augustinus die der Platoniker. Dennoch setzte er sich mit ihr wiederholt auch kritisch auseinander – am ausführlichsten im 8. Buch von *De civitate dei*. An Platon rühmt er die Dreiteilung der Philosophie in Ontologie, Gnoseologie und Ethik; in der Ontologie geht es um Antworten auf die Frage nach der Ursache allen Seins; in der Gnoseologie um Antworten auf die Frage nach dem Erkennen des Wahren; in der Ethik um Antworten auf die Frage nach dem Ziel all unseres Tuns. Vorzuziehen sei Platon allen anderen Philosophen, weil er lehrte, «dass bei Gott die Ursache des Seins, der Grund des Erkennens und die Ordnung des Lebens» zu finden sind (ebd. 8,4). Einige Kapitel weiter heißt es: «(Hier und jetzt) reicht es zu erwähnen, dass nach Plato das Ziel des Lebens nichts anderes ist, als der Tugend gemäß zu leben. Dies aber sei nur dem möglich, der Gott kenne und ihm folge. Es gebe keinen anderen Grund zum Glück. Deshalb erklärt Platon auch ohne Bedenken, Philosophieren sei nichts anderes als Gott, dessen Wesen unkörperlich sei, zu lieben. Daraus ergebe sich, dass, wer nach Weisheit strebt – und das tut der Philosoph –, der werde dann glücklich sein, wenn er anfängt, Gott zu genießen. ... Darum will Platon, dass der Philosoph Liebhaber Gottes sei» (ebd. 8,8).

2. «Si enim fallor, sum». (*De civitate dei* 11,26)

«Wenn ich mich täusche, bin ich». (*Der Gottesstaat* 11,26)

Kurzkommentar: Vielzitierter Vorläufer des berühmten, die Selbstgewissheit des Denkenden aufweisenden Satzes von Descartes: «Cogito, ergo sum – je pense, donc je suis – ich denke, folglich bin ich» (RENÉ DESCARTES, *Meditationes de prima philosophia*, 1641).

3. «Et quid mihi proderat, quod annos natus ferme viginti, cum in manus meas venissent Aristotelica quaedam, quas appellant decem categorias – quarum nomine, cum eas rhetor Carthaginiensis, magister meus, buccis typho crepantibus commemoraret et alii qui docti habebantur, tamquam in nescio quid magnum et divinum suspensus inhiabam – legi eas solus et intellexi?»

(*Confessiones* 4,28)

«Und was nützte es mir, als dem ungefähr Zwanzigjährigen gewisse Schriften des Aristoteles mit dem Titel *Die zehn Kategorien* in die Hände fielen? Ein Redner aus Karthago, mein Lehrer, erwähnte sie mit vor Stolz geblähten Backen und auch andere, die für gelehrt galten. Und so lechzte ich danach wie nach etwas Erhabenem und Göttlichem. Ich las sie allein und ich verstand sie (ohne Anleitung)».

(*Bekenntnisse* 4,28)

Kurzkommentar: Augustinus war nicht nur begabt, sondern auch ein ausgesprochen philosophischer Kopf. Obgleich er sich so gut wie nie zur Philosophie des Stagiriten bekannte, so gibt es doch erstaunlich viele Einsichten in seinen Schriften, die aristotelischen Ursprungs sind. (Siehe dazu die Untersuchung von RUDOLF SCHNEIDER, *Seele und Sein. Ontologie bei Augustinus und Aristoteles*, Stuttgart 1957.)

4. «Philosophia rationem promittit et vix paucissimos liberat, quos tamen non modo non contemnere illa mysteria sed sola intellegere, ut intellegenda sunt, cogit, nullumque aliud habet negotium, quae vera et, ut ita dicam, germana philosophia est, quam ut doceat, quod sit omnium rerum principium sine principio quantus in eo maneat intellectus quidve inde in nostram salutem sine ulla degeneratione manaverit, quem unum deum omnipotentem, cum quo tripotentem patrem et filium et sanctum spiritum, veneranda mysteria, quae fide sincera et inconcussa

«Die Philosophie verspricht Einsicht und befreit kaum die Wenigsten. Diese jedoch hält sie an, die Heilsgeheimnisse nicht nur nicht zu verachten, sondern bevorzugt so zu erkennen, wie sie zu erkennen sind. Die wahre, und wenn ich so sagen darf, die rechte Philosophie hat keine andere Aufgabe, als zu lehren, was das Prinzip aller Dinge ist, das selbst kein (anderes) Prinzip mehr hat, welch tiefer Sinn ihm innewohnt und was von ihm ohne Minderung (seines Wesens) zu unserem Heil entströmt. Es ist dies der eine allmächtige Gott, (nämlich) der

populos liberant, nec confuse, ut quidam, nec contumeliose, ut multi, praedicant». (*De ordine* 2,16)

dreimächtige Vater, Sohn und Heilige Geist, den die verehrungswürdigen Mysterien, welche in aufrichtigem und unerschütterlichem Glauben die Völker befreien, rühmen, und zwar nicht verworren, wie einige sagen, auch nicht verächtlich, wie viele behaupten».
(*Über die Ordnung* 2,16)

Kurzkommentar: Augustins Interesse an der Philosophie begann mit der Lektüre des *Hortensius,* eines verloren gegangenen Dialogs, den Cicero als eine Art Werbeschrift für die Philosophie verfasst hatte und den Augustin noch als Student zu Karthago in seinem 19. Lebensjahr gelesen hat. «Jenes Buch führte fürwahr eine geistige Wende in mir herbei ... und gab meinem Wünschen und Sehnen eine ganz neue Richtung», heißt es in den *Confessiones – Bekenntnissen* 3,7. Es dauerte indes noch über ein Jahrzehnt, bis ihm in Mailand einige Bücher der Neuplatoniker in die Hände gespielt wurden, zu deren philosophischer Weltanschauung er sich, sofern diese mit dem offenbarten christlichen Glauben übereinstimmte, zeit seines Lebens bekannte. Kern dieser von Augustinus ‹vera et germana philosophia› genannten Weltanschauung ist das Festhalten an einem einzigen Prinzip alles Seienden, das nach christlichem Bekenntnis freilich der dreieinige Gott ist.

Rechtfertigung

1. «Est enim iustitia dei, quae et nostra fit, cum donatur nobis.

Ideo autem dei iustitia dicitur, ne homo se putet a seipso habere iustitiam».
(*Enarrationes in Psalmos* 30,2,1,6)

«Es gibt eine Gerechtigkeit Gottes, die auch unsere wird, wenn sie uns gegeben wird.

Sie wird aber deshalb Gottes Gerechtigkeit genannt, damit der Mensch nicht glaube, er habe diese von sich selber».
(*Auslegungen der Psalmen* 30,2,1,6)

Kurzkommentar: Rechtfertigung ist ein typisches Thema der neutestamentlichen Verkündigung, speziell jener der Paulusbriefe. Aus diesem Grund kennt das klassische Latein die einschlägigen Termini, das Verb ‹iustificare – rechtfertigen›, die Substantiva ‹iustificatio – Rechtfertigung› und ‹iustificator – Rechtfertigender› sowie das vom Partizip Perfekt abgeleitete Adjektiv ‹iustificatus – gerechtfertigt› und substantiviert ‹Gerechtfertigter› nicht. Auch in den frühen Schriften Augustins finden sich diese Begriffe nicht. Erst in den Kommentaren der Paulusbriefe aus der Presbyterzeit Augustins begegnet man ihnen und von da an zunehmend. Präzise erklärt unser Zitat, was darunter zu verstehen ist: Die Gerechtigkeit, die den Menschen vor Gott gerecht, d. h. akzeptabel macht, ist ein Geschenk. Niemand rühme sich, sie aus eigenem Bemühen zu haben.

2. «Qui ergo fecit te sine te, non te iustificat sine te. Ergo fecit nescientem, iustificat volentem». (*Sermo* 169,13)

«Der dich also ohne dich schuf, rechtfertigt dich nicht ohne dich. Er schuf dich ohne dein Wissen, er rechtfertigt dich mit deinem Wollen». (*Predigt* 169,13)

Kurzkommentar: Von einer Aufhebung des eigenen Willens bei der Rechtfertigung kann bei Augustinus nicht die Rede sein. Wohl aber kommt die rechtfertigende Gnade dem Wollenden zu Hilfe. Ohne sie und allein wird niemand gerecht. Zu diesem schwierigen, aber äußerst wichtigen Thema der Theologie Augustins siehe den Artikel *Iustificatio* von ALFRED SCHINDLER im *Augustinus-Lexikon* 3, 859–864.

Religion

1. «Non ergo creaturae potius quam creatori serviamus nec evanescamus in cogitationibus nostris et perfecta religio est.

Aeterno enim creatori adhaerentes et nos aeternitate afficiamur necesse est.

«So lasst uns denn eher dem Schöpfer als der Schöpfung dienen und uns nicht eitlen Vorstellungen hingeben – die vollkommene Religion gründet darin.

Indem wir dem ewigen Schöpfer anhangen, werden wir auch von der Ewigkeit geprägt.

Sed quia hoc anima peccatis suis obruta et implicata per se ipsam videre ac tenere non posset, nullo in rebus humanis ad divina capessenda interposito gradu, per quem ad dei similitudinem a terrena vita homo niteretur, ineffabili misericordia dei temporali dispensatione per creaturam mutabilem, sed tamen aeternis legibus servientem, ad commemorationem primae suae perfectaeque naturae partim singulis hominibus partim vero ipsi hominum generi subvenitur.

Ea est nostris temporibus christiana religio, quam cognoscere ac sequi securissima et certissima salus est».
(*De vera religione* 19)

Weil allerdings die Seele, von ihren Sünden überdeckt und in sie verfangen, dies von sich aus wahrzunehmen und daran festzuhalten nicht in der Lage ist – im menschlichen Bereich gibt es nämlich keine Zwischenstufe, die den Aufstieg und das Ergreifen des Göttlichen dem zur Gottebenbildlichkeit erschaffenen Menschen in dessen irdischem Leben ermöglichte –, deshalb wird aufgrund Gottes unaussprechlichen Erbarmens teils einzelnen Menschen, teils dem Menschengeschlecht selbst in zeitlicher Veranstaltung, und zwar mittels der wandelbaren, jedoch den ewigen Gesetzen unterworfenen Kreatur, Hilfe zuteil. Sie soll (die Menschen wieder) an ihre usprüngliche und vollkommene Natur erinnern.

Dies ist die christliche Region unserer Zeiten. Sie zu kennen und ihr zu folgen, verbürgt das sicherste und gewisseste Heil».
(*Die wahre Religion* 19)

Kurzkommentar: Noch vor der Übernahme kirchlicher Ämter verfasste Augustinus von 388–391 in Thagaste sein bis dahin wohl bedeutsamstes Werk *Die wahre Religion*. Diese Schrift krönt sein Frühwerk, bringt aber auch schon Gedanken zur Sprache, die ihn später intensiv beschäftigen werden. Man geht indes mit der Vermutung, es handle sich um eine religionsphilosophische Schrift, in die Irre. Das Adjektiv ‹vera-wahr› deutet bereits an, dass es dem Autor um die Darstellung einer ganz bestimmten, nämlich der katholischen Religion geht. Dieser sind zwar auch philosophische Überlegungen zu eigen, denn als ‹vollkommene Religion› gründet sie in der Hingabe des Menschen an ein transzendentes Wesen, zugleich wird aber festgestellt und festgehalten, dass dies für die christliche Religion allein nicht genügt. Der Mensch in seinem gegenwärtigen Status als Entfremdeter, als Sünder, bedarf der Hilfe Gottes. Diese wird ihm in der Offenbarung der ‹wahren Religion› gewährt. Die Offenbarung beinhaltet eine Kette von Ereignissen mit der Menschwerdung Christi als Höhepunkt, die Gott gleichsam zu unserem Heil inszeniert hat. Augustinus verwendet dafür den Begriff ‹dispensatio temporalis› (siehe dazu den Artikel *Dispensatio II* von HILDEGUND MÜLLER im *Augustinus-Lexikon* 2, 491–498, sowie die Rubrik **Heilsgeschichte, Heilshandeln Gottes in der Zeit**). ‹Wahre Religion› im Vollsinn, daran ließ Augustinus noch als Laie keinen Zweifel aufkommen, findet man allein in der ‹ecclesia catholica›, in der katholischen Kirche (*De vera religione* 15).

Sabbat

1. «Post hanc tamquam in die septimo requiescet deus, cum eundem diem septimum, quod nos erimus, in se ipso deo faciet requiescere.

De istis porro aetatibus singulis nunc diligenter longum est disputare; haec tamen septima erit sabbatum nostrum, cuius finis non erit vespera, sed dominicus dies velut octavus aeternus, qui Christi resurrectione sacratus est, aeternam non solum spiritus, verum etiam corporis requiem praefigurans.

Ibi vacabimus et videbimus, videbimus et amabimus, amabimus et laudabimus.
Ecce quod erit in fine sine fine.

«Nach diesem (sechsten Weltalter) wird Gott gleichsam am siebten Tag ruhen, indem er diesen siebten Tag, der wir sein werden, in sich selbst wird zur Ruhe kommen lassen.
Von (allen) diesen Zeitaltern im einzelnen jetzt sorgfältig zu reden, würde zu weit führen. Indes, dieses siebte wird unser Sabbat sein. Dessen Ende wird keinen Abend haben; sondern den Herrentag, gleichsam den achten, ewigen Tag, der durch Christi Auferstehung geheiligt ist, die nicht nur die ewige Ruhe des Geistes, sondern auch des Leibes verweisend vorwegnahm.
Dort werden wir feiern und schauen, schauen und lieben, lieben und loben.
Seht, das wird am Ende ohne Ende sein!

Nam quis alius noster est finis nisi pervenire ad regnum, cuius nullus est finis?»   (*De civitate dei* 22,30)

Denn was anderes ist unser Ziel, als zu dem Reich zu gelangen, das kein Ende hat?»   (*Der Gottesstaat* 22,30)

Kurzkommentar: In der zweiten Hälfte des *Gottesstaates* spielt das biblische Sechstagewerk aus *Genesis* 1 eine wichtige Rolle. Die sechs Schöpfungstage liegen auch der Epocheneinteilung zugrunde, durch die Augustinus den geschichtlichen Verlauf des Gottesstaates theologisch deutet. Der siebte Tag, der Sabbat, an dem nach *Genesis* 2,2 f. Gott das Werk der Schöpfung zu Ende gebracht und von all seinen Werken geruht hat und auf den kein weiterer Tag mehr folgte, versinnbildet bei Augustinus ein Doppeltes: den Tag der Auferstehung Christi, gleichsam den achten Tag, der auf den abendlosen Sabbat folgte, also unseren Sonntag, sodann mit diesem Auferstehungstag zusammen jenen Zustand der neuen Schöpfung, in der nach dem *Ersten Korintherbrief* 15,28 Gott alles in allem sein wird.

Schönheit und Schönes

1. «Num amamus aliquid nisi pulchrum?
Quid est ergo pulchrum?
Et quid est pulchritudo?
Quid est quod nos allicit et conciliat rebus, quas amamus?
Nisi enim esset in eis decus et species, nullo modo nos ad se moverent».
  (*Confessiones* 4,20)

«Lieben wir denn etwas außer dem Schönen?
Was also ist schön?
Und was ist Schönheit?
Was ist es, das uns lockt und an Dinge fesselt, die wir lieben?
Wäre ihnen nicht Anmut und Ansehen zu eigen, zögen sie uns auf keine Weise an».
  (*Bekenntnisse* 4,20)

Kurzkommentar: Augustinus war nicht nur ein Liebhaber der Kunst, er war als Rhetor von Format selbst ein Künstler. In seinen *Bekenntnissen* berichtet er an Ort und Stelle der zitierten Sätze, dass seine erste Veröffentlichung etwa um 380 noch in Karthago die Ästhetik zum Thema hatte. Deren Titel lautete: *De pulchro et apto – Das Schöne und das Angemessene*. Er wusste allerdings zu der Zeit, als er seine *Bekenntnisse* schrieb, nicht mehr, ob sein Erstlingswerk zwei oder drei Bücher umfasste. Er widmete es einem Zeitgenossen namens Hierius, einem damals von allen bewunderten Meister der griechischen wie auch der

Schönheit und Schönes 253

Abb. 10: Der hl. Augustinus und Volusianus (Miniatur, Ende 12. Jh.; Vichy, Diözesanarchiv, Ms. VI).

lateinischen Beredsamkeit. – Die Unterscheidung zwischen der Frage nach dem Schönen und der nach der Schönheit ist für die Ästhetik Augustins von denkbar großer Bedeutung. Sie spielt in seinem Denken eine wichtige Rolle, denn das Schöne in Raum und Zeit ist lediglich Abglanz der Schönheit als Idee jenseits von Raum und Zeit. – An der Beziehung zwischen der Liebe und dem Schönen hielt der Bischof zeit seines Lebens fest.

2. «(M) Dic, oro te, num possumus amare nisi pulchra?

Nam etsi quidam videntur amare deformia, quos vulgo Graeci σαπροφίλους vocant, interest tamen quanto minus pulchra sint quam illa quae pluribus placent.

Nam ea neminem amare manifestum est, quorum foeditate sensus offenditur.
(D) Ita est, ut dicis.
(M) Haec igitur pulchra numero placent, in quo iam ostendimus aequalitatem appeti.

Non enim hoc tantum in ea pulchritudine quae ad aures pertinet, atque in motu corporum est, invenitur, sed in ipsis etiam visibilibus formis, in quibus iam usitatius dicitur pulchritudo».   (*De musica* 6,38)

«(Lehrer) Sag mir, ich bitte dich, können wir überhaupt etwas lieben, außer Schönes?

Selbst wenn einige das Formlose zu lieben scheinen, welche die Griechen σαπροφίλους (= Liebhaber des Hässlichen) zu nennen pflegen, so dürfte doch klar sein, um wieviel weniger schön es ist als jenes, was den meisten gefällt.

Es dürfte nämlich (ebenso) einleuchten, dass niemand (das) liebt, dessen Hässlichkeit unsere Sinne verletzt.
(Schüler:) So ist es, wie du sagst.
(Lehrer:) Das Schöne gefällt demnach durch die Zahl, in der, wie bereits gezeigt, die Gleichheit angestrebt wird.

Diese Art von Schönheit treffen wir nicht allein in jenem Bereich, der dem Gehörsinn angehört und der sich auf Bewegung von Körpern bezieht, sondern auch im Bereich sichtbarer Formen, in dem sogar viel häufiger von der Schönheit die Rede ist».

(*Über die Musik* 6,38)

Kurzkommentar: Augustins Ästhetik gründet in seinem platonischen Weltbild, in dem die Lehre von der Gleichheit, die sich in Zahlen manifestiert, eine intensive Beschäftigung mit der Arithmetik erfordert. Dies verleiht seiner Ästhetik einen elitären Charakter. In der Schrift *De musica*, speziell in den ersten fünf Büchern, aber auch in dem später abgefassten sechsten tritt diese Bindung der Ästhetik an die Arithmetik deutlich zu Tage. Das griechische Wort σαπροφίλους von σαπρός (hässlich) und φίλος (zugetan), das Augustin hier verwendet, unterstreicht diesen elitären Charakter seiner Ästhetik, wenngleich auch Nichtgebildete zu jenen gehören, denen das Schöne gefällt. Sie wissen jedoch nicht, weshalb dies so ist. (Siehe auch die Texte unter der Rubrik **Kunst**, ferner unter **Zahl und Zahlen**.)

3. «Et prius quaeram, utrum ideo pulchra sint, quia delectant, an ideo delectent, quia pulchra sunt.

Hic mihi sine dubitatione respondebitur ideo delectare, quia pulchra sunt.

Quaeram ergo deinceps, quare sint pulchra, et si titubabitur, subiciam, utrum ideo, quia similes sibi partes sunt et aliqua copulatione ad unam convenientiam rediguntur».

(*De vera religione* 59)

«Und zunächst werde ich fragen, ob sie (die Werke der Kunst) deshalb schön sind, weil sie erfreuen, oder ob sie deshalb erfreuen, weil schön sind.

Zweifelsohne wird man mir antworten, sie erfreuten deshalb, weil sie schön sind.

Daraufhin werde ich fragen, warum sie schön sind. Sollten sie mit der Antwort zögern, würde ich hinzufügend fragen, ob sie etwa deshalb schön seien, weil sie sich in ihren Teilen ähneln und weil sie durch eine gewisse Verbindung zu einer die Einheit hervorhebenden Übereinstimmung gebracht worden sind».

(*Die wahre Religion* 59)

Kurzkommentar: Objekte der Kunst erfreuen, ergötzen, gewähren Vergnügen, sie tun dies aber nur aufgrund des sie aus- und kennzeichnenden Schönseins. Wie aber im vorausgehenden Kurzkommentar zu **Text 2** schon erwähnt, gründen die Prinzipien der Ästhetik Augustins in seiner platonischen Weltanschauung, derzufolge das hier und jetzt vergängliche Schöne an der raum- und zeitlos unvergänglichen Schönheit teilhat (μετοχή, participatio). Das Schöne ist Abglanz der Schönheit. Das «deshalb, weil» in unserem Text ist ontologisch, das Sein betreffend, zu verstehen. Schön sind die Objekte der Kunst nicht per se, sondern weil sich an ihnen eine Übereinstimmung kundtut. Kunst, so legt

Augustinus im Kontext (54–56) unserer Stelle dar, sei nicht mit Kunstfertigkeit zu verwechseln; Kunst gründe vielmehr in der Vernunft (‹ratio›) und werde auch mit der Vernunft wahrgenommen. Er stellt dort die Frage, warum eine harmonisch gleiche Anordnung der Fenster an einem Gebäude gefalle, während eine ungleiche unser ästhetisches Empfinden verletze. In allen Sparten der Kunst, so hält er fest, seien es die zeit- und raumenthobenen Urgründe der Übereinstimmung, ‹convenientia›, ferner der Gleichheit, ‹aequalitas›, und nicht zuletzt der Einheit, ‹unitas›, die das Gefallen, ‹delectatio›, an den Gegenständen der Kunst in uns erweckten. Diese auf Platon zurückgehende, prinzipiell am Intelligiblen orientierte Ästhetik wurde dann im 18. Jahrhundert aufgegeben. Der Philosoph ALEXANDER GOTTLIEB BAUMGARTEN veröffentlichte 1750 den ersten Band seiner *Aesthetica*, derzufolge das Schöne nicht (mehr) dem Urteilsvermögen der Vernunft, sondern dem des Geschmacks zugewiesen wurde. Kunst ist demnach in Umkehrung des zitierten Satzes aus *De vera religione*, was gefällt, und was gefällt, beurteilt der Geschmack des Einzelnen oder auch der Gruppe.

Schöpfer und Schöpfung

1. «Nos itaque ista quae fecisti videmus, quia sunt, tu autem quia vides ea, sunt.
Et nos foris videmus, quia sunt, et intus, quia bona sunt:
Tu autem ibi vidisti facta, ubi vidisti facienda». (*Confessiones* 13,53)

«Wir sehen diese Dinge, die du erschaffen hast, weil sie sind, weil du aber sie siehst, sind sie.
Wir sehen also draußen, dass sie sind, und drinnen, dass sie gut sind.
Du jedoch sahst sie dort erschaffen, wo du sahst, dass sie erschaffen werden sollten». (*Bekenntnisse* 13,53)

Kurzkommentar: Zu den sogenannten Schemata, zweigliedrige Denkfiguren, die zusammen einen Sachverhalt illustrieren, wie z. B. ‹signum – res, Zeichen – Bezeichnetes›, ‹mutabile – inmutabile, Veränderliches – Unveränderliches›, ‹uti – frui, Gebrauchen – Genießen› etc., zählt das von Augustinus häufig verwendete und sein neuplatonisch-philosophisches Denken geradezu kennzeichnende Schema ‹foris – intus, draußen – drinnen›. Während der Mensch bei seinen Wahrnehmungen auf den ‹foris-›, den ‹außen-Bereich›, angewiesen ist, zeichnet Gott reine Innerlichkeit aus. Treffend bringen dies die zitierten Sätze aus den *Bekenntnissen* zum Ausdruck: Gott sieht innerlich das zu Erschaffende und deshalb ist es.

2. «... cum deus omnipotens et omnitenens, incommutabili aeternitate, veritate, voluntate semper idem, non per tempus nec per locum motus movet per tempus creaturam spiritalem, movet etiam per tempus et locum creaturam corporalem ...

Cum ergo tale aliquid deus agit, non debemus opinari eius substantiam, qua deus est, temporibus locisque mutabilem aut per tempora et loca mobilem, sed in opere divinae providentiae ista cognoscere non in illo opere, quo naturas creat, sed in illo, quo intrinsecus creatas etiam extrinsecus administrat, cum sit ipse nullo locorum vel intervallo vel spatio incommutabili excellentique potentia et interior omni re, quia in ipso sunt omnia, et exterior omni re, quia ipse est super omnia.

Item nullo temporum vel intervallo vel spatio incommutabili aeternitate et antiquior est omnibus, quia ipse

«Der allmächtige und alles erhaltende Gott ist im Hinblick auf seine unveränderliche Ewigkeit und Wahrheit sowie auf seinen unveränderlichen Willen immer derselbe. Zeit- und raumlos bewegt er die geistige Kreatur in der Zeit, die körperliche in der Zeit und im Raum. ...

Da Gott solches bewirkt, dürfen wir nicht meinen, sein Wesen, wodurch er Gott ist, sei zeitlich und räumlich wandelbar oder zeitlich und räumlich beweglich. Diese (Veränderungen in Zeit und Raum) dürfen wir nicht in jenem seinem Wirken erkennen, in dem er die Naturen erschafft, sondern (lediglich) in jenem, wodurch er die von seinem Inneren her erschaffenen Naturen auch von außen her verwaltet. Denn er selbst wirkt (als Schöpfer) ohne jeglichen räumlichen Abstand oder Dauer lediglich kraft seiner unwandelbaren und überragenden Macht, ist er doch innerlicher als jedes Erschaffene, weil in ihm alles ist, und auch äußerlicher ist er als alles Erschaffene, weil er über allem ist.

So ist er, weil jenseits aller Zeiten und Räume, in seiner unwandelbaren Ewigkeit älter als alles, da er vor

est ante omnia, et novior omnibus, quia idem ipse post omnia».
(*De Genesi ad litteram* 8,26,48)

allem ist, (zugleich) ist er jünger als alles, weil er nach allem derselbe bleiben wird».
(*Über den Wortlaut der Genesis* 8,26,48)

Kurzkommentar: In seinen jungen Jahren vermochte Augustinus den biblischen Schöpfungsbericht im Hinblick auf das Böse in der Welt sich nicht zu eigen zu machen. Er wurde Anhänger der Manichäer. Diese lehrten, die Schöpfung sei auf zwei unvereinbare Prinzipien, auf ein gutes und auf ein böses, zurückzuführen (Dualismus). Erst Jahre später, während seines Aufenthaltes als Professor der Rhetorik in Mailand, gelang es ihm, mit Hilfe der Philosophie der Neuplatoniker, die alles Seiende von einem einzigen Prinzip ableiteten und auf ein einziges Prinzip zurückführten (Monismus), den Schöpfungsbericht der Bibel und mit ihm die biblische Botschaft als ganze zu akzeptieren. Ja, der biblische Schöpfungsbericht faszinierte ihn zeit seines Lebens derart, dass er ihn insgesamt fünfmal auslegte. Einer dieser Auslegungen gab er den Titel *De Genesi ad litteram – Über den Wortlaut der Genesis*. Darin versuchte er, *Genesis* 1 mit Hilfe seiner auch neuplatonische Prinzipien berücksichtigenden Hermeneutik auszulegen. Sich auf den Bibelsatz aus *Sirach* 18,1 stützend: «Qui vivit in aeternum, creavit omnia simul – Der in Ewigkeit lebt, schuf alles auf einmal», profilierte Augustin sich als Vertreter der sogenannten Simultanschöpfung. Danach erschuf Gott die Welt mit all ihren künftigen Möglichkeiten in einem einzigen Augenblick, «in ictu». Stets war er aber bestrebt, Gott als Schöpfer von seinen Geschöpfen abzuheben. Den Geschöpfen wird das Sein nach einer festgelegten **Ordnung** gestuft zugeteilt. Als Schöpfer besitzt er allein das Sein in Fülle. Um diese ontologische (das Wesen des Seins betreffende) Differenz zwischen Schöpfer und Geschöpf zu veranschaulichen, verwendet Augustinus mit Vorliebe das Schema (Begriffspaar) ‹mutabile – inmutabile›, ‹veränderlich – unveränderlich›, das auch unserem Text zugrunde liegt. Als der Unveränderliche besitzt Gott das Sein in einem ausschließlichen Sinn. «Im strikten Sinn kommt das Prädikat ‹ist› allein dem zu, was unveränderlich bleibt», bemerkt Augustinus in seinen *Confessiones* 7,17. Und im *Sermo* 7,7 heißt es bündig: «Verum esse, sincerum esse, germanum esse non habet nisi qui non mutatur – Wahres Sein, reines Sein, echtes Sein besitzt nur, wer sich nicht ändert».

3. «Omnipotens est (deus) ad facienda maiora et minora, omnipotens est ad caelestia et terrestria, omnipotens est ad facienda inmortalia et mortalia, omnipotens est ad facienda spiritalia et corporalia, omnipotens est ad facienda visibilia et invisibilia, magnus in magnis, nec parvus in minimis; postremo omnipotens est ad facienda omnia quae facere voluerit».
(*Sermo* 213,2)

«Allmächtig erweist Gott sich im Erschaffen des Größeren wie des Kleineren, allmächtig im Erschaffen des Himmlischen wie des Irdischen, allmächtig im Erschaffen des Sterblichen wie des Unsterblichen, allmächtig im Erschaffen des Geistigen wie des Materiellen, allmächtig im Erschaffen des Sichtbaren wie des Unsichtbaren, (denn) groß ist er im Großen und im Kleinsten nicht klein. Allmächtig ist er schließlich im Erschaffen, was immer er erschaffen wollte».
(*Predigt* 213,2)

Kurzkommentar: *Genesis* 1,1, der erste Satz der Bibel, unterstreicht nach Augustinus die Allmacht des Schöpfers. Weil Gott das All mühelos erschuf, kommt ihm das Prädikat ‹Allmacht› exklusiv zu. «Facile deus condidit omnia – Leicht erschuf Gott alles» heißt es in *De Genesi ad litteram – Über den Wortlaut der Genesis* 4,33,51. Lediglich in ihm selbst stößt Gottes Allmacht auf eine Grenze: «Se ipso non est nec ipse potentior» (ebd. 9,17,32). Augustinus spricht gerne von der ‹summa potestas› des Schöpfers (ebd. 11,27,34) und lässt sich gelegentlich sogar zum Superlativ von ‹omnipotens›, also zu einem Pleonasmus hinreißen. So spricht er vom ‹omnipotentissimus creator› in *De peccatorum meritis et remissione et de baptismo parvulorum – Über die Strafen und Nachlassung der Sünden und über die Taufe der Kinder* 1,70.

4. «Sed dicis mihi: Quare deficiunt (sc. creaturae)? Quia mutabilia sunt.

Quare mutabilia sunt? Quia non summe sunt.

Quare non summe sunt? Quia inferiora sunt eo, a quo facta sunt.

«Vielleicht fragst du mich: Warum sind Kreaturen hinfällig? Weil sie wandelbar sind.

Warum sind sie wandelbar? Weil sie das Sein nicht in höchster Weise besitzen.

Warum besitzen sie es nicht in höchster Weise? Weil sie niedriger sind als der, von dem sie erschaffen sind.

Quis ea fecit? Qui summe est.	Wer hat sie erschaffen? Der das Sein in höchster Weise besitzt.
Quis hic est? Deus incommutabilis trinitas, quoniam et per summam sapientiam ea fecit et summa benignitate conservat.	Wer ist dies? Gott, die unwandelbare Dreieinigkeit, die diese Kreaturen kraft ihrer höchsten Weisheit erschaffen hat und sie auch kraft ihrer höchsten Güte bewahrt.
Cur ea fecit? Ut essent.	Warum hat er sie erschaffen? Damit sie seien.
Ipsum enim quantumcumque esse bonum est, quia summum bonum est summe esse.	Das Sein nämlich, wie beschränkt es auch sein mag, ist ein Gut, weil das Sein in höchster Weise das höchste Gut ist.
Unde fecit? Ex nihilo. Quoniam quidquid est quantulacumque specie sit necesse est.	Woraus schuf (Gott die Kreaturen)? Aus dem Nichts. Was immer nämlich ist, muss notwendigerweise eine Gestalt haben.
Ita etsi minimum bonum tamen bonum erit et ex deo erit».	Mag dieses ein noch so geringes Gut sein, es wird dennoch ein Gut sein und es wird aus Gott sein».
(*De vera religione* 35)	(*Die wahre Religion* 35)

Kurzkommentar: Ein schöpfungstheologisches Credo: Der unangefochtene Glaube an den Schöpfer hat die Erschaffung der Dinge aus dem Nichts zur Voraussetzung. Griechisch-philosophischem Denken war diese Voraussetzung fremd. Dort galt das Prinzip, aus dem Nichts könne nichts werden. In der Auseinandersetzung mit dieser Philosophie setzte sich schon bei den Apologeten der ersten Jahrhunderte des Christentums die Lehre von der ‹creatio ex nihilo – Erschaffung aus dem Nichts› durch. Augustinus hat sie übernommen und in seiner Weise vertieft. Das Sein kennt zwei Extreme: das mit Gott, dem Schöpfer, identische reine Sein und das absolute Nichts – ‹prorsus nihil – das Nichts schlechthin› (*Confessiones – Bekenntnisse* 7,1). Zwischen diesen beiden Extremen befindet sich die Schöpfung in ihrer paradoxen ontologischen Verfasstheit. Eingespannt zwischen dem Sein des Schöpfers und dessen dialektischem Gegenüber, dem Nichts, existiert es in der gestuften Ordnung der Kreaturen. Augustin vergisst nicht darauf hinzuweisen, und dies unterscheidet seine Ontologie von der der Neuplatoniker, dass das ‹summe esse› der unveränderliche dreieinige

Gott ist, der das Seiende «durch die höchste Weisheit» schuf und es «in höchster Güte» auch bewahrt.

5. «Spiritus dei sit in te, ut videas quia haec omnia bona sunt: Sed vae tibi si amaveris condita, et deserueris conditorem.

Pulchra sunt tibi; sed quanto est ille pulchrior qui ista formavit?»
(*In epistulam Iohannis ad Parthos tractatus* 2,11)

«Gottes Geist leite dich, damit du siehst, dass dies alles (das Erschaffene) gut ist: Jedoch wehe dir, wenn du das Erschaffene so liebst, dass du den Schöpfer verlässt.
(Gewiss) ist es schön, jedoch um wie viel schöner ist jener, der sie gestaltet hat?»
(*Vorträge zum Johannesbrief an die Parther* 2,11)

Kurzkommentar: Geschöpfe, mögen sie noch so schön sein, dürfen nicht in einer Weise gefallen, dass sie den Schöpfer hintansetzen. Augustinus erinnert im Kontext an *Römerbrief* 1,25, wonach der Apostel jene tadelt, die an Stelle ihres Schöpfers die Kreatur verehrten. Wohlgemerkt, so fügt er hinzu, es sei nicht verboten, Erschaffenes zu lieben, aber die Seligkeit davon zu erwarten, das ‹diligere ad beatitudinem›, das sei verderblich. Er illustriert sodann das Gesagte mit der Frage, was denn wertvoller für eine Geliebte sein müsse, wenn diese von ihrem Geliebten als Unterpfand seiner Liebe einen goldenen Ring geschenkt bekäme, der Ring oder der Bräutigam? Daraus zieht er den Schluss: «Ergo dedit tibi deus omnia ista; ama illum qui fecit. Plus est quod tibi vult dare, id est, seipsum, qui ista fecit – Gott also hat dir all das geschenkt; liebe jenen, der es erschaffen hat. Ja, noch mehr will er, der dies alles gemacht hat, dir schenken, nämlich sich selbst».

6. «Nobis autem fas non est credere, aliter affici deum cum vacat, aliter cum operatur; quia nec affici dicendus est, tamquam in eius natura fiat aliquid, quod ante non fuerit.

Patitur quippe qui afficitur, et mutabile est omne quod aliquid patitur.

«Es steht uns nicht zu zu glauben, Gott verhalte sich anders, wenn er ruht, anders wenn er wirkt, denn wir dürfen nicht annehmen, es tangiere ihn, als ginge in seiner Natur etwas vor, was er vorher nicht kannte.
Gewiss erleidet jemand, wenn etwas auf ihn einwirkt; und veränderlich ist, was etwas erleidet.

Non itaque in eius vacatione cogitetur ignavia desidia inertia, sicut nec in eius opere labor conatus industria.

Novit quiescens agere et agens quiescere.
Potest ad opus novum non novum, sed sempiternum adhibere consilium; nec paenitendo, quia prius cessaverat, coepit facere quod non fecerat».

(*De civitate dei* 12,18)

In seinem (Gottes) Freisein ist jedoch jegliche Vorstellung von Trägheit, Untätigkeit, Müßiggang, wie auch bei seinem Wirken jegliche Vorstellung von Arbeit, Drang und Betriebsamkeit ausgeschlossen.
Er versteht im Ruhen zu schaffen und im Schaffen zu ruhen.
Er vermag ein neues Werk ohne neuen, sondern mit ewigem Entschluss zu vollbringen. Und es plagt ihn nicht die Reue, dass er zuvor versäumte, was er, weil noch nicht getan, zu tun begann».

(*Der Gottesstaat* 12,18)

Kurzkommentar: Der zentrale, dialektisch ebenso präzise wie rhetorisch gekonnt formulierte Satz unseres Textes lautet: «Novit quiescens agere et agens quiescere». Die Theologen aller Zeiten bemühten sich um eine Antwort auf die Frage, wie es denn eigentlich zu einem von der Bibel in *Genesis* 1,1 suggerierten ‹Anfang› der Schöpfung kommen konnte. Gab es dazu seitens Gottes Motive, gar Impulse? Als philosophisch denkender Theologe verneint Augustinus solche Fragen mit dem Hinweis auf die Unveränderlichkeit als Wesensmerkmal der göttlichen Natur. Freilich verwendet die Bibel, wenn sie Gottes Verhältnis zu seinen Geschöpfen, speziell zu den Menschen artikuliert, häufig und gerne Begriffe, die Emotionen, Impulse, Absichten etc. zum Ausdruck bringen, aber diese seien zu Recht anthropomorph, weil sie, was der Begriff ‹anthropomorph› schon andeutet, uns Menschen betreffen und auch treffen sollen. Bezögen sie sich auf Gott, wäre er nicht vollkommen. Seine Unveränderlichkeit ist somit Garant seiner Vollkommenheit sowie auch aller nur denkbaren Prädikate, die Gott den Schöpfer von der veränderlichen Welt und deren Bestandteilen unterscheiden und scheiden.

Seele

1. «Inde quippe animus pascitur, unde laetatur».
(*Confessiones* 13,42)

«Die Seele nährt sich nämlich davon, worüber sie sich freut».
(*Bekenntnisse* 13,42)

Kurzkommentar: Was ist die Seele? Diese Frage zu beantworten, hat Augustinus seit Beginn seiner schriftstellerischen Laufbahn nicht zur Ruhe kommen lassen. In den vielleicht noch im Jahr seiner Bekehrung niedergeschriebenen *Soliloquien* antwortet er auf die von der ‹ratio›, der Vernunft, als Dialogpartnerin gestellte Frage, was er zu wissen wünsche: «Gott und die Seele ... sonst nichts» (1,7). Bald darauf verfasste er die Schrift *De animae quantitate – Über die Größe der Seele* und die unvollendet gebliebene *De immortalitate animae – Über die Unsterblichkeit der Seele*. Etwa 35 Jahre später versucht er in dem vierbändigen Werk *De anima et eius origine – Über die Seele und deren Ursprung*, die zu seiner Zeit grassierenden Irrtümer über diese Frage zu widerlegen. Darüber hinaus freilich bleibt das Thema Seele wie Gott Mittelpunkt seines Denkens. Man begegnet ihm auf Schritt und Tritt in seinem immensen Schrifttum. Darunter befinden sich literarische Kostbarkeiten wie der zitierte Satz aus den *Confessiones*.

Sehnsucht

1. «‹Sitivit tibi anima mea› (*Ps* 62,2).

Ecce illud desertum Idumaeae. Videte quomodo hic sitit: Sed videte quid hic bonum est: ‹Sitivit tibi› (*Ps* 62,2).

Sunt enim qui sitiunt, sed non deo.

Omnis qui sibi vult aliquid praestari, in ardore est desiderii: Ipsum desiderium sitis est animae.

«‹Nach dir dürstete meine Seele› (*Psalm* 62,2).

Siehe jene Wüste Idumäas! Seht, in welcher Weise sie (die Seele) dürstet. Seht aber, was hier gut ist, (denn es heißt) ‹sie dürstete nach dir› (ebd.).

Es gibt nämlich solche, die dürsten, aber nicht nach Gott.

Jeder, der wünscht, dass ihm etwas geboten werde, brennt aus Sehnsucht. Sehnsucht ist der Durst der Seele.

Et videte quanta desideria sint in cordibus hominum: Alius desiderat aurum, alius desiderat argentum, alius desiderat possessiones, alius hereditates, alius amplam pecuniam, alius multa pecora, alius domum magnam, alius uxorem, alius honores, alius filios.

Videtis desideria ista, quomodo sunt in cordibus hominum.

Ardent omnes homines desiderio; et vix invenitur qui dicat: ‹Sitivit tibi anima mea› (Ps 62,2).

Sitiunt enim homines saeculo, et non se intellegunt in deserto esse Idumaeae, ubi debet sitire anima ipsorum deo.

Dicamus ergo nos: ‹Sitivit tibi anima mea› (Ps 62,2); omnes dicamus, quia in concordia Christi omnes una anima sumus; ipsa anima sitiat in Idumaea».

(Enarrationes in Psalmos 62,5)

Und seht, wie vielerlei Sehnsüchte Menschen in ihren Herzen tragen: Der eine ersehnt Gold, der andere Silber, der dritte Besitztümer, der vierte Erbschaften, der fünfte Summen von Geld, der sechste großen Viehbestand, der siebte ein stattliches Haus, der achte eine Gattin, der neunte Ehrerweisungen, der zehnte Söhne.

Ihr seht diese Art Sehnsüchte, wie sie sich in den Herzen der Menschen befinden.

Alle Menschen brennen vor Sehnsucht, und kaum findet man einen, der spricht: ‹Nach dir sehnte sich meine Seele› (ebd.).

Die Menschen sehnen sich nach der Welt und sie verstehen sich nicht als solche, die sich in der Wüste Idumäas befinden, wo ihre Seele sich nach Gott sehnen soll.

Lasst uns (wenigstens) sagen: ‹Nach dir sehnte sich meine Seele› (ebd.); lasst uns alle dies sagen, denn in der Eintracht Christi sind wir alle eine einzige Seele. Diese Seele möge in Idumäa dürsten».

(Auslegungen der Psalmen 62,5)

Kurzkommentar: ‹Desiderium – Sehnsucht› gehört mit zu den charakteristischen Termini der augustinischen Spiritualität. ‹Sehnsucht›, so definiert Augustin anschaulich und treffend den Begriff, ‹ist der Durst der Seele›. Durst assoziiert Trockenheit, wasserlose Landschaft. In der Textvorlage Augustins trug der *Psalm* 62 die Überschrift: «Dem David, als er in der Wüste Idumäas (= Edom, Gebiet südlich des Toten Meeres) weilte». Idumäa wird in der Auslegung des Predigers (62,3) zum Symbol für die gegenwärtige Weltzeit (‹saeculum istud›), in der Menschen nichts Gutes von Dauer zu erwarten haben. Diese beklagenswerte Situation veranschaulichen die irdischen Sehnsüchte dessen, der Gott nicht kennt. Es kommt also letztendlich auf das Objekt der Sehnsucht an, denn ‹alle brennen vor Sehnsucht›, die eigentlich nur Gott zu stillen vermag. Als Glieder am Leibe Christi sollten die Gläubigen wissen, dass sie mit ihrer Sehnsucht nicht allein sind. Sie befinden sich zwar noch ‹in Idumäa›, weshalb sie auch dürsten, aber sie dürsten ‹in der Eintracht Christi› nach dem, der allein ihren Durst stillen kann (siehe zum Thema Sehnsucht den Artikel *Desirare, desiderium* von JEAN DOIGNON im *Augustinus-Lexikon* 2, 306–309 sowie die Monographie von ISABELLE BOCHET, *Saint Augustin et le désir de Dieu*, Paris 1982).

2. «Et vide quam aperte hoc dicat. ‹Qui diligit me, mandata mea custodit; qui autem diligit me, diligetur a patre meo, et ego diligam eum› (*Io* 14,21).

Suspendit nos, quasi quid daturus, quia diligit nos.

Quomodo si tibi homo dicat, diligo te, non attendis nisi quid tibi donet, quid tibi praestet, quid prosit, in quo sit utilis.
Ait ergo dominus: ‹Et ego diligam eum› (*Io* 14,21).
Quaere quid tibi daturus sit.
Audi quod sequitur: ‹Et ostendam ei me ipsum› (*Io* 14,21).
Quid est hoc, fratres?
Videtis quo rapiat flamma caritatis. Visuri sumus aliquid ... dicit enim: ‹Diligam eum, et ostendam ei› (*Io* 14,21) – non quod feci, non sinum abyssorum, non secreta terrarum, non varietates herbarum, non

«Und siehe, wie deutlich er dies sagt: ‹Wer mich liebt, hält meine Gebote; wer aber mich liebt, der wird auch von meinem Vater geliebt werden, und ich werde ihn lieben› (*Johannesevangelium* 14,21).

Er lässt uns im Ungewissen bezüglich dessen, was er uns geben wird, weil er uns liebt.

So wie wenn dir jemand sagt, ich liebe dich, gibst du acht darauf, was er dir gibt, was er für dich leistet, was er dir nützt, wozu er dir dient.
Der Herr sagt also: ‹Ich werde ihn lieben› (ebd.).
Frage, was er dir geben wird.
Höre, was folgt: ‹Und ich werde mich selbst ihm zeigen› (ebd.).
Was ist damit gemeint, Brüder?
Ihr seht, wohin die Flamme der Liebe uns mit sich reißt. Wir werden etwas sehen ... sagt er doch: ‹Ich werde ihn lieben und ich werde ihm zeigen› (ebd.) – nicht das, was ich erschuf, nicht die Tiefe der Meere, nicht die

multitudinem generum animalium, non postremo numerum siderum, non conversiones astrorum, non dimensiones temporum.	Geheimnisse der Erde, nicht die Vielfalt der Pflanzen, nicht die Menge der Gattungen der Lebewesen, und ebenso nicht die Zahl der Sterne, nicht deren Lauf, nicht die Dimension der Zeiten.
Ut quid enim haec vis videre?	Wozu willst du dies (alles überhaupt) sehen?
Quae si videres, certe magna non essent. Ego feci haec. ‹Ostendam me ipsum illi› (Io 14,21).	Könntest du dies (alles) sehen, sei gewiss, es wäre nicht groß. (Denn) ich habe dies (alles) erschaffen. (Daher:) ‹Ich werde mich ihm zeigen› (ebd.).
Sed quando istud erit, dicit aliquis, quando ostendet?	Wann aber wird dies sein, mag jemand einwenden, wann wird er (sich) zeigen?
Differt, non aufert. Et in differendo quid agit?	Aufgeschoben ist nicht aufgehoben. Was (allerdings) bezweckt er mit dem Aufschub?
Desiderio dilatat sinum animae.	Durch (unsere) Sehnsucht weitet er das Innerste der Seele.
Magnum quiddam daturus est, fratres; et quid dico vel magnum?	Etwas Großes (also) wird er geben, Brüder. Was nenne ich (eigentlich) groß?
Si vel hoc dicendum est.	Ist (dies, was er verheißt) überhaupt (noch) groß zu nennen?
Videte quanta dat impiis, et quanta donat indignis.	Seht, was er an Großem den Gottlosen gibt, was er an Großem den Unwürdigen schenkt.
Quare et ipsis? Quia ‹facit solem suum oriri super bonos et malos› (Mt 5,45). Vide quemadmodum serviat creatura blasphemis:	Warum selbst diesen? Weil er ‹seine Sonne aufgehen lässt über Gute und Böse› (*Matthäusevangelium* 5,45). Siehe, bis zu welchem Grade die Kreatur (selbst) den Lästerern zum Dienste steht.
Ipsa naturalia dona circumspice.	Nimm die Gaben der Natur in Augenschein.

Habent salutem, habent integritatem sensuum, habent spiritum membra terrena vegetantem, habent perfunctionem aeris huius, visionem lucis, rationabilem mentem, qua ceteris animantibus excellentiores sunt.

Haec omnia divitibus, pauperibus, bonis, malis tanquam divitiae communes iacent.
Aluntur omnes, illustrantur ista luce omnes, tanquam de publico vivunt.

Dat haec omnia.
Hinc, fratres, cogitare non debemus quid servet suis, quid praeparet fidelibus, ut videant non videntes et credentes?

Credere antequam videas, meritum est futurae visionis.

Exercetur ergo capacitas tua dilatione bonorum; ut aucta desiderio, sis idoneus capere quod promittit, et quod desideras». (*Sermo* 142,7 sq.)

Sie (die Lästerer) besitzen die Gesundheit, die Unversehrtheit der Sinne, die Seele, welche die Glieder des Leibes belebt, die Luft zum Atmen, das Licht zum Sehen, die Vernunft, wodurch sie die anderen Lebewesen überragen.

Dies alles liegt Begüterten wie Habenichtsen, Guten wie Bösen gleichsam als gemeinsamer Reichtum zu Füßen.
Alle werden ernährt, ins gleiche Licht gehüllt, leben gewissermaßen aus Öffentlichem.

Er gibt dies alles.
Daher, Brüder, brauchen wir uns keine Gedanken zu machen, was er den Seinen aufbewahrt, was er den Gläubigen bereiten wird, damit sie sehen, was sie (jetzt noch) nicht sehen, (indes bereits) glauben?

Glauben, bevor du siehst, ist der Lohn für die noch ausstehende Schau.

Es möge also durch den Aufschub der (endzeitlichen) Güter dein Aufnahmevermögen geübt werden, damit du aufgrund einer gesteigerten Sehnsucht fähig werdest, das aufzunehmen, was er verspricht und was du ersehnst». (*Predigt* 142,7 f.)

Kurzkommentar: Wie das Glück, so zielt auch die Sehnsucht auf das ab, was bleibt, und dies sind die eschatologischen Güter, letztendlich der dreieinige Gott. Augustin leugnet den Wert irdischer Güter nicht, allein in der Relation zu ihrem Schöpfer sind sie alles andere als groß. Deshalb ist auch der Inbegriff der eschatologischen Verheißungen Christus selbst. Er wird sich dem zeigen, der ihn über alles liebt. Die bedrängende Frage nach dem ‹quando – wann› dieses Sich-Zeigens beantwortet der Prediger mit dem Hinweis auf die Bedeutung der Sehnsucht im Leben des Glaubenden. Die Verzögerung der Verheißung hat sozusagen eine die Sehnsucht schürende Funktion. Sie also, die Sehnsucht nach Gott, weitet die Seele. So gehört es zum Wesen christlicher Spiritualität, die Sehnsucht zu mehren, um einst empfangen zu können, was wir ersehnen.

3. «Desiderium semper orat, etsi lingua taceat.
Si semper desideras, semper oras.

Quando dormitat oratio?
Quando friguerit desiderium».

(*Sermo* 80,7)

«Die Sehnsucht betet immerzu, auch wenn die Zunge schweigt.
Sehnst du dich immerzu, so betest du immerzu.
Wann erschlafft das Gebet?
Wenn die Sehnsucht erkaltet».

(*Predigt* 80,7)

Kurzkommentar: Augustinus war nicht nur ein großer Philosoph und Theologe, sondern auch ein Mann des Gebetes. Bei der Lektüre seiner *Confessiones – Bekenntnisse* gewinnt man nicht selten den Eindruck, diese seien auf den Knien geschrieben, sind sie doch vom Anfang bis zum Ende ein Aufruf an den Leser, zusammen mit ihrem Verfasser Gott zu loben und zu preisen. «Herr, mein Gott, ‹so achte denn auf mein Gebet› (*Psalm* 60,2), und dein Erbarmen erhöre meine Sehnsucht, da sie nicht nur für mich allein erglüht, sie will auch der Bruderliebe zum Nutzen sein ... Zum Opfer bringen will ich dir den Dienst meines Denkens und meiner Zunge», betet dort der fromme Bischof (11,3). Das Thema der Predigt, der unser Zitat entnommen ist, war die Macht des Gebetes, dessen Antrieb die Sehnsucht nach jenen Gütern ist, die nicht vergehen, sondern bleiben. «Diese Güter lasst uns mit Ungestüm ersehnen», heißt es im Text, «... nicht in langer Rede, sondern unter Seufzen» (ebd.). Darauf folgen dann die zitierten Sätze. Ist die Sehnsucht erloschen, stirbt das Gebet ab.

Sein und Seiendes

1. «Hoc enim maxime esse dicendum est, quod semper eodem modo sese habet, quod omnimodo sui simile est, quod nulla ex parte corrumpi

«Sein in höchstem Grad ist zu nennen, was immer in gleicher Weise sich verhält, was sich in jeder Hinsicht ähnlich ist, was in keinem

ac mutari potest, quod non subiacet tempori, quod aliter nunc se habere quam habebat antea non potest.	seiner Teile zugrunde gehen noch sich zu verändern vermag, was der Zeit nicht unterliegt, was sich nicht anders zu verhalten vermag, als es zuvor sich verhielt.
Id enim est quod esse verissime dicitur».	Das ist es, was im eigentlichen Sinn Sein heißt».
(*De moribus ecclesiae catholicae et de moribus Manicheorum* 2,1)	(*Die Sitten der katholischen Kirche und die Sitten der Manichäer* 2,1)

Kurzkommentar: Das Sein ist ein Kernbegriff der Ontologie, auch der Augustins, die, wie schon des Öfteren erwähnt, weithin griechisch-neuplatonisch ist. Vom Sein als der Spitze und dem Quell alles Seienden kann nur insofern die Rede sein, als es bleibt. Auch für Plotin ist das Charakteristikum des ἕν, des ‹Einen›, das μένειν, das Bleiben (*Enneade* 1,7,1). Kennzeichen des reinen Seins ist seine Unveränderlichkeit. Deshalb gilt auch umgekehrt: «esse nomen est incommutabilitatis – Sein ist der Name der Unveränderlichkeit» (*Predigt* 7,7). Sämtliche Prädikate des philosophischen Gottesbegriffes wie Ewigkeit, Unsterblichkeit, Allwissenheit und Allmacht sind von dessen Identität mit dem unveränderlichen Sein abzuleiten. Gegenbegriff der ‹incommutabilitas› ist die ‹commutabilitas›, die Veränderlichkeit. Mit dem adjektivisch als Schema verwendeten Begriffspaar ‹immutabile – mutabile›, ‹unveränderlich – veränderlich›, vermochte Augustin die ganze Ontologie und darin wieder die Abhängigkeit alles Veränderlichen vom Unveränderlichen aufs Bündigste mit zum Ausdruck zu bringen.

2. «Accipe hoc quiddam grande et breve. Est natura per locos et tempora mutabilis, ut corpus, et est natura per locos nullo modo, sed tantum per tempora etiam ipsa mutabilis, ut anima, et est natura, quae nec per locos nec per tempora mutari potest, hoc deus est.	«Bedenke folgendes Bedeutsames in Kürze. Es gibt eine räumlich und zeitlich veränderliche Natur wie den Körper, es gibt ferner eine keineswegs räumlich, jedoch zeitlich veränderliche Natur wie die Seele, und es gibt (schließlich) eine Natur, die sich weder räumlich noch zeitlich verändern kann, dies ist Gott.

Quod hic insinuavi quoquo modo mutabile, creatura dicitur; quod inmutabile, creator. Cum autem omne, quod esse dicimus, in quantum manet dicamus et in quantum unum est, omnis porro pulchritudinis forma unitatis sit, vides profecto in ista distributione naturarum, quid summe sit, quid infime et tamen sit, quid medie, magis infimo et minus summo, sit».

(*Epistula* 18,2)

Was ich hier als veränderlich vorstellte, heißt Geschöpf, was als unveränderlich, Schöpfer. Da aber alles, von dem wir sagen, es sei, dies nur insofern sagen, als es bleibt und insofern es (zahlenmäßig) eines ist, und übrigens jede Form von Schönheit der Einheit entstammt, kannst du dieser Einteilung der Naturen entnehmen, was zuoberst steht, was zuunterst zwar, dennoch existent, und was in der Mitte – dieses (Mittlere) dem Untersten überlegen, dem Obersten unterlegen». (*Brief* 18,2)

Kurzkommentar: Die Natur ist nach Augustin ontologisch dreigeteilt: in raum-zeitlich unveränderliche, Gott, in zeitlich veränderliche, Seele, und in raum-zeitlich veränderliche, Körper. Im Unterschied zu der unter **Text 1** dargestellten Zweiteilung, die eine schärfere Trennung der Seinssphäre Gottes von der Hinfälligkeit des uneigentlich, weil veränderlich Seienden scharf ins Licht hebt, ermöglicht die Dreiteilung mit der Seele als Mittlerem, deren engere Bindung an die Seinssphäre Gottes als ihren Vorzug gegenüber dem materiell Seienden deutlich zu reflektieren. Freilich ist damit nicht gesagt, dass an der dritten Stufe, der Sphäre des raum-zeitlich Seienden, also an den Körpern, die Bezüge zur Spitze des Seins nicht mehr wahrnehmbar wären. Augustinus verwendet, um diese spezifisch ontologische Differenz bezüglich der Nähe der beiden niederen Seinssphären zu illustrieren und zu artikulieren, das Begriffspaar ‹similitudo – dissimilitudo›, ‹Ähnlichkeit – Unähnlichkeit›. Die Ähnlichkeit der Seele zu ihrem Ursprung ist zwar eine größere als die des Leibes bzw. des Körpers, dennoch dominiert auch in ihr, weil sie veränderlich ist, die Unähnlichkeit. Immer ist die Ähnlichkeit im Bereich des Erschaffenen eine mitgeteilte und es verdeutlicht die Unähnlichkeit den jeweiligen Abstand eines Seienden zu seinem Ursprung.

Abb. 11: Der hl. Augustinus. Vitale da Bologna (Fresko, 14. Jh.; Bologna, Chiesa dei Servi).

Selbsterkenntnis

1. «Confitear ergo quid de me sciam, confitear et quid de me nesciam, quoniam et quod de me scio, te mihi lucente scio, et quod de me nescio, tamdiu nescio, donec fiant ‹tenebrae› meae ‹sicut meridies› (*Is* 58,10) in vultu tuo». (*Confessiones* 10,7)

«So will ich denn bekennen, was ich von mir weiß, bekennen auch, was ich von mir nicht weiß, denn was ich von mir weiß, weiß ich in deinem Licht, und was ich von mir nicht weiß, das weiß ich so lange nicht, bis meine ‹Finsternis werde wie das Mittagslicht› (*Jesaja* 58,10) vor deinem Angesicht».

(*Bekenntnisse* 10,7)

Kurzkommentar: Augustins *Bekenntnisse* sind nach neuerem Forschungsstand ein Protreptikos, eine Art Werbeschrift für das Christentum, die allerdings in den ersten 10 Büchern autobiographische Stoffe verarbeitet. Während die Bücher 1–9 die Geschichte der Bekehrung ihres Autors zum Thema haben, versucht ihr Verfasser im 10. Buch, einen Einblick in seinen gegenwärtigen Zustand zu geben. Voll Wissbegier seien die Menschen, das Leben anderer zu ergründen, klagt Augustinus gleich in den ersten Paragraphen dieses Buches. Wer er immer noch sei, gerade jetzt zur Stunde seiner Bekenntnisse, das möchten viele wissen, die ihn kannten, wie auch jene, die ihn nicht kannten, jedoch etwas über ihn hörten. Indes, ehe er sich in diese Darstellung einlässt, verweist er auf Grenzen jeglicher Selbsterkenntnis. ‹Individuum est ineffabile›, hieß es in späteren Jahrhunderten. Augustinus nannte den Menschen einen ‹Abgrund› (*Confessiones* 4,22; siehe dazu **Mensch(sein)**, Text 2). Allein Gott kennt den Menschen durch und durch. Diese volle Selbsterkenntnis werde dem Menschen erst als eschatologische Gabe zuteil werden.

Sprache und Rede

1. «Pensabam memoria, cum ipsi appellabant rem aliquam et cum secundum eam vocem corpus ad aliquid movebant, videbam, et tenebam

«Nannten diese (die Erwachsenen) irgendein Ding in Verbindung mit einem Laut und bewegten sie sich (zugleich) zu diesem Ding hin, so

hoc ab eis vocari rem illam, quod sonabant, cum eam vellent ostendere.

Hoc autem eos velle ex motu corporis aperiebatur tamquam verbis naturalibus omnium gentium, quae fiunt vultu et nutu oculorum ceteroque membrorum actu et sonitu vocis indicante affectionem animi in petendis, habendis, reiciendis fugiendisve rebus.

Ita verba in variis sententiis locis suis posita et crebro audita quarum rerum signa essent paulatim conligebam measque iam voluntates edomito in eis signis ore per haec enuntiabam.

Sic cum his, inter quos eram, voluntatum enuntiandarum signa communicavi et vitae humanae procellosam societatem altius ingressus sum pendens ex parentum auctoritate nutuque maiorum hominum».

(*Confessiones* 1,13)

hielt ich in meinem Gedächtnis fest, dass sie mit dem Klang des Lautes jenes Ding benannten, das sie mir zeigen wollten.

Dass dies ihre Absicht war, erschloss sich mir aus der Bewegung ihres Körpers, gleichsam aus einem allen Völkern gemeinsamen Sprachschatz, der aus dem Mienenspiel, dem Wink der Augen und den Gebärden der übrigen Glieder, ferner dem Ton der Stimme, der die Empfindung der Seele zu erkennen gibt, wenn er diese Dinge begehrt, besitzt, zurückweist oder flieht.

So erlernte ich die Worte als Zeichen jener Dinge, die in verschiedenen Sätzen zu verschiedenen Anlässen gebraucht häufig an mein Ohr drangen. Ich bemühte mich, sie gleichsam zu sammeln und mit geübtem Mund als Zeichen nachzuformen, um meine eigenen Wünsche durch diese Zeichen kundzutun.

Auf diese Weise verständigte ich mich mit denen, unter denen ich lebte, indem ich über die Zeichen meinen Willen zum Ausdruck brachte. So drang ich allmählich tiefer in die stürmisch erregte Gesellschaft menschlicher Lebensgestaltung hinein, abhängig allerdings noch von der Autorität der Eltern und vom Wink der Erwachsenen».

(*Bekenntnisse* 1,13)

Kurzkommentar: Als Grammatiker und Rhetor war Augustinus zeit seines Lebens an Fragen der Sprache und deren Gebrauchs interessiert. Hier berichtet er von seinem eigenen Spracherwerb, lässt aber zugleich seinen theoretischen Ansatz, wonach die Sprache nichts anderes ist als ein Übereinkunft voraussetzendes System von Zeichen, deutlich durchblicken. Schon wenige Jahre nach seiner Bekehrung verfasste er den Dialog *De magistro – Der Lehrer*, den er, wie er in den *Bekenntnissen* 9,14 berichtet, tatsächlich mit seinem hochbegabten jugendlichen Sohn Adeodatus geführt habe. Darin vertritt er die These, dass der Mensch die Dinge, die ‹res›, nicht über die Sprache bzw. die Worte als Mittel der Sprache lerne, sondern durch Anschauung und Begegnung im Umgang mit den Dingen selbst. Der fundamental wichtige erkenntnistheoretische Satz in jener Schrift, wonach die Zeichen keine semantische Funktion haben, lautet: «Magis signum re cognita, quam signo dato ipsa res discitur – Man lernt das Zeichen eher durch die Sache selbst als die Sache durch das Zeichen kennen» (ebd. 33).

2. «Nam verbis de verbis agere tam implicatum est, quam digitos digitis inserere et confricare, ubi vix dinoscitur nisi ab eo ipso, quid id agit, qui digiti pruriant et qui auxilientur prurientibus». (*De magistro* 14)

«Denn mit Worten über Worte sprechen ist genau so verwickelt wie ein Verflechten und Reiben der Finger mit Fingern; außer dem, der es selbst tut, kann einer kaum unterscheiden, welche Finger jucken und welche den juckenden helfen sollen».

(*Der Lehrer* 14)

Kurzkommentar: In der Schrift *Der Lehrer* gerät die Sprache kritisch ins Visier des Dialogs. An einer Reihe linguistischer Erörterungen zeigt Augustin, dass die Sprache als ein System von Zeichen zum Lehren und Lernen so gut wie nichts beiträgt. Bereits in seiner noch vor seiner Taufe verfassten Frühschrift *Über die Akademiker* heißt es vom Weisen, dieser solle kein Werkmeister von Worten, kein ‹opifex vocabulorum›, sondern ein Erforscher von Sachen, ein ‹inquisitor rerum›, sein (2,26). Dies entbindet Menschen – zumal als Partner in einem Dialog – nicht von der Sorge um Klarheit im Sprechen, primär gilt jedoch die Sorge dem Denken der miteinander in einen Dialog Eingebundenen. Worte sind Zeichen, ‹signa›, und den Zeichen mangelt es im Unterschied zum Bezeichneten, der ‹res significata›, an Eindeutigkeit. Das Bezeichnete ist aus dem jeweiligen Zusammenhang zu verstehen. Darum fordert Augustinus seinen

Gesprächspartner Adeodatus auf, seine Aufmerksamkeit, wo immer er Zeichen vernehme, unmittelbar auf das Bezeichnete zu richten: «Proinde intellegas volo res, quae significantur pluris quam signa esse pendendas; quidquid enim propter aliud est, vilius sit necesse est quam id, propter quod est – Ich möchte also, du verstündest, die bezeichneten Dinge höher zu schätzen als ihre Zeichen; denn was immer für anderes da ist, muss notwendigerweise weniger wert sein, als das, dessentwegen es da ist» (ebd. 25).

3. «Temptamur his temptationibus cotidie, domine, sine cessatione temptamur.
Cotidiana fornax nostra est humana lingua.

Imperas nobis et in hoc genere continentiam: Da quod iubes et iube quod vis». (*Confessiones* 10,60)

«Tag für Tag werden wir durch diese Versuchungen ohne Unterlass auf die Probe gestellt.
Die Zunge des Menschen ist ein täglich sich entzündender Herd (an Verlockungen).

Auch auf diesem Gebiet befiehlst du Enthaltsamkeit: Gib, was du forderst, und (dann) fordere, was du willst».
(*Bekenntnisse* 10,60)

Kurzkommentar: Der Verstehensschlüssel der *Confessiones* liegt im 10. Buch. Es besteht aus zwei Blöcken, dem der Gotteserkenntnis sowie der Gotteserfahrung (8–38) und dem der Selbsterkenntnis und Selbsterfahrung (39–66). Der erste gipfelt im Aufstieg (siehe **Aufstieg zu Gott – Abstieg**), der zweite im Wissen um eigene Schwäche und das Angewiesensein auf die **Gnade**. Augustin illustriert Letzteres an den Versuchungen, die jeden und jede ein Leben lang begleiten. Er zitiert *Ijob* 7,1, wonach das Leben des Menschen auf Erden Versuchung sei. Weil aber die Bibel sagt, «es kann keiner enthaltsam sein, wenn Gott es nicht verleiht» (*Weisheit* 8,21), formuliert er im Hinblick auf die Sündentrias «Fleischeslust, Augenlust und Hoffart der Welt» (*Erster Johannesbrief* 2,16) gleich dreimal den Satz: «Gib, was du forderst, und dann fordere, was du willst» (10,40.45.60). Damit bringt er seine Gnadenlehre sozusagen auf den Punkt. Am ‹laudari velle ab hominibus›, an dem ‹von den Menschen gelobt sein wollen› (ebd. 59) manifestiert sich vorzüglich der negative Aspekt der Sprachbefähigung des Menschen. Deshalb wird von Gott Kontrolle über unsere Zunge verlangt (siehe dazu auch **Text 4**).

4. «Quis enim non timeat loquentem veritatem et dicentem, ‹qui dixerit fratri suo, fatue, reus erit gehennae ignis› (Mt 5,22)?
Linguam autem nullus hominum domare potest.
Et homo domat feram, non domat linguam: Domat leonem, et non refrenat sermonem: Domat ipse, et non domat se ipsum: Domat quod timebat; et ut se domet, non timet quod timere debebat.

Sed quid fit?
Sententia vera, et ista processit de oraculo veritatis: ‹Linguam autem nullus hominum domare potest› (Iac 3,8)». (Sermo 55,1)

«Wer dürfte sich nicht vor der Wahrheit fürchten, die spricht: ‹Wer zu seinem Bruder sagt: du Narr, soll dem Feuer der Hölle verfallen› (Matthäusevangelium 5,22)?
Niemand jedoch vermag seine Zunge zu zähmen.
Zwar zähmt der Mensch das Wild, nicht (jedoch) seine Zunge; er zähmt den Löwen und hält die Zunge nicht im Zügel; er zähmt (anderes), aber nicht sich selbst; er zähmt, was er fürchtete; und um sich zu zähmen, fürchtet er nicht, wovor er sich fürchten sollte.

Was also ist zu tun?
Es gibt da noch einen wahren Spruch aus dem Munde der Wahrheit: ‹Die Zunge vermag kein Mensch zu zähmen› (Jakobusbrief 3,8)».
(Predigt 55,1)

Kurzkommentar: Um die Größe der mit der Zunge begangenen Verfehlung im Sinne der Bergpredigt hervorzuheben, zitiert der predigende Augustin aus dem *Jakobusbrief* den Satz, niemand vermöge die Zunge zu zähmen. Er kontrastiert diese Unfähigkeit mit der Fähigkeit des Menschen, sogar wilde Tiere zähmen zu können. Nun verlangt die Bergpredigt mit dem Paradigma des zitierten Satzes gerade die Kontrolle über die Zunge. Deshalb fragt der Prediger: «Was also ist zu tun? ... Werden alle der Hölle verfallen? Auf keinen Fall», antwortet er, und indem er sich auf die *Psalmverse* 89,1 «Herr, unsere Zuflucht bist du von Generation zur Generation» und 138,7 «Wohin könnte ich vor deinem Geist gehen, wohin fliehen» beruft, fährt er fort, wir sollten verstehen, dass wir, wenn niemand seine Zunge zu zähmen in der Lage sei, wir doch unsere Zuflucht bei Gott hätten, der dazu imstande ist. Er verweist sodann auf die Tiere, die wir zähmen: «Das Pferd zähmt sich nicht, das Kamel sich nicht, der Elefant sich nicht, die Natter sich nicht, der Löwe sich nicht». Zur Zähmung der Tiere bedarf es des Menschen. Ähnlich bedarf es Gottes, um den Menschen zu zähmen: «Ergo deus quaeratur, ut dometur homo» (*Predigt* 55,2). Im Folgenden wird dann gezeigt, wie der Mensch das Wild, das sich selbst nicht zu zähmen vermag, zähmt. Analoges vollzieht sich zwischen Gott und dem Menschen im Hinblick auf die zu zähmende Zunge. Gott ist des Menschen ‹pater›, Vater, und ‹redemptor›, Erlöser, zugleich aber auch ‹castigator›, Zuchtmeister, und ‹domitor›, Zähmer. Auch wenn er züchtigt, zähmt er, setzt er seine Gnade ein. So, und nicht anders ist er «des Menschen Zuflucht von Generation zu Generation» (ebd. 55,2–6).

5. «Quidquid potest fari, non est ineffabile.
Ineffabilis est autem deus.
Si enim raptum se dicit usque in tertium caelum apostolus Paulus, et dicit se audisse ineffabilia verba; quanto magis ipse ineffabilis, qui talia demonstravit, quae fari non possit cui demonstrata sunt?»
(*Sermo* 117,7)

«Was immer gesagt werden kann, ist nicht unaussprechlich.
Unaussprechlich aber ist Gott.
Sagt also der Apostel, er sei in den dritten Himmel entrückt worden und er habe unaussprechliche Worte vernommen, um wieviel mehr ist dann der selbst unaussprechlich, der Dinge zeigte, die von dem nicht gesagt werden können, die diesem gezeigt worden sind?»
(*Predigt* 117,7)

Kurzkommentar: Augustin definiert das Unaussprechliche als ein Paradoxon. ‹Ineffabilis, -e› ist ein bevorzugter Terminus der Theologie, denn Gott ist seinem Wesen nach unaussprechlich. Ja, so seltsam dies auch klingen mag, in unserem Kontext ist von den ‹ineffabilia verba›, den unaussprechlichen Worten, die der Apostel Paulus vernommen habe, die Rede (siehe *Zweiter Korintherbrief* 12,4). In *De doctrina christiana – Die christliche Wissenschaft* 1, bei der Erörterung der christlichen Lehren, kommt Gott, und zwar dem dreieinigen, innerhalb des ‹ordo rerum›, der gestuften Gegenstände der zu erkennenden Dinge, der oberste Rang zu. Er ist als Vater, Sohn und Heiliger Geist die ‹summa res› (ebd. 1,5). Augustin fragt sich, ob er damit etwas gesagt habe, was Gottes würdig wäre, wisse er doch, dass Gott unaussprechlich sei. Nun fragt er sich dort weiter: «Sollte dadurch, dass ich sage, Gott sei unaussprechlich, das Unaussprechliche nicht schon ausgesagt sein?» Daher, so folgert er, dürfe Gott nicht einmal der Unaussprechliche genannt werden, da doch allein schon dadurch, dass er nur so (unaussprechlich) genannt wird, etwas von ihm ausgesagt werde. Es entstehe somit eine Art Kampf der Worte, eine ‹pugna verborum›, weil es, wenn unaussprechlich sei, was nicht genannt werden könne, nichts Unaussprechliches geben könne. Er empfiehlt dann, diesen Widerspruch lieber mit Stillschweigen zu übergehen, als ihn mit Worten auszugleichen zu versuchen (ebd. 1,6).

6. «Habent etiam bestiae quaedam inter se signa, quibus produnt appetitum animi sui: nam et gallus gallinaceus, reperto cibo, dat signum vocis gallinae, ut accurrat; et columbus gemitu columbam uocat, uel ab ea vicissim vocatur; et multa huiusmodi animaduerti solent.

Quae utrum, sicut vultus aut dolentis clamor, sine voluntate significandi sequantur motum animi, an vere ad significandum dentur, alia quaestio est et ad rem quae agitur non pertinet».
(*De doctrina christiana* 2,3)

«Auch Tiere haben gewisse Zeichen unter sich, um mit ihnen das Begehren ihrer Seele kundzutun, denn auch der Haushahn, findet er Nahrung, gibt dem Huhn mit seiner Stimme ein Zeichen, dass es herbeieilt, und auch der Tauber ruft die Taube durch sein Gurren oder er wird von ihr gerufen – Ähnliches lässt sich mehrfach beobachten. Ob solche Kundgebungen, sei es durch die Miene oder den Schrei eines Leidenden ohne bewusste Absicht, etwas durch Zeichen anzudeuten, einfach einer Gemütsbewegung folgen oder ob sie im strengen Sinn (lediglich) zur Bezeichnung eines Affektes gegeben werden, das ist eine andere Frage, die nicht mehr zum hier Erörterten gehört».
(*Die christliche Wissenschaft* 2,3)

Kurzkommentar: Sprache ist ein System von Zeichen. Nach Augustinus hat die Wissenschaft es entweder mit Sachen oder mit Zeichen zu tun (*Über die christliche Wissenschaft* 1,2). In diesem seinem epochalen vierbändigen Werk erörtert er im ersten Buch die Sachen und im zweiten die Zeichen. ‹Ein Zeichen sei zwar ebenfalls eine Sache, das aber außer seiner sinnenfälligen Erscheinung noch etwas anderes gedanklich nahe legt› (ebd. 2,1). Ein faszinierender Gedanke, wenn man das ‹gedanklich Nahelegen› in unserem Text im Sinne jüngster Forschungsergebnisse aus der Biologie mit in Erwägung zieht. Zwar benützt Augustin in Bezug auf die Kommunikation im Tierbereich kein Zeitwort aus dem Bereich des Intellekts, sondern aus dem des Wahrnehmens – ‹animadvertere› sowie ‹motus animi› –, der Informationsaustausch unter Tieren dürfte indes deutlich zur Sprache gebracht sein, denn auch Affekte setzen Kommunikation voraus und bedingen ihrerseits Kommunikation.

Staat und Staatswesen

1. «Remota itaque iustitia quid sunt regna nisi magna latrocinia?

Quia et latrocinia quid sunt nisi parva regna?
Manus et ipsa hominum est, imperio principis regitur, pacto societatis astringitur, placiti lege praeda dividitur.

Hoc malum si in tantum perditorum hominum accessibus crescit, ut et loca teneat sedes constituat, civitates occupet populos subiuget, evidentius regni nomen adsumit, quod ei iam in manifesto confert non dempta cupiditas, sed addita inpunitas.

Eleganter enim et veraciter Alexandro illi Magno quidam comprehensus pirata respondit.

Nam cum idem rex hominem interrogaret, quid ei videretur, ut mare haberet infestum, ille libera contumacia: Quod tibi, inquit, ut orbem terrarum; sed quia id ego exiguo

«Fehlt die Gerechtigkeit, was anderes sind (dann) Reiche als große Räuberbanden?
Denn auch Räuberbanden, was sind sie anderes als kleine Reiche?
Auch sie bestehen aus einer Gruppe von Menschen, die dem Befehl eines Anführers untersteht, sich durch einen Pakt zusammenschließt und die Beute nach festgesetzter Ordnung verteilt.
Wächst dieses Übel durch Zuzug verkommener Menschen derart ins Große, dass dabei Ortschaften besetzt, Städte errichtet, Staaten erobert, Völker unterjocht werden, nimmt dies ohne weiteres den Namen eines Reiches an, den in der Öffentlichkeit nicht etwa die hingeschwundene Habgier, sondern die hinzugekommene Straflosigkeit erwirbt.
Elegant und zutreffend zugleich antwortete ein aufgegriffener Seeräuber dem berühmten Alexander dem Großen.
Als nämlich dieser König den Mann befragte, was ihm denn einfalle, dass er das Meer unsicher mache, antwortete jener mit freimütigem Trotz: Und dir, dass du den Erdkreis

navigio facio, latro vocor; quia tu magna classe, imperator».

(*De civitate dei* 4,4)

unsicher machst? Aber weil ich dies mit einem winzigen Schiff tue, werde ich ein Räuber genannt; du hingegen heißt ein Feldherr, weil du es mit einer großen Flotte tust».

(*Der Gottesstaat* 4,4)

Kurzkommentar: Diese Kritik Augustins am Staat bzw. an den Regierungen der Staaten wird nur von seiner Grundauffassung her plausibel, wonach allein die Gerechtigkeit, die ‹iustitia›, Fundament des Staates sein dürfe und könne. So auch Cicero in *De re publica – Über den Staat* 1,39. Wie Augustinus jedoch an anderen Stellen in *De civitate dei – Der Gottesstaat* 2,21 und 19,21 ausführlich darlegt, genügt die kommunikative Gerechtigkeit, also die Tugend, die jedem das Seine gibt, nicht, und zwar dann nicht, wenn sie des wahren Gottes Verehrung, von dem alle Gerechtigkeit ausgeht, aus dem Begriff der zu erfüllenden Gerechtigkeit ausklammert. – Indes wehrt Augustinus eine radikale Identifikation des Staates mit dem Bösen ab, denn selbst der schlechte Staat weist Spuren des ‹ordo›, der ‹Ordnung›, auf. Er stellt insofern ein ‹bonum›, ein ‹Gut›, dar und zählt zu den durch die Sünde lädierten Gütern. – Faszinierend und bedenkenswert zugleich ist der Vergleich Alexanders des Großen mit dem Seeräuber. Reiche, die sich über die Gerechtigkeit hinwegsetzen, nennt Augustinus schlicht ‹latrocinia›, Räuberbanden.

2. «Fecerunt itaque civitates duas amores duo, terrenam scilicet amor sui usque ad contemptum dei, caelestem vero amor dei usque ad contemptum sui.

Denique illa in se ipsa, haec in domino gloriatur.
Illa enim quaerit ab hominibus gloriam; huic autem deus conscientiae testis maxima est gloriae.

«Die zwei Staaten gründeten sich demnach durch die zwei Arten der Liebe; den irdischen die bis zur Verachtung Gottes sich steigernde Selbstliebe, den himmlichen die bis zur Selbstverachtung sich steigernde Gottesliebe.

Jener rühmt sich seiner selbst, dieser rühmt sich des Herrn.
Jener nämlich sucht seinen Ruhm bei Menschen, dieser aber findet seinen höchsten Ruhm in Gott, dem Zeugen des Gewissens.

Illa in gloria sua exaltat caput suum; haec dicit deo suo: ‹Gloria mea et exaltans caput meum› (*Ps* 3,4).

Illi in principibus eius vel in eis quas subiugat nationibus dominandi libido dominatur; in hac serviunt invicem in caritate et praepositi consulendo et subditi obtemperando.

Illa in suis potentibus diligit virtutem suam; haec dicit deo suo: ‹Diligam te, domine, virtus mea› (*Ps* 17,2)».
(*De civitate dei* 14,28)

Jener erhebt im Selbstruhm sein Haupt, dieser spricht zu seinem Gott: ‹(Du bist) mein Ruhm und du erhebst mein Haupt› (*Psalm* 3,4).

Jenen beherrscht in seinen Fürsten und in den von ihm unterjochten Völkern die Begierde nach Macht, in diesem leisten Vorgesetzte und Untergebene einander liebevollen Dienst in Fürsorge und in Gehorsam.

Jener liebt in seinen Machthabern seine eigene Stärke, dieser spricht zu seinem Gott: ‹Ich liebe dich, Herr, du meine Stärke› (ebd. 17,2)».
(*Der Gottesstaat* 14,28)

Kurzkommentar: Im 14. Buch seines epochalen Werkes über den Gottesstaat erklärt Augustinus gleich zu Beginn, Gott habe eigentlich nur einen Staat geplant, in dem das aus einem einzigen, nämlich aus Adam hervorgegangene Menschengeschlecht in Frieden und Eintracht zusammenleben sollte. Indes durch die Sünde des Ungehorsams habe dieses sich die Strafe der Zwietracht zugezogen. So sei es zu zwei Arten der menschlichen Gesellschaft gekommen. Am Ende dieses Buches fasst der Verfasser gleichsam in einem Resümee das Wesen dieser beiden Staaten – sie werden expressis verbis ‹terrena› und ‹caelestis› genannt – zusammen. Was jeden der beiden charakterisiert, ist die unterschiedliche Liebe, die in ihnen herrscht. In dialektischer Schärfe analysiert Augustinus die Gegensätze, durch die sich die beiden Staaten vor Gott bereits in der gegenwärtigen Welt qualifizieren. Während die Bürger des irdischen Staates sich von Gott abwandten und dessen Geschöpfe mehr verehrten als den Schöpfer, zeichnen sich die Bürger des himmlischen Staates durch ihre ‹pietas›, ihre Gottesverehrung, aus. ‹Pietas› zielt letztendlich auf die Erwartung, «dass Gott alles in allem sei» (*Erster Korintherbrief* 15,28). Zu den beiden Staaten siehe auch den Artikel *Ciuitas dei* von EMILIEN LAMIRANDE im *Augustinus-Lexikon* 1, 958–969.

Suchen und Finden (Gott)

1. «‹Quaerite deum, et vivet anima vestra› (*Ps* 68,33). Quaeramus inveniendum, quaeramus inventum.

Ut inveniendus quaeratur, occultus est; ut inventus quaeratur, immensus est». (*In Iohannis evangelium tractatus* 63,1)

«‹Suchet Gott und eure Seele wird leben› (*Psalm* 68,33). Suchen wir ihn, damit er gefunden werde, suchen wir ihn, wenn er gefunden ist. Um gesucht zu werden, bevor er gefunden ist, ist er verborgen, damit er (auch dann noch) gesucht werde, nachdem er (bereits) gefunden ist, ist er unermesslich». (*Auslegungen des Johannesevangeliums* 63,1)

Kurzkommentar: ‹Suchen› und ‹Finden› ist bei Augustinus ein beliebtes, dialektisch gehandhabtes Begriffspaar, mit dem er gerne das Verhältnis des endlichen Menschen zu dem unendlichen Gott beschreibt – vgl. auch *De trinitate – Über die Dreieinigkeit* 15,51. Die Dialektik von Suchen und Finden durchzieht die *Confessiones – Bekenntnisse*. Man könnte sagen, sie sind ein Lehrbuch des Gottsuchens und des Gottfindens.

2. «... ‹Quaerite faciem eius semper› (*Ps* 104,4)?
An et inventus forte quaerendus est?

Sic enim sunt incomprehensibilia requirenda ne se existimet nihil invenisse qui quam sit incomprehensibile quod quaerebat potuerit invenire.

Cur ergo sic quaerit si incomprehensibile comprehendit esse quod quaerit nisi quia cessandum non est quamdiu in ipsa incomprehensibilium rerum inquisitione proficitur, et melior meliorque fit quaerens tam

«... ‹Suchet sein Antlitz immerdar› (*Psalm* 104,4)?
Ist er vielleicht, auch wenn er bereits gefunden ist, immer noch zu suchen? (Natürlich, denn) das Unbegreifliche ist so zu suchen, dass der Suchende nicht meine, er habe (überhaupt) nichts gefunden, wenngleich unbegreiflich ist, was er suchte und finden konnte.

Warum also sucht er so (leidenschaftlich), wenn man (doch) begreift, dass das, was man sucht, unbegreiflich ist, warum anders als deshalb, weil man nicht nachlassen darf, solange man bei der Suche nach unbegreiflichen

magnum bonum quod et inveniendum quaeritur et quaerendum invenitur?	Dingen Fortschritte macht, weil besser und besser der wird, der ein so großes Gut sucht, das man sucht, um es zu finden, das man findet, um es weiter zu suchen?
Nam et quaeritur ut inveniatur dulcius et invenitur ut quaeratur avidius». (*De trinitate* 15,2)	Denn es wird sowohl gesucht, um es süßer zu finden, als auch gefunden, um es noch begieriger zu suchen». (*Über die Dreieinigkeit* 15,2)

Kurzkommentar: Der Psalmvers «Suchet sein Antlitz immerdar» war eine der Triebfedern, die den Kirchenvater dazu motivierten, sein wohl theologisch tiefsinnigstes Werk, *De trinitate*, in Angriff zu nehmen und zu vollenden. Er selbst berichtet in seinen gegen Ende seines Lebens abgefassten *Retractationes* 2,15, er habe das Werk über den Dreieinen Gott, an dem er 20 Jahre lang arbeitete, als junger Mann begonnen und es erst als Greis vollendet (*Epistula* 174). Aus anderen Quellen der Kirchengeschiche jener frühen Jahrhunderte wissen wir, dass das Mysterium der Trinität auch in den breiteren Kreisen der Christenheit ein viel diskutiertes Thema war. Offensichtlich ist es das Unbegreifliche, das Menschen interessiert und fasziniert und zum Suchen motiviert. Das nahm Augustinus an sich selbst wahr, als er *De trinitate* schrieb, und er wollte, dass andere die gleiche Erfahrung bei der Suche nach dem Unbegreiflichen machten.

3. «Domine deus meus, una spes mea, exaudi me ne fatigatus nolim te quaerere, sed quaeram faciem tuam semper ardenter.	«Herr, mein Gott, meine alleinige Hoffnung, erhöre mich, damit ich nicht, müde geworden, dich nicht mehr suchen wollte, sondern mit fortdauerndem Eifer dein Antlitz suche.
Tu da quaerendi vires, qui inveniri te fecisti et magis magisque inveniendi te spem dedisti.	Gib du die Kraft zum Suchen, der du dich finden ließest und die Hoffnung gabst, dich mehr und mehr zu finden.
Coram te est firmitas et infirmitas mea; illam serva, istam sana.	Vor dir breite ich meine Stärke und meine Schwachheit aus; jene bewahre, diese heile.

Coram te est scientia et ignorantia mea; ubi mihi aperuisti suscipe intrantem; ubi clausisti aperi pulsanti.	Vor dir breite ich mein Wissen und mein Unwissen aus; wo du mir geöffnet hast, nimm den Eintretenden auf, wo du mir den Zugang geschlossen hast, öffne dem Anklopfenden.
Meminerim tui; intellegam te; diligam te.	Deiner möge ich mich erinnern, dich erkennen, dich lieben.
Auge in me ista donec me reformes ad integrum». (*De trinitate* 15,51)	Mehre in mir dies (alles), bis du mich zur Vollendung umgestaltest». (*Über die Dreieinigkeit* 15,51)

Kurzkommentar: Wie sehr der Kirchenvater sich auch bemühte, in das Geheimnis des Dreieinigen Gottes mit der Kraft seines Geistes einzudringen, so wusste er doch, dass das natürliche Licht der Vernunft dazu nicht hinreicht. Er beendet deshalb dieses tiefsinnige Werk mit einem Gebet. Es artikuliert die Schwäche des menschlichen Geistes bei der Suche und die Notwendigkeit der Gnade beim Finden, um beim Weitersuchen nicht zu kapitulieren. Das bei der Suche Gefundene involviert neben dem erreichten Wissen stets auch noch Unwissen. Deshalb bleibt der Mensch vor Gott und in Bezug auf Gott ein Suchender oder in Anspielung auf das Wort in der Bergpredigt *Matthäusevangelium* 7,7 ein ‹Anklopfender›. Ihm wird geöffnet – vorläufig im Glauben, dann im Schauen. *De trinitate* klingt aus mit den hymnischen Sätzen: «Ein Weiser sagte, als er in seinem *Ecclesiasticus* betitelten Buch von dir sprach: ‹Vieles reden wir und kommen (damit) nicht zu Ende; so sei der Schluss der Rede, er ist alles› (*Jesus Sirach* 43,29). Wenn wir also zu dir gelangen, wird das Viele aufhören, das wir sagen und womit wir nicht zu Ende gelangen, (dann) wirst du allein ‹der alles in allem› (*Erster Korintherbrief* 15,28) bleiben. Ohne Ende werden wir dann, in dir eins geworden, dich, den Einen, preisen. Du Herr, du alleiniger Gott, du Gott Dreieinigkeit. Was immer ich in diesen Büchern von dir kommend gesagt habe, das mögen auch die Deinen erkennen, wenn ich hingegen etwas von mir kommend sagte, dann lass dies nicht gelten und auch die Deinen sollen es nicht gelten lassen. Amen» (*Über die Dreieinigkeit* 15,51).

4. «Ubi ergo te inveni, ut discerem te?	«Wo also habe ich dich (so) gefunden, dass ich dich kennenlernte?

Neque enim iam eras in memoria mea, priusquam te discerem.

Ubi ergo te inveni, ut discerem te, nisi in te supra me?

Et nusquam locus, et recedimus et accedimus, et nusquam locus.

Veritas, ubique praesides omnibus consulentibus te simulque respondes omnibus etiam diversa consulentibus.
Liquide tu respondes, sed non liquide omnes audiunt.
Omnes unde volunt consulunt, sed non semper quod volunt audiunt.

Optimus minister tuus est, qui non magis intuetur hoc a te audire quod ipse voluerit, sed potius hoc velle quod a te audierit».
(*Confessiones* 10,37)

Du warst ja auch nicht schon in meinem Gedächtnis, bevor ich dich kennenlernte.

Wo also habe ich dich (so) gefunden, dass ich dich kennenlernte, wenn nicht in dir über mir?

Und nirgends gibt es für dich einen Ort; wir entfernen uns und wir treten heran, und nirgends ist ein Ort.

O Wahrheit, du thronst überall und allen, die bei dir Rat suchen, antwortest du zugleich, selbst wenn sie Verschiedenes fragen.
Klar antwortest du, jedoch nicht alle hören dich klar.
Zwar fragen sie dich alle um Rat, worüber sie Rat suchen, aber sie bekommen nicht immer zu hören, was sie wollen.

Dein bester Diener ist der, der weniger darauf achtet, zu hören, was er will, als vielmehr das will, was er von dir hört».
(*Bekenntnisse* 10,37)

Kurzkommentar: Mustergültig illustriert Augustinus im 10. Buch seiner *Bekenntnisse* den Weg der Gottsuche und des Gottfindens. Es ist dies der Weg der Reflexion nach neuplatonisch-philosophischem Muster, der den Reflektierenden von außen nach innen (10,8–10) und von innen nach oben führt (10,11–37). Dort angelangt, findet er Gott, den er suchte, und den er ebenfalls in seinen *Confessiones* den «interior intimo meo et superior summo meo – tiefer in mir als mein Innerstes und höher als mein Höchstes» (3,11) nennt (siehe **Gott, Text 2**). Dieser Gott ist der Inbegriff alles Wahren, Guten und Schönen. Er ist freilich für Augustinus zugleich der sich offenbarende Gott, der seinen Willen in offenbarten Texten der Heiligen Schrift kundtut. Das Ende dieses Weges der Gottsuche mündet dann in den hymnischen Text über Gottes alte und ewig neue Schönheit: «Sero te amavi, pulchritudo tam antiqua et tam nova, sero te amavi – Spät habe ich dich geliebt, du Schönheit, so alt und doch so neu, spät habe ich dich geliebt» (ebd. 10,38; siehe **Gottesliebe, Text 1**).

Sünde

1. «Delicta quis intellegit?»   «Die Vergehen, wer durchschaut sie?»
(*Confessiones* 2,17 = Ps 18,13)   (*Bekenntnisse* 2,17 = *Psalm* 18,13)

Kurzkommentar: Nachdem Augustinus im ersten Buch seiner *Bekenntnisse* über seine Kindheit Rechenschaft ablegte, kommt er im zweiten auf seine Irrungen und Wirrungen zu sprechen. Er berichtet von der Sinnenlust des Sechzehnjährigen und meditiert, von einem Obstdiebstahl im Verein von Gleichaltrigen ausgehend, weit und breit über den Reiz der Sünde und des Sündigens. Gewiss ist die Sünde – so die Bibel an zahlreichen Stellen – Ungehorsam gegen die Weisungen Gottes. Im Anschluss an die Neuplatoniker sprach Augustin gern und häufig von einer Abwendung von Gott, von der ‹aversio› und ‹perversio›, aber letzten Endes bleibt Sünde für ihn, bleiben die Vergehen, um mit der Bibel zu sprechen, etwas Undurchschaubares. Treffend daher der zitierte Psalmvers: «Die Vergehen, wer durchschaut sie?»!

Tod und Leben bei Gott

1. «Vivat sepultus in vivis sepulcris: «Der ins Grab Gelegte möge in le-
Sepultura enim eius memoria vestra   bendigen Gräbern weiterleben: Sein
est».   (*Sermo* 396,2)   Grab nämlich ist euer Gedenken an
    ihn».   (*Predigt* 396,2)

Kurzkommentar: Das Wortspiel zwischen ‹sepultus› und ‹sepultura› kann im Deutschen nicht adäquat wiedergegeben werden. Der Sinn ist aber klar: In unserem vom Glauben der Kirche an ein Leben bei Gott geprägten Gedenken sollen wir unseren geliebten Verstorbenen ein würdiges Grab bereiten, nicht in Gräbern aus Marmor – so der Kontext.

2. «Duas itaque vitas sibi divinitus   «Ein zweifaches, ihr durch Gott
praedicatas et commendatas novit   verkündetes und empfohlenes Leben

ecclesia, quarum est una in fide, altera in specie; una in tempore peregrinationis, altera in aeternitate mansionis; una in labore, altera in requie; una in via, altera in patria». (*In Iohannis evangelium tractatus* 124,5)	kennt die Kirche: Das eine davon besteht im Glauben, das andere im Schauen; das eine vollzieht sich in der Zeit der Pilgerschaft, das andere in der Ewigkeit der Bleibe; das eine in der Mühe, das andere in der Ruhe; das eine auf dem Wege, das andere im Vaterland». (*Auslegungen des Johannesevangeliums* 124,5)

Kurzkommentar: Im Unterschied zu jenen Heiden, die an ein Fortleben nach dem Tod nicht glaubten, hebt unser Text die Verkündigung der Kirche von einem zweifachen Leben der Gläubigen in ein helles Licht. Man achte auf die rhetorisch wirksamen Gegenüberstellungen beider Leben: ‹in fide› – ‹in specie›; ‹in tempore› – ‹in aeternitate›; ‹in labore› – ‹in requie›; ‹in via› – ‹in patria›. Der Christ als Bürger des Gottesstaates soll wissen, dass er in diesem Leben nur Pilger ist.

3. «Et nunc ille ‹vivit in sinu Abraham›» (*Lc* 16,22).	«Und jetzt ‹lebt er (der Jugendfreund Augustins) in Abrahams Schoß›» (*Lukasevangelium* 16,22).
Quidquid illud est, quod illo significatur sinu, ibi Nebridius meus vivit, dulcis amicus meus, tuus autem, domine, adoptivus ex liberto filius: Ibi vivit. Nam quis alius tali animae locus?» (*Confessiones* 9,6)	Was es auch sei, was mit jenem Schoß gemeint ist, dort lebt mein Nebridius, mein süßer Freund, ein Freigelassener, dein Adoptivsohn geworden, Herr. Dort lebt er. Denn welch anderen Ort gibt es für eine solche Seele?» (*Bekenntnisse* 9,6)

Kurzkommentar: Nebridius war ein hochbegabter enger Freund Augustins, zu dem er schon als Dozent in Karthago Kontakte hatte und mit dem er nach seiner Bekehrung in regem Briefverkehr stand. Nebridius starb offensichtlich, noch bevor Augustinus in Hippo zum Priester geweiht wurde. In seinen *Bekenntnissen* erinnert er sich seines Freundes mit bewegten und bewegenden Worten. ‹In Abrahams Schoß› ist eine nach dem *Lukasevangelium* von Jesus gebrauchte Metapher für das Leben der Verstorbenen im Jenseits. Augustinus verzichtet hier im Unterschied zu sonstigen Deutungen auf die Ausmalung der Freuden und Wonnen des Jenseits, verweist aber auf die Wissbegierde seines ehemaligen Freundes, der ihn zu seinen Lebzeiten so vieles fragte, der nun aber als Gottes Adoptivsohn mit seinem Munde an einer Quelle liege und trinke, soviel er könne, «mit unstillbarem Verlangen» nach Weisheit und selig ohne Ende (ebd.).

4. «Cum inhaesero tibi ex omni me, nusquam erit mihi dolor et labor, et viva erit vita mea tota plena te».
(*Confessiones* 10,39)

«Wenn ich einmal mit meinem ganzen Wesen dir anhangen werde, wird kein Schmerz und keine Mühsal mich mehr bedrücken; (dann erst) wird mein Leben, (weil) von dir erfüllt, Leben (im eigentlichen Sinn) sein». (*Bekenntnisse* 10,39)

Kurzkommentar: Alles Erschaffene ist veränderlich, aber nicht alles ist endlich. Mit den Neuplatonikern hielt Augustinus an der Lehre von der Unsterblichkeit der Seele fest. Die Lehre von der Teilhabe auch des Leibes an einem ewigen Leben entnahm er der kirchlichen Verkündigung. Nicht nur mit seiner Geistseele, sondern mit seinem ganzen Wesen wird er Gott anhangen, sagt er in unserem Zitat. Volles Leben gibt es nur bei Gott, und wer immer zu Gott gehört, wird daran Anteil haben.

5. «‹Domine deus, pacem da nobis – omnia enim praestitisti nobis› (*Is* 26,12) – pacem quietis, pacem sabbati, pacem sine vespera».
(*Confessiones* 13,50)

«‹Herr Gott, gib uns den Frieden – du hast uns ja alles gegeben› (*Jesaja* 26,12) – den Frieden der Ruhe, den Frieden des Sabbats, den Frieden ohne Abend». (*Bekenntnisse* 13,50)

Kurzkommentar: Die ‹pax›, der Friede, ist nach Augustinus nicht nur das Schweigen der Waffen, der Friede aller Dinge ist – so die ausführliche Darstellung im 19. Buch des *Gottesstaates* – die ‹tranquillitas ordinis›, die Ruhe der Ordnung (ebd. 19,13). Der eschatologische Friede ist in Anspielung auf den siebten Schöpfungstag der Sabbat, der keinen Abend mehr kennt.

6. «Beatus qui amat te (deum) et amicum in te et inimicum propter te. Solus enim nullum carum amittit, cui omnes in illo cari sunt, qui non amittitur». (*Confessiones* 4,14)

«Glücklich ist, wer dich (Gott) liebt, den Freund in dir und den Feind um deinetwillen. Nur der kann keinen (ihm) Teuren verlieren, dem alle in dem teuer sind, der unverlierbar ist».

(*Bekenntnisse* 4,14)

Kurzkommentar: Der zweite Satz unseres Zitates ist ein beliebter Spruch auf Todesanzeigen für geliebte Verstorbene. Die Gottes- und die Nächstenliebe vereint uns im irdischen Bereich noch Lebende mit den bereits bei Gott Angekommenen. In ihm sind alle unverlierbar.

7. «Mementote ergo, fratres mei, quia vitam aeternam nobis promisit Christus: ‹Haec est›, inquit, ‹pollicitatio quam ipse pollicitus est nobis, vitam aeternam› (*1 Io* 2,25)».
(*In epistulam Iohannis ad Parthos tractatus* 3,12)

«Seid also dessen eingedenk, dass Christus uns das ewige Leben versprochen hat. ‹Dies ist die Verheißung an uns›, sagt er, ‹das ewige Leben› (*Erster Johannesbrief* 2,25)».
(*Vorträge zum Johannesbrief an die Parther* 3,12)

Kurzkommentar: Kern der neutestamentlichen Verkündigung ist Christi Tod und Auferstehung. Daraus leitet der Verfasser des *Ersten Johannesbriefes*, den Augustinus in zehn inhaltlich wie stilistisch mustergültigen Predigten auslegte, den Inbegriff aller Verheißungen ab: das ewige Leben.

8. «Et ait: ‹Pater, volo ut ubi ego sum, et ipsi sint mecum› (*Io* 17,24).

Tanta praecessit dilectio!
Quia ubi nos eramus, fuit nobiscum; ubi ipse est, erimus cum illo».
(*Enarrationes in Psalmos* 148,8)

«‹Vater, ich will, dass, wo ich bin, auch sie mit mir seien› (*Johannesevangelium* 17,24), sagte er (sc. Christus).

Eine so große Liebe ging uns voraus. Denn wo wir waren, war er mit uns; wo er ist, werden wir mit ihm sein».
(*Auslegungen der Psalmen* 148,8)

Kurzkommentar: Im Anschluss an die paulinische Verkündigung von der Kirche als Leib Christi sprach Augustinus in Bezug auf Christus und die Christen gerne vom ‹totus Christus›, vom ganzen, aus Haupt und Gliedern bestehenden Christus. Diese innige Bindung erblickt er bereits im zitierten Satz aus den Abschiedsreden Jesu im *Johannesevangelium* (13,1–17,26). Haupt und Glieder gehören zusammen. Wo das Haupt nach seiner Verherrlichung sein wird, dort sollen auch die Glieder sein, lautet die Quintessenz dieser Reden. Die Liebe ist es, die sich mit einer Trennung nicht abfinden kann. Die Liebe war es, die ihn, das Haupt, gleichsam drängte, durch die Menschwerdung mit uns zu sein. Die gleiche Liebe ist es, die ihn veranlasst, den Vater zu bitten, dass auch wir einst dort sein mögen, wo er sein wird.

9. «Non erit magnus magnum putans quod cadunt ligna et lapides, et moriuntur mortales».
(Possidius, *Vita Augustini* 28,11)

«Der wird kein Großer sein, der es für eine große Sache hält, dass Holz und Steine dahinfallen und Sterbliche sterben».
(Possidius, *Augustins Leben* 28,11)

Kurzkommentar: Als die Heimat und die Bischofsstadt Augustins von den Vandalen und Alanen geplündert und verwüstet wurden, so berichtet sein Biograph und Zeitgenosse Possidius, Bischof von Kalama, da tröstete sich der seinen eigenen Tod bereits nahen sehende Kirchenvater mit diesem Satz des neuplatonischen Philosophen Plotin (*Enneade* 1,4,7).

10. «Si non te inveniet dies ultimus victorem, inveniat vel pugnantem, non captum et addictum».
(*Sermo* 22,8)

«Trifft dich der letzte Tag (deines Lebens) nicht als Sieger an, so möge er dich doch wenigstens als Kämpfer antreffen und nicht als Gefangenen (der Sünde) und (ihr) ganz und gar Ergebenen».
(*Predigt* 22,8)

Kurzkommentar: Obgleich Augustinus ein leidenschaftlicher Verteidiger der Notwendigkeit der Gnade als Voraussetzung einer christlichen Lebensführung war, so ließ er doch keine Zweifel über die Rolle des Willens und der persönlichen Bemühungen bei der Erfüllung einer sittlichen Lebensführung aufkommen. Der Titel seines ersten pastoralen Schreibens nach seiner Bischofsweihe lautete: *De agone christiano – Der christliche Kampf*. Im Prinzip gibt es nur einen Sieger, den Christus. Dies entbindet den Christen nicht vom Kampf.

11. «Descendit (sc. Christus) enim et mortuus est, et ipsa morte liberavit nos a morte; morte occisus, mortem occidit». (*In Iohannis evangelium tractatus* 12,10)

«Er (Christus) stieg herab und starb; durch seinen Tod befreite er uns von dem Tod, getötet, tötete er den Tod». (*Auslegungen des Johannesevangeliums* 12,10)

Kurzkommentar: Den Vers 3,13 aus dem *Johannesevangelium* – ‹keiner steigt zum Himmel hinauf, außer dem, der vom Himmel herabstieg› – kommentierend, greift Augustinus einen zentralen Gedanken der Erlösungslehre des Apostels Paulus auf, wonach der Tod als eine Folge der Adamssünde nur durch den Tod Christi, des Inhabers des Lebens, beseitigt werden konnte. Indem Christus den Tod erlitt, überwand er den Tod. Dieses Kernstück der paulinischen Soteriologie wurde auch zum Fundament der Theologie des Kirchenvaters. Er zitiert *Weisheit* 2,24, wonach der Tod durch den Neid des Teufels in die Welt kam. Dieser überredete den Menschen Adam zur Sünde. So wurden aus den unsterblichen Stammeltern sterbliche, von denen nur mehr Sterbliche geboren werden konnten: «A mortali mortales nati, ex immortalibus mortales facti» (*In Iohannis evangelium tractatus* 12,10).

Trinität

1. «Omnes quo legere potui qui ante me scripserunt de trinitate quae deus est, divinorum librorum veterum et novorum catholici tractatores, hoc intenderunt secundum scripturas docere, quod pater et filius et spiritus sanctus unius substantiae (*Symb. Nicaen.* 10) inseparabili aequalitate divinam insinuent unitatem, ideoque non sint tres dii sed unus deus (*Symb. Athan.* 16) – quamvis pater filium genuerit, et ideo filius non sit qui pater est; filiusque a patre sit genitus, et ideo pater non sit qui filius (*Symb.*

«Alle jene katholischen Erklärer der göttlichen Bücher des Alten und Neuen Testamentes, die vor mir über die Dreieinigkeit, die Gott ist, schrieben, hatten (vor allem) im Sinn, der Heiligen Schrift gemäß zu lehren, dass der Vater, der Sohn und der Heilige Geist von einer einzigen Substanz (*Nizänisches Bekenntnis* 10), durch eine untrennbare Gleichheit die göttliche Einheit als Lehre bezeugen und dass es infolgedessen nicht drei Götter gibt, sondern nur einen Gott (*Athanasianisches Be-*

Athan. 21) est; spiritusque sanctus nec pater sit nec filius, sed tantum patris et filii spiritus, patri et filio etiam ipse coaequalis et ad trinitatis pertinens unitatem».
(*De trinitate* 1,7)

kenntnis 16) – wenngleich der Vater den Sohn zeugte, weshalb der Sohn nicht der ist, der der Vater ist; und weil der Sohn vom Vater gezeugt ist, ist daher der Vater nicht der, der Sohn ist (ebd. 21); der Heilige Geist (schließlich) ist weder Vater noch Sohn, sondern nur des Vaters und des Sohnes Geist, er selbst dem Vater und dem Sohn wesensgleich und zur Einheit der Dreieinigkeit gehörend».
(*Über die Dreieinigkeit* 1,7)

Kurzkommentar: Die 15 Bücher *Über die Dreieinigkeit* zählen zweifelsohne zu den Höhepunkten des theologischen Schaffens Augustins. Gleich zu Beginn des Werkes betont ihr Verfasser sowohl die Schriftgemäßheit wie auch die an das Bekenntnis der Kirche gebundene Lehre über die Dreieinigkeit, an denen sich christliche Schriftsteller bei ihren Darlegungen des Trinitätsglaubens zu orientieren hätten. Er selbst gibt sozusagen eine Kurzform dieses Glaubens mit Formulierungen aus der kirchlichen Tradition wieder. – Schon zuvor wünschte er sich wenngleich aufmerksame, so doch auch kritische Leser dieses von ihm zu Recht hoch eingeschätzten Werkes. 1,5 schreibt er: «Proinde quisquis haec legit ubi pariter certus est, pergat mecum; ubi pariter haesitat, quaerat mecum; ubi errorem suum cognoscit, redeat ad me; ubi meum, revocet me. Ita ingrediamur simul caritatis viam tendentes ad eum de quo dictum est: ‹Quaerite faciem eius semper› (*Ps* 104,4). – Wer immer daher dies liest, mag dort, wo er mit mir sicher ist, mit mir weitergehen; wo er mit mir zögert, mit mir suchen; wo er seinen Irrtum erkennt, kehre er zu mir zurück; wo er meinen Irrtum erkennt, rufe er mich zurück. Auf diese Weise wollen wir gemeinsam den Weg der Liebe antreten und uns nach dem ausstrecken, von dem geschrieben steht: ‹Suchet immer sein Antlitz› (ebd.)».

2. «... audeo fiducialiter dicere nec deum patrem nec verbum eius nec spiritum eius, quod ‹deus unus est› (*Mc* 12,29; *Gal* 3,20), per id quod est

«... (dank der uns mitgeteilten Gnade) wage ich zuversichtlich zu behaupten, dass weder Gott Vater noch sein Wort noch sein Geist – dass

atque idipsum est ullo modo esse mutabilem ac per hoc multo minus visibilem.

Quoniam sunt quaedam quamvis mutabilia non tamen visibilia, sicut nostrae cogitationes et memoriae et voluntates et omnis incorporea creatura; visibile autem quidquam non est quod non sit mutabile.

Quapropter substantia vel si melius dicitur essentia dei, ubi pro nostro modulo ex quantulacumque particula intellegimus patrem et filium et spiritum sanctum, quandoquidem nullo modo mutabilis est, nullo modo potest ipsa per semetipsam esse visibilis». (*De trinitate* 3,21)

also der ‹eine Gott› (*Markusevangelium* 12,29; *Galaterbrief* 3,20) – in Bezug auf sein Sein und seine Identität in irgendeiner Weise wandelbar ist, und infolgedessen noch viel weniger sichtbar ist. Es gibt bekanntlich Dinge, die, obgleich veränderlich, dennoch unsichtbar sind wie z. B. unsere Gedanken, Erinnerungen, Willensimpulse und jedwede unkörperliche Kreatur; sichtbar jedoch ist nichts, was nicht zugleich wandelbar wäre. Aus diesem Grunde ist die Substanz – vielleicht besser gesagt: Gottes Wesen –, worunter wir entsprechend unserem bescheidenen Maß an Erkenntnisvermögen den Vater, den Sohn und den Heiligen Geist verstehen, weil in keiner Weise veränderlich, in keiner Weise auch sichtbar seiner Substanz nach».

(*Über die Dreieinigkeit* 3,21)

Kurzkommentar: Dass Gott seinem Wesen nach ein dreieiniger ist, glaubt und verkündet die Kirche Augustinus zufolge als offenbarte Wahrheit. Prinzipiell hält der Kirchenvater jedoch daran fest, dass der Gläubige über die Offenbarung hinaus Gottes Unveränderlichkeit sowie Unsichtbarkeit – sozusagen sein Proprium – mit Hilfe der Vernunft erkennen könne. Wenn aber die Bibel von sogenannten Theophanien, die den Patriarchen und Propheten zuteil geworden sind, erzählt, so zeigen solche Erscheinungen Gott nicht in seinem Wesen, sie sind vielmehr Kundgebungen (Offenbarungen) seiner selbst mittels Kreaturen, seine Manifestationen in der veränderlichen Schöpfung. So fährt Augustin an der zitierten Stelle fort, es sei offenkundig, dass die durch alle Erscheinungen, in denen den Vätern die Gegenwart Gottes sinnlich bekundet wurde, offenbarten Kundgebungen durch Kreaturen erfolgt sein mussten (ebd. 3,22).

Tugend(en)

1. «Quod si virtus ad beatam vitam nos ducit, nihil omnino esse virtutem affirmaverim nisi summum amorem dei. Namque illud quod quadripartita dicitur virtus, ex ipsius amoris vario quodam affectu, quantum intellego, dicitur. Itaque illas quatuor virtutes, quarum utinam ita in mentibus vis ut nomina in ore sunt omnium, sic etiam definire non dubitem, ut temperantia sit amor integrum se praebens ei quod amatur, fortitudo amor facile tolerans omnia propter quod amatur, iustitia amor soli amato serviens et propterea recte dominans, prudentia amor ea quibus adiuvatur ab eis quibus impeditur sagaciter seligens.

Sed hunc amorem non cuiuslibet sed dei esse diximus, id est summi boni, summae sapientiae summaeque concordiae.

Quare definire etiam sic licet, ut temperantiam dicamus esse amorem deo sese integrum incorruptumque servantem, fortitudinem amorem omnia propter deum facile perferentem, iustitiam amorem deo tantum servientem et ob hoc bene imperantem

«Wenn uns die Tugend zum seligen Leben führt, so behaupte ich, sie sei nichts anderes als die höchste Liebe zu Gott. Denn dass die Tugend viergeteilt sei, ist meiner Ansicht nach als Folge einer gewissen Variabilität der Liebesaffekte zu verstehen. Jene vier Tugenden also – wären nur deren Vermögen so in den Köpfen wie ihre Namen in aller Munde sind – würde ich zweifelsohne definieren wie folgt: Mäßigung sei die Liebe, sofern sie sich dem ganz hingibt, was sie liebt; Tapferkeit sei die Liebe, sofern sie im Hinblick auf das, was geliebt wird, alles gerne erträgt; Gerechtigkeit sei die Liebe, sofern sie nur dem Geliebten dient und daher geziemend herrscht; Klugheit sei die Liebe, sofern sie das, was ihr förderlich ist, mit Scharfblick gegenüber dem auswählt, was ihr hinderlich ist. Nun aber gilt diese Liebe nicht irgendjemandem, sondern, wie gesagt, Gott, das heißt dem höchsten Gut, der höchsten Weisheit und der höchsten Eintracht.

Aus diesem Grunde lassen sich die vier Tugenden auch so definieren: Mäßigung nennen wir die Liebe, sofern sie sich ganz und unverfälscht für Gott bewahrt; Tapferkeit die Liebe, sofern sie um Gottes willen alles gern hinnimmt; Gerechtigkeit

ceteris quae homini subiecta sunt, prudentiam amorem bene discernentem ea quibus adiuvetur in deum ab his quibus impediri potest».
(*De moribus ecclesiae catholicae et de moribus Manicheorum* 1,25)

die Liebe, sofern sie Gott allein dient und aus diesem Grunde über Dinge, die dem Menschen unterworfen sind, recht gebietet; Klugheit die Liebe, sofern sie wohl unterscheidet zwischen dem, was sie in ihrem Verhalten zu Gott fördert, und dem, was sie daran hindert».
(*Die Sitten der katholischen Kirche und die Sitten der Manichäer* 1,25)

Kurzkommentar: Ein luzider Text für die von Augustinus wiederholt vorgetragene Lehre, dass die Liebe die Wurzel aller Tugenden ist, las er doch auch im *Römerbrief* des Apostels Paulus, dass die Liebe die Erfüllung des Gesetzes sei (13,10) – allerdings jene Liebe, die durch den Heiligen Geist in die Herzen der Gläubigen ausgegossen ist (ebd. 5,5).

Verdienst(e)

1. «... cum deus coronat merita nostra, nihil aliud coronet quam munera sua?» (*Epistula* 194,19)

«... wenn Gott unsere Verdienste krönt, krönt er dann nichts anderes als seine eigenen Gaben?»
(*Brief* 194,19)

Kurzkommentar: Nach der Gnadenlehre Augustins geht beim sittlichen Handeln des Menschen, das sein Heil betrifft, die Gnade stets diesem Handeln voraus. Siehe auch *In Iohannis evangelium tractatus – Auslegungen des Johannesevangeliums* 3,10 und die Texte unter dem Stichwort **Gnade**.

Vorherbestimmung, Erwählung und Verwerfung

1. «Arbitror tamen satis nos iam fecisse magnis et difficillimis quaestionibus de initio vel mundi vel animae vel ipsius generis humani,

«Ich denke jedoch, es genüge bereits, die großen und äußerst schwierigen Fragen über den Anfang der Welt oder der Seele oder des Menschenge-

quod in duo genera distribuimus, unum eorum, qui secundum hominem, alterum eorum, qui secundum deum vivunt; quas etiam mystice appellamus civitates duas, hoc est duas societates hominum, quarum est una quae praedestinata est in aeternum regnare cum deo, altera aeternum supplicium subire cum diabolo».

(*De civitate dei* 15,1)

schlechtes, das wir in zwei Gruppen teilten, erörtert zu haben, deren eine nach Menschen, deren andere nach Gott lebt. Wir nannten beide in mystischem Sinn zwei Staaten, das heißt zwei Gesellschaften der Menschen, deren eine vorherbestimmt ist, ewig mit Gott zu herrschen, deren andere zu ewiger Strafe mit dem Teufel».

(*Der Gottesstaat* 15,1)

Kurzkommentar: Eine der vielleicht alle Jahrhunderte hindurch heißumstrittensten theologischen Thesen des im Jahr 430 verstorbenen Kirchenvaters Augustinus dürfte die in diesem Text knapp auf den Punkt gebrachte Doktrin von seiner sogenannten Prädestinations- und Reprobationslehre sein. Prädestination bedeutet in aller Kürze: Gottes Vorherbestimmung des Menschen zum Heil, Reprobation der Ausschluss des Menschen vom Heil. Diese Frage nach dem Heil beschäftigte Augustinus bereits als Priester. Allerdings räumte er damals noch dem Willen des Menschen, sich für den von Gott angebotenen Heilsweg zu entscheiden, ein gewisses Maß an Freiheit ein, was er dann ab seiner Bischofsweihe zunehmend einschränkte. Vollends im Streit mit den die Willensfreiheit im Gnadenstreit verteidigenden Pelagianern etwa ab 412 verschärfte er seine These vom absoluten Vorrang der Gnade. Dabei argumentierte er philosophisch mit Gottes uneingeschränktem Wissen und Wollen, theologisch mit einschlägigen Bibeltexten, wobei er freilich Texte, die nicht eindeutig der Reprobation das Wort redeten, wie den aus dem *Ersten Brief an Timotheus* 2,4: «Gott will, dass alle Menschen gerettet werden», exegetisch auf seine Gnadenlehre hin auslegte. Gewiss, die Fülle der Texte, allen voran aus den *Paulusbriefen*, aber auch aus dem *Johannesevangelium*, stützte seine Auffassung. Als Hauptargument für seine Lehre von der Verwerfung verwies er auf die Adamssünde. Alle verdienen eigentlich Gottes Zorn, Gottes Strafe. Gott erbarmt sich aber trotzdem derer, die er erwählt. So lautet die Quintessenz seiner Prädestinations- und Reprobationslehre, dass Gott seine Gnade einem Teil der Menschheit aus Gerechtigkeit versagt, sie einem anderen aus Barmherzigkeit gewährt.

2. «Fides igitur, et inchoata, et perfecta, donum dei est: Et hoc donum quibusdam dari, quibusdam non dari, omnino non dubitet, qui non vult manifestissimis sacris litteris repugnare.

Cur autem non omnibus detur, fidelem movere non debet, qui credit ex uno omnes isse in condemnationem, sine dubitatione iustissimam: Ita ut nulla dei esset iusta reprehensio, etiamsi nullus inde liberaretur.

Unde constat magnam esse gratiam, quod plurimi liberantur, et quid sibi deberetur, in eis qui non liberantur agnoscunt: ut qui gloriatur, non in suis meritis, quae paria videt esse damnatis, sed in domino glorietur.

Cur autem istum potius quam illum liberet, inscrutabilia sunt iudicia eius et investigabiles viae eius.

Melius enim et hic audimus aut dicimus, ‹O homo, tu quis es qui respondeas deo?› (*Rm* 9,20) quam dicere audemus, quasi noverimus, quod occultum esse voluit, qui tamen aliquid iniustum velle non potuit».
(*De praedestinatione sanctorum* 16)

«Der Glaube, sowohl der begonnene wie auch der vollendete, ist Gottes Geschenk. Und dass dieses Geschenk den einen gegeben wird, den anderen nicht, das möge der nicht in Zweifel ziehen, der den offensichtlich klaren Aussagen der heiligen Schriften nicht widersprechen will.

Warum es aber nicht allen gegeben wird, das möge jenen nicht bewegen, der ohne Zweifel glaubt, dass alle als Nachkommen des einen (sc. Adams) mit vollem Recht der Verwerfung anheimfielen, und zwar so, dass Gott kein berechtigter Tadel träfe, auch wenn niemand gerettet würde.

Daraus folgt, wie hoch die Gnade zu schätzen ist, dank derer sehr viele gerettet werden, und jene anerkennen, was ihnen zukommen sollte, die nicht gerettet werden, damit, wer sich rühmt, nicht seiner Verdienste, die doch denen der Verworfenen gleich sind, sondern im Herrn sich rühme.

Warum er (sc. Gott) aber diesen eher als jenen rettet, das liegt in seinen unerforschlichen Ratschlüssen und in seinen unergründlichen Wegen.

Besser ist es nämlich, dass wir diesbezüglich hören und sagen: ‹O Mensch, wer bist du, dass du mit Gott rechtest?› (*Römerbrief* 9,20), als dass wir zu sagen wagten, wir wüssten, was er (sc. Gott) verborgen halten wollte, er, der doch Ungerechtes nicht wollen kann». (*Die Vorherbestimmung der Heiligen* 16)

Kurzkommentar: Der Geschenkcharakter des Glaubens ist eine der Säulen, auf denen die Gnadenlehre des Kirchenvaters aufruht. Immer wieder verweist er auf die sprachliche Herkunft des Gnadenbegriffs in der lateinischen Sprache: «Quid est gratia? Gratis data. Quid est gratis data? Donata – Was ist Gnade? Umsonst gegeben. Was heißt umsonst gegeben? Geschenkt» (*In Iohannis evangelium tractatus – Auslegungen des Johannesevangeliums* 3,9). Im Prinzip hat niemand unter den Adamskindern Anspruch auf die Gnade, denn alle kommen mit dem Makel der **Erbsünde** auf die Welt. Gottes Gerechtigkeit kann und darf deshalb kein Tadel treffen. Nach der biblischen Lehre allerdings offenbart Gott auch seine Barmherzigkeit. Mit zahlreichen einschlägigen Stellen aus dem Alten wie aus dem Neuen Testament stützt Augustin seine von den Pelagianern zu seiner Zeit bis herauf in die Gegenwart abgelehnte und zum Teil heftig bekämpfte Prädestinations- und Reprobationslehre, die er nicht zuletzt mit dem zitierten Satz aus dem *Römerbrief* 9,20 verteidigt. Gottes Pläne mit dem Menschen sind eben ‹unerforschlich und unergründlich›. Ein weiterer zentraler Gedanke der augustinischen Erwählungslehre, der in unserem Text ebenfalls zur Sprache kommt, ist die Bewertung verdienstvoller Werke der Erwählten. Christen sollen sich nicht ihrer guten Werke rühmen, sondern den, der darin eigentlich ‹seine eigenen Werke krönt› (siehe *De gratia et libero arbitrio – Die Gnade und der freie Wille* 15).

Wahrheit

1. «Nam non vincit nisi veritas: Victoria veritatis est caritas».
    (*Sermo* 358,1)

«Allein die Wahrheit ist nämlich siegreich: Der Sieg der Wahrheit ist die Liebe». (*Predigt* 358,1)

Kurzkommentar: Den *Sermo* 358 über den Kirchenfrieden hielt der Bischof von Hippo wahrscheinlich zu Karthago am Ende der Streitigkeiten mit den Donatisten. In dem dort im Jahr 411 stattgefundenen Konzil trugen die Katholiken unter der geistigen Führung Augustins den Sieg davon. Zweifelsohne war der nicht nur rhetorisch, sondern auch dialektisch geschulte Bischof von Hippo seinen Amtskollegen, und zwar sowohl den eigenen wie auch den donatistischen, überlegen. Er schreibt indes den angestrebten und schließlich auch erreichten Sieg der Wahrheit der Argumente zu, die freilich von der Liebe gedeckt sein müssen.

2. «Noli foras ire, in te ipsum redi; in interiore homine habitat veritas».
(*De vera religione* 72)

«Geh nicht nach außen, zu dir selbst kehre zurück; im inneren Menschen wohnt die Wahrheit».
(*Die wahre Religion* 72)

Kurzkommentar: Siehe dazu das unter **Innerlichkeit, Text 1** Gesagte.

3. «Ideoque, domine, tremenda sunt iudicia tua, quoniam veritas tua nec mea est nec illius aut illius, sed omnium nostrum, quos ad eius communionem publice vocas, terribiliter admonens nos, ut eam nolimus habere privatam, ne privemur ea».
(*Confessiones* 12,34)

«Darum, Herr, sind deine Urteile zu fürchten, weil deine Wahrheit weder die meine ist noch die eines zweiten oder dritten, sondern unser aller, die du zu ihrer gemeinsamen Teilhabe aufforderst, ja unter Drohungen ermahnst, sie nicht als Privatsache haben zu wollen, um nicht ihrer verlustig zu gehen».
(*Bekenntnisse* 12,34)

Kurzkommentar: Die Platoniker, zu denen Augustinus in Sachen Philosophie zählt, legten größten Wert auf die zeit- und raumlose Gültigkeit der Wahrheit, der sie ontologische Dignität einräumten. Wahr ist etwas nur insofern, als es an der transzendenten, der zeit- und raumlos ewig geltenden Wahrheit Anteil hat und mit ihr übereinstimmt. Im 12. Buch seiner *Bekenntnisse* erörtert Augustinus ausführlich die Grenzen der Geltung unterschiedlicher Interpretationen von Texten, speziell im Hinblick auf die vielfache Auslegung des biblischen Schöpfungsberichtes. Die Prinzipien der Hermeneutik legte er zuvor schon in dem Werk *De doctrina christiana – Die christliche Wissenschaft* umfassend dar.

Weisheit

1. «Inter hos ego imbecilla tunc aetate discebam libros eloquentiae, in qua eminere cupiebam fine damnabili et ventoso per gaudia vanitatis humanae, et usitato iam discendi ordine perveneram in librum cuiusdam

«In Gesellschaft jener (Umstürzler) studierte ich damals in noch ungefestigtem Alter die Bücher der Rhetorik, in welchem Fach ich zu glänzen wünschte, gedrängt von dem verdammenswerten und windigen

Ciceronis, cuius linguam fere omnes mirantur, pectus non ita.	Ziele, Vergnügen zu finden an eitlem menschlichem Wahn. Und im Verlauf des herkömmlichen Studienganges geriet ich an das Buch eines gewissen Cicero, dessen Sprache fast alle bewundern, nicht jedoch seinen Geist.
Sed liber ille ipsius exhortationem continet ad philosophiam et vocatur *Hortensius*.	Jenes Buch indes enthält seine Aufforderung, sich mit der Philosophie zu beschäftigen; es trägt den Titel *Hortensius*.
Ille vero liber mutavit affectum meum et ad te ipsum, domine, mutavit preces meas et vota ac desideria mea fecit alia.	Jenes Buch führte fürwahr eine geistige Wende herbei und es veränderte meine Gebete, meine Wünsche und meine Sehnsüchte.
Viluit mihi repente omnis vana spes et immortalitatem sapientiae concupiscebam aestu cordis incredibili et surgere coeperam, ut ad te redirem».	Plötzlich verblasste in mir alle eitle Hoffnung und ich lechzte nach der unsterblichen Weisheit mit einer unglaublichen Heftigkeit, und ich begann mich zu erheben, um zu dir zurückzukehren».
(*Confessiones* 3,7)	(*Bekenntnisse* 3,7)

Kurzkommentar: Mit bewegten Worten schildert Augustin in diesem Abschnitt der *Bekenntnisse* seine Hinwendung zur Philosophie in seinem 19. Lebensjahr. Ciceros Schrift *Hortensius* war ein sogenannter *Protreptikos*, eine Werbeschrift für die Philosophie, die als literarische Gattung seit Aristoteles in der Antike bekannt war. Φιλοσοφία, Liebe zur Weisheit, beinhaltete nicht nur ein Bildungsprogramm, sondern auch eine Lebensausrichtung. Dem jungen Augustinus gab die *Hortensius*-Lektüre einen entscheidenden Impuls. In der Augustinus-Forschung spricht man von der ersten Bekehrung Augustins, wenngleich die folgenden Jahre ihn dem Christentum der Kirche zunächst entfremdeten. Der Impuls jedoch, die Weisheit zu suchen, blieb. Über die Jahre nach der Lektüre des *Hortensius* und seiner Lehrtätigkeit in Karthago heißt es in den *Bekenntnissen* 5,3: «... multa philosophorum legeram memoriaeque mandabam – ich hatte vieles von den Philosophen gelesen und im Gedächtnis behalten».

2. «Iam certe ostendi nihil aliud me amare (sc. nisi sapientiam), siquidem quod non propter se amatur, non amatur.

Ego autem solam propter se amo sapientiam, cetera vero vel adesse mihi volo vel deesse timeo propter ipsam: vitam, quietem, amicos.

Quem modum autem potest habere illius pulchritudinis amor, in qua non solum non invideo ceteris, sed etiam plurimos quaero, qui mecum adpetant, mecum inhient, mecum teneant mecumque perfruantur, tanto mihi amiciores futuri, quanto erit nobis amata communior».

(*Soliloquiorum libri* 1,22)

«Ich habe es bereits überzeugend dargelegt, dass ich nichts anderes (als die Weisheit) liebe, da (doch) etwas, das nicht um seiner selbst willen geliebt wird, nicht geliebt wird.

Ich jedoch liebe die Weisheit allein um ihrer selbst willen. Alles Übrige aber, von dem ich wünsche, es zu haben, oder von dem ich befürchte, dass es mir fehle, liebe ich um ihretwillen (nämlich der Weisheit): das Leben, die Ruhe, die Freunde.

Welches Maß kann aber die Liebe zu jener Schönheit haben, um die ich nicht nur andere nicht beneide, sondern (ganz im Gegenteil) um deretwillen ich sogar möglichst viele suche, die zusammen mit mir sie begehren, die mit mir nach ihr lechzen, mit mir sie umfangen und genießen in der Erwartung, dass sie mir in Freundschaft umso inniger verbunden sein werden, je tiefer wir die Geliebte (die Weisheit) miteinander teilen». (*Alleingespräche* 1,22)

Kurzkommentar: Während Augustinus, wie unter **Text 1** erwähnt, sich bereits nach der Lektüre der ciceronianischen Schrift *Hortensius* zur Suche nach Weisheit aufmachte, dauerte es noch gut anderthalb Jahrzehnte, bis er sie in Mailand in der Gestalt des Christentums, und zwar in neuplatonisch-philosophischem Gewand, sich zu eigen machte. Bald nach seiner Bekehrung verfasste er die allein schon im Hinblick auf ihren Titel berühmt gewordenen *Soliloquien*. Darin geht es u. a. um den Weg und die Weise, wie die unveränderlich ewige und darum auch unteilbare Weisheit zu gewinnen sei. Sie um ihrer selbst willen zu lieben, so lautet die Quintessenz dieser Schrift, sei eine der wichtigsten Bedingungen, sie zu erwerben.

3. «Quid est autem sapientia nisi lumen spiritale et incommutabile?

Est enim et sol iste lumen sed corporale; est et spiritalis creatura lumen sed non incommutabile.

Lumen ergo pater, lumen filius, lumen spiritus sanctus; simul autem non tria lumina sed unum lumen.

Et ideo sapientia pater, sapientia filius, sapientia spiritus sanctus; et simul non tres sapientiae, sed una sapientia; et quia hoc est ibi esse quod sapere, una essentia pater et filius et spiritus sanctus.

Nec aliud est ibi esse quam deum esse». (*De trinitate* 7,6)

«Was aber ist die Weisheit, wenn nicht ein geistiges und unveränderliches Licht? Gewiss ist auch unsere Sonne Licht, jedoch materielles; (und ebenso gewiss) gibt es eine geistige Kreatur, (die wir) Licht (nennen), aber kein unveränderliches.
Licht (in diesem strikten Sinn) ist somit der Vater, Licht ist der Sohn, Licht ist der Heilige Geist. Zusammen freilich sind es nicht drei Lichter, sondern ein einziges Licht.
Und deshalb ist Weisheit der Vater, Weisheit der Sohn, Weisheit der Heilige Geist. Und (wieder) sind es zusammen nicht drei Weisheiten, sondern eine einzige Weisheit. Und weil dort das Sein dasselbe ist wie das Weisesein, sind der Vater, der Sohn und der Heilige Geist eines Wesens.
Denn das Sein ist dort nichts anderes als das Gottsein».
(*Über die Dreieinigkeit* 7,6)

Kurzkommentar: Die Metaphorik des Lichtes für geistige Substanzen war auch der antiken Philosophie geläufig. Die Bibel verwendet sie vorzüglich zur Bezeichnung Gottes und der Sphäre Gottes. Augustinus, der die Weisheit letztendlich mit Gott, und zwar mit dem Dreieinigen identifiziert, bezeichnet sie ebenso als Licht. Dabei ist es ihm ein wichtiges Anliegen, das materielle Licht vom geistigen abzuheben. Was immer zur Sphäre Gottes zählt, erhält die Bezeichnung ‹incommutabilis, -e›. Geschöpfe wie die Menschen haben zwar an der Weisheit und am Licht der Weisheit Anteil, sie sind aber, weil veränderliche Wesen, nicht mit ihr identisch.

4. «‹Dixit› enim ‹homini›, sicut scriptum est, ‹ecce pietas est sapientia› (*Iob* 28,28).

Porro pietas cultus dei est nec colitur ille nisi amando.

Summa igitur et vera sapientia est in praecepto illo primo: ‹Diliges dominum deum tuum ex toto corde tuo et ex tota anima tua› (*Dt* 6,5; *Mt* 22,37), ac per hoc sapientia est caritas dei nec diffunditur ‹in cordibus nostris› nisi ‹per spiritum sanctum, qui datus est nobis› (*Rm* 5,5)».

(*Epistula* 140,45 = *De gratia testamenti novi ad Honoratum* 45)

«‹Er hat› nämlich ‹dem Menschen gesagt›, wie es geschrieben steht, ‹siehe, Frömmigkeit ist Weisheit› (*Ijob* 28,28).

Nun aber ist Frömmigkeit Gottesverehrung und es wird Gott nicht verehrt, außer dass man (ihn) liebt. Die höchste und wahre Weisheit liegt folglich in jenem ersten Gebot: ‹Du sollst den Herrn, deinen Gott, lieben aus deinem ganzem Herzen, aus deiner ganzer Seele› (*Deuteronomium* 6,5; *Matthäusevangelium* 22,37), und aus diesem Grunde ist die Weisheit die Liebe zu Gott und sie wird auch nicht ‹in unsere Herzen› ausgegossen, außer ‹durch den Heiligen Geist, der uns gegeben worden ist› (*Römerbrief* 5,5)».

(*Brief* 140,45 = *Über die Gnade des Neuen Testamentes an Honoratus* 45)

Kurzkommentar: Weisheit ist nach Augustinus nicht nur eine Sache des Intellektes und des erworbenen Wissens, sondern auch des Herzens und des Gemütes. Im Kult, der einzig und allein Gott zukommt und in dem die Frömmigkeit gipfelt, herrscht nicht das Wissen vor, sondern die Gottesliebe, und zwar «die Gottesliebe aus ganzem Herzen und aus ganzer Seele», wie es im Zitat heißt. Somit ist die durch die Gnade des Heiligen Geistes in die Herzen der Gläubigen ausgegossene ‹Caritas› zugleich Inbegriff der Weisheit.

5. «Cum enim sapiens sit deo ita mente coniunctus, ut nihil interponatur, quod separet, deus enim est veritas nec ullo pacto sapiens quisquam est, si non veritatem mente contingat.

«Weil indes der Weise solcherart im Geiste mit Gott vereinigt ist, dass es dazwischen nichts gibt, was trennt – Gott nämlich ist die Wahrheit –, ist auf keinen Fall jemand weise, wenn er mit seinem Geist die Wahrheit nicht erfasst.

Negare non possumus inter stultitiam hominis et sincerissimam dei veritatem medium quiddam interpositam esse hominis sapientiam.	Freilich können wir nicht leugnen, dass es zwischen der Torheit des Menschen und der reinsten Wahrheit Gottes eine Weisheit des Menschen gleichsam als eine vermittelnde Mitte gibt.
Sapiens enim, quantum datum est, imitatur deum.	Der Weise also ahmt, soweit es ihm gegeben ist, Gott nach.
Homini autem stulto ad imitandum salubriter nihil est homine sapiente propinquius.	Dem törichten Menschen aber steht zur heilsamen Nachahmung nichts näher als der weise Mensch.
... Cum igitur et homo esset imitandus et non in homine spes ponenda, quid potuit indulgentius et liberalius divinitus fieri, quam ut ipsa dei sincera, aeterna, incommutabilisque sapientia, cui nos haerere oportet, suscipere hominem dignaretur?»	... Weil demnach zwar ein Mensch nachgeahmt, die Hoffnung aber nicht auf einen Mensch gesetzt werden soll, was konnte da seitens Gottes Gnädigeres und Großzügigeres geschehen, als dass Gottes eigene makellose, ewige und unveränderliche Weisheit, der wir anhangen sollen, sich Mensch zu werden würdigte?»
(*De utilitate credendi* 33)	(*Vom Nutzen des Glaubens* 33)

Kurzkommentar: ‹Sapiens – Weiser› im strikten Sinn ist Gott allein. Wie aber kann der seiner eigenen Veränderlichkeit sowie auch der ihn umgebenden veränderlichen Welt ausgelieferte, dazu noch seit der Adamssünde in der Erkenntnis des Wahren und im Wollen des Guten geschwächte Mensch an Gottes Weisheit Anteil haben? Allem voran durch den Glauben der Kirche, lautet Augustins Antwort in seiner Schrift *Vom Nutzen des Glaubens,* die er als erste nach seiner Priesterweihe im Jahr 391 veröffentlicht hat. Es gibt nämlich eine vermittelnde Mitte, ein auch sinnlich Erfahrbares ‹medium quiddam› zwischen der Weisheit Gottes und der Torheit, der ‹stultitia›, des Menschen. Es ist dies der ‹homo sapiens› schlechthin, die Mensch gewordene Weisheit Gottes, der inkarnierte λόγος des *Johannesevangeliums* 1,14, der εἷς διδάσκαλος, der einzige Lehrer, des *Matthäusevangeliums* 23,8. Er, der Christus in der Mitte zwischen Gott und Mensch, besitzt Kenntnis vom Menschen und von Gott in der Weise, dass diese mit seiner sittlichen Lebensführung übereinstimmt. Es sei darauf hingewiesen, dass in der Christologie des jungen Augustin die Weisheit Christi gegenüber seinem Erlösungswerk eine dominierende Rolle spielte. Durch sie verschaffte Christus sich die Autorität für seine Lehre, auf der die christliche als ‹die wahre Religion› gründet.

Welt und Weltalter

1. «Miraris quia deficit mundus? Mirare quia senuit mundus.

Homo est, nascitur, crescit, senescit.

Querelae multae in senecta: tussis, pituita, lippitudo, anxietudo, lassitudo inest.

Ergo senuit homo; querelis plenus est: Senuit mundus; pressuris plenus est.

Parum tibi praestitit deus, quia in senectute mundi misit tibi Christum, ut tunc te reficiat, quando cuncta deficiunt?

... Venit (sc. Christus) cum omnia veterascerent, et novum te fecit.

Res facta, res condita, res peritura iam vergebat in occasum.

Necesse erat ut abundaret laboribus: Venit ille et consolari te inter labores, et promittere tibi in sempiternum quietem.

«Wundert dich, dass die Welt dahinsiecht? Staune (vielmehr darüber), dass die Welt altert.

Da ist (etwa) ein Mensch: Er wird geboren, er wächst auf und er altert.

Viele Beschwerden bringt das Alter: Husten und Schnupfen, Augentriefen, Ängstlichkeit und Müdigkeit sind ihm eigen.

Alt also wird der Mensch; von Beschwerden ist er voll. Alt geworden ist (auch) die Welt, voll ist sie von Drangsalen.

Hat Gott dir etwa wenig gewährt, da er dir, nachdem die Welt alt geworden ist, Christus sandte, damit er dich gerade zu der Zeit wieder aufrichte, wann alles dahinsinkt?

... Er (Christus) kam, als (bereits) alles alt geworden ist, und er hat dich neu gemacht.

Die Schöpfung, das Universum, das zum Untergang Bestimmte, neigte sich bereits seinem Ende zu.

Die Drangsale konnten eigentlich nur zunehmen. Es kam also jener, um dich inmitten dieser Drangsale zu trösten und dir die ewige Ruhe zu verheißen.

Noli adhaerere velle seni mundo, et nolle iuvenescere in Christo, qui tibi dicit: Perit mundus, senescit mundus, deficit mundus, laborat anhelitu senectutis.

Noli timere, renovabitur iuventus tua sicut aquilae». (*Sermo* 81,8)

Hüte dich, dich an diese alte Welt zu hängen, und weigere dich nicht, dich in Christus erneuern zu lassen, der dir sagt: Die Welt geht zugrunde, die Welt altert, die Welt vergeht, sie leidet (bereits) an Atemnot.
Fürchte dich nicht, deine Jugend wird gleich der des Adlers erneuert». (*Predigt* 81,8)

Kurzkommentar: Die Frage nach dem Alter der Welt hing in der frühen Kirche mit der Frage nach dem Zeitpunkt der Menschwerdung Christi zusammen, und diese gehörte mit zu den Kernfragen der christlichen Apologetik. Augustinus hatte sich damit häufig beschäftigt. Er integrierte sie in seine Lehre von den Weltepochen, den sogenannten ‹aetates mundi›. Der Tradition folgend, bestimmte er deren sechs, indem er das Alter der Welt, metaphorisch mit dem biblischen Sechstagewerk parallelisiert, in folgende Epochen teilte: die 1. von Adam bis Noe; die 2. bis Abraham; die 3. bis David; die 4. bis zum Exil; die 5. bis Christi Menschwerdung. Mit ihr beginnt die 6. gegenwärtige Epoche des ‹homo novus›, die gegenwärtig andauert. Zugleich parallelisierte der Kirchenvater diese sechs Weltalter mit den Altersstufen des Menschen von der ‹infantia – Kindheit› über die ‹pueritia – Knabenalter›, die ‹adolescentia – Jugend›, die ‹iuventus – Manneskraft›, das einsetzende Alter (‹senior aetas›) bis zur ‹senectus – Greisenalter›, deren Dauer zwar unbestimmt, aber ebenfalls begrenzt ist. Somit befindet sich die Welt und damit die Geschichte der Menschheit in ihrem Greisenalter, deren negative Symptome möglichst eindringlich zu schildern dem ehemaligen Rhetor, wie dieser Text zeigt, nicht schwer fiel. Umso heller leuchtet das Mysterium Christi mit der Verheißung der ewigen Jugend am Ende der Tage. Zum Thema Weltalter siehe den Artikel *Aetas* von BERNHARD KÖTTING und WILHELM GEERLINGS im *Augustinus-Lexikon* 1, 150–158.

Wille und Willensfreiheit

1. «E. Quid est bona voluntas?
A. Voluntas, qua adpetimus recte honesteque vivere et ad summam sapientiam pervenire».
(*De libero arbitrio* 1,25)

«E. Was ist ein guter Wille?
A. Es ist ein Wille, durch den wir rechtschaffen und ehrenhaft zu leben und zur höchsten Weisheit zu gelangen trachten».
(*Über den freien Willen* 1,25)

Kurzkommentar: In den gegen Ende seines Lebens abgefassten *Retractationes* bemerkt Augustin: Während er sich mit seinen Gefährten auf der Rückreise von Mailand nach Afrika in Rom aufhielt, wollte er in Form eines Dialogs, und zwar aufgrund rationaler Überlegungen und Argumente, die Frage nach der Herkunft des Bösen erörtern. Der Dialog erhielt den Titel *Über den freien Willen*, denn, so lautete das Ergebnis, das moralisch Böse habe keinen anderen Grund als die Freiheit des Willens. Dass es einen Willen überhaupt geben müsse, ist unter den Dialogpartnern E(vodius) und A(ugustinus) schnell geklärt, und offensichtlich auch dessen ambivalente Formen, der gute bzw. der böse Wille. Vom guten her kommt der böse in den Blick. Daher die Definition mit der strikten Bindung des guten Willens an die Weisheit. Denn nur der Weise überschaut die Bedeutung und die Tragweite des guten Willens, der auf den Erwerb und Erhalt des Guten, das nicht verloren gehen kann, bedacht ist.

2. «Optime de te veritas clamat.
Non enim posses aliud sentire esse in potestate nostra, nisi quod cum volumus facimus.

Quapropter nihil tam in nostra potestate quam ipsa voluntas est. Ea enim prorsus nullo intervallo mox ut volumus praesto est».
(*De libero arbitrio* 3,7)

«Aufs Treffendste redet die Wahrheit aus dir.
Du könntest nämlich nichts anderes in unserer Macht liegend ansehen, als etwas zu tun, wenn wir es (nur) wollen.
Deshalb liegt auch nichts so in unserer Macht wie der Wille selbst. Denn er ist uns, sobald wir ihn wollen, sofort präsent».
(*Über den freien Willen* 3,7)

Kurzkommentar: Augustinus hat die sogenannte Willensmetaphysik aus der philosophischen Antike übernommen und entscheidend mitgeprägt (siehe dazu die Studie von ERNST BENZ, *Die Entwicklung des abendländischen Willensbegriffs von Plotin bis Augustin*, Stuttgart 1931). Schon in Thagaste begann er nach seiner Rückkehr aus Mailand den Dialog *Über den freien Willen* (388–391) zu schreiben. Das Thema dieses Werkes beschäftigte ihn zeit seines Lebens. Dabei orientierte er sich in seinen früheren Schriften bezüglich der Willensfreiheit zum Teil wenigstens an der Philosophie platonisch-stoisch-neuplatonischer (indirekt auch aristotelischer) Herkunft. Deren Auffassung zufolge ist der Gegenstand des Wollens ein intendiertes Gut, das die Vernunft kraft ihrer Urteilsfähigkeit (‹arbitrium – Ermessen›) als solches erkennt und zu wollen empfiehlt. Ist das vom Willen Intendierte kein Gut, so liegt den Platonikern zufolge ein durch die Vernunft zu korrigierender Irrtum vor. Augustinus hingegen ordnet im Anschluss an die Lateiner (Seneca) und die Bibel den ganzen Akt des Handelns dem Willen zu und macht somit diesen für die Wahl des Guten wie des Bösen verantwortlich. Auf den Punkt gebracht: «Nichts ist so in unserer Macht wie der Wille selbst». Dennoch ist dieser nur ein mittleres Gut. Siehe dazu **Text 3**.

3. «Voluntas ergo adhaerens communi atque incommutabili bono impetrat prima et magna hominis bona, cum ipsa sit medium quoddam bonum.

Voluntas autem aversa ab incommutabili et communi bono et conversa ad proprium bonum aut ad exterius aut ad inferius, peccat.

Ad proprium convertitur, cum suae potestatis vult esse, ad exterius, cum aliorum propria vel quaecumque ad se non pertinent cognoscere studet, ad inferius cum voluptatem corporis diligit». (*De libero arbitrio* 2,53)

«Der Wille also, obgleich er selbst (nur) ein mittleres Gut ist, erlangt die ersten und großen Güter des Menschen dann, wenn er selbst dem allgemeinen und unwandelbaren Gut anhängt.

Der vom unveränderlichen und allgemeinen Gut abgewandte und dem eigenen Gut sei es im äußeren, sei es im niederen Bereich zugewandte Wille hingegen sündigt.

Er wendet sich seinem eigenen dann zu, wenn er (anstelle der Macht Gottes) über seine eigene Macht verfügen will, sei es im Bereich des Äußeren, wenn er nach dem Eigentum anderer und nach fremden Dingen trachtet, sei es im Bereich des Niederen, wenn er die Genüsse des Leibes liebt».

(*Über den freien Willen* 2,53)

Kurzkommentar: Es überrascht auf den ersten Blick, dass Augustinus als Anhänger der Willensmetaphysik den Willen nur als ein mittleres Gut bewertet. Dies leuchtet jedoch ein, wenn man bedenkt, dass der Wille mit einer negativen Fähigkeit, nämlich der Hinwendung zu den niederen Gütern unter bewusster Hintansetzung der höheren Güter, ausgestattet ist. Zeit seines Lebens hielt der Kirchenvater daran fest, dass es der Wille ist, mit dem der Mensch sündigt.

Wissen und Wissenschaft

1. «Melius est enim dubitare de occultis quam litigare de incertis».
(*De Genesi ad litteram* 8,5,9)

«Besser ist es nämlich, über das Geheime zu zweifeln, als über das Ungewisse zu streiten».
(*Über den Wortlaut der Genesis* 8,5,9)

Kurzkommentar: Insgesamt fünfmal hat Augustinus es unternommen, den biblischen Schöpfungsbericht zu interpretieren, am ausführlichsten in dem zwölf Bücher umfassenden Kommentar *De Genesi ad litteram*, den er ein gutes Jahrzehnt unter der Feder hatte. Viele hatten es bereits vorher versucht, das Geheimnis der Schöpfung durch Auslegung des ersten Kapitels der *Genesis* ein wenig zu lüften. Manches war anfechtbar, das wusste Augustinus, dessen Auslegung nicht unangefochten blieb. Er verteidigt sich mit dem zitierten Satz.

2. «Nam et maximae res cum a parvis quaeruntur, magnos eos solent efficere». (*De Academicis* 1,6)

«Es pflegen nämlich die bedeutendsten Sachen, wenn sie von Unbedeutenden erörtert werden, diese bedeutend zu machen».
(*Über die Akademiker* 1,6)

Kurzkommentar: Bald nach seiner Bekehrung im Sommer 386 in Mailand zog Augustinus sich mit einer kleinen Schar Verwandter und Bekannter auf das Landgut seines Freundes Verecundus zurück. Dort, in *Cassiciacum*, entstand das erste seiner uns noch überlieferten Werke, der Dialog *Über die Akademiker*. Dem Werk liegen stenographische Aufzeichnungen über philosophische Gespräche zugrunde, an denen auch junge Leute, Schüler Augustins, beteiligt waren. Thema des Diskurses war die Widerlegung der Akademiker genannten Skeptiker, die eine zwingende Erkenntnis der Wahrheit leugneten. Nach Augustinus selbst verlangt dieses Thema ‹eine sorgfältige Erörterung› (ebd.), worauf der Schüler Licentius antwortet, wenn dies der Fall sei, dann erfordere die zu erörternde Sache bedeutende Männer (und keine Schüler): «si res magna est, ... magnos viros desiderat». Der Didaktiker und Pädagoge Augustin lässt indes nicht locker. Weil die Sicherung des Wissens über die Möglichkeit des Wissens Voraussetzung allen Wissens ist, deshalb ist sie auch eine ‹maxima res›. Ihre (erfolgreiche) Erörterung macht Unbedeutende bedeutsam, Kleine groß und Jugendliche zu Philosophen. (Siehe die Artikel *Academia* von MATTHIAS BALTES im *Augustinus-Lexikon* 1, 39–45 und *De Academicis* von BERND REINER VOSS ebd. 45–51.)

3. «Amate scientiam, sed anteponite caritatem.
Scientia si sola sit, inflat.

Quia vero ‹caritas aedificat› (*1 Cor* 8,1), non permittit scientiam inflari». (*Sermo* 354,6)

«Liebt die Wissenschaft, aber zieht die Liebe vor.
Die Wissenschaft, wenn sie allein (d. h. ohne Liebe) ist, bläht auf.
Weil jedoch ‹die Liebe aufbaut› (*Erster Korintherbrief* 8,1), erlaubt sie es der Wissenschaft nicht, sich aufzublähen». (*Predigt* 354,6)

Kurzkommentar: Augustinus war Liebhaber und Förderer der Wissenschaften. Kurz nach seiner Bekehrung plante er eine viele Bände umfassende Enzyklopädie zu den ‹freien Wissenschaften› – ‹disciplinae liberales›, auch ‹artes›, ‹Künste›, genannt – zu schreiben, wovon außer den sechs Büchern *Über die Musik* noch einige Fragmente (*De dialectica, De grammatica, De rhetorica*) vorhanden sind. Bald nach seiner Bischofsweihe nahm er ein auf vier Bände geplantes Werk in Angriff, dem er den Namen *De doctrina christiana* – *Die christliche Wissenschaft* gab, das er allerdings erst gegen Ende seines Lebens vollenden sollte. Darin wies er die Intellektuellen unter den Gläubigen an, sich um eines gediegeneren Verstehens der heiligen Schriften willen das dazu erforderliche hermeneutische Rüstzeug zu erwerben. Die Mahnung ‹anteponite caritatem› im *Sermo* 354 zielt keineswegs auf eine Vernachlässigung der ‹scientia›, sie ist eher als Korrektiv zu verstehen. Die Liebe soll dazu beitragen, auch die Wissenschaft ‹aufzubauen›. Indem sie dies tut, prägt sie entscheidend deren Wert.

4. «Numquid, ‹domine deus veritatis› (*Ps* 30,6), quisquis novit ista, iam placet tibi?

Infelix enim homo, qui scit illa omnia, te autem nescit; beatus autem, qui te scit, etiamsi illa nesciat; qui vero et te et illa novit, non propter illa beatior, sed propter te solum beatus est, si cognoscens te sicut te glorificet et gratias agat et non evanescat in cogitationibus suis».

(*Confessiones* 5,7)

«Wer dies (Kenntnisse aller Art), ‹Herr, Gott der Wahrheit› (*Psalm* 30,6), weiß, ist er dir deshalb schon wohlgefällig?

Unselig ist nämlich der Mensch, der dies alles weiß, dich aber nicht kennt; selig aber ist, wer dich kennt, auch wenn er jenes nicht kennt. Wer aber dich und jenes kennt, ist nicht (schon) deshalb seliger, sondern (allein) deinetwillen, wenn er dich kennt und dich als solchen verherrlicht und dir Dank sagt und in seinen Gedanken nicht eitel wird».

(*Bekenntnisse* 5,7)

Kurzkommentar: Obgleich Liebhaber und Förderer der Wissenschaften und der Künste, war Augustinus alles andere als ein Verfechter von Leitsätzen wie ‹l'art pour l'art› und des Wissens um des Wissens willen. Der zitierte Satz aus den *Bekenntnissen* bringt dies deutlich zum Ausdruck. Das Wissen allein führt nicht zum Heil. Gepaart mit der Gotteserkenntnis, soll man das Heil allein von Letzterer erwarten.

5. «... verum et in his libris displicet mihi ... et quod multum tribui liberalibus disciplinis (*ord.* 1,24), quas multi sancti multum nesciunt, quidam etiam qui sciunt eas sancti non sunt». (*Retractationes* 1,3,2)

«... Fürwahr, in diesen Büchern gefällt mir (einiges) nicht: ... auch dass ich den freien Wissenschaften allzugroße Bedeutung beimaß (*Über die Ordnung* 1,24), die doch viele Heilige überhaupt nicht kennen, manche jedoch, die sie kennen, sind keine Heiligen».

(*Retraktationen* 1,3,2)

Kurzkommentar: Gegen Ende seines Lebens verfasste Augustinus ein Werk, in dem er alle seine Schriften einer kritischen Revision zu unterziehen gedachte. Zu einer Revision der Briefe und der Predigten kam er nicht mehr. Jedoch zu den Büchern bezog er einzeln Stellung. An seiner Frühschrift *De ordine – Über* *die Ordnung* kritisierte er die darin geäußerte hohe Einschätzung der freien Wissenschaften. In der ein Jahrzehnt später abgefassten Schrift *Die christliche Wissenschaft – De doctrina christiana* vertrat er die Meinung, diese Wissenschaften seien vorzüglich zu einem besseren Verständnis der Glaubenswahrheiten in den Dienst zu nehmen.

6. «Omnis doctrina vel rerum est vel signorum, sed res per signa discuntur». (*De doctrina christiana* 1,2)

«Jegliche Wissenschaft bezieht sich entweder auf Dinge oder auf Zeichen, Dinge werden jedoch durch Zeichen gelernt».
(*Die christliche Wissenschaft* 1,2)

Kurzkommentar: Im Jahr 395 wurde Augustinus zunächst zum Koadjutor des Bischofs Valerius von Hippo konsekriert. Kurz danach begann er ein vierbändiges Werk mit einem Vorwort zu schreiben, das er ähnlich seinem epochalen *Gottesstaat* ein ‹magnum opus et arduum – ein großes und beschwerliches Werk› (1,1) nennt. Es sollte wohl ein Handbuch der Bibelauslegung für den Klerus werden, sprengt jedoch den Rahmen eines Handbuches und weist der christlichen Bildung insgesamt neue Wege. Dem Bischof geht es darin nämlich primär nicht um das Wissen irdischer, sondern transzendenter Dinge. Der Zugang zu diesen wird in dieser Welt allerdings vielfach erst über den notwendigen, manchmal reizvollen, nicht selten auch mühseligen Umweg zeitlicher Dinge und Ereignisse, der ‹res temporales›, ermöglicht, die als Zeichen auf die sinnlich nicht fassbaren ‹res aeternae›, auf zeitlose Dinge, verweisen. Insofern gehört das Wissen über die Dinge, die als Zeichen der Transzendenz zum Einsatz kommen können, ebenfalls zum Unterrichts- und Bildungsstoff christlicher Wissenschaft.

Wort

1. «Verbum valet plurimum et sine voce: Vox inanis est sine verbo».
(*Sermo* 288,3)

«Das Wort vermag das Meiste auch ohne die Stimme; die Stimme ist ohne das Wort inhaltslos».
(*Predigt* 288,3)

Kurzkommentar: Als ehemaliger Professor der Rhetorik hat der Theologe Augustinus über die Macht und Ohnmacht der Sprache intensiv nachgedacht und Aufschlussreiches gesagt, so auch in der *Predigt* 288, in der er das Verhältnis Christi zu Johannes dem Täufer mit dem des Wortes (Christus, Wort des dreieinigen Gottes) zur Stimme (Johannes der Täufer, der auf Christus verweist) zu illustrieren unternahm. «Was ist die Stimme? Was ist das Wort?» Er beantwortet diese Fragen bündig: Ein Wort, das keine vernünftige Bedeutung habe, sei kein Wort, denn eine Stimme, die lediglich (ohne sinntragenden Inhalt) ertöne, verdiene die Bezeichnung Wort nicht. Seufze z. B. jemand, so sei dies lediglich eine Stimme bzw. ein Geräusch. Worte jedoch wie ‹Mensch›, ‹Gott› und ‹Welt› seien als Sprachzeichen, ‹signa›, Bedeutungsträger der damit bezeichneten Dinge, ‹res›. Sie entstammten einer geistigen Sphäre reiner Innerlichkeit. Wolle jemand darüber etwas sagen, so müsse dies zunächst im Geiste erzeugt werden – Augustinus spricht vom ‹verbum corde conceptum›. Dieses innere, rein geistige Wort befinde sich zunächst im Gedächtnis, ‹tenetur memoria›, nehme durch den Willen Gestalt an, ‹paratur voluntate›, und existiere im Intellekt, ‹vivit intellectu›. Es gehöre keiner Sprache an. Erst die Intention zur Mitteilung zwinge den Mitteilenden, dem inneren Wort mit Hilfe der unterschiedlichen Sprachen (griechisch, lateinisch und andere) eine äußere Gestalt zu verleihen. So erreiche das Wort den Hörer, ohne dass dieses den Redenden verlasse (ebd. 288,3).

Zahl und Zahlen

1. «Intuere caelum et terram et mare et quaecumque in eis vel desuper fulgent vel deorsum repunt vel volant vel natant.
Formas habent quia numeros habent; adime illis haec, nihil erunt.

A quo ergo sunt nisi a quo numerus?

Quandoquidem in tantum illis est esse in quantum numerosa esse.

«Betrachte den Himmel, die Erde, das Meer und alles, was darin oder darüber glänzt oder darunter kriecht oder fliegt oder schwimmt.
Formen haben sie, weil sie Zahlen haben: Nimm ihnen die Zahlen, und sie versinken ins Nichts.

Von wem also stammen sie, wenn nicht von dem, von dem die Zahl stammt?

Das Sein besitzen sie nur insoweit, wie sie zahlenhaft sind.

Et omnium quidem formarum cor-	Und auch die Menschen als Künstler
porearum artifices homines in arte	aller körperhaften Formen verfügen
habent numeros quibus coaptant	in ihrer Kunst über Zahlen, denen
opera sua, et tamdiu manus atque	sie ihre Werke anpassen. Und sie
instrumenta in fabricando movent,	schaffen mit ihren Händen und
donec illud quod formatur foris	Werkzeugen so lange, bis das Stück,
ad eam quae intus est lucem nu-	das draußen geformt wird, nach
merorum relatum, quantum potest,	Möglichkeit drinnen im Geiste auf
impetret absolutionem placeatque	jenes Licht der Zahlen bezogen seine
per interpretem sensum interno	Vollendung erreicht und so mittels
iudici supernos numeros intuenti.	der Sinne dem inneren Richter ge-
	fällt, der auf die höheren Zahlen
	achtet.
Quaere deinde artificis ipsius mem-	Frage dann weiter, wer die Glieder
bra quis moveat: Numerus erit, nam	des Künstlers bewegt, so wird (auch
moventur etiam illa numerose».	dies) die Zahl sein, denn auch sie
(*De libero arbitrio* 2,42)	werden zahlenhaft bewegt».
	(*Über den freien Willen* 2,42)

Kurzkommentar: Augustinus war Anhänger der Zahlenphilosophie. Schon in einer seiner ersten Schriften lesen wir: «Eins zu zwei verhält sich wie zwei zu vier als wahrste Vernunft (‹verissima ratio›). Und dies war gestern nicht mehr wahr als heute und wird morgen nicht wahrer sein als nach einem Jahr. Und wenn die ganze Welt zugrunde geht, wird diese Berechnung nicht zugrunde gehen können» (*De ordine – Über die Ordnung* 2,50). Im Hinblick auf den Begriff ‹ratio› als Terminus der Philosophie ist es aufschlussreich zu wissen, dass dessen Grundbedeutung im Latein (von ‹reor, ratus›) die ‹Rechnung› bzw. die ‹Berechnung› ist. Über ‹Rechenschaft› nahm es die Bedeutung von ‹Argumentation› und ‹Vernunft› an. Als Ordnungsfaktor ersten Ranges ist die Zahl essentieller Bestandteil der augustinischen Ontologie. In den Körpern walten «Einheit, Zahl und Ordnung» (*De musica – Über die Musik* 6,57), deren Ursprung und Geltung jenseits von Raum und Zeit gründen. Entzieht man den Erscheinungen in Raum und Zeit ihre konstitutiven Zahlen, versinken sie in nichts. Die universale Geltung der Zahlen zeigt sich auch in allen Sparten der Kunst, denn künstlerisches Schaffen hat die Herrschaft der Zahlen zur Voraussetzung. Kunst hat die Aufgabe, den Menschen über den Kunstgenuss

Abb. 12: Der hl. Augustinus begegnet dem Christuskind. Peter Paul Rubens (Öl auf Leinwand, 1636/1638; Prag, Nationalgalerie).

zur Erkenntnis der immerwährenden Zahl, des ‹numerus sempiternus› (*De libero arbitrio – Über den freien Willen* 2,42), zu führen.

2. «Ipse autem ordinis modus vivit in veritate perpetua nec mole vastus nec protractione volubilis, sed potentia supra omnes locos magnus, aeternitate supra omnia tempora immobilis, sine quo tamen nec ullius molis vastitas in unum redigi nec ullius temporis productio potest ab errore cohiberi et aliquid esse vel corpus, ut corpus sit, vel motus, ut motus sit.

Ipsum est unum principale nec per finitum nec per infinitum crassum nec per finitum nec per infinitum mutabile.

Non enim habet aliud hic aliud alibi aut aliud nunc aliud postea, quia summe unus est pater ueritatis, pater suae sapientiae, quae nulla ex parte dissimilis similitudo eius dicta est et imago, quia de ipso est.

Itaque etiam filius recte dicitur ex ipso, cetera per ipsum.
Praecessit enim forma omnium summe implens unum, de quo est,

«Das Maß der Ordnung schlechthin existiert als immerwährende Wahrheit. Es ist weder der Masse nach ausgedehnt, noch seiner Ausdehnung nach vergänglich, sondern seiner Potenz nach über jeglichen Raum erhaben und seiner Ewigkeit nach unbeweglich über jedwede Zeit. Ohne es könnte weder irgendeine Masse zu einer Einheit gelangen, noch könnte eine zeitliche Dehnung irrtumslos als etwas Seiendes, sei es als irgendein Körper, sei es als irgendeine Bewegung, erfasst werden.

Dieses Maß der Ordnung ist das ursprünglich Eine. Dieses ist weder begrenzt noch unbegrenzt groß, weder begrenzt oder unbegrenzt veränderlich.

Es hat nämlich nicht etwas hier, anderes anderswo oder etwas jetzt und anderes nachher. Denn im höchsten Sinne der Zahl Eins ist dies der Vater der Wahrheit, Vater (auch) seiner Weisheit, die ihm in keinem Teil unähnlich sein Gleichnis und Ebenbild ist, da es von ihm ist.

Zu Recht wird sie auch Sohn aus ihm genannt.
Vorausgegangen ist sie nämlich als die Form aller Dinge, die das Eine,

ut cetera quae sunt, in quantum sunt uni similia, per eam formam fierent».
(*De vera religione* 81)

von dem sie stammt, vollendet so zum Ausdruck bringt, dass alles übrige Seiende, sofern es geformt existiert, dem Einen ähnlich ist».
(*Die wahre Religion* 81)

Kurzkommentar: Der Zahl Eins kommt im philosophisch-theologischen Denken Augustins eine Schlüsselstellung zu. Seiner Lehre zufolge tritt sie in der Natur stets und überall in Erscheinung, denn Einzeldinge vermögen nur zu existieren, indem ihnen die Einheit zugrunde liegt und sie diese zur Entfaltung bringen. Damit aber verweisen die Dinge eo ipso auf die Eins als Inbegriff und Quelle ihres Seins. Wie unter **Zahl und Zahlen, Text 1** bereits erwähnt, folgt Augustinus in seiner Zahlentheorie weithin den Platonikern, speziell dem Neuplatoniker Plotin, der in seiner Stufenontologie die Spitze und Quelle allen Seins aufs Treffendste als ἕν, Eins, bezeichnen zu müssen lehrte. Aus diesem Einen ‹emaniere›, ströme gleichsam alles mit den Sinnen nicht wahrnehmbare Intelligible – darunter die Zahlen – hervor. Plotin nannte diese zweite Stufe des Seienden νοῦς, Vernunft, aus der dann wieder als dritte Stufe die des πνεῦμα, die Weltseele hervorgeht. Im Ringen um die christliche Trinitätslehre im dritten und vierten Jahrhundert spielte diese Stufenlehre eine wichtige Rolle. Die Kirche lehnte ihre Übertragung auf die Trinität, wie hier zu sehen ist, ab. Augustin deutet das Neuplatonische christlich um. Das ‹im höchsten Sinne Eine› ist zwar ‹der Vater der Wahrheit›, ‹die der Wahrheit in keinem Teil unähnliche Weisheit› indes ist ‹der Sohn aus ihm›. Als ‹die Form aller Dinge› bringt auch sie, die Weisheit, ‹das Eine› ebenfalls ‹vollendet zum Ausdruck›. (Zur Zahlentheorie Augustins siehe CORNELIUS P. MAYER, *Die Zeichen in der geistigen Entwicklung und in der Theologie Augustins. II. Teil: Die antimanichäische Epoche*, Würzburg 1974, 415–436.)

Zeit, Zeiten und Zeitlichkeit

1. «Quid est ergo tempus? Si nemo ex me quaerat, scio; si quaerenti explicare velim, nescio: Fidenter tamen dico scire me, quod, si nihil praeteriret, non esset praeteritum

«Was also ist die Zeit? Wenn mich niemand fragt, weiß ich es; will ich es dem Fragenden erklären, so weiß ich es nicht: Dennoch sage ich zuversichtlich, ich wisse dies,

tempus, et si nihil adveniret, non esset futurum tempus, et si nihil esset, non esset praesens tempus.	es gäbe keine Vergangenheit, wenn nichts vorüberginge, und es gäbe keine Zukunft, wenn nichts ankäme, und es gäbe keine Gegenwart, wenn nichts wäre.
Duo ergo illa tempora, praeteritum et futurum, quomodo sunt, quando et praeteritum iam non est et futurum nondum est?	Jene beiden Zeiten also, die Vergangenheit und die Zukunft, auf welche Weise sind sie, wenn das Vergangene nicht mehr, das Künftige noch nicht ist?
Praesens autem si semper esset praesens nec in praeteritum transiret, non iam esset tempus, sed aeternitas.	Die Gegenwart indes, wäre sie immer vorhanden und ginge sie nicht in Vergangenes über, wäre nicht mehr Zeit, sondern Ewigkeit.
Si ergo praesens, ut tempus sit, ideo fit, quia in praeteritum transit, quomodo et hoc esse dicimus, cui causa, ut sit, illa est, quia non erit, ut scilicet non vere dicamus tempus esse, nisi quia tendit non esse?»	Wenn also die Gegenwart, um Zeit zu sein, darum geschieht, weil sie in Vergangenes übergeht, wie können wir dann auch dies Sein nennen, das seinen Grund, jenes Sein zu sein, dadurch empfängt, weil es nicht (mehr) sein wird, so dass wir in Wahrheit sie nur deshalb Zeit nennen können, weil sie zum Nichtsein strebt?»
(*Confessiones* 11,17)	(*Bekenntnisse* 11,17)

Kurzkommentar: Henri I. Marrou, ein guter Kenner der Werke Augustins, vertrat in seinen jüngeren Jahren gerade im Hinblick auf den Aufbau der *Confessiones* die Auffassung, der Kirchenvater habe bei der Komposition seiner Werke keine glückliche Hand gehabt – was er freilich später ebenso ausdrücklich wie nachdrücklich zurücknahm. Bekanntlich werden die *Confessiones* in drei Teile gegliedert, in die Bücher 1–9, die über ihres Verfassers Leben bis zum Tod seiner Mutter berichten, sodann in das Buch 10, das einen Einblick in seine spirituelle Verfassung zur Zeit ihrer Abfassung gibt, und in die Bücher 11–13, die den biblischen Schöpfungsbericht kommentieren. Augustinus selbst teilt sie in seinen *Retractationes* 2,6,1 in zwei Teile: «Vom ersten bis zum 10. Buch handeln sie über mich, die drei letzten handeln über die Heilige Schrift von der Stelle an: ‹Im Anfang schuf Gott Himmel und Erde› (*Genesis* 1,1) bis zur Sabbathruhe (2,2)». Nach seinen gründlichen und umfassenden Studien hat Erich Feldmann von der kompositorischen Einheit der *Confessiones* ausgehend gezeigt, dass diese im Sinne eines in der Antike gängigen philosophischen *Protreptikos* eine Werbeschrift für Intellektuelle sein wollen. Der Bischof warb für einen Gott, den er mit dessen Gnadenhilfe gefunden hatte. Augustinus bekennt sich zur Zeit der Abfassung seiner *Confessiones* vorbehaltlos zum Gott der Bibel. In den Büchern 11–13 geht es um die Wahrheit des offenbarten Gottes, der sich im ersten Kapitel der Bibel paradigmatisch als der jenseits von Raum und Zeit handelnde Schöpfer und Erlöser der Welt zu erkennen gibt. Schon das erste Wort der Bibel «Im Anfang ...» wirft die Frage auf: Was ist überhaupt Zeit? Als Meister der Dialektik bereitet Augustinus den Leser durch Verlegung der Zeitwahrnehmung ins Subjekt auf die Einsicht in den änigmatischen Charakter der Zeit vor. «Praesens autem nullum habet spatium – Die Gegenwart freilich hat keine Ausdehnung» wird er 11,20 sagen. Er wird aber ihre Spuren, ‹vestigia›, ihre Abbilder, ‹imagines›, in der Geistseele wahrzunehmen und als Ausdehnung des Geistes, als ‹distentio animi› zu messen lehren (ebd. 11,33). In seinen *Confessiones* erörtert Augustinus das Wesen der Zeit im Kontext der Ewigkeit Gottes. Geschaffenes Sein ist geprägt von der Vergänglichkeit, und deren Stigma ist die Zeit. Der rhetorische Glanz der zitierten Zeilen durchzieht übrigens das ganze 11. Buch der *Confessiones*. (Zum Gesamtkonzept der *Bekenntnisse* Augustins siehe den magistralen Artikel *Confessiones* von ERICH FELDMANN im *Augustinus-Lexikon* 1, 1134–1193.)

2. «Nec tu tempore tempora praecedis: Alioquin non omnia tempora praecederes.
Sed praecedis omnia praeterita celsitudine semper praesentis aeternitatis et superas omnia futura, quia illa futura sunt, et cum venerint, praeterita erunt; ‹tu autem idem ipse es, et anni tui non deficiunt› (*Ps* 101,28).

«Auch gehst du nicht in der Zeit den Zeiten voraus, sonst würdest du nicht allen Zeiten vorausgehen.
Vielmehr gehst du allem Vergangenen durch die Höhe deiner stets gegenwärtigen Ewigkeit voran und überragst jedwede Zukunft, weil sie (nur so) Zukunft ist, dass sie Vergangenes wird, sobald sie kommt; ‹du aber bist derselbe, und deine Jahre nehmen nicht ab› (*Psalm* 101,28).

Anni tui nec eunt nec veniunt: Isti enim nostri eunt et veniunt, ut omnes veniant.	Deine Jahre gehen nicht, sie kommen auch nicht; unsere (hingegen) gehen und kommen, damit sie alle kommen können.
Anni tui omnes simul stant, quoniam stant, nec euntes a venientibus excluduntur, quia non transeunt: Isti autem nostri omnes erunt, cum omnes non erunt.	Deine Jahre stehen alle zugleich, weil sie stehen, und die dahingehenden werden nicht von den ankommenden verdrängt, (eben) weil sie nicht vorübergehen. Die (unseren) aber werden (dann) alle sein, wenn sie nicht mehr alle sein werden.
‹Anni› tui ‹dies unus› (2 Pt 3,8), et dies tuus non cotidie, sed hodie, quia hodiernus tuus non cedit crastino; neque enim succedit hesterno.	Deine ‹Jahre sind ein Tag› (Zweiter Petrusbrief 3,8), und dein Tag ist nicht täglich, sondern heute, weil dein heutiger Tag dem morgigen nicht weicht, er folgt auch nicht dem gestrigen.
Hodiernus tuus aeternitas: Ideo coaeternum genuisti, cui dixisti: ‹Ego hodie genui te› (Ps 2,7).	Dein heutiger ist die Ewigkeit. Aus diesem Grunde hast du (auch) den Gleichewigen (Sohn) gezeugt, zu dem du gesagt hast: ‹Heute habe ich dich gezeugt› (Psalm 2,7).
Omnia tempora tu fecisti et ante omnia tempora tu es, nec aliquo tempore non erat tempus».	Alle Zeiten hast du geschaffen, und vor allen Zeiten bist du, und zu keiner Zeit gab es die Zeit nicht».
(Confessiones 11,16)	(Bekenntnisse 11,16)

Kurzkommentar: Das Zeitverständnis Augustins wurzelt in seinem Gottesverständnis. Was Gott gegenüber allem anderen auszeichnet, ist die Beständigkeit seines Seins. Aufgrund seines Seins ist er Schöpfer. Um den Unterschied zwischen Schöpfer und Geschöpf fassen zu können, verwendet Augustinus das Begriffspaar ‹inmutabilis – mutabilis›, ‹unveränderlich – veränderlich›. Allein dem Sein Gottes kommt das Prädikat ‹unveränderlich› zu. Alles andere Sein ist als erschaffenes Sein dem Gesetz der Veränderlichkeit unterworfen. Was aber ist veränderlicher als die Zeit? Erst im Licht der Ewigkeit, also der Zeitlosigkeit Gottes, versucht Augustinus die Zeit in den Blick zu bekommen. Die Zeit wurde mit der Welt zugleich erschaffen und so erübrigt sich die Frage: Was war vor der

Zeit? Die Welt wurde weder vor noch in, sondern mit der Zeit erschaffen. Da es also vor bzw. jenseits der Schöpfung Veränderliches, dem etwas vorausgehen und folgen konnte, nicht gab, ist es Augustinus zufolge illegitim, außer der Ewigkeit Gottes nach etwas anderem zu fragen. Es gilt folglich das Bekenntnis: «Alle Zeiten hast du geschaffen, und vor allen Zeiten bist du, und es gab nicht zu irgendwelcher Zeit keine Zeit».

3. «Abundant mala, et deus voluit ut abundarent mala.
Utinam non abundarent mali, et non abundarent mala.

Mala tempora, laboriosa tempora, hoc dicunt homines.
Bene vivamus, et bona sunt tempora.
Nos sumus tempora: Quales sumus, talia sunt tempora». (*Sermo* 80,8)

«Das Böse nimmt zu, und Gott wollte, dass das Böse zunehme.
Ach, möchten doch die Bösen nicht überhand nehmen und auch nicht das Böse!
Schlechte Zeiten, mühselige Zeiten, so sagen die Leute.
Lasst uns gut leben, und die Zeiten sind gut! Wir sind die Zeiten: Wie wir sind, so sind die Zeiten».
(*Predigt* 80,8)

Kurzkommentar: Unabhängig vom Wesen der Zeit und deren physikalisch-biologischen Bedingungen reden wir von den erlebten und zu erlebenden Zeiten im gesellschaftlichen Kontext. Ob diese Zeiten gut oder schlecht sind, hängt also von der aus Individuen sich zusammensetzenden Gesellschaft ab. Das meint Augustinus zufolge die prägnante Aussage: «Nos sumus tempora – Wir sind die Zeiten».

4. «Et dicitis: Molesta tempora, gravia tempora, misera tempora sunt.
Vivite bene, et mutatis tempora vivendo bene:
Tempora mutatis, et non habetis unde murmuretis.
Quid sunt enim tempora, fratres mei?
Spatia et volumina saeculorum.
Ortus est sol, peractis horis duodecim ex alia mundi parte occidit;

«Ihr sagt: Lästige Zeiten, schwere Zeiten, elende Zeiten!
Lebt recht, und ihr verändert die Zeiten durch gute Lebensführung.
Ihr verändert die Zeiten, und ihr habt keinen Grund zum Murren.
Was sind eigentlich die Zeiten, Brüder?
Bahnen und Kreisläufe der Zeitalter.
Die Sonne erhebt sich und nach dem Verlauf von zwölf Stunden geht sie in

alia die mane ortus iterum occidit; numera quoties: Ipsa sunt tempora».

(*Sermo* 311,8)

einem anderen Teil der Welt unter; tags darauf sinkt sie nach ihrem Aufstieg in der Frühe wieder. Zähle jedes Mal: Gerade dies (nämlich die Bahnen und Zeitläufte) sind die Zeiten».

(*Predigt* 311,8)

Kurzkommentar: Siehe dazu auch das unter **Text 3** Gesagte. – Obgleich Augustinus über das Wesen der Zeit mit Vorliebe als einer vom Subjekt erlebten reflektiert (siehe unter **Text 1** und **Text 2**), so kennt er und spricht er auch häufig von der objektiven, in den Phänomenen der Welt wahrgenommenen und gemessenen Zeit.

5. «Numerus ergo iste quadragenarius, quater habens decem, significat, ut mihi videtur, saeculum hoc, quod nunc agimus et peragimus; agimur et peragimur, cursu temporum, rerum instabilitate, decessione et successione, rapacitate volatica, et quodam fluvio rerum non consistentium».

(*Sermo* 270,3)

«Diese Zahl vierzig also, die viermal zehn, versinnbildet, wie mir scheint, das gegenwärtige Zeitalter, das wir jetzt verbringen und vollenden, (darin) werden wir gestoßen und fortgerissen vom Lauf der Zeiten, von der Unbeständigkeit der Dinge, vom Ab und Zu der Ereignisse, von flüchtiger Raubsucht und von einem gewissen Fluss der Dinge, die keinen Halt gewähren».

(*Predigt* 270,3)

Kurzkommentar: Zur Bedeutung der Zahlen im Denken Augustins siehe das unter **Zahl und Zahlen** Gesagte. Der Bischof von Hippo war kein Existenzphilosoph im spezifischen Sinn dieses Wortes, wenngleich Vertreter jener Richtung der Philosophie – wie Martin Heidegger – Augustins Werke lasen, gelegentlich auch kommentierten und manches von ihm übernahmen. Wortverbindungen wie ‹agimus et peragimus›, ‹agimur et peragimur›, ‹cursus temporum›, ‹instabilitas rerum› artikulieren und illustrieren existenzphilosophische Lehren (siehe z. B. bei MARTIN HEIDEGGER, *Sein und Zeit* (Gesamtausgabe, Bd. 2), Frankfurt a. M. 1977, §§45 ff. den Abschnitt «Dasein und Zeitlichkeit»).

6. «Cogita deum, invenies est, ubi fuit et erit esse non possit.

Ut ergo et tu sis, transcende tempus.

Sed quis transcendet viribus suis?»
(*In Iohannis evangelium tractatus* 38,10)

«Denke an Gott, du wirst bei ihm ein ‹ist› finden, das kein ‹war› und kein ‹wird sein› duldet.
Damit also auch du (in solchem Sinne) seiest, übersteige die Zeit!
Aber wer vermag dies aus eigenen Kräften?»
(*Auslegungen des Johannesevangeliums* 38,10)

Kurzkommentar: Die Kunst des Transzendierens, des Übersteigens seiner selbst (*De vera religione – Die wahre Religion* 72), des Übersteigens der Zeit, lernte Augustinus bei den Neuplatonikern kennen. Allerdings lehrten diese, der philosophisch Geschulte und der an ihrer Lehre über den Ursprung allen Seins Festhaltende könne dieses Übersteigen aus eigenen Kräften vollziehen. Dies stritt der Kirchenvater stets lebhaft ab. Im 10. Kapitel des 9. Buches seiner *Confessiones – Bekenntnisse* schildert er im Gespräch, das er mit seiner Mutter Monnica vor deren Tod in Ostia an der Tibermündung führte, dieses von den Neuplatonikern erlernte Transzendieren alles Irdischen.

7. «Denique ubi venit plenitudo temporis, venit et ille qui nos liberaret a tempore.
Liberati enim a tempore, venturi sumus ad aeternitatem illam, ubi non est tempus; nec dicitur ibi: Quando veniet hora; dies est enim sempiternus, qui nec praeceditur hesterno, nec excluditur crastino.

In hoc autem saeculo volvuntur dies, et alii transeunt, et alii veniunt; nullus manet et momenta quibus loquimur, invicem se expellunt, nec

«Als schließlich die Fülle der Zeit kam, da erschien auch jener, der uns von der Zeit befreien sollte.
Denn (nur) von der Zeit befreit, werden wir zu jener Ewigkeit gelangen, wo keine Zeit (mehr) ist. Man fragt dort nicht: Wann wird die Stunde kommen, denn der Tag ist (dort) ewig; ihm geht kein Gestern voraus und er schließt auch mit keinem Morgen.
In dieser gegenwärtigen Weltzeit hingegen rollen die Tage dahin, die einen gehen, die anderen kommen, keiner bleibt. Auch die Augenblicke

stat prima syllaba, ut sonare possit secunda.

Ex quo loquimur aliquantum senuimus, et sine ulla dubitatione senior sum modo quam mane, ita nihil stat, nihil fixum manet in tempore.

Amare itaque debemus per quem facta sunt tempora, ut liberemur a tempore, et figamur in aeternitate, ubi iam nulla est mutabilitas temporum».

(*In Iohannis evangelium tractatus* 31,5)

unseres Sprechens jagen (gleichsam) einander, und es bleibt die erste Silbe nicht stehen, damit die zweite erklinge.

Seit wir reden, sind wir ein wenig gealtert und zweifelsohne bin ich jetzt älter als heute morgen. So steht nichts still, nichts verharrt in der Zeit.

Darum müssen wir den lieben, durch den die Zeiten geworden sind, um von der Zeit befreit zu werden, in der Ewigkeit verankert zu werden, wo es keinen Wechsel der Zeiten mehr gibt».

(*Auslegungen des Johannesevangeliums* 31,5)

Kurzkommentar: Obgleich die Zeit als dialektisches Pendant der Ewigkeit gegenüber fast auf Null tendiert, spielt sie doch im Denken Augustins – wohl im Anschluss an die Bibel – eine nicht zu unterschätzende Rolle. Die Zeit ist aber auch Heilszeit: und diese hat ihre Mitte in der Menschwerdung Christi, der, wie es im Zitat heißt, deshalb in die Welt kam, um die Seinen von der Zeit zu befreien. (Siehe auch **Menschwerdung Christi, Text 5.**)

8. «‹Et sint in signis et in temporibus et in diebus et in annis› (*Gn* 1,14).

Videtur mihi hoc, quod dixit: in signis, planum fecisse illud, quod dixit: et in temporibus, ne aliud acciperentur signa et aliud tempora.

Haec enim nunc dicit tempora, quae intervallorum distinctione aeternitatem incommutabilem supra se

«‹Sie sollen als Zeichen dienen sowohl für die Zeit(-läufte) wie für die Tage und wie für die Jahre› (*Genesis* 1,14).

Mir scheint, mit dem Begriff Zeichen habe er (sc. der Schöpfer) klargestellt, was er mit den Zeit(-läuften) gemeint hat. Unter der Bezeichnung Zeit(-läufte) soll nichts anderes verstanden werden als unter Zeichen. Er nennt sie nun Zeit(-läufte), weil sie durch ihre Unterscheidungen die über sie feststehende unveränderliche

manere significant, ut signum, id est quasi vestigium aeternitatis tempus adpareat».
(*De Genesi ad litteram liber inperfectus* 13,38)

Ewigkeit andeuten; das heißt, dass die Zeit selbst als Zeichen, gleichsam als Spur der Ewigkeit wahrgenommen werde».
(*Über den Wortlaut der Genesis, unvollendetes Buch* 13,38)

Kurzkommentar: Mit seiner Vorstellung von der Zeit ‹als Spur›, als ‹Kennzeichen der Ewigkeit› folgt Augustinus dem griechischen, speziell dem platonischen Zeitverständnis. Der Lauf der Himmelskörper, der Wechsel von Licht und Dunkel, die Aufeinanderfolge der Jahreszeiten vollzieht sich nach endlos feststehenden Gesetzen. Platon zufolge ist die vollkommene Kreisbewegung der Gestirne ein ‹bewegtes Bild der unbewegten Ewigkeit› (vgl. *Timaios* 37c). Die metaphysische Struktur des Kausalzusammenhangs von Zeit und Ewigkeit, die Plotin in seiner *Enneade Über Ewigkeit und Zeit* (3,7) darlegte, dürfte Augustin bekannt gewesen sein. Denn wie Plotin, so konnte sich auch er, obgleich vom biblischen Schöpfungsglauben, und das heißt von einem Beginn der Zeit ausgehend, nicht genugtun, einerseits das Auseinandertreten von Zeit und Ewigkeit hervorzuheben, andererseits aber auch darauf hinzuweisen, dass allem Zeitlichen ein Streben nach Beständigkeit innewohnt. Mit Plotin wusste Augustin, wie sehr die Beschäftigung des Menschen mit der Zeit dessen Sehnsucht schürt, sich mit dem Ewigen, aus dem sie ist, von dem sie aber in dieser Welt getrennt ist, wiederzuvereinigen. (Siehe auch unter **Aufstieg zu Gott – Abstieg, Text 2.**)

Abbildungsverzeichnis

Widmung-Hintergrund: Augustinus am Computer. Bildmontage auf Grundlage des Freskos aus der Alten Bibliothek am Lateran, erstellt von Br. Carsten Meister OSA 5

Abb. 1: Älteste erhaltene Darstellung des hl. Augustinus (Fresko, ca. 590–604; Vatikan, Alte Bibliothek des Lateran, Scala Santa; © Norbert Fischer) 19

Abb. 2: Monnica führt Augustinus in die Schule. Schule der Marken (Fresko, 15. Jh.; Vatikan, Pinacoteca, sala II, inv. 205) 43

Abb. 3: Der hl. Augustinus beim Schreiben. Benozzo Gozzoli (Fresko, 1465; San Gimignano, Chiesa di Sant'Agostino) 65

Abb. 4: Der hl. Augustinus beim Philosophieren. Sandro Botticelli (Fresko, 1480; Florenz, Chiesa di Ognissanti) 83

Abb. 5: Paulus und die Stadt Rom (Miniatur, 1164; Florus von Lyon, *Expositio in Epistolas Beati Pauli ex operibus S. Augustini*, Paris, Bibliothèque nationale de France, Ms. lat. 11575, fol. 1) 107

Abb. 6: Der hl. Augustinus schreibt und predigt (Miniatur, 10.–11. Jh.; Madrid, Biblioteca Nacional de España) 123

Abb. 7: Der predigende Augustinus, umgeben von lauschenden Gläubigen (Miniatur, 14. Jh.; Missale Romanum; Madrid, Real Biblioteca del Monasterio de San Lorenzo de El Escorial) 159

Abb. 8: Der hl. Augustinus predigt zum Volk. Ottaviano Nelli (Fresko, 1410–1420; Gubbio, Chiesa di Sant'Agostino) 197

Abb. 9: Augustinus beim Schreiben von «De civitate dei». Niccolò Polani (Miniatur, 1459; Paris, Bibliothèque Sainte-Geneviève, Ms. 218, fol. 2) 233

Abb. 10: Der hl. Augustinus und Volusianus (Miniatur, Ende 12. Jh.; Vichy, Diözesanarchiv, Ms. VI) 253

Abb. 11: Der hl. Augustinus. Vitale da Bologna (Fresko, 14. Jh.; Bologna, Chiesa dei Servi) 271

Abb. 12: Der hl. Augustinus begegnet dem Christuskind. Peter Paul Rubens (Öl auf Leinwand, 1636/1638; Prag, Nationalgalerie) 315

Alphabetische Register der zitierten Augustinus-Texte

Nach Werken geordnet

Ad Cresconium grammaticum partis Donati – An Cresconius, den Grammatiker aus der Sekte der Donatisten
1,2 Eloquenz, Rhetorik 1

Confessiones – Bekenntnisse
1,1 Herz 1
1,7 Leben, Dasein 2
1,11 Erbsünde 1
1,13 Sprache und Rede 1
2,1 Einheit – Vielheit 4
2,2 Liebe – Begierde 4
2,17 = Ps 18,13 Sünde 1
3,7 Weisheit 1
3,9 Heilige Schrift 1
3,10 Gott 8
3,11 Gott 2
4,9 Freundschaft 8; Mensch(sein) 1
4,13 Freundschaft 2
4,14 Freundschaft 4; Gott 5; Tod und Leben bei Gott 6
4,18 Gott 9
4,19 Aufstieg zu Gott – Abstieg 1
4,20 Schönheit und Schönes 1
4,22 Mensch(sein) 2
4,28 Philosophie, Philosophen 3
5,7 Wissen und Wissenschaft 4
7,16 Licht 1
9,6 Tod und Leben bei Gott 3
10,7 Selbsterkenntnis 1
10,8 Gottesliebe 3; Gottesliebe 6; Herz 4
10,9 Mensch(sein) 3
10,15 Gedächtnis 1
10,26 Gedächtnis 2
10,29 Glück, Glückseligkeit 4
10,32 Freude, Genuss, Vergnügen 1; Glück, Glückseligkeit 5
10,33 Glück, Glückseligkeit 6
10,37 Suchen und Finden (Gott) 4
10,38 Gottesliebe 1
10,39 Tod und Leben bei Gott 4
10,40 Gottesliebe 5
10,60 Sprache und Rede 3
10,65 Leben, Dasein 3
10,68 Christus, Christologie 2
11,3 Liebe 15
11,16 Zeit, Zeiten und Zeitlichkeit 2
11,17 Zeit, Zeiten und Zeitlichkeit 1
11,38 Gesang, Musik 4
11,39 Einheit – Vielheit 2
12,9 Himmel 1
12,34 Wahrheit 3
13,10 Liebe 2
13,42 Seele 1
13,50 Tod und Leben bei Gott 5
13,52 Gott 7
13,53 Schöpfer und Schöpfung 1

Contra adversarium legis et prophetarum – Antwort auf einen Gegner des Gesetzes und der Propheten
1,40   Gott 13

Contra epistulam Manichaei – Gegen den Brief Manis
5,6   Kirche 3

Contra Faustum Manicheum – Gegen den Manichäer Faustus
22,27   Gesetz, ewiges und zeitliches 1

De Academicis – Über die Akademiker
1,6   Wissen und Wissenschaft 2
3,13   Freundschaft 5

De baptismo – Über die Taufe
3,21   Kirche 4

De beata vita – Über das glückselige Leben
11   Glück, Glückseligkeit 3

De bono coniugali – Das Gut der Ehe
1   Freundschaft 6

De bono viduitatis – Das Gut der Witwenschaft
26   Liebe 5

De cathecizandis rudibus – Der erste katechetische Unterricht
8   Eloquenz Rhetorik 3; Heilige Schrift 2
55   Liebe 8

De civitate dei – Der Gottesstaat
4,4   Staat und Staatswesen 1
5,17   Mensch(sein) 4
5,19   Frömmigkeit 2
8,1   Philosophie, Philosophen 1
8,8   Glück, Glückseligkeit 7
10,6   Opfer 1
11,26   Philosophie, Philosophen 2
12,18   Schöpfer und Schöpfung 6
14,28   Liebe 3; Staat und Staatswesen 2
15,1   Vorherbestimmung, Erwählung und Verwerfung 1
15,22   Gottesliebe 7
19,1   Glück, Glückseligkeit 2; Gut, Güter und höchstes Gut 2
19,4   Hoffnung 2
19,11   Friede(n) 2
19,13   Friede(n) 1; Ordnung 1
21,15   Erbsünde 3
22,30   Sabbat 1

De consensu evangelistarum – Die Übereinstimmung der Evangelisten
1,54   Heilige Schrift 4

De diversis quaestionibus octoginta tribus – Über dreiundachtzig verschiedene Fragen
31,1   Gerechtigkeit 1
35,2   Ewigkeit, Ewiges Leben 1; Liebe 21
46,2   Idee(n) 1
48   Glaube 1
71,5   Freundschaft 1

De doctrina christiana – Die christliche Wissenschaft
1,1   Lehren und Lernen 2
1,2   Wissen und Wissenschaft 6
1,6   Gott 12
1,12   Menschwerdung Christi 14
1,25   Askese 2
1,39   Heilsgeschichte, Heilshandeln Gottes in der Zeit 2
1,42 sq. Glaube, Hoffnung, Liebe 2
2,1   Heilige Schrift 3
2,3   Sprache und Rede 6
2,63   Bildung 3
4,27   Eloquenz, Rhetorik 2

De Genesi ad litteram – Über den Wortlaut der Genesis
8,5,9   Wissen und Wissenschaft 1
8,26,48 Schöpfer und Schöpfung 2

De Genesi ad litteram liber inperfectus – Über den Wortlaut der Genesis, unvollendetes Buch
13,38   Zeit, Zeiten und Zeitlichkeit 8

De Genesi adversus Manicheos – Über die Genesis gegen die Manichäer
1,4   Gott 3

1,13	Kunst, Künstler und Kunstgenuss 1		
1,26	Kunst, Künstler und Kunstgenuss 5		

De gratia testamenti novi ad Honoratum – Über die Gnade des Neuen Testamentes an Honoratus (= Epistula – Brief 140)
- 3   Mensch(sein) 5
- 45 Frömmigkeit 1; Weisheit 4

De libero arbitrio – Über den freien Willen
- 1,4   Gesetz, ewiges und zeitliches 2
- 1,25 Wille und Willensfreiheit 1
- 2,42 Zahl und Zahlen 1
- 2,53 Wille und Willensfreiheit 3
- 3,7   Wille und Willensfreiheit 2

De magistro – Der Lehrer
- 14 Sprache und Rede 2

De moribus ecclesiae catholicae et de moribus Manicheorum – Die Sitten der katholischen Kirche und die Sitten der Manichäer
- 1,25 Tugend(en) 1
- 1,52 Mensch(sein) 7
- 2,1   Sein und Seiendes 1
- 2,2   Natur(en) 1

De musica – Über die Musik
- 6,10 Erkennen und Wahrnehmen 2
- 6,29 Freude, Genuss, Vergnügen 3
- 6,38 Schönheit und Schönes 2

De natura boni – Die Natur des Guten
- 1 Gut, Güter und höchstes Gut 3
- 3 Natur(en) 3

De natura et gratia – Natur und Gnade
- 84 Gerechtigkeit 3

De ordine – Über die Ordnung
- 1,3   Einheit – Vielheit 1
- 1,27 Ordnung 2
- 2,16 Philosophie, Philosophen 4
- 2,25 Amt (Ansehen) 2

De perfectione iustitiae hominis – Über die Vollendung der Gerechtigkeit des Menschen
- 8 Gerechtigkeit 2

De praedestinatione sanctorum – Die Vorherbestimmung der Heiligen
- 16 Vorherbestimmung, Erwählung und Verwerfung 2

De spiritu et littera – Geist und Buchstabe
- 29 Gesetz, ewiges und zeitliches 3

De trinitate – Über die Dreieinigkeit
- 1,7   Trinität 1
- 3,21   Trinität 2
- 7,6   Weisheit 3
- 7,7   Gott 1
- 9,13   Liebe – Begierde 1
- 15,2   Intellekt 2; Suchen und Finden (Gott) 2
- 15,38 Liebe 18
- 15,51 Gebet, Gotteslob 5; Suchen und Finden (Gott) 3

De utilitate credendi – Vom Nutzen des Glaubens
- 33 Weisheit 5

De vera religione – Die wahre Religion
- 19 Religion 1
- 35 Schöpfer und Schöpfung 4
- 45 Autorität – Vernunft 1
- 52 Aufstieg zu Gott – Abstieg 2
- 54 Kunst, Künstler und Kunstgenuss 2
- 55 Kunst, Künstler und Kunstgenuss 3
- 57 Kunst, Künstler und Kunstgenuss 4
- 59 Schönheit und Schönes 3
- 63 Einheit – Vielheit 5
- 72 Innerlichkeit 1; Wahrheit 2
- 81 Zahl und Zahlen 2
- 97 Ewigkeit, Ewiges Leben 2

Enarrationes in Psalmos – Auslegungen der Psalmen (die Zählung der Psalmen folgt der Zählweise Augustins)
- 26,2,18   Gott 6
- 30,2,1,6 Rechtfertigung 1

30,2,2,1	Liebe 4		

30,2,2,1   Liebe 4
31,2,8   Glaube und Werke 1
32,2,1,8   Gesang, Musik 3
37,14   Gebet, Gotteslob 1
61,20   Gottesliebe 4
62,5   Sehnsucht 1
85,6   Aufstieg zu Gott – Abstieg 3
85,12   Gott 10
101,2,10   Menschwerdung Christi 10
103,3,9   Christ sein 2
106,7   Amt (Ansehen) 1
112,2   Gebet, Gotteslob 4
120,2 sq.   Aufstieg zu Gott – Abstieg 4
124,2   Herz 2
125,10   Erbsünde 2
126,2 sq.   Kirche 8
127,13   Friede 3
134,11   Herz 3
143,11   Mensch(sein) 6
144,13   Ordnung 3
147,12   Besitz, Überfluss 1
148,8   Himmel 3; Kirche 1; Tod und Leben bei Gott 8
150,8   Gesang, Musik 2

Enchiridion de fide spe et caritate – Handbüchlein über Glaube, Hoffnung und Liebe
31   Gnade und Freiheit 2
117   Liebe – Begierde 2

Epistulae – Briefe
18,2   Natur(en) 2; Sein und Seiendes 2
101,1   Liebe 7
120,13   Intellekt 1
130,15   Gebet, Gotteslob 2
130,17 sq. Gebet, Gotteslob 3
140,3   (= De gratia testamenti novi ad Honoratum 3) Mensch(sein) 5
140,45   (= De gratia testamenti novi ad Honoratum 45) Frömmigkeit 1; Weisheit 4
157,10   Gnade und Freiheit 1
166,1   Lehren und Lernen 1
166,13   Leben, Dasein 5
189,6   Krieg 1
194,19   Verdienst(e) 1
217, salutatio Amt (Ansehen) 3
258,1   Freundschaft 3

Expositio epistulae ad Galatas – Auslegung des Briefes an die Galater
15   Demut 1

In epistulam Iohannis ad Parthos tractatus – Vorträge zum Johannesbrief an die Parther
prologus   Liebe 9
2,11   Schöpfer und Schöpfung 5
2,14   Liebe 10
3,12   Tod und Leben bei Gott 7
5,7   Liebe 12
7,8   Liebe 1
7,11   Liebe 17
8,10   Feindesliebe 1; Liebe 20

In Iohannis evangelium tractatus – Auslegungen des Johannesevangeliums
3,18   Christus, Christologie 5
12,10   Tod und Leben bei Gott 11
17,8 sq.   Liebe 13
21,8   Christ sein 4; Kirche 7
25,16   Demut 2
31,5   Zeit, Zeiten und Zeitlichkeit 7
32,8   Heiliger Geist 1; Kirche 5
37,6   Christus, Christologie 4
38,10   Zeit, Zeiten und Zeitlichkeit 6
42,2   Christus, Christologie 3
45,9   Heilsgeschichte, Heilshandeln Gottes in der Zeit 1
48,1   Liebe 6
63,1   Suchen und Finden (Gott) 1
96,4   Erkennen und Wahrnehmen 1
124,5   Tod und Leben bei Gott 2

Possidius, Vita Augustini – Possidius, Das Leben Augustins
28,11   Tod und Leben bei Gott 9

Retractationes – Retraktationen
1,3,2   Wissen und Wissenschaft 5
1,6   Bildung 1

Sermones – Predigten
19,6   Herz 5
21,3   Gut, Güter und höchstes Gut 4
22,8   Tod und Leben bei Gott 10
25,4   Askese 1
34,1   Gesang, Musik 5

34,2	Liebe 16	237,2	Christus, Christologie 1
34,6	Gesang, Musik 6	241,1	Auferstehung 2
43,9	Glaube(n) und Verstehen 2	256,3	Gesang, Musik 7
49,5	Freundschaft 7	270,3	Zeit, Zeiten und Zeitlichkeit 5
55,1	Sprache und Rede 4		
57,7	Eucharistie 1	272	Eucharistie 2
67,7	Gnade 1	288,3	Wort 1
80,7	Sehnsucht 3	289,6	Mensch(sein) 8
80,8	Zeit, Zeiten und Zeitlichkeit 3	306,3	Glück, Glückseligkeit 1
		311,8	Zeit, Zeiten und Zeitlichkeit 4
81,8	Welt und Weltalter 1		
83,2	Almosen 1	311,15	Ewigkeit, Ewiges Leben 3
96,6	Einheit – Vielheit 3	336,1	Gesang, Musik 1; Kirche 9
105,7	Hoffnung 1	336,2	Liebe 11
117,7	Sprache und Rede 5	339,6	Himmel 2
118,1	Glaube(n) und Verstehen 1	354,1	Kirche 6
126,2	Glaube(n) und Verstehen 4	354,6	Wissen und Wissenschaft 3
133,4	Bildung 2	358,1	Liebe 14; Wahrheit 1
142,7 sq.	Sehnsucht 2	396,2	Tod und Leben bei Gott 1
159,2	Freude, Genuss, Vergnügen 2		
167,1	Leben, Dasein 4	*Sermones Denis – Predigten Denis*	
169,13	Rechtfertigung 2	16,1	Gut, Güter und höchstes Gut 1
169,18	Christ sein 3		
171,1	Freude, Genuss, Vergnügen 4	17,8	Christ sein 1
184,3	Menschwerdung Christi 7	25,7	Maria, Mutter Christi und Jungfrau 2
185,1	Erlösung 1; Menschwerdung Christi 9		
		Sermones Dolbeau – Predigten Dolbeau	
186,1	Menschwerdung Christi 5	11,9	Gottesliebe 2
188,3	Menschwerdung Christi 12	16,4	Liebe – Begierde 3
190,2	Glaube(n) und Verstehen 3; Menschwerdung Christi 2	*Sermones Guelferbytanus – Predigten Guelferbytanus*	
190,4	Menschwerdung Christi 8	32,5	Menschwerdung Christi 11
191,4	Maria, Mutter Christi und Jungfrau 1; Menschwerdung Christi 4	*Sermones Lambot – Predigten Lambot*	
		27,3	Liebe 19
192,1	Menschwerdung Christi 6		
192,2	Kirche 2	*Sermones Mai – Predigten Mai*	
194,1	Menschwerdung Christi 3	87,1	Auferstehung 1
195,2	Menschwerdung Christi 13		
196,1	Menschwerdung Christi 1	*Soliloquiorum libri – Alleingespräche*	
213,2	Gott 4; Schöpfer und Schöpfung 3	1,3	Glaube, Hoffnung, Liebe 1; Gott 11
215,5	Kreuz 1		
227	Eucharistie 3	1,16	Leben, Dasein 1
234,3	Liebe 22	1,22	Weisheit 2

Nach Stichworten geordnet

Almosen
1. Sermo 83,2

Amt (Ansehen)
1. Enarrationes in Psalmos 106,7
2. De ordine 2,25
3. Epistula 217, salutatio

Askese
1. Sermo 25,4
2. De doctrina christiana 1,25

Auferstehung
1. Sermo Mai 87,1
2. Sermo 241,1

Aufstieg zu Gott – Abstieg
1. Confessiones 4,19
2. De vera religione 52
3. Enarrationes in Psalmos 85,6
4. Enarrationes in Psalmos 120,2 sq.

Autorität – Vernunft
1. De vera religione 45

Besitz, Überfluss
1. Enarrationes in Psalmos 147,12

Bildung
1. Retractationes 1,6
2. Sermo 133,4
3. De doctrina christiana 2,63

Christ sein
1. Sermo Denis 17,8
2. Enarrationes in Psalmos 103,3,9
3. Sermo 169,18
4. In Iohannis evangelium tractatus 21,8

Christus, Christologie
1. Sermo 237,2
2. Confessiones 10,68
3. In Iohannis evangelium tractatus 42,2
4. In Iohannis evangelium tractatus 37,6
5. In Iohannis evangelium tractatus 3,18

Demut
1. Expositio epistulae ad Galatas 15
2. In Iohannis evangelium tractatus 25,16

Einheit – Vielheit
1. De ordine 1,3
2. Confessiones 11,39
3. Sermo 96,6
4. Confessiones 2,1
5. De vera religione 63

Eloquenz, Rhetorik
1. Ad Cresconium grammaticum partis Donati 1,2
2. De doctrina christiana 4,27
3. De cathecizandis rudibus 8

Erbsünde
1. Confessiones 1,11
2. Enarrationes in Psalmos 125,10
3. De civitate dei 21,15

Erkennen und Wahrnehmen
1. In Iohannis evangelium tractatus 96,4
2. De musica 6,10

Erlösung
1. Sermo 185,1

Eucharistie
1. Sermo 57,7
2. Sermo 272
3. Sermo 227

Ewigkeit, Ewiges Leben
1. De diversis quaestionibus octoginta tribus 35,2
2. De vera religione 97
3. Sermo 311,15

Feindesliebe
1. In epistulam Iohannis ad Parthos 8,10

Freude, Genuss, Vergnügen
1. Confessiones 10,32
2. Sermo 159,3

3. *De musica* 6,29
4. *Sermo* 171,1

Freundschaft
1. *De diversis quaestionibus octoginta tribus* 71,5
2. *Confessiones* 4,13
3. *Epistula* 258,1
4. *Confessiones* 4,14
5. *De Academicis* 3,13
6. *De bono coniugali* 1
7. *Sermo* 49,5
8. *Confessiones* 4,9

Friede
1. *De civitate dei* 19,13
2. *De civitate dei* 19,11
3. *Enarrationes in Psalmos* 127,13

Frömmigkeit
1. *Epistula* 140,45 = *De gratia testamenti novi ad Honoratum* 45
2. *De civitate dei* 5,19

Gebet, Gotteslob
1. *Enarrationes in Psalmos* 37,14
2. *Epistula* 130,15
3. *Epistula* 130,17 sq.
4. *Enarrationes in Psalmos* 112,2
5. *De trinitate* 15,51

Gedächtnis
1. *Confessiones* 10,15
2. *Confessiones* 10,26

Gerechtigkeit
1. *De diversis quaestionibus octoginta tribus* 31,1
2. *De perfectione iustitiae hominis* 8
3. *De natura et gratia* 84

Gesang, Musik
1. *Sermo* 336,1
2. *Enarrationes in Psalmos* 150,8
3. *Enarrationes in Psalmos* 32,2,1,8
4. *Confessiones* 11,38
5. *Sermo* 34,1
6. *Sermo* 34,6
7. *Sermo* 256,3

Gesetz, ewiges und zeitliches
1. *Contra Faustum Manicheum* 22,27
2. *De libero arbitrio* 1,14
3. *De spiritu et littera* 29

Glaube(n)
1. *De diversis quaestionibus octoginta tribus* 48

Glaube, Hoffnung, Liebe
1. *Soliloquiorum libri* 1,3
2. *De doctrina christiana* 1,42 sq.

Glaube und Werke
1. *Enarrationes in Psalmos* 31,2,8

Glaube(n) und Verstehen
1. *Sermo* 118,1
2. *Sermo* 43,9
3. *Sermo* 190,2
4. *Sermo* 126,2

Glück, Glückseligkeit
1. *Sermo* 306,3
2. *De civitate dei* 19,1
3. *De beata vita* 11
4. *Confessiones* 10,29
5. *Confessiones* 10,32
6. *Confessiones* 10,33
7. *De civitate dei* 8,8

Gnade
1. *Sermo* 67,7

Gnade und Freiheit
1. *Epistula* 157,10
2. *Enchiridion de fide spe et caritate* 31

Gott
1. *De trinitate* 7,7
2. *Confessiones* 3,11
3. *De Genesi adversus Manicheos* 1,4
4. *Sermo* 213,2
5. *Confessiones* 4,14
6. *Enarrationes in Psalmos* 26,2,18
7. *Confessiones* 13,52
8. *Confessiones* 3,10
9. *Confessiones* 4,18
10. *Enarrationes in Psalmos* 85,12

11. *Soliloquiorum libri* 1,3
12. *De doctrina christiana* 1,6
13. *Contra adversarium legis et prophetarum* 1,40

Gottesliebe
1. *Confessiones* 10,38
2. *Sermo Dolbeau* 11,9
3. *Confessiones* 10,8
4. *Enarrationes in Psalmos* 61,20
5. *Confessiones* 10,40
6. *Confessiones* 10,8
7. *De civitate dei* 15,22

Gut, Güter und höchstes Gut
1. *Sermo Denis* 16,1
2. *De civitate dei* 19,1
3. *De natura boni* 1
4. *Sermo* 21,3

Heilige Schrift
1. *Confessiones* 3,9
2. *De cathecizandis rudibus* 8
3. *De doctrina christiana* 2,1
4. *De consensu evangelistarum* 1,54

Heiliger Geist
1. *In Iohannis evangelium tractatus* 32,8

Heilsgeschichte, Heilshandeln Gottes in der Zeit
1. *In Iohannis evangelium tractatus* 45,9
2. *De doctrina christiana* 1,39

Herz
1. *Confessiones* 1,1
2. *Enarrationes in Psalmos* 124,2
3. *Enarrationes in Psalmos* 134,11
4. *Confessiones* 10,8
5. *Sermo* 19,6

Himmel
1. *Confessiones* 12,9
2. *Sermo* 339,6
3. *Enarrationes in Psalmos* 148,8

Hoffnung
1. *Sermo* 105,7
2. *De civitate dei* 19,4

Idee(n)
1. *De diversis quaestionibus octoginta tribus* 46,2

Innerlichkeit
1. *De vera religione* 72

Intellekt
1. *Epistula* 120,13
2. *De trinitate* 15,2

Kirche
1. *Enarrationes in Psalmos* 148,8
2. *Sermo* 192,2
3. *Contra epistulam Manichaei* 5,6
4. *De baptismo* 3,21
5. *In Iohannis evangelium tractatus* 32,8
6. *Sermo* 354,1
7. *In Iohannis evangelium tractatus* 21,8
8. *Enarrationes in Psalmos* 126,2 sq.
9. *Sermo* 336,1

Kreuz
1. *Sermo* 215,5

Krieg
1. *Epistula* 189,6

Kunst, Künstler und Kunstgenuss
1. *De Genesi adversus Manicheos* 1,13
2. *De vera religione* 54
3. *De vera religione* 55
4. *De vera religione* 57
5. *De Genesi adversus Manicheos* 1,26

Leben, Dasein
1. *Soliloquiorum libri* 1,16
2. *Confessiones* 1,7
3. *Confessiones* 10,65
4. *Sermo* 167,1
5. *Epistula* 166,13

Lehren und Lernen
1. *Epistula* 166,1
2. *De doctrina christiana* 1,1

Licht
1. *Confessiones* 7,16

Liebe
1. *In epistulam Iohannis ad Parthos tractatus* 7,8
2. *Confessiones* 13,10
3. *De civitate dei* 14,28
4. *Enarrationes in Psalmos* 30,2,2,1
5. *De bono viduitatis* 26
6. *In Iohannis evangelium tractatus* 48,1
7. *Epistula* 101,1
8. *De cathecizandis rudibus* 55
9. *In epistulam Iohannis ad Parthos tractatus*, prologus
10. *In epistulam Iohannis ad Parthos tractatus* 2,14
11. *Sermo* 336,2
12. *In epistulam Iohannis ad Parthos tractatus* 5,7
13. *In Iohannis evangelium tractatus* 17,8 sq.
14. *Sermo* 358,1
15. *Confessiones* 11,3
16. *Sermo* 34,2
17. *In epistulam Iohannis ad Parthos tractatus* 7,11
18. *De trinitate* 15,38
19. *Sermo Lambot* 27,3
20. *In epistulam Iohannis ad Parthos tractatus* 8,10
21. *De diversis quaestionibus octoginta tribus* 35,2
22. *Sermo* 234,3

Liebe – Begierde
1. *De trinitate* 9,13
2. *Enchiridion de fide spe et caritate* 117
3. *Sermo Dolbeau* 16,4
4. *Confessiones* 2,2

Maria, Mutter Christi und Jungfrau
1. *Sermo* 191,4
2. *Sermo Denis* 25,7

Mensch(sein)
1. *Confessiones* 4,9
2. *Confessiones* 4,22
3. *Confessiones* 10,9
4. *De civitate dei* 5,17

5. *Epistula* 140,3 = *De gratia testamenti novi ad Honoratum* 3
6. *Enarrationes in Psalmos* 143,11
7. *De moribus ecclesiae catholicae et de moribus Manicheorum* 1,52
8. *Sermo* 289,6

Menschwerdung Christi
1. *Sermo* 196,1
2. *Sermo* 190,2
3. *Sermo* 194,1
4. *Sermo* 191,4
5. *Sermo* 186,1
6. *Sermo* 192,1
7. *Sermo* 184,3
8. *Sermo* 190,4
9. *Sermo* 185,1
10. *Enarrationes in Psalmos* 101,2,10
11. *Sermo Guelferbytanus* 32,5
12. *Sermo* 188,3
13. *Sermo* 195,2
14. *De doctrina christiana* 1,12

Natur(en)
1. *De moribus ecclesiae catholicae et de moribus Manicheorum* 2,2
2. *Epistula* 18,2
3. *De natura boni* 3

Opfer
1. *De civitate dei* 10,6

Ordnung
1. *De civitate dei* 19,13
2. *De ordine* 1,27
3. *Enarrationes in Psalmos* 144,13

Philosophie, Philosophen
1. *De civitate dei* 8,1
2. *De civitate dei* 11,26
3. *Confessiones* 4,28
4. *De ordine* 2,16

Rechtfertigung
1. *Enarrationes in Psalmos* 30,2,1,6
2. *Sermo* 169,13

Religion
1. *De vera religione* 19

Sabbat
1. *De civitate dei* 22,30

Schönheit und Schönes
1. *Confessiones* 4,20
2. *De musica* 6,38
3. *De vera religione* 59

Schöpfer und Schöpfung
1. *Confessiones* 13,53
2. *De Genesi ad litteram* 8,26,48
3. *Sermo* 213,2
4. *De vera religione* 35
5. *In epistulam Iohannis ad Parthos tractatus* 2,11
6. *De civitate dei* 12,18

Seele
1. *Confessiones* 13,42

Sehnsucht
1. *Enarrationes in Psalmos* 62,5
2. *Sermo* 142,7 sq.
3. *Sermo* 80,7

Sein und Seiendes
1. *De moribus ecclesiae catholicae et de moribus Manicheorum* 2,1
2. *Epistula* 18,2

Selbsterkenntnis
1. *Confessiones* 10,7

Sprache und Rede
1. *Confessiones* 1,13
2. *De magistro* 14
3. *Confessiones* 10,60
4. *Sermo* 55,1
5. *Sermo* 117,7
6. *De doctrina christiana* 2,3

Staat und Staatswesen
1. *De civitate dei* 4,4
2. *De civitate dei* 14,28

Suchen und Finden (Gott)
1. *In Iohannis evangelium tractatus* 63,1
2. *De trinitate* 15,2
3. *De trinitate* 15,51
4. *Confessiones* 10,37

Sünde
1. *Confessiones* 2,17 = *Ps* 18,13

Tod und Leben bei Gott
1. *Sermo* 396,2
2. *In Iohannis evangelium tractatus* 124,5
3. *Confessiones* 9,6
4. *Confessiones* 10,39
5. *Confessiones* 13,50
6. *Confessiones* 4,14
7. *In epistulam Iohannis ad Parthos tractatus* 3,12
8. *Enarrationes in Psalmos* 148,8
9. Possidius, *Vita Augustini* 28,11
10. *Sermo* 22,8
11. *In Iohannis evangelium tractatus* 12,10

Trinität
1. *De trinitate* 1,7
2. *De trinitate* 3,21

Tugend(en)
1. *De moribus ecclesiae catholicae et de moribus Manicheorum* 1,25

Verdienst(e)
1. *Epistula* 194,19

Vorherbestimmung, Erwählung und Verwerfung
1. *De civitate dei* 15,1
2. *De praedestinatione sanctorum* 16

Wahrheit
1. *Sermo* 358,1
2. *De vera religione* 72
3. *Confessiones* 12,34

Weisheit
1. *Confessiones* 3,7
2. *Soliloquiorum libri* 1,22
3. *De trinitate* 7,6
4. *Epistula* 140,45 = *De gratia testamenti novi ad Honoratum* 45
5. *De utilitate credendi* 33

Welt und Weltalter
1. *Sermo* 81,8

Wille und Willensfreiheit
1. *De libero arbitrio* 1,25
2. *De libero arbitrio* 3,7
3. *De libero arbitrio* 2,53

Wissen und Wissenschaft
1. *De Genesi ad litteram* 8,5,9
2. *De Academicis* 1,6
3. *Sermo* 354,6
4. *Confessiones* 5,7
5. *Retractationes* 1,3,2
6. *De doctrina christiana* 1,2

Wort
1. *Sermo* 288,3

Zahl und Zahlen
1. *De libero arbitrio* 2,42
2. *De vera religione* 81

Zeit, Zeiten und Zeitlichkeit
1. *Confessiones* 11,17
2. *Confessiones* 11,16
3. *Sermo* 80,8
4. *Sermo* 311,8
5. *Sermo* 270,3
6. *In Iohannis evangelium tractatus* 38,10
7. *In Iohannis evangelium tractatus* 31,5
8. *De Genesi ad litteram liber inperfectus* 13,38

Das Signet des 1488 gegründeten
Druck- und Verlagshauses Schwabe
reicht zurück in die Anfänge der
Buchdruckerkunst und stammt aus
dem Umkreis von Hans Holbein.
Es ist die Druckermarke der Petri;
sie illustriert die Bibelstelle
Jeremia 23,29: «Ist nicht mein Wort
wie Feuer, spricht der Herr,
und wie ein Hammer, der Felsen
zerschmettert?»

Herstellerinformation:
Schwabe Verlag, Schwabe Verlagsgruppe AG,
Grellingerstrasse 21, CH-4052 Basel, info@schwabeverlag.ch

Verantwortliche Person gem. Art. 16 GPSR:
Schwabe Verlag GmbH,
Marienstraße 28, D-10117 Berlin, info@schwabeverlag.de